H. Fleischer

Der Käferfreund

Praktische Anleitung zum Sammeln und Bestimmen der Käfer

bremen university press

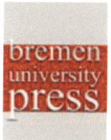

H. Fleischer

Der Käferfreund

Praktische Anleitung zum Sammeln und Bestimmen der Käfer

ISBN/EAN: 9783955620257

Auflage: 1

Erscheinungsjahr: 2013

Erscheinungsort: Bremen, Deutschland

bremen
university
press

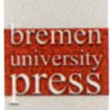

Der Käferfreund.

Praktische Anleitung

zum Sammeln und Bestimmen der Käfer.

Von

H. Fleischer.

Mit 12 Tafeln in feinstem Farbendruck.

>*<

Stuttgart.
Verlag von Wilhelm Nitzschke.

Vorwort.

Von jeher haben sich die Käfer durch die Mannigfaltigkeit und Schönheit ihrer Formen zahlreiche Freunde und Liebhaber sowohl unter der Jugend als auch unter den Erwachsenen erworben. Wegen der Leichtigkeit des Sammelns und Aufbewahrens eignen sie sich aber auch wie keine andere Insektenordnung zum eingehenderen Studium.

Mit dem vorliegenden Werkchen möchte nun der Verfasser dem Anfänger, wie auch denjenigen Sammlern, die nicht über größere Spezialwerke verfügen können, einen Führer in die Hand geben, der sie leicht und sicher in der Käferkunde sich zurechtfinden läßt. Verfasser sowohl als Verlagsbuchhandlung waren hiebei bestrebt, ein wirklich gutes Buch um billigen Preis zu bieten.

Beim Bestimmen werden dem Sammler die dem Texte eingefügten Tabellen, wie auch die zahlreichen, möglichst naturgetreuen Abbildungen gute Dienste leisten. Betreffs der Beschreibungen ließ ich es mir angelegen sein, dieselben unter Benützung der vorhandenen Litteratur an der Hand meiner eigenen Sammlung und der des Kgl. Naturalienkabinetts festzustellen. In der Anordnung des Stoffes bin ich vorzugsweise Redtenbachers Fauna austriaca gefolgt.

Den Beschreibungen ist außer dem wissenschaftlichen Namen immer auch eine Uebersetzung oder sonst eine Bezeichnung beigefügt, die auf die Farbe, den Aufenthalt oder eine sonstige Eigentümlichkeit des Käfers Bezug nimmt. Auch den Fundorten und der Zeit des Vorkommens wurde besondere Beachtung geschenkt.

So darf ich wohl hoffen, daß das Buch unter den Freunden der Natur sich viele Gönner erwerben und dem Sammeln und Studium der Käfer viele thätige Jünger zuführen werde.

Stuttgart, im April 1896.

Der Verfasser.

Einleitung.

Die Käfer (Coleoptera) bilden eine scharf umgrenzte Ordnung in der Klasse der Insekten, die sich durch die beißenden Mundteile und die meist hornartigen Vorderflügel oder Flügeldecken, unter welchen die eigentlichen, häutigen, geaderten Flügel verborgen sind, von den übrigen Insekten unterscheidet. Die drei Hauptabschnitte des Körpers: Kopf, Brust und Hinterleib, sind immer deutlich erkennbar.

Der Kopf trägt die Augen, Fühler und Freßwerkzeuge.

Die *Augen* fehlen nur wenigen Arten. Sie stehen unbeweglich seitlich am Kopfe und bilden verhältnismäßig große, halbkugelige Hervorragungen. Wie bei allen Insekten, so bestehen sie auch bei den Käfern aus vielen kleinen, gewöhnlich sechseckigen Feldern oder Facetten. Nebenaugen, die auf der Oberseite des Kopfes stehen und einfach sind, kommen bei den Käfern nur selten vor. Zwischen oder vor den Augen sind in zwei vertieften Gruben

die *Fühler*, welche aus einzelnen Gliedern bestehen, eingelenkt. Sie sind von großer systematischer Wichtigkeit. Ihre Form und Länge ist außerordentlich verschieden. Man heißt sie *borstenförmig*, wenn sie allmählich gegen die Spitze dünner werden, *fadenförmig*, wenn sie gegen die Spitze nicht merklich dünner werden und aus walzenförmigen Gliedern bestehen; sind die einzelnen Glieder hingegen kugelig, so nennt man solche Fühlhörner *schnurförmig*; je nach den Auswüchsen der einzelnen Glieder unterscheidet man *gezähnte*, *gesägte*, *gekämmte* und *geblätterte* Fühler. *Gekniet* oder *gebrochen* heißen sie, wenn das erste Glied sehr lang, die folgenden kurz sind. Das lange Glied führt dann den Namen Fühlerschaft, die andern bilden die Fühlergeißel. Sind die Fühler allmählich gegen das Ende verdickt, so heißen sie *kolbenförmig*, sind nur die Endglieder verdickt, so nennt man solche Fühler *knopf*- oder *keulenförmig*.

Mundteile des Lederlaufkäfers. (Unterseite.)
a. Lippentaster. b. Aeußere Kinnladentaster. c. Unterkiefer. d. Oberkiefer. e. Kinn. f. Unterlippe.

Die *Freßwerkzeuge* befinden sich an dem vorderen oder unteren Teil des Kopfes und bestehen aus Ober- und Unterlippe und je zwei Ober- und Unterkiefern (Kinnbacken und Kinnladen). Außerdem befinden sich an der Unterlippe ein, an den Kinnladen ein oder zwei Paar Freßspitzen. Diese Spitzen, auch *Taster* oder *Palpen* genannt, sind fühlerähnliche Fäden, welche gewöhnlich aus vier, selten aus drei Gliedern zusammengesetzt sind. Im allgemeinen erreichen sie nur eine mäßige Länge; bei manchen Wasserkäfern übertreffen sie jedoch die Fühler an Größe. Die Anzahl der Tasterglieder sowohl, als namentlich die Form des Endgliedes der Palpen wird sehr häufig systematisch verwendet.

Die Brust (Bruststück, Thorax), der zweite Teil des Käferleibs, trägt die Beine und die Flügel. Sie ist immer in drei Ringe geteilt, welche Vorder-, Mittel- und Hinterbrust heißen. Der erste Ring ist immer für sich beweglich und bildet oben ein Schild, das man Halsschild nennt. Zwischen dem Anfang beider Flügeldecken sieht man ein kleines, dreieckiges, meist durch besonderen Glanz ausgezeichnetes Plättchen, das Schildchen genannt. An dem Bauchbogen eines jeden Brustrings steht ein Beinpaar. Jedes Bein besteht aus dem Schenkel, dem Schienbein und dem Fuß (Tarsus), der in zwei bis fünf Glieder geteilt ist und in Krallen ausläuft. Die Normalzahl der Tarsenglieder ist fünf, bei einigen Gruppen findet man jedoch nur vier oder drei Glieder und bei einer sogar an den verschiedenen Beinpaaren eine ungleiche Gliederzahl. Latreille, einer der berühmtesten Insektenkenner, hat diese Zahlenverhältnisse zur Aufstellung von großen Hauptgruppen der Käferordnung benützt. Den beiden hinteren Brustringen, die unter sich und mit dem Hinterleib unbeweglich verbunden sind, sind oberseits die Flügelpaare angewachsen. Hievon nennt man das vordere oder obere Paar die Flügeldecken. Sie sind von horn- oder lederartiger Substanz und auf ihrer Oberfläche oft mit Punkten, Streifen, Gruben oder Haaren versehen. Der Rand, mit welchem die beiden Decken zusammenstoßen, heißt der Nahtrand, beide Nahtränder bilden zusammen die Naht. Gewöhnlich bedecken die Flügeldecken den ganzen Hinterleib, bisweilen aber auch nur das vordere Drittel (Kurzflügler). Bei einigen Käfern, und dann nur beim Weibchen, fehlen die Flügeldecken ganz oder sie sind nur durch kurze Stummeln angedeutet (Johanniskäfer). Unter den harten Decken befinden sich die eigentlichen Flügel, welche das Fliegen ermöglichen. Sie sind häutig, durchsichtig und ein- oder mehreremal gefaltet. Vielen Käfern fehlen die Flügel gänzlich.

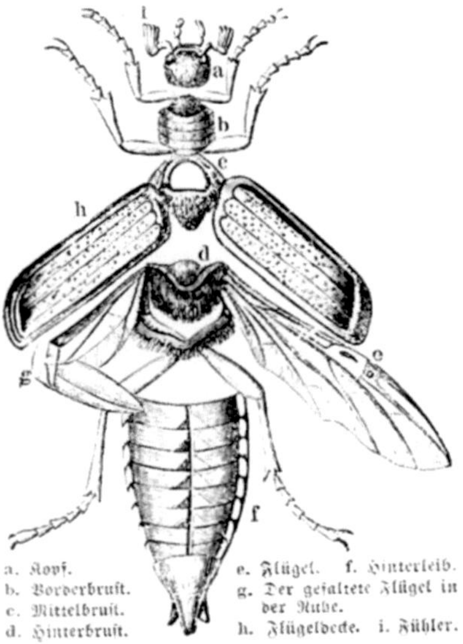

a. Kopf. b. Vorderbrust. c. Mittelbrust. d. Hinterbrust. e. Flügel. f. Hinterleib. g. Der gefaltete Flügel in der Ruhe. h. Flügeldecke. i. Fühler.

Der Körper des Maikäfers in seine Hauptabschnitte zerlegt.

Der Hinterleib (abdomen) besteht aus mehreren hornartigen Ringen, deren Anzahl jedoch nie mehr als neun beträgt. Zwischen je zwei Ringen befindet sich an den Seiten in der Verbindungshaut ein Luftloch (stigma).

Im Leben der Käfer beobachtet man wie bei allen Insekten eine Verwandlung oder Metamorphose und zwar unterscheidet man wie bei den Schmetterlingen vier Lebensperioden: Ei, Larve, Puppe und vollkommenes Insekt. Doch vollzieht sich bei den Käfern diese Verwandlung viel mehr im verborgenen als wie bei den Schmetterlingen. Infolgedessen ist auch eine Zucht aus diesen unentwickelten Lebensstufen, wie sie bei den Schmetterlingen so leicht und so lohnend betrieben werden kann, nur in seltenen Fällen möglich. Die Eier werden mitunter in großer Zahl (Oelkäfer) und manchmal mit bewunderungswürdiger Sorgfalt abgelegt. Die aus denselben schlüpfenden Larven haben entweder sechs Beine und heißen dann Engerlinge, oder sie sind fußlos und führen den Namen Maden. Ihre Farbe ist in der Regel schmutzig weiß oder schwarz. Die Dauer des Larvenzustandes ist sehr verschieden; während z. B. die Blattkäfer sich in wenigen Wochen entwickeln, brauchen andere 3 bis 6 Jahre. Nach mehrmaliger Häutung verwandelt sich alsdann die Larve in eine Puppe. Diese läßt alle Glieder des zukünftigen Käfers schon deutlich erkennen. Die Dauer des Puppenzustandes ist im Verhältnis zur Larvenzeit sehr kurz. Bei kleineren Arten ist sie auf einige Tage beschränkt, während sie bei größeren eben so viele Wochen oder Monate umfassen kann. Wird die Puppe während der Entwickelung gestört oder zu trocken gehalten, so bildet sich der Käfer nicht vollständig aus und es entstehen die sogenannten Krüppel. Zwergformen, die bei manchen Arten so auffällig sind, lassen sich, da ein Wachstum des Käfers nicht mehr stattfindet, nur aus einer mangelhaften Ernährung der Larven erklären.

Winke für das Sammeln, Präparieren und Aufbewahren der Käfer.

Wohl ist es richtig, daß uns in Haus und Hof, im Garten, in Feld und Wald gar manche Käfer durch Zufall in die Hände gelangen. Wer sich aber eine Sammlung anlegen will, in der die Mehrzahl der bei uns heimischen Formen vertreten ist — und nur eine solche wird ihren Zweck erfüllen — der muß nach gewissen Grundsätzen verfahren und zweckentsprechende Fanggeräte besitzen. Als solche Geräte dienen namentlich:

Der Schöpfer oder Streifsack. Es ist dies nichts anderes, als ein aus starkem Zeug gefertigtes Schmetterlingsnetz, mit dem man Gräser und Blumen abstreift, um die daraufsitzenden Käfer zu erbeuten. Zum Fange der Wasserkäfer dient der Wasserhamen, ein gleicher Sack, nur daß derselbe aus lockerem Zeug besteht, welcher dem Wasser den Durchgang gestattet. Ein ebenso ergiebiges Fanginstrument wie der Schöpfer ist der Schirm; am besten eignet sich ein inwendig hell gefütterter Reiseschirm. Man spannt denselben unter Bäumen und Sträuchern aus, erschüttert diese durch Klopfen, damit die daraufsitzenden Käfer in den Schirm fallen. Mit Erfolg aber wird man den Schirm nur an trüben Tagen und besonders morgens, so lange der Tau noch an den Pflanzen haftet, anwenden.

An hellen, warmen Tagen fliegen die meisten Käfer zu rasch ab oder fallen gar nicht in den Schirm. Ein lohnendes Fanggerät ist auch das **Käfersieb**. Mit Erfolg bedient man sich desselben namentlich in der kälteren Jahreszeit, wann sich viele Arten in ihre Schlupfwinkel, unter Laub und Moos zurückgezogen haben. Das Aussieben von Laub, Moos, Mulm wird namentlich eine reiche Ausbeute von kleineren Arten gewähren. — Doch hat der Sammler auch noch auf manch andere Dinge sein Augenmerk zu richten. Er wird auf seinen Wanderungen Steine aufheben, Ameisenhaufen durchwühlen, Düngerhaufen, Exkremente, Aas, Schwämme durchsuchen und überall wird er reiche Beute machen. Hiebei wird sich ihm manchmal eine **Pinzette** als unentbehrliches Instrument erweisen. Die größte Ausbeute macht man bei Hochwasser in dem angeschwemmten Geniste. Auch auf dem Ufergebüsch wird man eine Unmasse von Käfern entdecken, die sich dahin geflüchtet haben. Sehr ergiebig ist auch der Fang beim Lampenschein. Die günstigste Zeit zum nächtlichen Fang der Käfer ist von Mitte Mai bis Mitte August. Namentlich wird man bei gewitterhafter, schwüler Luft und wolkenbedecktem Himmel manche Arten mühelos erbeuten, die man unter andern Verhältnissen nur mit großer Ausdauer findet. Eine unbedeutende westliche oder südliche Luftströmung ist dem Fange sehr vorteilhaft, während Ost- und Nordwind demselben entschieden hinderlich sind.

Alle die durch die vorhin erwähnten Fangmethoden erbeuteten Käfer werden in kleine, weithalsige Gläser gethan, in welchen sich Cyankalium befindet, das in Gips eingegossen ist. (Derartige Gläser können von allen Naturalienhandlungen oder von jeder Apotheke um billigen Preis bezogen werden.) Durch die aus dem Cyankalium ausströmende Blausäure werden auch die größten Käfer binnen kürzester Frist getötet. Rasch und sicher tötet also dieses Mittel. Darum möchten wir namentlich von dem noch häufigen Töten mit Spiritus abraten. Abgesehen davon,

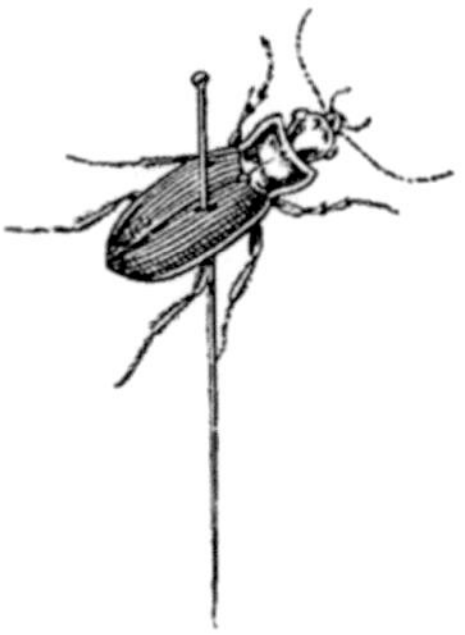

daß durch denselben behaarte Käfer sehr an Schönheit verlieren und die rote Farbe mancher Arten sogar zerstört wird, ist auch der Todeskampf selbst in absolutem Alkohol noch immer ein langwieriger, so daß sich eine derartige Grausamkeit nicht rechtfertigen läßt.

Von der Exkursion nach Hause zurückgekehrt, begiebt man sich, so lange die Käfer noch weich sind, an das Präparieren und Aufstecken derselben. Hiezu bedient man sich der sogenannten Insektennadeln, wie sie in jeder Naturalienhandlung in verschiedener Stärke käuflich sind. Die Nadel steckt man, wie nebenstehende Abbildung zeigt, durch die rechte Flügeldecke so, daß sie auf der Unterseite zwischen dem mittleren und hinteren Fuße der rechten Seite herauskommt; alsdann schiebt man den Käfer auf 3/4 der Nadelhöhe. Beine und Füße werden am besten nicht ausgespreizt, weil sie sonst leicht beim Herausnehmen des Tieres aus der Sammlung abbrechen. Kleinere oder zartere Käfer klebt man mittels Gummi arabicum auf die Spitze gleichgestalteter, am besten aus Zeichenpapier geschnittener, dreieckiger Streifen, die etwa eine Länge von 10 mm und an der Basis eine Breite von 5 mm haben. Die präparierten Käfer müssen alsdann noch einige Tage luftig gestellt werden, damit alles gehörig trocken und hart wird. Erst wenn dies der Fall ist, reihe man sie der Sammlung ein.

Ueber die Einrichtung der Käfersammlung können nicht wohl ins einzeln gehende Ratschläge erteilt werden, da hiebei der Kostenpunkt zu erwägen bleibt. Vor allem trage man Sorge, daß die angewandten Kästen gut schließen und von gleicher Größe und Ausstattung sind. Zum besseren Fixieren der Käfer belegt man den Boden am besten mit Insektentorf. Die Einreihung erfolgt nach der im Buche angegebenen Ordnung. Von jeder Art werden womöglich mehrere Exemplare und wenn die beiden Geschlechter wesentlich von einander verschieden sind, stets Männchen und Weibchen der Sammlung einverleibt. Für noch nicht aufgefundene Tiere läßt man einen entsprechenden Raum frei. Als Etiketten eignen sich am besten gleichgestaltete, ziemlich quadratische Zettelchen. Dieselben enthalten den Artnamen und am Rande den Fundort. Der Gattungsname wird auf eine besondere Etikette geschrieben.

Es erübrigt jetzt nur noch einiges über die Erhaltung der Sammlung zu sagen. Die Feinde aller Insektensammlungen sind Schimmel und Insekten. Um ersterem den Zutritt zu verwehren, stellt man die Sammlung an einem trockenen Orte auf. Schwieriger ist es, den Insekten zu wehren. Fleißiges Nachsehen bewahrt am sichersten vor Schaden. Bemerkt man hiebei, daß sich unter einem Exemplar Staubhäufchen befinden, so darf man sicher annehmen, daß der betreffende Käfer von einer schädlichen Larve bewohnt ist. Solche angegangene Stücke entfernt man alsbald und legt sie einige Zeit in starken Alkohol. Oelig gewordene Stücke bestreicht man am besten mit Schwefelkohlenstoff, worauf sie wieder ihre ursprüngliche Frische erhalten.

Bemerkungen zum Gebrauch der nachstehenden Tabelle.

Wohl die meisten von denen, die sich an das Bestimmen von Käfern wagen, haben sich bis dahin bereits durch Anschauen von Abbildungen, fremden Sammlungen und durch die eigene Sammelthätigkeit eine ziemliche Anzahl von Habitusbildern erworben. Mit Hilfe der nachstehenden Tabelle dürfte es dann nicht schwer fallen, für die noch nicht bekannten Formen den Familiencharakter festzustellen. Ist dieses geschehen, so vergleiche man auch, um ganz sicher zu sein, im folgenden Text unter der gleichen Nummer die ausführliche Familienbeschreibung. Findet man alsdann seine Bestimmung richtig, so sucht man mit Hilfe der den Familienbeschreibungen angefügten Tabellen die Unterfamilie bezw. Gattung und aus letzterer ergiebt sich dann die Spezies.

In den Tabellen, wie auch im Text, sind nachstehende Abkürzungen gebraucht worden:

a. d. S.	= an der(n) Seite(n);	i. d. M.	= in der Mitte;
a. S.rand	= am Seitenrand;	m. o. w.	= mehr oder weniger;
B.ring	= Bauchring;	O.	= Ober (O.Kiefer);
f.	= förmig;	U.	= Unter (U.Kiefer);
Fd.	= Flügeldecken;	V.	= Vorder (V.Beine);
g. d. Sp.	= gegen die Spitze;	v. d. M.	= vor der Mitte;
H.beine	= Hinterbeine (=Brust);	♂	= Männchen;
Hsch.	= Halsschild;	Zw.	= Zwischen (Zw.raum);
h. d. M.	= hinter der Mitte;	♀	= Weibchen.

Tabelle zum Bestimmen der Familien.

Nach dem Tarsensystem.

I. **Pentamera.** Fünfgliedrige.

Käfer mit 5 deutlichen Zehengliedern.

A. Fd. verkürzt; Naht gerade; der aus 6—7 Ringen bestehende H.leib wird oft nach oben aufgebogen; Füße meist 5=, zuweilen auch 4= oder 3gliedrig . . . . **6. Staphylinidae.**

B. Fd. nicht verkürzt, höchstens abgestutzt, selten ganz fehlend.

I. Fühler lang, faden= oder borstenf.

1. Käfer leben im Wasser und haben Schwimmbeine . . . . **3. Dytiscidae.**

2. Käfer leben am Boden, wo sie ihrer Beute nachjagen; ihre kräftigen Lauf= oder Gehbeine haben kugelige V.hüften, die in der Gelenkgrube versenkt sind; Fd. derb und meist spröde.

a. O.Kiefer groß, mit 3 Zähnen hinter der Spitze; leben an sandigen Halden . . . . **1. Cicindelidae.**

b. O.Kiefer am Grunde nur mit 1 Zahn. . . . . . . **2. Carabidae.**

3. Käfer leben auf Blumen und Gesträuch; Beine schwach; V.hüften kegelf. aus den Gelenkgruben vorragend; Fd. meist weich und biegsam, lose dem H.leib aufliegend . . . . **28. Malacodermata.**

4. Käfer leben im Holz oder unter Rinde; Fd. hart, hornig, den H.leib umschließend; Kopf senkrecht, unter das meist kapuzenf. Hsch. einziehbar . . . . **31. Ptinidae.**

II. Fühler gesägt oder gekämmt.

1. V.brust mit einem in eine Grube der M.brust eingreifenden Fortsatz, wodurch sich die Käfer, auf den Rücken gelegt, in die Höhe schnellen können. H.ecken des Hsch. in einen Dorn ausgezogen . . . . **27. Elateridae.**

2. Brustfortsatz stumpf; Käfer ohne Schnellvermögen; Hsch. hinten abgerundet . . . . **26. Buprestidae.**

3. Fd. mit klaffender Naht; Körper lang gestreckt. Käfer leben im Holz . . . . **30. Lymexylini.**

III. Fühler ganz kurz, einen dicken Stift bildend. 4 Augen, zwei oben, zwei unten; Käfer gesellig in Spirallinien auf Gewässern schwimmend . . . . 4. **Gyrinidae.**

IV. Fühler gekniet, mit langem Wurzelglied, an dem die folgenden unter einem Winkel sitzen.

1. Endglieder nach innen kamm- oder sägeartig erweitert, unbeweglich . . . . 24. **Lucanidae.**
2. Endglieder in 3—7 fächerf., bewegliche Blättchen ausgezogen. 25. **Scarabaeidae.**
3. Endglieder einen gleichmäßig erweiterten Knopf bildend. Fd. verkürzt, abgestutzt; Beine in Gruben zurückziehbar . 10. **Histeridae.**

V. Fühler nicht gekniet, keulenf.

1. Fühler in einen Knopf endend.
   a. Mittelgroße an Aas lebende Käfer mit stark vorragenden M.hüften . . . . 8. **Silphidae.**
   b. Buntgefärbte, auf Blumen lebende Käfer mit länglichem, schmalem, rauhbehaartem Körper . . . . 29. **Cleridae.**
   c. Kleine auf Blumen oder an Aas lebende Käfer; Körper nicht rauhhaarig; B.ringe 6—7; Beine nicht in Gruben zurückziehbar . . . . 12. **Nitidulidae.**
   d. Wie vorhin, aber B.ringe sind es nur 5; Beine in Gruben zurückziehbar . . . . 20. **Dermestidae.**
2. Fühler sich allmählich in eine Keule verdickend.
   a. Kugelige, hochgewölbte, filzig behaarte Käfer; Beine in Gruben zurückziehbar; Bauch besteht aus 5 Ringen . 21. **Byrrhidae.**
   b. Im Wasser oder an Dung lebende Käfer; Kiefertaster so lang oder länger als die Fühler; H.füße oft Schwimmfüße . . . . 5. **Hydrophilidae.**
   c. Käfer leben im Wasser; Kiefertaster viel kürzer als die Fühler; Klauenglied sehr groß, mit auffallend großen Klauen . . . . 22. **Parnidae.**
   d. Kleine auf Blumen oder Gräsern lebende Käfer. B.ringe 5; Schienen a. d. Sp. mit einem Borstenkranz 11. **Phalacridae.**
   e. Glänzende in Baumschwämmen lebende Käfer, deren abgestutzte Fd. das H.leibsende frei lassen . . . . 9. **Scaphidiadae.**
   f. Unter Baumrinden oder an aufgespeicherten Getreidevorräten lebende Käferchen mit langgestrecktem Körper. Fd. den H.leib bedeckend . . . . 14. **Cucujidae.**
   g. An dumpfen Orten, in Kellern u. dgl. von Schimmel sich nährende Käfer mit gewölbtem Körper; 1. B.ring bedeutend länger als die folgenden . . . . 15. **Cryptophagidae.**

II. **Heteromera.** Ungleichgliedrige.

Die 4 ersten Füße mit 5, die 2 letzten mit 4 Gliedern.

A. V.hüften kugelig, wenig aus den Gelenkhöhlen vorragend. H.hüften meist voneinander getrennt; Fühler schnurf., oft auch mit größeren Endgliedern . . . . 32. **Tenebrionidae.**

B. V.hüften kegelf. oder zapfenf. aus den Gelenkhöhlen vorstehend; H.hüften einander genähert, nie durch einen Fortsatz getrennt .
  I. Fußklauen in zwei ungleiche Hälften gespalten; Kopf mit dicken, vorragenden Wangen . . . . 39. **Meloidae.**
  II. Fußklauen nicht gespalten.
    1. Fd. g. d. Sp. erweitert; Kopf hinten halsf. verengt.
      a. Fühler fadenf., Leib langhaarig . . . . 35. **Lagriariae.**
      b. Fühler gesägt, Leib kurzhaarig . . . . 37. **Pyrochroidae.**
    2. Fd. g. d. Sp. nicht erweitert.
      a. Fd. breiter als der H.rand des Hsch.
        aa. Kopf hinter den Augen stark halsf. abgeschnürt. Hsch. oft mit einem hornartigen Fortsatz . . . 36. **Anthicidae.**
        bb. Kopf hinten nicht halsf. verengt; Fd. abgestutzt, den After nicht bedeckend, nach hinten verengt . 40. **Oedemeridae.**
      b. Fd. nicht breiter als der H.rand des Hsch.
        aa. Kegelf., nach hinten spitz auslaufende Blumenkäferchen; Fd. nach hinten verengt . . . . . 38. **Mordellinae.**
        bb. Fußklauen kammf. gezähnt; leben auf Blättern, Blüten, in hohlen Bäumen . . . . 33. **Cistelidae.**
        cc. In morschem Holze oder in Baumschwämmen lebende Käfer mit einfachen Fußklauen . . . . 34. **Melandryadae.**

III. **Tetramera.** Viergliedrige.

Alle Füße mit 4, selten die Vorderfüße mit 3 Gliedern.

A. Kopf rüsself. verlängert. Fühler meist gekniet, legen sich in der Ruhe in eine Rinne am Rüssel . . . . 41. **Curculionidae.**
B. Kopf nicht oder schwach rüsself., im letzten Fall aber dann ohne Fühlerrinne.
  I. Fühler gekniet mit einem die halbe Länge einnehmende Endknopfe. Kopf m. o. w. in das Hsch. zurückgezogen; Käfer leben im Holz . . . . 42. **Scolytidae.**
  II. Fühler nicht gekniet.
    1. Fühler keulenf.
      a. Käfer leben im Schlamme an stehenden Gewässern; V.schienen der Beine erweitert . . . . 23. **Heteroceridae.**
      b. Käfer leben im Holze, unter Baumrinden oder in Schwämmen.
        aa. Alle B.ringe frei beweglich; V.füße des ♂ meist 3gliedrig . . . . 18. **Mycetophagidae.**
        bb. Die 2 ersten B.ringe sind verwachsen . . . . 17. **Erotylidae.**
        cc. Die 3—4 ersten B.ringe sind verwachsen . . . 13. **Colydiadae.**
    2. Fühler borsten- oder fadenf., meist länger als der halbe, oft sogar viel länger als der ganze Körper. Schlanke, langbeinige Körper . . . . 43. **Cerambycidae.**
    3. Fühler schnurf., kürzer, selten länger als der halbe Leib; Körper meist gedrungen, stark gewölbt . . . . 44. **Chrysomelidae.**

IV. **Trimera.** Dreigliedrige.

Alle Füße oder doch die H.füße scheinbar oder wirklich 3gliedrig.

A. Fd. verkürzt, kaum die Hälfte des aus 5 verwachsenen Ringen bestehenden H.leibs bedeckend. Füße meist mit einfacher Klaue endend . . . . **7. Pselaphidae.**

B. Fd. ganz.

I. Tarsen einfach; Fühler vorgestreckt; Körper länglich . . . **16. Lathridiadae.**

II. Tarsen meist breit mit bürstenartiger Sohle; Körper m. o. w. gewölbt, unten flach.

1. Fühler unter den Kopf zurückziehbar . . . . . **45. Coccinellidae.**
2. Fühler nicht unter den Kopf zurückziehbar . . . . **19. Endomychidae.**

1. Familie. **Cicindelidae, Sandläufer.**

Langgestreckte, unten schön metallisch gefärbte Käfer mit dreizähnigen Oberkiefern, großem Kopf, hervortretenden Augen, 11gliedrigen Fühlern und langen, dünnen Beinen. — Die Arten leben auf sandigem Boden, wo sie an sonnigen Tagen in kurzem Fluge oder raschem Laufe der Insektenjagd obliegen.

1. Gattung. **Cicindela, Sandläufer.**

1. C. campestris L. Feld=S. — (Taf. I, 1.) Fd. hellgrün, glanzlos, mit 5 weißen Randpunkten und einem 6. etwas größeren, schwarz eingefaßten h. d. M. unweit der Naht. 12—14.*) — Bildet viele Lokalvarietäten. Auf Sandfeldern und Heiden gemein. April, Mai.

2. C. germanica L. Deutscher S. — Körper meist metallgrün, aber auch bräunlich, violett oder schwarz. 2 Randpunkte und 1 Mondfleck a. d. Sp. der Fd. weiß. 9—11. — Nicht selten auf sandigen Feldern. Juli, August.

3. C. sylvicola L. Wald=S. — (Taf. I, 2.) Fd. heller oder dunkler graugrün; eine gewöhnlich unterbrochene, halbmondf. Makel a. d. Schulter, eine a. d. Sp. und eine ziemlich breite, geschlängelte, a. d. Naht unterbrochene Binde weiß. 15—16. — Häufig in Wäldern an sonnigen, felsigen Abhängen. Juni.

4. C. hybrida L. Bastard=S. — Wie Nr. 3, aber der halbmondf. Fleck a. d. Schulter nicht unterbrochen. 12—14. — An sonnigen Orten nicht selten. Mai, Juni.

*) Länge in Millimetern.

5. C. sylvatica L. Dunkler Wald-S. — Oben bronzeschwarz, seidenschimmernd, mit runden, schwärzlichen Grübchen, 1 mondf. Schulterfleck, 1 gezackte Binde h. d. M. der Fd. und ein rundlicher Spitzenfleck weiß; U.seite violett, a. d. S. mit langen Haaren. 16—18. — Auf sandigen Waldwegen (namentlich Kieferwaldungen) nicht selten. Juli.

2. Familie. Carabidae, Laufkäfer.

Wohl jedem Naturfreund sind die schnellfüßigen Gesellen, die geschäftig in Feld und Wald, in Wiese und Heide umherrennen, bekannt. Die meisten Laufkäfer haben als Nachttiere eine dunkle Färbung, doch zeichnen sich auch manche durch prächtigen Metallglanz aus. Der verhältnismäßig kleine Kopf trägt vor den Augen die 11gliedrigen Fühler eingelenkt. Besonders entwickelt sind die Freßwerkzeuge. Die Oberkiefer sind kräftig und hakig gekrümmt. An den Unterkiefern befinden sich zwei 4gliedrige Taster, welche wie die 3gliedrigen Lippentaster eine bedeutende Länge erreichen.

Mit geringen Ausnahmen sind alle Laufkäfer ausgebildete Räuber, die größtenteils nachts auf Beute ausgehen. Am Tage halten sie sich unter Moos, Laub, Steinen, Baumrinde versteckt. Doch betreiben viele, namentlich die lebhaft gefärbten, auch bei Tage und selbst im hellen Sonnenschein ihre Jagden. Da es vornehmlich Würmer, Schnecken und Raupen sind, welche von den Käfern, wie auch von deren 6beinigen Larven erbeutet werden, so dürfen wir sie unbedingt zu den nützlichsten Garten- und Forstinsekten rechnen.

Die Laufkäfer bilden eine der größten Käferfamilien. Der bessern Uebersichtlichkeit wegen haben wir sie zunächst in 10 Gruppen oder Unterfamilien unterschieden.

Uebersicht der Gruppen:

A. V.schienen a. d. I.seite ohne Einschnitt.

I. V.schienen mit einem Dorn a. d. Sp. und einem 2. vor derselben . . . . 1. Elaphrini.

II. Die 2 Dornen der V.schienen befinden sich beide a. d. Sp. V.schienen unten von einer Längsfurche durchzogen . . . . II. Carabini.

B. V.schienen a. d. J.seite ausgeschnitten.

I. Fd. a. d. Sp. abgestutzt.

1. H.leib beim ♂ aus 8, beim ♀ aus 7 sichtbaren Ringen bestehend . . . . IV. Brachinini.

2. H.leib wie bei allen übrigen Laufkäfern aus 6 Ringen bestehend . . . . V. Lebiini.

II. Fd. abgerundet.

1. V.schienen a. d. Sp. stark fingerartig gezähnt (Grabfüße); Käfer sehr klein . . . . III. Scaritini.

2. V.schienen a. d. Sp. nicht fingerf. gezähnt.

a. V.füße des ♂ mit 2 erweiterten Tarsengliedern; Endglied der Kiefertaster sehr dünn und pfriemenf.; kleinste (2—7 mm) lange Laufkäfer . . . . X. Bembidiini.

b. V.füße des ♂ mit 2 erweiterten, dreieckigen oder herzf. Tarsengliedern. Kleine (3—7 mm lange) Käferchen mit großen, vorstehenden Augen, und 2 starken Längsfurchen auf der Stirn . . . . IX. Trechini.

c. V.füße des ♂ mit 2—3 erweiterten Tarsengliedern; die erweiterten Glieder sind 4eckig oder rundlich . . VI. Chlaeniini.

d. V.füße des ♂ mit 3 erweiterten, 3eckigen oder herzf. Tarsengliedern . . . . VII. Pterostichini.

e. V.füße des ♂ mit 4 erweiterten Tarsengliedern. Fühler mit Ausnahme der 2 ersten Glieder behaart . . . . VIII. Harpalini.

I. Gruppe. Elaphrini, Uferläufer.

Durch die meist stark vorquellenden Glotzaugen erinnern sie beim ersten Anblick an die Sandläufer. Ihre kürzeren Beine lassen sie jedoch alsbald als eigentliche Laufkäfer erkennen. Die meist kleineren Arten dieser Gruppe leben alle in der Nähe des Wassers.

I. Schildchen unter dem nach hinten vorspringenden H.rand des Hsch. verborgen. Körper hochgewölbt, fast kreisrund . . . Omophron.

II. Schildchen frei; H.rand des Hsch. gerade; Körper gestreckt.

1. Fd. mit Punktstreifen . . . . . . Notiophilus.

2. Fd. mit Grübchen.

a. Kopf viel breiter als das fast herzf. Hsch. . Elaphrus.

b. Kopf schmäler als das 4eckige Hsch. . . . . Blethsia.

2. Gattung. Omophron, Grundläufer.

6. O. limbatum F. Gesäumter G. — (Taf. I, 3.) Bräunlichgelb, der Scheitel, ein 4eckiger Fleck auf dem Hsch. und 3 wellenf. Binden auf den gestreift punktierten Fd. bronzegrün. 5—7. — Ziemlich selten; im Ufersand, auch unter Steinen am Wasser. Juni, Juli.

3. Gattung. **Notiophilus, Laubläufer.**

a. Fd. mit gelb durchscheinender Spitze.

7. N. biguttatus F. Gezeichneter L. — Oben bronzefarben; S.streifen der Fd. stark und dicht punktiert. Beine bronzeschwarz, ihre Schienen wenigstens i. d. M. gelb. 4. — Auf Triften und an Waldrändern häufig. April, Mai.

b. Fd. ohne gelbe Spitze.

8. N. aquaticus L. Wasser-L. — Oben bronzefarben, unten bronzeschwarz; Taster und Beine schwarz. 4—5. — Häufig an sonnigen, feuchten Plätzen in Gärten und Laubwäldern. April—Juli.

9. N. palustris Duft. Sumpf-L. — Ebenso, aber die Wurzel der Taster, die Fühler und die Schienen i. d. M. rotgelb. 4. — Vorkommen wie vorher.

4. Gattung. **Elaphrus, Uferläufer.**

a. Füße grün.

10. E. riparius L. Graugrüner U. — O.seite schmutzig graugrün; Hsch. i. d. M. fast so breit als der Kopf, dicht punktiert; Fd. mit 4 Reihen i. d. M. dunkelvioletter, im Umkreis bronzegrüner Augenflecken; die Schenkel am Grunde und die Schienen i. d. M. braungelb. 7. — Ueberall häufig an den Rändern von Gewässern. Mai, Juni.

11. E. aureus Müll. Erzgrauer U. — Bronzefarben. Hsch. i. d. M. schmäler als der Kopf; die augenf. Flecken d. Fd. fließen fast überall zusammen; Schienen rötlichgelb mit grüner Spitze. 6—7. — Selten. Mai, Juni.

b. Füße stahlblau.

12. E. cupreus Duft. Kupferiger U. — Bräunlich kupferfarben; Hsch. schmäler als der Kopf, beiderseits mit 1 Grübchen. Fd. fein und spärlich punktiert; Schenkelwurzel und Schienen gelbbraun. 8—9. — Häufig an Tümpeln und Sumpfwassern. Mai, Juni.

13. E. uliginosus F. Sumpf-U. — Oben bräunlichgrün, unten glänzend metallgrün; Hsch. viel breiter als der Kopf; beiderseits mit 2 Grübchen; Fd. dicht punktiert; Schienen stahlblau. 8—9. — Im Schlamm an Pfützenrändern; selten. Mai—Juli.

5. Gattung. **Blethsia, Sumpfläufer.**

14. B. multipunctata L. Vielpunktiger S. — (Taf. I, 4.) Oben dunkel erzfarben, wenig glänzend; unten schwarz. Fd. mit 9 Punktstreifen und oft mit grün schillerndem S.rande, Zw.raum 3 mit 4—5, Zw.raum 5 mit 2 Gruben. 10—12. — An Teichrändern, selten. Mai, Juni.

II. Gruppe. **Carabini, Laufkäfer.**

Hieher gehören die größten Arten dieser Familie. Die meisten von ihnen leben unter Steinen und führen ein nächtliches Räuberleben. Ihre Färbung ist deshalb meistens dunkel. Einige Arten mit hellem Metallglanz sind Tagräuber.

I. V.brust nicht über die V.hüften hinaus verlängert. Kopf sehr schmal und lang. Fd. hochgewölbt, den H.leib umfassend. Endglieder der Taster schaufelf. . . . . Cychrus.
II. V.brust nach hinten über die V.hüften hinausragend. Kopf breiter.
  1. Käfer 6—15 mm lang.
    a. Ausrandung des Kinns mit 2 Zähnen . . . . Nebria.
    b. Ausrandung des Kinns mit 1 Zahn . . . . Leistus.
  2. Größte Laufkäfer.
    a. Hsch. quer oval, hinten und vorn gleich stark verengt. Fd. länglich, 4eckig; Körper geflügelt . . . . Calosoma.
    b. Hsch. 4eckig oder herzf., Fd. eif.; Körper ungeflügelt; Ausrandung des Kinns mit spitzem Zahn . . . . Carabus.
    c. Hsch. abgestutzt herzf.; Ausrandung des Kinns mit breitem Zahn . . . . Procrustes.

6. Gattung. **Cychrus, Schaufellaufkäfer.**

15. C. rostratus L. Schwarzer Sch. — (Taf. II, 2.) Tiefschwarz, mattglänzend. Fd. dicht bekörnelt mit 3 undeutlichen, oft kaum angedeuteten Längslinien. 16—19. — An Bergabhängen und Laubwäldern unter Steinen und Laub. Selten. Juli.

16. C. attenuatus F. Rotschieniger Sch. — Fd. schwarz bis kupferbraun, punktiert gestreift; Schienen rotgelb. 13 15. — Vorkommen wie bei Nr. 15.

7. Gattung. **Nebria, Dammläufer.**

17. N. brevicollis F. Kurzhalsiger D. — Glänzend schwarz; Fühler, Schienen und Tarsen rotbraun; Fd. gekerbt gestreift, der 3. Streif mit 4 größeren Punkten. 10—13. — Häufig an Ufern unter Steinen, Genist und Laub. Juni, Juli.

18. N. picicornis F. Gelbbeiniger D. — Schwarz, Kopf und H.leibsp. rot, Fühler und Beine braungelb. Fd. tief punktstreifig. 13 15. — In manchen Gegenden häufig; Frühjahr—Sommer.

19. N. livida L. Gelbgesäumter D. — Schwarz, unten pechbraun; Mitte des Hsch., S.rand und Spitze der Fd., Fühler und Beine blaß gelbbraun. 13 15. An Flußufern unter Steinen und Genist; selten. Juni, Juli.

8. Gattung. **Leïstus. Bartläufer.**

20. L. spinibarbis F. Blauer B. — Oben schwarzblau, unten dunkelbraun; Mund, Fühler und Beine rotbraun. Fd. punktiert gestreift. 7—9. — Selten. Mai—Juli.

21. L. ferrugineus L. Rostroter B. — Rostrot; Kopf hinter den Augen stark eingeschnürt; Hsch. breit herzf. mit rechtwinkligen H.ecken. Fühler und Beine gelbrot; Fd. stark punktiert gestreift. 7. — Nicht häufig. Mai—Juli.

9. Gattung. **Calosoma. Schönläufer.**

22. C. sycophanta L. Puppenräuber. — (Taf. I, 5.) Schwarzblau, Beine, Fühler und Mundteile schwarz; Fd. punktiert gestreift, goldgrün, a. d. S. rotgolden glänzend. 24—30. — Nicht häufig. Mai—August.

23. C. inquisitor L. Raupentöter. — (Taf. I, 6.) Oben kupferbraun, Hsch. und Fd. grün gerandet; U.seite metallisch grün; Mundteile, Fühler und Beine schwarz; Fd. tief punktstreifig. 15—20. — In Laubwäldern, nicht häufig. Mai.

10. Gattung. **Carabus, Laufkäfer.**

a. Fd. schwarz oder dunkelblau, grobrunzelig oder mit großen Gruben.

24. C. intricatus L. Blauer L. — (Taf. I, 11.) O.seite schwarz oder schwarzblau; U.seite schwarz. Fd. lang eif., a. d. S. dunkelblau, mit 3 m. o. w. deutlichen Kettenstreifen. 25—30. — Ziemlich selten; gerne am Fuß der Bäume unter Moos. Frühjahr und Sommer.

25. C. nodulosus Creutz. Knoten-L. — (Taf. I, 7.) Kohlschwarz; Fd. lang, eif., stark gewölbt, mit höckeriger O.fläche und jede mit 5—6 großen Gruben. 24—28. — Die nie zu verkennende Art bewohnt die Mittelgebirge. Sie liebt sumpfige Stellen, watet selbst unter Wasser. Selten. Juni, Juli.

b. Fd. mit 3 nicht unterbrochenen Längsrippen und 3 Reihen glänzender Gruben.

26. C. clathratus L. Goldgruben-L. — Schwarz; O.seite heller oder dunkler bronzefarben, oft grünschimmernd. Fd. schwach gewölbt; Gruben gold- oder kupferglänzend. 25—28. — Auf Sumpfwiesen, namentlich in Norddeutschland. Mai, Juni.

c. Fd. glänzendgrün oder goldgrün, mit 3 erhabenen Längslinien. Zw.räume gerunzelt.

27. C. auratus L. Goldschmied. — (Taf. I, 8.) Hsch. fast quadratisch; Fühlerwurzel und Beine rot. 20—24. — Häufig, besonders auf Kalk- und Lehmboden. April—August.

28. C. auronitens F. Goldglänzender L. — Naht und Längsrippen der Fd. schwarz, die Zw.räume rauh punktiert; Fühlergrund und Beine rot, letztere mit dunkleren Schienen und Füßen. 22—25. — In Wäldern; nicht häufig. April, Mai.

29. C. nitens L. Goldrand-L. — Längsrippen, Fühler und Beine schwarz; O.seite des Kopfes und Hsch. rotgolden, Fd. smaragdgrün. 13—16. — Auf Sandfeldern und Heiden; selten. Frühjahr und Sommer.

d. Fd. mit 3 Längsrippen; Zw.räume mit 3 Kettenstreifen.

30. C. granulatus L. Gekörnter L. — (Taf. I, 9.) Schwärzlich erzgrün oder dunkel bronzefarben; die erste Längsrippe neben der Naht feiner als die andern, nicht bis zur Spitze reichend; U.seite, Fühler und Beine schwarz. 15—20. — Häufig. Herbst und Frühjahr.

31. C. Ullrichi Germ. Höckeriger L. — (Taf. I, 10.) O.seite kupferfarben, metallglänzend, grün, blau oder blauschwarz; U.seite und Fühler schwarz. Die erste Längsrippe ist beinahe ebenso stark als die beiden andern und reicht bis zur Spitze. 24—28. — Nicht selten. April, Mai.

32. C. cancellatus F. Gitteriger L. — Unterscheidet sich von den beiden vorhergehenden, ähnlichen Arten hauptsächlich durch das 1. rote Fühlerglied. Fd. kupferfarben, bronzegrün, zuweilen schwärzlich. 17—27. — Häufig. Herbst und Frühjahr.

33. C. catenulatus Scop. Violettrandiger L. — Oben bläulichschwarz, Hsch. und Fd. violett gerandet. Hsch. fast herzf., H.rand gerade und stark aufgebogen. Fd. außer den 3 Kettenstreifen noch mit etwa 16 feinen Längslinien. 18—24. — In größeren Waldungen nicht selten. Mai—Juli.

34. C. monilis F. Feingestreifter L. — Färbung sehr veränderlich, erzfarben, gold- bis dunkelgrün, blau; Hsch. viel breiter als lang, dicht und runzelig punktiert; Fd. lang, eif., dicht und fein gestreift, mit 6 abwechselnd stärker erhabenen Streifen, von denen wieder die abwechselnden kettenartig unterbrochen sind. 20—26. — Selten. Juli.

35. C. arvensis F. Feld-L. — Schwarz; O.seite erzfarben, grünlich, schwärzlich oder violett. Fd. punktiert gestreift, die Zw.räume schuppenartig gerunzelt, die Kettenstreifen wenig erhaben; Beine schwarz oder braun. 13—20. — Nicht selten auf Heiden und in lichten Wäldern. Frühjahr—Herbst.

e. Fd. m. o. w. deutlich gestreift; mit 3 Reihen Grübchen.

36. C. convexus F. Kleiner L. — Schwarz, Hsch. und Fd. bläulich gerandet, letztere punktiert gestreift, kurzeif. 13—15. — Selten. Juni, Juli.

37. C. nemoralis Ill. Hain-L. — (Taf. I, 12.) Schwarz; Fd. bronzefarben und wie das Hsch. violett gerandet, letzteres fast quadratisch. Grübchen der Fd. dicht und fein, mittelgroß, etwa 10 in einer Reihe. 22—24. — Häufig an Waldrändern und auch auf Feldern. Herbst und Frühjahr.

38. C. sylvestris F. Wald-L. — (Taf. I, 13.) O.seite schwärzlich, grünlich oder erzfarben; Hsch. fast quadratisch; Grübchen der Fd. tief und glänzend, 6—12 in jeder Reihe. 20—22. — Im Sommer in Bergwäldern häufig.

f. Fd. fein runzelig gekörnt, punktstreifig oder fast glatt.

39. C. violaceus L. Violetter L. — Schwarz, oben oft blauschimmernd. Hsch. so breit als lang und wie die Fd. mit violettem, veilchenblauem oder goldrotem S.rande. 22—26. — Häufig unter Steinen, altem Laub. Herbst und Frühjahr.

40. C. glabratus Payk. Glatter L. — Schwarz, seidenglänzend, die S.ränder bläulich oder grünlich betant. Hsch. breiter als lang; Fd. stark gewölbt, sehr fein und dicht bekörnelt. 24—26. — In feuchten Wäldern; selten. Juni—Sept.

11. Gattung. **Procrustes.** Lederläufer.

41. P. coriaceus L. Deutscher L. — (Taf. II, 1.) Mattschwarz; Fd. verworren gerunzelt. 30—38. — Unser größter Laufkäfer. Im Frühjahr und Herbst auf Feldern und in Wäldern; nicht selten.

III. Gruppe. **Scaritini, Zahnschienenläufer.**

Cylindrische oder doch langgestreckte Laufkäfer mit kurzen Beinen, wovon das vordere Beinpaar durch die erweiterten, mit bezahntem A.rand versehenen Schienen zu Grabbeinen umgestaltet ist. Durch den großen, viereckigen Kopf und durch die halsartigen Partien, mittels deren Kopf, Brust und H.leib miteinander verbunden sind, unterscheiden sie sich charakteristisch von den übrigen Laufkäfern. Man findet sie in feuchtem, sandigem Boden in der Nähe von Gewässern.

1. Hsch. fast 4eckig; Fd. lang, walzenf., nur auf dem Rücken flach. Clivina.
2. Hsch. fast kugelig; Fd. gewölbt . . . . Dyschirius.

12. Gattung. **Clivina,** Spreizläufer.

42. C. fossor L. Pechbrauner Sp. — Rot bis pechschwarz; Mund, Fühler und Beine rot; Fd. punktstreifig, mit 4 größeren Punkten am 3. Streif. 6. — Häufig am Rande von Gewässern. Frühjahr und Sommer.

13. Gattung. **Dyschirius,** Klumpsandläufer.

a. Punktstreifen der Fd. verschwinden v. d. Sp.

43. D. globosus Herbst. Schwarzer K. — Schwarz, oben mit schwachem Bronzeglanz; Mundteile, Fühler und Beine rotbraun. V.schienen deutlich gezähnt. 2—3. — Im Frühjahr häufig in Gärten und an Ufern.

b. Die Punktstreifen der Fd. reichen bis zur Spitze.

44. D. nitidus Dej. Glänzender K. — Stark erzglänzend, meist grünschimmernd; Hsch. fast kreisrund, mit tiefer Mittelfurche; Fd. eif., breiter a. d. Hsch.,

fein punktiert gestreift, 3. Zw.raum mit meistens 3 größeren Punkten; V.schienen undeutlich gezähnt. 4—5. — Häufig an Gewässern. Frühjahr.

45. D. aeneus Dej. Erzgrüner K. — Dunkel erzgrün, glänzend; Mund, Fühlerwurzel und die hinteren Beine dunkelrot; Fd. wenig breiter a. d. Hsch., punktiert gestreift, eif.; V.schienen deutlich gezähnt. 3—4. — Häufig.

IV. Gruppe. Brachinini, Stutzflügelläufer.

Kleinere, schlanke Laufkäfer mit flachen, hinten abgestutzten Fd. Viele haben die Fähigkeit, bei Verfolgung einen bläulichen, übelriechenden Dampf mit hörbarem Puffe aus ihrem After hervorzuspritzen. ♂ mit 8, ♀ mit 7 sichtbaren H.leibsringen.

1. Kinn mit einem Zahn; Fd. a. d. Sp. schief nach innen abgestutzt. Körper ungeflügelt . . . . Aptinus.
2. Kinn ohne Zahn. Fd. gerade abgestutzt. Körper geflügelt . . Brachinus.

14. Gattung. Aptinus, Stutzflügelläufer.

46. A. mutilatus F. St. — Schwarz, dünn behaart; Mund, Fühler und Beine gelbrot; Fd. glatt, tief gefurcht, gegen die Spitze stark erweitert, schief abgestutzt. 10—13. — Im Gebirge; nicht häufig. April—Juli.

15. Gattung. Brachinus. Bombardierkäfer.

47. B. crepitans L. Großer B. — (Taf. II, 3.) Rostrot; H.brust, Bauch, 3. und 4. Fühlerglied schwarz; Fd. schwarzblau, deutlich gestreift und fein punktiert. 7—10. — Gesellschaftlich unter Steinen. April—Juli.

48. B. explodens Dufsch. Kleiner B. — Dem vorigen sehr ähnlich, aber kleiner. 4—7. — Mittel- und Süddeutschland, Oesterreich; nicht selten.

V. Gruppe. Lebiini, Schmalläufer.

Meist hübsch gefärbte, hurtige Käferchen mit etwas abgestutzten, das H.leibsende nicht überragenden Fd.

1. Hsch. herzf., länger als breit; Körper schmal; 4. Tarsenglied stark 2lappig . . . . Demetrias.
2. Hsch. viel breiter als lang, nach hinten wenig verengt. 4. Tarsenglied a. d. Sp. ausgerandet . . . . Lebia.
3. Hsch. ziemlich 4eckig; Fd. mit hellen Flecken . . . . . . Dromius.
4. Hsch. herzf. mit kleinen, zahnartig vorspringenden H.ecken . . Cymindis.

16. Gattung. **Demetrias, Schilfschmalläufer.**

49. D. atricapillus L. Ungefleckter Sch. — Blaßgelb; Kopf schwarz; Fühler, Hsch. und Beine gelbrot; Fd. blaßgelb, fein gestreift, mit punktierten Zw.-räumen. 4—6. — Im Röhricht. Frühjahr und Sommer.

50. D. imperialis Germ. Schwarzgezeichneter Sch. — Ockergelb, glänzend. Kopf, Brust und eine kreuzf. Makel auf den Fd. schwarz, letztere fein punktiert gestreift. 5. — An Fluß- und Seeufern; nicht selten. April.

17. Gattung. **Lebia, Prunkschmalläufer.**

a. Fd. einfarbig.

51. L. cyanocephala L. Blauköpfiger P. — Blau oder blaugrün. Hsch., das erste Fühlerglied und die Basis der Schenkel rot; Schildchen schwarz; Fd. fein punktiert gestreift, die Zw.räume deutlich punktiert. 6—7. — Besonders auf Kalkboden unter Steinen, aber auch auf Gesträuchen; nicht häufig. Mai, Juni.

52. L. chlorocephala E. H. Grünköpfiger P. — Wie Nr. 51, aber die beiden ersten Fühlerglieder und die Wurzel des 3., die Beine, mit Ausnahme der Tarsen und das Schildchen rot. 5—7. — Häufig. Mai—Juli.

b. Fd. mehrfarbig.

53. L. crux minor L. Schwarzbindiger P. — Schwarz; Hsch. rot; die 3 ersten Fühlerglieder und die Fd. rötlichgelb, letztere mit einem gemeinschaftlichen schwarzen Kreuz; Beine rot, Knice und Füße schwarz. 5—6. — Selten. Mai, Juni.

54. L. haemorrhoidalis F. Rotspitziger P. — Rot; Augen, Brust und Fd. schwarz, letztere mit roter Spitze. 4—5. — Selten. Mai—Juli.

18. Gattung. **Dromius, Rindenschmalläufer.**

a. Fd. einfarbig.

55. D. agilis F. Braungeflügelter R. — Kopf schwarzbraun, Hsch. dunkelrot; Fd. dunkelbraun, leicht gestreift; Mundteile Fühler und Beine rostgelb. 5—6. — Ueberwintert gesellig am Fuße von Bäumen. April.

56. D. truncatellus L. Glatter R. — Schwarz, glänzend; Fühlerwurzel, Schienen und Füße braun; Fd. schwach gestreift, ohne Punkte. 2—3. — Häufig unter Baumrinden. Herbst.

b. Fd. schwarz oder braun, jede mit 2 gelben Flecken.

57. D. quadrimaculatus L. Großer vierfleckiger R. — Hsch. rötlich, breiter als lang; der 2. gelbe Fleck der Fd. nimmt die ganze Spitze ein; Fühler und Beine blaßgelb. 5—6. — Unter Rinde; nicht selten. April, Mai.

58. D. quadrinotatus Pz. Kleiner vierfl. R. — Wie Nr. 57, aber kleiner; Hsch. länger als breit; der 2. gelbe Fleck der Fd. vor d. Sp. an der Naht, daher die Spitze der Fd. stets schwarz; Fühler und Beine blaßgelb. 3—4. — Im Winter und Frühjahr häufig unter Kiefernrinde.

19. Gattung. Cymindis, Randschmalläufer.

59. C. humeralis F. Schwarzhalsiger R. — Glänzend schwarz, fein punktiert. Fühler, Beine, der S.rand und ein länglicher Schulterfleck der gestreiften Fd. gelbrot. 8—11. — An sonnigen Waldrändern vom März an; nicht häufig.

60. C. axillaris F. Rothalsiger R. — Glänzend schwarz, dünn behaart; Fühler und Hsch. gelbrot; Beine, A.rand der punktiert gestreiften Fd. und ein Längsstrich a. d. Schulter derselben rostgelb. 7—9. — Nicht häufig. Juli, August.

61. C. vaporariorum L. Behaarter R. — Schwarz, behaart, grob punktiert; Fd. fein gestreift, ihre Wurzel und der S.rand, Fühler und Beine rostrot. 7—8. Sehr häufig im ganzen Alpengebiet.

VI. Gruppe. Chlaeniini, Samtläufer.

Kleine bis mittelgroße Laufkäfer, deren Fd. nicht abgestutzt sind. Die 2, selten die 3 ersten Glieder der V.tarsen beim ♂ rundlich viereckig erweitert, unten schwammig.

1. Hsch. rund; Fd. rot mit schwarzem Kreuz; Endglied der Taster beilf. . . . . Panagaeus.
2. Hsch. schwach herzf., a. d. S. gerundet, hinten stark verengt, mit rechtwinkligen H.ecken; Fd. gelb mit schwarzen Punkten. Endglied der Taster spitzig . . . . Callistus.
3. Hsch. herzf.; Fd. der kleinen Käfer gelb und schwarz gezeichnet. Endglied der Taster eiförmig . . . . Badister.
4. Hsch. m. o. w. herzf., hinten schmäler als die meist grünen Fd.; Endglied der Taster walzenf. . . . . Chlaenius.
5. Hsch. am Grunde am breitesten, mit den H.ecken die Basis der Fd. umfassend. Endglied der Taster walzenf., abgestutzt . . Oodes.

20. Gattung. Panagaeus, Schnurläufer.

62. P. crux major L. Großkreuz-Sch. — (Taf. II, 4.) Schwarz; Hsch. viel breiter als lang; Fd. tief punktiert gestreift, ziegelrot mit schwarzem Kreuze. 7—8. — Unter Steinen, Laub, Moos; nicht häufig. Frühjahr und Herbst.

63. P. quadripustulatus St. Vierfleckiger Sch. — Wie vorher, aber Hsch. beinahe kreisrund; Fd. dunkelrot mit schwarzem Kreuze. 6—7. — Selten. Mai—Juli.

21. Gattung. **Callistus. Buntläufer.**

64. C. lunatus F. Mondfleckiger B. — Hsch. rot, herzf.; Fd. fein punktstreifig, dünn behaart, gelb, jede mit 3 schwarzen Flecken, von denen der hinterste mit dem gegenüberliegenden zusammenhängt. 6—7. — Auf Kalkboden; nicht häufig. April—Oktober.

22. Gattung. **Badister, Wanderläufer.**

65. B. bipustulatus F. Zweifleckiger W. — Schwarz; Hsch., Beine und Fd. rotgelb, jede der letzteren auf der hinteren Hälfte mit einem schwarzen, mondf. Fleck. 5—6. — Unter Steinen, feuchtem Laub. Mai, Juni.

23. Gattung. **Chlaenius, Samtläufer.**

a. Fd. grün.

66. C. Schrankii Duft. Schranks-S. — Kopf und Hsch. grün, gold- oder kupferglänzend; Fd. fein gekörnt und gestreift; die 3 ersten Fühlerglieder und die Beine rostrot; H.ecken des Hsch. scharf rechtwinklig. 11. — An Gewässern unter Steinen und Moos; ziemlich selten. Mai, Juni.

67. C. nigricornis F. Schwarzhörniger S. — (Taf. II, 5.) Wie vorher, aber nur das 1. Fühlerglied rot; H.ecken des Hsch. stumpfwinklig abgerundet; Beine schwarz oder rot. 11. — Nicht selten. Mai, Juni.

b. Fd. grün mit gelbem Saum.

68. C. vestitus F. Geschmückter S. — U.seite schwarzbraun, Kopf und Hsch. schön goldgrün; der gelbe Saum d. Fd. a. d. Sp. über doppelt so breit als am S.rande. Fühler und Beine gelb. 9—11. — Nicht selten unter Moos und Steinen an Flußufern. Frühjahr.

69. C. velutinus Duft. Behaarter S. — Kopf und Hsch. metallisch grün; Fd. tief gestreift und fein gelblich behaart, schmutziggrün; U.seite braunschwarz; Fühler und Beine gelb; Saum der Fd. überall gleich breit. 15. — Vorkommen wie vorher.

c. Fd. schwarz.

70. C. holosericeus F. Schwarzer S. — O.seite metallisch schwarz, fein behaart, Hsch. runzelig punktiert. Fd. gestreift, Zw.räume gekörnt. 10—11. — Nicht überall vorkommend.

24. Gattung. **Oodes. Großhalsläufer.**

71. O. helopioides F. G. — Länglich eif., schwach gewölbt, schwarz; Hsch. sehr groß, glatt; Fd. fein punktstreifig. 7—9. — Im Frühjahr überall unter Steinen 2c.

VII. Gruppe. **Pterostichini, Grabläufer.**

Mittelgroße, dunkel oder metallisch gefärbte Laufkäfer. Die 3 erweiterten Tarsenglieder an den V.füßen der ♂ haben stets eine 3eckige oder herzf. Gestalt. Die Tasterendglieder sind spindel- oder eif. und an der Spitze immer abgestutzt. — Es ist dies eine sehr arten- und individuenreiche Gruppe.

I. Hsch. mit halsf. Einschnürung.
  1. O.Kiefer groß, gerade, nur a. d. Sp. gebogen. Käfer 5—6 mm . . . Stomis.
  2. O.Kiefer klein, allmählich gebogen; Käfer 15—20 mm groß . Broscus.
II. Hsch. ohne halsf. Einschnürung.
  1. Das 3. Fühlerglied kaum länger als das 4.
    a. Hsch. herz- oder kreisf.; die 8 Endglieder der Fühler fein behaart; schlanke oft metallisch gefärbte Käferchen . . . . Anchomenus.
    b. Hsch. fast 4eckig, nach vorn etwas verengt, nach hinten gar nicht verschmälert; die 3 letzten Fühlerglieder fein behaart. Klauen gezähnelt . . . . Calathus.
    c. Hsch. herzf. oder 4eckig, mit scharfem S.rand; V.schienen mit einem Dorn; Fd. gestreift meist mit Rückenpunkten.
      aa. das 1. Fühlerglied seitlich zusammengedrückt, oben mit scharfer Kante . . . . Poecilus.
      bb. Das 1. Fühlerglied vollkommen abgerundet . . . . Pterostichus.
    d. Hsch. groß, breiter als lang, knapp an die gleich breiten Schultern der Fd. anschließend; Fd. gestreift, aber ohne Rückenpunkte. Körper eif., wodurch sich diese Arten auffallend von den übrigen Laufkäfern unterscheiden. V.schienen mit 1 Dorn . . . . Amara.
    e. Hsch. fast 4eckig, nach vorn verengt; Körper plump. V.schienen mit 2 Dornen . . . . Zabrus.
  2. Das 3. Fühlerglied so lang als das 4. und 5. zus. Große an feuchten, finstern Orten lebende Käfer . . . . Sphodrus.

25. Gattung. Stomis, Schnürhals-Grabläufer.

72. St. pumicatus Pz. Sch n. = G. — Glänzend pechschwarz; Fühler und Beine rot; Hsch. hinten beiderseits mit einem tiefen, punktierten Längseindruck. Fd. tief punktstreifig. 6—7. — Im Frühjahr in feuchten Wäldern nicht selten.

26. Gattung. Broscus. Großkopfläufer.

73. B. cephalotes L. G r o ß e r G. — Schwarz, mäßig glänzend; Kopf groß und dick; Stirn punktiert; Fd. mit 8 Reihen kaum sichtbarer, eingestochener Punkte. 18—22. — Auf sandigen Plätzen, am Tage unter Steinen und in selbstgegrabenen Löchern; selten. Mai—September.

27. Gattung. Anchomenus, Putzläufer.

a. Hsch. herzf.

74. A. angusticollis F. Enghalsiger P. — Schwarz; Fühler, Taster und Beine pechbraun. Hsch. mit rechtwinkligen H.ecken. Fd. gestreift, im 3. Zw.raum mit 3 eingedrückten Punkten. 10—11. — Häufig in Wäldern. Mai—Juli.

75. A. prasinus F. Lauchgrüner P. — Unten schwarz oder grünlich; Kopf und Hsch. grün; Fühlerwurzel, Taster, Beine und Fd. hell rostrot, letztere gestreift, hinten mit einer großen, gemeinschaftlichen, blaugrünen Makel. 6—7. Häufig vom Frühjahr an.

76. A. albipes F. Bleichbeiniger P. — Braunschwarz, glänzend. Taster, Fühler und Beine blaßgelb; Fd. fast doppelt so breit als das Hsch., fein gestreift, an den Rändern öfters braun. 7. — Häufig an Gewässern. Mai, Juni.

b. Hsch. rundlich.

77. A. sexpunctatus L. Sechspunktiger P. — (Taf. II, 9.) Glänzend metallschwarz; Kopf und Hsch. schön grün; Fd. glänzend kupferrot, der 3. Zw.raum mit einer Reihe von 5—6 Punkten. 7—8. — Häufig vom Frühjahr bis Herbst.

78. A. marginatus L. Gerandeter P. — Oben lebhaft grün, oft mit rötlichem Schimmer; Seitenrand der Fd., Schienen und Füße gelb, Schenkel braun; Zw.raum 3 mit 3 größeren Punkten. 7—9. — Häufig. Mai, Juni.

79. A. viduus Pz. Dunkler P. — Dunkel erzgrün oder glänzend schwarz; Fühler und Beine schwarz; Hsch. viel breiter als lang, fein Rand besonders hinten aufgebogen, die H.ecken abgerundet; Fd. tief gestreift, in den Streifen m. o. w. deutlich punktiert, Zw.raum 3 mit 3 eingestochenen Punkten. 7—9. — An sumpfigen Stellen. Mai—Juli.

80. A. parumpunctatus F. Armpunktiger P. — Kopf und Hsch. hellgrün, glänzend; Fühlerwurzel und Schienen gelbbraun. Fd. braun oder grün erzfärbig, fein gestreift, in den Streifen sehr schwach punktiert, Zw.raum 3 mit 3 Punkten. U.seite dunkelgrün. 6—8. — Häufig. Mai—Juni.

81. A. oblongus F. Eirunder P. — Glänzend pechbraun; Hsch. länglich, hinten punktiert und wie der Kopf schwarz; Fd. tief punktiert gestreift, hellbraun, Fühler und Beine blaßgelb. 5. — Mai, Juni.

28. Gattung. Calathus, Kreiselläufer.

82. C. cisteloides Ill. Punktierter K. — Schwarz; Fühler und Beine bald heller, bald dunkler braun; Hsch. nach vorn etwas verengt, am Grunde ausgebuchtet. Fd. fein punktiert gestreift, mit 1 Zähnchen an den Schulterecken und im 3. und 5. Zw.raum je mit einer Punktreihe. 10—11. — Von Frühjahr bis Herbst überall häufig.

83. C. fulvipes Gyll. **Braunbeiniger K.** — Schwarz; Fühler und Beine braungelb; Hsch. fast quadratisch, meist mit rötlichem S.rand; Fd. stark gestreift, Zw.raum 3 mit einigen gereihten Punkten. 8—10. — Frühjahr bis Herbst, häufig.

84. C. melanocephalus L. **Schwarzköpfiger K.** — Schwarz; Fühler und Beine rötlichgelb; Hsch. ganz gelbrot; Fd. schwarzbraun mit rötlich schimmerndem S.rande, punktstreifig, Zw.raum 3 mit 3 Punkten. 6—7. — Häufig unter Steinen, Laub ꝛc. Frühjahr bis Herbst.

85. C. fuscus F. **Dunkelbrauner K.** — Dunkelbraun; Fühler und Beine rötlichgelb; Hsch. nach vorn verengt, die Ränder rot durchscheinend; Fd. fein gestreift, Zw.raum 3 mit 2 Punkten. Diese Art ist stets geflügelt. 8—9. — Ueberall. Frühjahr bis Herbst.

29. Gattung. Poecilus. Bunt-Grabläufer.

86. P. cupreus L. **Kupferiger B.-G.** — (Taf. II, 7.) Oben metallisch grün, kupferrot, bläulich, schwarz; die 2 ersten Fühlerglieder rot; Beine schwarz oder rotbraun; Hsch. fast quadratisch, H.ecken mit 2 eingedrückten Strichelchen; Fd. breit, tief gestreift, die Streifen fein punktiert, Zw.raum 3 mit 3 eingestochenen Punkten; geflügelt. 10—12. — Gemein. Nach Größe und Farbe sehr veränderlich.

87. P. punctulatus F. **Mattschwarzer B.-G.** — Schwarz; Fühler schwarz; Hsch. jederseits mit 2 Strichen in einer seichten Vertiefung; Fd. sehr fein und undeutlich punktiert gestreift, Zw.räume flach, der 3. mit 3 eingestochenen Punkten; geflügelt. 12—13. — Nicht häufig. Frühjahr und Sommer.

88. P. lepidus F. **Schwarzhörniger B.-G.** — Farbe sehr veränderlich, meistens kupferrot oder grün, auch bläulich oder schwarz. Fühler, U.seite und Beine ganz schwarz; Hsch. am H.rande etwas gebuchtet, beiderseits mit 2 eingedrückten Strichen; Fd. tief gestreift mit 3 eingestochenen Punkten; ungeflügelt. 11—13. — Nicht selten. Mai—Juli.

30. Gattung. Pterostichus, Grabläufer.

I. Die Fd. haben zwischen dem äußersten S.rande und dem mit großen, grübchenartigen Punkten besetzten 8. Streifen nur **einen** Streif.

1. H.ecken des Hsch. abgerundet.

89. P. aethiops Pz. **Braunschwarzer G.** — Glänzend braunschwarz oder schwarz; Hsch. ohne Längsstriche in den Gruben am H.rande; Fd. breiter als das Hsch., nach hinten erweitert, tief gestreift, der 3. Zwischenraum mit 3 eingestochenen Punkten. 12—13. — In Gebirgswäldern nicht selten. Herbst und Frühjahr.

90. P. aterrimus F. **Glänzendschwarzer G.** — Tiefschwarz, sehr stark glänzend; Hsch. breiter als lang, der S.rand aufgebogen, Mittellinie tief und vorn

durch einen starken Quereindruck begrenzt, H.ecken mit breitem, punktiertem Eindruck. Fd. fast walzig, fein punktiert gestreift, 3. Zwischenraum mit 3 tief eingestochenen Gruben. 12—13. — Selten.

2. H.ecken des Hsch. recht- oder stumpfwinklig.

a. Käfer unter 10 mm Länge.

91. P. vernalis Pz. Frühlings G. — Tiefschwarz; Fühlerwurzel und Beine rötlichbraun. Hsch. nach hinten verengt, am H.rande runzelig punktiert, in den H.ecken jederseits 2 Längsstriche, wovon der äußere kürzer und undeutlich ist. Fd. tief punktiert gestreift, Zw.raum 3 mit 3 eingestochenen Punkten; geflügelt. 6. — Im Frühjahr und Sommer häufig.

92. P. strenuus Ill. Pechschwarzer G. — Pechschwarz; Fühler, Taster und Beine braunrot; Hsch. ziemlich herzf., vor den scharfspitzen H.ecken verengt, am Grunde dicht und stark punktiert und beiderseits mit tiefem Längseindruck. U.seite punktiert; die Streifen der Fd. neben der Naht tief und stark punktiert; Flügel verkümmert. 5—6. — Ziemlich häufig; Sommer und Herbst.

93. P. diligens St. Kleinster G. — Unterscheidet sich von Nr. 92 namentich durch den Mangel der Punkte an der U.seite des Hsch. 5—6. — Seltener.

b. Käfer über 10 mm lang.

94. P. anthracinus Ill. Kohlschwarzer G. — Glänzend schwarz; Hsch. fast quadratisch, am Grunde beiderseits mit 2 in einer runzeligen Grube befindlichen Längseindrücken, von denen der innere tief und deutlich ist. Spitze der Fd. an der Naht mit einem kleinen Zähnchen; geflügelt. 11. — Ueberall häufig; Frühling und Sommer.

95. P. nigritus F. Tiefschwarzer G. — Glänzend tiefschwarz; Hsch. nach hinten verengt, am Grunde jederseits eine runzelig punktierte Grube mit 2 Längsstrichen, wovon nur der äußere tief und deutlich ist. Fd. tief gestreift, a. d. Sp. ohne Zahn; geflügelt. 10—12. — Häufig.

96. P. niger F. Schwarzer G. — Tiefschwarz, etwas glänzend; Hsch. fast quadratisch, am Grunde jederseits mit 2 tiefen Längsstrichen, von denen der innere viel länger ist als der äußere. Fd. tief gefurcht, die Zw.räume gewölbt; geflügelt. 16—20. — In Wäldern häufig; Frühjahr und Sommer.

97. P. oblongopunctatus F. Länglich punktierter G. — O.seite dunkel erzfarben, U.seite schwarz; Taster, Schienen und Füße pechbraun; Hsch. herzf., H.ecken spitz vortretend, punktiert, beiderseits nur mit 1 Längseindruck. Fd. stark gestreift mit je 4—6 länglichen Punkten; geflügelt. 10—11. — Nicht selten. Herbst und Frühjahr.

98. P. vulgaris L. Gemeiner G. — Schwarz, mäßig glänzend; Kopf mit tiefen Stirnfurchen. Hsch. fast quadratisch, am Grunde jederseits mit tiefer, runzelig punktierter Grube, in dieser 2 deutliche Striche. Fd. stark gestreift, die Zw.räume gewölbt, der 3. mit 2 eingestochenen Punkten; ungeflügelt. 13—16. — Häufig; Frühjahr bis Herbst.

99. P. parumpunctatus Germ. Armpunktiger G. — Glänzend schwarz; Kopf glatt; Hsch. herzf., breiter als lang, am Grunde beiderseits mit tiefem Längseindruck und einem kleineren undeutlichen daneben, M.linie tief, vor der Basis in eine Querlinie sich verlierend. Fd. ziemlich flach, tief gestreift, mit 3 Punkten auf dem 3. Zw.raum; ungeflügelt. 13—17. — In Gebirgsgegenden. Herbst und Frühjahr.

100. P. metallicus F. Metallglänzender G. — Unten pechschwarz, oben stark glänzend kupferfarben, die Ränder und das Hsch. grünlich, letzteres viel breiter als lang, am Grunde mit 2 tiefen Längseindrücken; Fd. ziemlich flach, undeutlich gestreift, mit 2 Punkten im 3. Zw.raum, Schultern rechtwinklig; Taster und Beine braunrot. 11—13. — Nicht selten; Frühjahr bis Herbst.

II. Die Fd. zeigen zwischen dem äußersten S.rande und dem mit großen, grübchenartigen Punkten besetzten 8. Streifen zwei Streifen.

1. 3. Fühlerglied nur a. d. Sp. mit einigen Borsten besetzt.

101. P. (Abax Bon.) striola F. Tiefgestreifter G. — Tiefschwarz, das ♂ glänzend, das ♀ matt; Fd. ziemlich tief gestreift, mit flachen Zw.räumen. Hsch. i. d. M. am breitesten, in den H.ecken je mit 2 tiefen, gleichen Längsstreifen. 18—20. — In Gebirgswäldern nicht selten; Juli.

102. P. ovalis Duft. Eiförmiger G. — Kurz eif., glänzend schwarz; Hsch. am H.rande am breitesten, in den H.ecken mit 2 ungleichen Längseindrücken. Fd. tief gefurcht, Zw.räume gewölbt. 13—15. — In Gebirgswäldern häufig.

103. P. parallelus Duft. Schmaler G. — Glänzend schwarz. Hsch. quadratisch, hinten beiderseits mit einem punktierten Eindruck und in demselben je mit 2 eingedrückten Strichen, von denen der innere undeutlich ist. 14—16. — In Gebirgswäldern; nicht selten.

2. 3. Fühlerglied fast ganz mit Borsten besetzt.

104. P. elatus F. Gewölbter G. — Glänzend schwarz; Hsch. herzf., je mit einer Grube in den H.ecken, in welcher sich nach vorn 2 Eindrücke befinden, welche ein Fältchen bilden. Fd. eif., bauchig gewölbt, tief gestreift, Beine rotbraun. 15—16. — Im Sommer in Bergwäldern nicht selten.

105. P. terricola L. Pechbrauner G. — Glänzend pechbraun, unten heller. Hsch. herzf. mit scharfwinklig vorspringenden H.ecken, neben denselben mit 2 Längseindrücken, von denen der innere länger ist. Fd. seicht gestreift, der Nahtstreifen schwach und vor der Spitze verschwindend. 11—14. — Vorkommen wie vorher.

31. Gattung. Amara. Kanalläufer.

1. Hsch. nach hinten verengt.

a. Käfer über 10 mm lang.

106. A. aulica Pz. Großer K. — O.seite schwarz oder pechschwarz, glänzend; U.seite pechbraun; Fühler und Beine rotbraun; Hsch. am V.- und H.rande

dicht runzelig punktiert, mit 2 seichten Eindrücken in den spitzen H.ecken; Fd. breiter als das Hsch., punktstreifig. 11—13. — Ziemlich selten; Mai—Juli.

b. Käfer unter 10 mm Länge. H.schienen des ♂ innen stark behaart.

107. A. fulva D. G. Gelbbrauner K. — Glänzend gelbbraun; Fühler und Beine rostgelb; Hsch. am Grunde punktiert und hinten jederseits mit 2 seichten Grübchen; Fd. tief punktstreifig. 7—9. — Auf Sandboden häufig. Juli.

108. A. apricaria F. Dunkelbrauner K. — Oben glänzend dunkelbraun, unten heller; Fühler und Beine rot; Hsch. mit je 2 tiefen, punktierten Gruben; Fd. breiter als das Hsch., tief gestreift, die Streifen bis über die Mitte stark punktiert. 6—7. — Häufig. Frühjahr bis Herbst.

2. Hsch. nach hinten nicht verengt.

a. Käfer über 10 mm lang.

109. A. acuminata Payk. Zugespitzter K. — Oben erzfarben, unten schwarz; die ersten 3 Fühlerglieder rot, Beine ganz schwarz. Hsch. am Grunde jederseits mit einem kurzen, tiefen, ziemlich weit vom H.rande entfernten Eindruck; Fd. gestreift, hinten etwas zugespitzt. 10—11. — Auf Getreidefeldern ziemlich häufig. Frühjahr und Spätsommer.

b. Käfer unter 10 mm lang.

110. A. plebeja Gyll. Gewöhnlicher K. — Erzfarben; die 3 ersten Fühlerglieder und die Wurzel des 4, sowie die Schienen gelbrot; Hsch. mit rechtwinkligen H.ecken und innerhalb derselben dicht und fein punktiert, jederseits mit 2 deutlichen Eindrücken; Fd. fein gestreift, die Streifen glatt oder sehr undeutlich punktiert. 6. — Häufig. Frühjahr und Sommer.

111. A. communis Pz. Sehr gemeiner K. — Oben grünlich erzfarben; die 3 ersten Fühlerglieder und die Wurzel des 4. sowie die Schienen rot, Schenkel schwarz, Füße braun; Hsch. mit etwas vortretenden V.ecken und spitzen, fein punktierten H.ecken; Streifen der Fd. nach der Spitze deutlich tiefer werdend. 5—7. — Häufig. Frühjahr und Sommer.

112. A. vulgaris Pz. Gemeiner K. — (Taf. II, 8.) Oben dunkel erzfarben, unten schwarz; U.seite der 2 ersten Fühlerglieder rot; Hsch. hinten glatt, sonst, wie auch die Streifen der Fd. mit dem vorigen übereinstimmend. 7—8. — Seltener; mehr in bergigen Gegenden.

113. A. familiaris Duft. Geselliger K. — Oben grünlich erzfarben, die 3 ersten Fühlerglieder, die Wurzel des 4. und die Beine rot. Hsch. hinten beiderseits mit 2 flachen, zerstreut punktierten Eindrücken. Fd. mit nach hinten vertieften, m. o. w. deutlich punktierten Streifen. 5—6. — Sehr häufig. Frühjahr bis Herbst.

114. A. similata Gyll. Braunschieniger K. — Oben dunkel erzfarben, unten schwarz; die 3 ersten Fühlerglieder rot, Schenkel schwarz, Schienen und Füße braunrot; Hsch. in den H.ecken mit kleinen, seichten, schwach, aber dicht punktierten Eindrücken. M.schienen des ♂ dicht behaart. 8—9. — Häufig. Herbst u. Frühjahr.

115. A. trivialis Gyllh. Feingestreifter K. — Oben metallisch; die 3 ersten Fühlerglieder und die Schienen rot; Hsch. mit einem meist undeutlichen und neben diesem mit einem tiefen, grubenartigen Eindruck auf den H.ecken. Fd. fein und gleichmäßig gestreift. 6. — Sehr häufig. Frühjahr bis Herbst.

116. A. spreta Dej. Hell erzfarbener K. — Wie 115, aber Fühler nur mit 2 rotgelben Wurzelgliedern. 7—8. — Häufig.

117. A. ingenua Duft. Breiter K. — O.seite metallisch braun. Hsch. fast 2mal so breit als lang, hinten punktiert, jederseits mit 2 Grübchen; Fd. deutlich punktiert gestreift, der umgeschlagene Rand, sowie die Fühler und Beine bräunlichrot. 8—9. — Nicht selten. Herbst und Frühjahr.

32. Gattung. **Zabrus. Getreideläufer.**

118. Z. gibbus F. Geflügelter G. — Länglich walzenf., glänzend schwarz oder pechschwarz; Fd. punktiert gefurcht, mit scharfeckigen Schultern; Fühler und Beine pechbraun. 13—15. — Einzige Art der Laufkäfer, die schädlich ist. Leicht kenntlich an der fast walzenf. Gestalt. Juni und Juli auf Getreidefeldern.

33. Gattung. **Sphodrus, Kellerläufer.**

119. S. leucophthalmus L. Flacher K. — Oben tiefschwarz, unten pechschwarz; Hsch. fast herzf.; Fd. fein punktiert gestreift, viel breiter als das Hsch.; geflügelt. 20—23. — Selten. Mai, Juni.

120. S. terricola Herbst. Kleiner K. — Oben schwarz, metallglänzend; U.seite, Taster, Fühler und Beine pechbraun; Fd. veilchenblau schimmernd, fein punktiert gestreift. 13—16. — Selten. Mai, Juni.

VIII. Gruppe. **Harpalini, Schnellläufer.**

Mittelgroße oder kleinere Laufkäfer mit 4eckigem Hsch. Von den Fühlergliedern sind nur die 2 ersten unbehaart. Die V.füße des ♂ haben 4 erweiterte Glieder, das 1. Glied ist einfach; auch die Glieder der Mittelfüße sind erweitert. Beine verhältnismäßig kurz; Fd. breit, meistens dunkel gefärbt.

I. Stirn mit roten Punkten, sonst mattschwarz gefärbt . . . . Anisodactylus.

II. Stirn nicht mit roten Punkten.

1. V.schienen innen o. d. Sp. mit doppeltem Dorn, wovon der innere sehr klein ist. Körper dicht punktiert und fein behaart; die erweiterten V.- und Mittelfußglieder mit gleichmäßigem, dichtem Haarfilz bedeckt . . . . Diachromus.
2. V.schienen keulig verdickt; die erweiterten V.- und Mittelfußglieder des ♂ unten mit Borsten besetzt; Fd. des ♀

mit seidenglänzender Behaarung. Endglied der Taster abgestutzt . . . . Harpalus.
3. Wie vorher, aber das 4. von den erweiterten Fußgliedern ist herzf. zweilappig. Endglied der Taster spitz . . . . Stenolophus.

34. Gattung. **Anisodactylus, Rotstirn-Schnellläufer.**

121. A. binotatus F. Zweifleckiger R. — Schwarz; Stirn mit 2 roten Punkten; die 2 ersten Fühlerglieder rostrot, Beine schwarz oder rostrot; Fd. tief gestreift, mit einem eingestochenen Punkt h. d. M. am 2. Streifen. 11. — Häufig. Frühjahr und Sommer.

122. A. nemorivagus Duft. Rotbeiniger R. — Wie vorher, aber die Fd. vor der Spitze tief ausgebuchter. Fühlerwurzel und Beine rostrot. 9. — Seltener.

35. Gattung. **Diachromus, Blauhals-Schnellläufer.**

123. D. germanus L. Deutscher Bl.-Sch. — Schwarz punktiert, fein behaart; Kopf, Beine und Fd. gelb, letztere hinten mit einem gemeinschaftlichen blauen Fleck. Hsch. herzf., schwarzblau oder blaugrün, am äußersten S.rande gelb. 9. — Selten.

36. Gattung. **Harpalus, Schnellläufer.**

I. Hsch. ganz punktiert.

1. Fd. blau oder grün.

124. H. sabulicola Pz. Sand-Sch. — Kopf und Hsch. glänzend pechschwarz, letzteres nach hinten stark verengt; Mund, Fühler und Beine rostrot; Fd. dunkelblau oder grünblau; U.seite pechbraun. 13—15. — Gern auf blühenden Doldengewächsen. Sommer und Herbst.

125. H. punctatulus Duft. Schwarzgrüner Sch. — O.seite schwarzgrün, U.seite schwarzbraun; Hsch. fast herzf., in d. M. sparsamer als an den Rändern punktiert, Mittelrinne ziemlich tief; Fühler und Beine rostrot. 8—9. — Auf Lehmboden. Selten.

126. H. azureus F. Himmelblauer Sch. — Wie 124, aber die ganze O.seite gewöhnlich dunkel blaugrün; U.seite pechbraun; Fd. gleichmäßig punktiert 6—8. — Nicht selten.

2. Fd. braun oder schwarz.

127. H. puncticollis Payk. Braunköpfiger Sch. — Pechschwarz oder braun. Kopf und Hsch. bisweilen rötlich, letzteres merklich breiter als lang, fast herzf., mit rechtwinkligen H.ecken; Fühler und U.seite braunrot; Beine rotgelb. 7—9. — Auf Lehmboden; Frühjahr bis Herbst; ziemlich selten.

128. H. brevicollis Dej. Kurzhalsiger Sch. — Unterscheidet sich von

dem vorigen durch das Hsch., welches doppelt so breit als lang und oben sparsamer punktiert ist, H.ecken stumpfwinklig. 7—8. — Nicht häufig.

II. Hsch. glatt oder nur an den Rändern punktiert.

1. Fd. behaart; die Zw.räume dicht punktiert.

129. H. ruficornis F. Rothörniger Sch. — (Taf. II, 6.) Pechschwarz; Fühler und Beine rot; Hsch. an allen Seiten punktiert, die H.ecken rechtwinklig; Fd. dicht goldgelb behaart, a. d. Sp. deutlich ausgerandet. 13—15. — Frühjahr bis Herbst. Gemein.

130. H. griseus Pz. Kleiner Sch. — Wie vorher, aber kleiner; Hsch. nur am H.rande punktiert. 11. — Nicht häufig.

2. Fd. kahl; nur die beiden äußersten Zw.räume punktiert.

a. Fd. a. d. S. dicht punktiert und am Rande v. d. Sp. ausgeschnitten.

131. H. aeneus F. Erzgrüner Sch. — Oben erzgrün, kupferrot, blau oder schwärzlich, unten schwärzlich; Fühler und Beine rot, letztere zuweilen schwärzlich. Hsch. mit stumpfen, etwas abgerundeten H.ecken und punktiertem H.rande. 9—10. — Gemein. Frühjahr und Sommer.

b. Fd. a. d. S. nicht punktiert, hinten schwach ausgebuchtet. ♂ weniger glänzend als die ♀.

aa. Käfer ganz rostgelb.

132. H. ferrugineus. F. Rostgelber Sch. — Hsch. viel breiter als lang, mit scharf rechtwinkligen H.ecken und tiefen Eindrücken am Grunde; Fd. am Grunde breiter als das Hsch., gestreift, Streifen beim ♀ punktiert. 11—12. — Auf Sandboden; selten.

bb. Käfer grün oder blauschwarz.

133. H. honestus Duft. Grünblauer Sch. — Oben schwarz, dunkelgrün oder blau, unten schwarz; Hsch. am H.rande beiderseits mit einem tiefen, schwachpunktierten Längseindruck. Fd. gestreift, der 5. oder 7. Zw.raum vor der Sp. mit großen, tiefen Punkten. Taster, Schienenspitze, Tarsen und Fühler rostgelb, die mittleren Glieder der letzteren schwärzlich. 7—10. — Nicht selten. Frühjahr.

134. H. sulphuripes Germ. Gelbbeiniger Sch. — Färbung wie vorher; Hsch. neben den H.ecken mit kleinem, tiefem, dicht punktiertem Längseindruck; Taster, Fühlerwurzel und Beine rostgelb. 7—8. — Selten.

135. H. distinguendus Duft. Metallgrüner Sch. — Oberseite metallgrün, kupferrot, blau, braun oder schwarz; Fühler dunkelbraun, die Wurzel rot; Schenkel schwarz, Schienen und Füße pechbraun, die Sp. der ersteren schwärzlich. 9—11. — Nicht überall. Frühjahr.

136. H. semiviolaceus Dej. Blauhalsiger Sch. — Schwarz; Hsch. sowie die Wurzel der starkgestreiften Fd. schwarzblau oder grün; Hsch. breiter als lang, nach vorn verengt, der H.rand ziemlich dicht punktiert, beiderseits mit schwachem Eindruck; Fühler braun mit roter Wurzel; Beine rostbraun mit helleren Tarsen. 11—14. — Nicht häufig. Frühjahr.

137. H. rubripes Duft. Schwarzblauer Sch. — Schwarz. O.seite des ♂ glänzend blau oder grün, die des ♀ mattschwarz mit oder ohne blauen oder grünen Schimmer; U.seite schwarz; Hsch. mit rechtwinkligen H.ecken, am S.- und H.rande punktiert und beiderseits mit einem schwachen Eindruck. Fd. gestreift, Zw.räume mäßig gewölbt. Fühler, Taster und Beine rostrot. 8—11. — Ziemlich häufig.

cc. Käfer pechbraun oder schwarz.

138. H. calceatus Duft. Flachhals-Sch. — Fühler, Taster und Füße rostrot; Hsch. nach hinten wenig verengt, am Grunde tief der Quere nach eingedrückt, der Eindruck fein und sehr dicht punktiert; Fd. vorn breiter als das Hsch., tief gestreift, Zw.räume mäßig gewölbt. 12—13. — Häufig.

139. H. laevicollis Duft. Glänzend-pechbrauner Sch. — Ränder des Hsch. und der Fd. oft rotbraun durchscheinend; Taster und Beine braungelb; Fühlerwurzel rötlich oder bräunlich, die übrigen Glieder dunkler. Hsch. fast herzf., an den H.ecken mit tiefem Längseindruck, der H.rand mit Ausnahme der Mitte dicht punktiert. Fd. gestreift, auf dem 2. Streifen mit einem eingedrückten Punkte. 8—11. — In bergigen Gegenden häufig.

140. H. latus L. Breiter Sch. — Fühler und Beine rostrot; Hsch. fast quadratisch, am ganzen H.rand punktiert, die äußersten S.ränder meist rot; Fd. ziemlich stark gestreift. 8—9. — Ueberall häufig; Frühjahr und Sommer.

141. H. servus Duft. Bogenhalsiger Sch. — Breit eif., ziemlich flach; Seitenrand des Hsch. und der Fd. oft rotbraun durchscheinend; Hsch. hinten bogenförmig ausgeschnitten, glatt, beiderseits mit schwachem Eindruck; Fd. fein gestreift; Taster und Fühler rostrot, Beine schwarz, Schienenwurzel und Tarsen rotbraun. 7—9. — Nicht selten.

142. H. tardus Pz. Träger Sch. — Länglich eif., Taster und Fühler gelbrot; Beine schwarz; Schienenwurzel und Tarsen rostrot; Hsch. nur nach vorn ziemlich stark verengt, am Grunde beiderseits mit einem Eindruck; Fd. ziemlich gewölbt, stark gestreift. 9—10. — Nicht selten; Herbst und Frühjahr.

143. H. picipennis Duft. Kleiner schwarzer Sch. — Hsch. kurz und breit, vorn und hinten gleichmäßig abgerundet, jederseits mit flachem Eindruck. Fd. etwas breiter als das Hsch., fein gestreift; Fühler, Schienen und Tarsen rötlich gelbbraun. 5—6. — Sehr häufig im ersten Frühjahr.

144. H. serripes Schönh. Stachelbeiniger Sch. — Wie 142, aber die Beine ganz pechschwarz, nur die Tarsen sind rötlich; Taster und 2.—4. Fühlerglied an der Wurzel schwarz. 9—12. — Häufig; Frühjahr.

145. H. anxius Duft. Kohlschwarzer Sch. — Lang eif., flach gewölbt. Hsch. nach vorn stark verengt, am H.rande beiderseits mit einem strichf. Längseindruck. Fd. an den Schultern so breit als das Hsch., fast gleich breit, fein gestreift; Taster und Fühlerwurzel rostgelb; Beine schwarz, Schienenwurzel und Tarsen gewöhnlich rotbraun. 7—8. — Ueberall ziemlich häufig.

37. Gattung. Stenolophus. Stein-Schnellläufer.

a. H.ecken des Hsch. rechtwinklig.

146. St. conspurcus Duft. Eckhalsiger St. — Schwarz. Hsch. rot; Fd. braungelb mit einem gemeinschaftlichen, von der gelben Naht getrennten schwarzen Fleck; Beine und After gelb. 4,5. — Selten.

b. H.ecken des Hsch. stumpfwinklig oder abgerundet.

147. St. dorsalis L. Schwarzfleckiger St. — Schwarz. Fühlerwurzel, Beine und Hsch. gelbbraun, letzteres gewöhnlich mit dunkler Scheibe; Fd. gelbbraun, auf der hinteren Hälfte je mit 1 länglichen, schwarzen Fleck. 3,5. — Im Frühjahr nicht selten.

148. St. meridianus L. Schwarzhalsiger St. — Der ganze Käfer schwarz. Hsch. oft gelb gerandet. Fd. mit gelbbrauner Wurzel und Naht und oft auch mit solchen A.rändern. Fühlerwurzel und Beine gelb. 4. — Häufig. Herbst und Frühjahr.

149. St. exiguus Dej. Kleiner, schwarzer St. — Pechschwarz; Fühlerwurzel und Beine braun. Oefters ist der ganze Käfer braun und dann das Hsch. mehr rot; Ränder der Fd., Fühler und Beine gelbbraun. Hsch. stets mit flachem Eindruck auf den H.ecken. 3. — Weit verbreitet.

IX. Gruppe. Trechini, Flinkläufer.

Kleine Käfer mit großen, vorstehenden Augen, 2 starken Längsfurchen auf der Stirne und herzf. Hsch. Bei den ♂ sind 2 Glieder der V.tarsen erweitert.

1. O.lippe gerade abgestutzt; Endglied der Kiefertaster eif., etwas abgestutzt; 3. Fühlerglied beinahe doppelt so lang als das 4. Patrobus.
2. O.lippe ausgerandet; Endglied der Kiefertaster kegelf. zugespitzt; 3. Glied der langen Fühler wenig länger als das 4. . Trechus.

38. Gattung. Patrobus, Ohnflügelläufer.

150. P. excavatus Payk. Rothörniger O. — Pechbraun, glänzend; Fühler und Beine rotbraun; Hsch. so breit als lang, schwach herzf., am Grunde beiderseits mit einer tiefen, punktierten Grube; Fd. punktiert gestreift, im 3. Zw.raum mit 3 größeren Punkten. 8. — Besonders auf Kalk- und Lehmboden; nicht überall. Mai, Juni.

39. Gattung. Trechus, Flinkläufer.

151. T. minutus F. Kleiner F. — Pechbraun. Fd. a. d. Schultern und Seiten heller, Fühler und Beine gelbrot; Hsch. viel breiter als lang, innerhalb der

spitzen H.ecken mit einem schwachen Eindruck. Fd. etwas breiter als das Hsch., mit 4 tiefen, schwach punktierten Streifen neben der Naht. 3—4. — An feuchten, kühlen Orten unter Steinen; häufig.

152. T. palpalis Dej. Schwachpunktierter F. — Pechbraun. Hsch. und Fd. fast immer fein rötlich gesäumt; Hsch. viel breiter als lang; Fd. undeutlich punktiert gestreift, der 3. Streifen mit 2 größeren Punkten. Fühler und Beine rostgelb. 4,5. — Vorkommen wie vorher.

X. Gruppe. **Bembidiini, Ahlenläufer.**

Diese Gruppe enthält die kleinsten Laufkäfer. Das Endglied der Kiefertaster ist sehr klein und pfriemenf. Die ♂ haben an den V.tarsen 2 erweiterte Fußglieder. — Die Arten leben in der Nähe des Wassers im Sand oder unter Rinden.

I. Augen behaart; V.füße mit einem stark gekrümmten Dorn unter dem vorletzten Gliede . . . . Perileptus.
II. Augen kahl. V.füße ohne Dorn.
  1. Körper sehr fein und dicht behaart; Augen sehr groß, stark vorspringend. Fd. undeutlich gestreift . . . . Tachypus.
  2. Körper glatt; Augen groß, aber nur mäßig vorragend. Fd. deutlich gestreift . . . . Bembidium.

40. Gattung. **Perileptus, Sand-Ahlenläufer.**

153. P. areolatus Creutz. S.-A. — Pechschwarz, fein behaart. Taster, Oberlippe und Fühler braunrot, die Wurzel der letzteren, die Beine und eine große gemeinschaftliche Makel auf den gestreiften Fd. braungelb. Stirne mit 2 tiefen Furchen. Hsch. mit rechtwinkligen H.ecken und tiefer M.furche. 2. — An Flußufern im Sande; nicht überall.

41. Gattung. **Tachypus, Schecken-Ahlenläufer.**

154. T. flavipes L. Gelbbeiniger Sch. — Oben kupferglänzend, grün gescheckt, unten schwarzgrün. Die untere Hälfte der Fühler, Taster und Beine gelbbraun. Kopf samt den Augen breiter als das Hsch. 4. — Vom ersten Frühjahr an überall sehr häufig.

42. Gattung. **Bembidium. Ahlenläufer.**

a. Jede Fd. mit 8 deutlichen Punktstreifen.

155. B. paludosum Pz. Silberfleckiger A. — Metallgrün; Fühler und Schenkelwurzel gelbbraun; jede Fd. mit 2 länglich viereckigen Silberflecken, um welche sich der 2. und 3. Streif etwas herumbiegen. 6. — Nicht selten. Juni, Juli.

b. Jede Fd. mit 7 gleichmäßigen Punktstreifen.

156. B. varium Ol. Veränderlicher A. — O.seite grün erzfarben, U.seite schwarz. Fühlerwurzel und Beine dunkel braungelb, die Schenkel mit grünem Glanze; Fd. fein punktiert gestreift, ein Fleck an der Wurzel und 2 unregelmäßige Binden sowie die Sp. gelblich. 4—5. — Sehr häufig. Juni, Juli.

c. Jede Fd. mit 7 ungleichmäßigen Streifen.

157. B. articulatum Pz. Gegliederter A. — Metallisch grün, Fühlerwurzel und Beine gelb; Stirnfurchen nach vorn zusammenlaufend; Hsch. herzf., so lang als breit. Fd. vorn bräunlichgelb, hinten braun mit einer helleren, runden Makel. 3. — Häufig. Mai—Juli.

158. B. lampros Hbst. Glänzendschwarzer A. — Glänzend erzfarben, U.seite schwarz; Fühlerwurzel und Beine rot; Hsch. in den H.ecken mit einer tiefen Grube. Fd. mit 6 (manchmal mit 7) gegen die Sp. verschwindenden Punktstreifen. 3. — Im Frühjahr unter altem, feuchtem Laub sehr häufig.

159. B. decorum Pz. Grünblauer A. — Oben grünlichblau, unten schwarz; Fd. länglich mit geraden S.rändern und 6—7 starken Punktstreifen; Taster, 1. Fühlerglied, sowie die Wurzel der beiden nächsten und die Beine rotgelb 5.—6. — Nicht selten.

160. B. Andreae F. Blaßgelbgefleckter A. — Metallischgrün oder blaugrün, die 3 ersten Glieder der braunen Fühler, die Taster und Beine rotgelb; Fd. bräunlichgelb, der S.rand schmal, die Naht von der Wurzel bis über die Mitte und eine breite Binde h. d. M. dunkelmetallgrün. Fd. ziemlich stark punktiert gestreift. 4—5. — Gemein.

161. B. quadriguttatum F. Viertropfiger A. — Metallisch schwarz oder schwarzgrün; Fühlerwurzel und Beine rötlich gelbbraun, Schenkelspitze und Schienen braun; Stirnfurchen parallel; Fd. größtenteils glatt, die Streifen nur am Grunde als kurze Reihen grober Punkte erscheinend, jede Decke mit 2 blaßgelben Makeln, einer 3eckigen an der Schulter und 1 runden hinter der Mitte. 4. — Gemein. Mai—Juli.

162. B. quadrimaculatum L. Vierfleckiger A. — Schwarz, glänzend; Wurzel der Fühler und Beine gelbbraun; Kopf und Hsch. schwarzgrün; Stirnfurchen ziemlich parallel. Fd. mit 7 feinen, schwachen Punktstreifen und Flecken wie vorher. 3. — Häufig. Mai—Juli.

163. B. biguttatum F. Zweitropfiger A. — Glänzend schwarz; O.seite blau oder blaugrün. Fühlerwurzel, Beine, die Sp. der Fd. und eine runde Makel vor derselben rötlichgelb. Hsch. viel breiter als lang, stark gewölbt, hinten stark verengt mit kaum angedeuteten Ecken und einer kleinen, schiefstehenden Grube jederseits; Punktstreifen der Fd. nach außen kürzer und schwächer werdend. 4. — Häufig.

164. B. tricolor F. Rotbindiger A. — O.- und U.seite schwarzgrün. Fd. vorne bis über die Mitte rotgelb, der übrige Teil derselben blaugrün. Erstes Fühlerglied und Schienen braun. 5. — Im Gebirge.

3. Familie. Dytiscidae, Fadenschwimmkäfer.

Der kahnförmige Körper und die nur in wagrechter Richtung beweglichen, ruderartig geformten Hinterbeine lassen uns diese Käfer beim ersten Anblick als echte Wassertiere erkennen. In ihrer Organisation stimmen sie mit der vorhergehenden Familie ganz überein. Die Schwimmkäfer sind eben für das Leben im Wasser umgebildete Laufkäfer. Der Bauch besteht aus 7 Ringen, wovon die 3 ersten verwachsen sind. Die Atmung geschieht wie bei den andern Käfern durch Luftröhren, die sich aber auf dem Rücken öffnen. Die Käfer kommen von Zeit zu Zeit an die Oberfläche des Wassers, um sich mit Luft zu verproviantieren. Sie strecken hiebei die H.leibspitze aus dem Wasser heraus und lassen, indem sie den Hinterleib ein wenig zurückbiegen, eine Portion Luft unter die Flügeldecken treten. Die kleineren Arten dagegen nehmen die Luft in Gestalt eines am Hinterleibsende haftenden Bläschens mit.

Larven u. Käfer führen eine räuberische Lebensweise. Würmer, Schnecken, Wasserinsekten, ja selbst kleinere Fische fallen ihnen zur Beute. Ist nicht mehr genug Nahrung vorhanden oder trocknet der Tümpel aus, so suchen die Käfer nachts fliegend einen andern Aufenthaltsort. Die Vorderfüße der Männchen haben bei den großen Arten breite, mit Saugnäpfchen versehene Haftplatten, auch sind die Decken glatt, während die der Weibchen tief gefurcht sind.

Uebersicht der Gruppen:

A. Käfer schwimmen unter abwechselnder Bewegung der H.beine. Fühler 10gliedrig. H.schenkel von ihren plattenf. erweiterten Hüften bedeckt . . . . Haliplini.

B. Käfer schwimmen unter gleichzeitiger Bewegung der H.beine. Fühler 11gliedrig.

- I. H.schenkel frei. Käfer sehr klein (1—3 mm); stark gewölbt. Hydroporini.
- II. Käfer mittelgroß, flach, mit 5 deutlichen Fußgliedern. Beim ♂ sind die 3 ersten Glieder der V.füße m. o. w. erweitert, aber nicht schalenf. . . . . Colymbetini.
- III. Käfer groß, flach gewölbt, breit. Beim ♀ sind die 3 ersten Glieder der V.füße scheibenartig erweitert und mit Saugnäpfchen zum Festhalten versehen . . . . Dytiscini.

1. Gruppe. **Haliplini, Schienenschwimmkäfer.**

Kleine, im Schlamm oder an Wasserpflanzen stehender Gewässer lebende Käfer, deren Schildchen unter dem vorspringenden H.rand des Hsch. versteckt ist. Die Fühler sind auf der Stirne eingefügt.

1. Letztes Glied der Kiefertaster viel größer als die andern, kegelf. . . . . Cnemidotus.
2. Letztes Kiefertasterglied sehr klein und spitzig . . . . Haliplus.

43. Gattung. **Cnemidotus, Dickbrustschwimmkäfer.**

165. C. caesus Duft. Dickbrust-Sch. — Eiförmig, stark gewölbt, blaßgelb. Hsch. am H.rande mit einer Reihe grober Punkte. Fd. mit starken, nach hinten schwächer werdenden Punktreihen, einem gemeinschaftlichen dunkeln Fleck auf der Naht und meist mit noch einigen andern auf der Scheibe. 4. — Ueberall in kleinen Tümpeln und Gräben ebener Gegenden. Frühjahr und Herbst.

44. Gattung. **Haliplus, Schienenschwimmkäfer.**

a. Hsch. am Grunde beiderseits mit einem strichf. Eindruck.

166. H. ruficollis D. G. Rothalsiger Sch. — Kurz eirund; Hsch. rostgelb, vorn und hinten dicht, auf der Scheibe zerstreut punktiert; Fd. gelbbraun, mit schwärzlichen Punkten und Flecken. 3. — Häufig. Frühjahr und Herbst.

167. H. fluviatilis Aubé. Hellgelber Sch. — Lichtgelb; Hsch. wie bei 166; Fd. ungefleckt, mit Reihen dicht gestellter, feiner, brauner Punkte. 3. — Häufig in fließendem Wasser.

168. H. lineatocollis Marsh. Linienhalsiger Sch. — Wachsgelb; Hsch. nur vorn dicht, sonst sparsam punktiert, am H.rande noch mit einem Quereindruck. Fd. mit schwarzen Punktstreifen und einigen dunkleren Flecken. 3. — In Wassergräben, ziemlich häufig.

b. Hsch. am Grunde kaum mit einer Spur eines Eindrucks.

169. H. flavicollis St. Gelbhalsiger Sch. — Blaß gelbbraun; Hsch. am H.rande mit einer Reihe tiefer, grober Punkte; Fd. mit dunkleren, tiefen Punktstreifen, selten mit einer Spur von schwarzen Flecken, die ersten Zw.räume fein reihenf. punktiert. 3—4. — Nicht selten.

170. H. ferrugineus Gyll (fulvus F.). Rostroter Sch. — Rostrot; Hsch. wie bei 169; Fd. mit m. o. w. deutlichen, dunkeln Strichen auf der Scheibe. 4 Häufig. Frühjahr.

II. Gruppe. Hydroporini, Schlammschwimmkäfer.

1. Körper breit-eif., oben und unten stark gewölbt. Klauen der H.füße ungleich . . . . Hyphydrus.
2. Körper spitz-eif., nur oben etwas gewölbt. Klauen der H.füße gleich lang . . . . Hydroporus.

45. Gattung. Hyphydrus, Ruderschwimmkäfer.

171. H. ovatus L. Eirunder R. Rostrot. Fd. dunkler, beim ♂ kahl und dicht punktiert, beim ♀ seidenhaarig und fein punktiert. 5,5. — Gemein.

46. Gattung. Hydroporus, Schlammschwimmkäfer.

1. Kopf vorne erhaben gerandet.

172. H. inaequalis F. Ungleicher Sch. Rostrot; dicht punktiert. Hsch. vorn und hinten schwarz; Fd. mit 2 schwarzen, ungleich langen Streifen, vorn und an der Naht schwarz. 3. — Häufig in Teichen und Gruben. Frühjahr.

173. H. reticulatus F. Rosthalsiger Schl. — Rostgelb; Hsch. nur am H.rande schwarz gerandet; Fd. schwarz, ihr S.rand und 2 m. o. w. zusammenfließende Längsstreifen auf der Scheibe rostgelb. 3. — In Gesellschaft mit dem vorigen, doch nicht so häufig.

2. Kopf vorne nicht gerandet.

a. Hsch. beiderseits am Grunde mit einem geraden, tief eingegrabenen Strichelchen.

174. H. geminus F. Doppelfleckiger Sch. — Elliptisch, ziemlich flach; schwarz; Kopf braun; Hsch. und Beine rostrot; Fd. gelblich, fein behaart, dicht und fein punktiert, die Wurzel, die Naht und ein großer, zackiger, gemeinsamer Fleck h. d. M. schwarz; die Strichelchen des Hsch. setzen sich auch auf die Wurzel der Fd. fort, letztere außerdem noch neben der Naht mit einer tief eingegrabenen, bis zur Spitze verlaufenden Linie. 2. — Häufig. Mai—Juli.

175. H. pictus F. Kleiner Sch. — Rostrot, gedrungen eiförmig; Hsch. braunschwarz; Fd. fein punktiert, schwarz mit blaßgelbem S.rande und einer ebenso gefärbten, breiten, hinten zugespitzten Längsbinde, welche einen großen, ovalen Fleck i. d. M. einschließt. U.seite und Beine rostbraun. 2. — Häufig in Wassergräben. Mai—Juli.

176. H. bilineatus St. Zweilinierter Sch. — Länglich eif., schwarz; S.rand des Hsch. oft rötlich; Fd. fein behaart, dicht punktiert, S.rand und 2 Längslinien auf jeder weißgelb; von den beiden Linien ist die innere an beiden Enden abgekürzt. 3. — Häufig.

177. H. granularis L. Gelblinierter Sch. — Dem vorigen ähnlich; aber die Fd. sparsamer punktiert und die 2 Längslinien dunkelgelb. 2. — Häufig.

b. Hsch. am Grunde ohne eingegrabene Strichelchen; Fd. mehrfarbig.

178. H. halensis F. **Hallischer Sch.** — Länglich eif., flach gewölbt, fein gelblich behaart; O.seite rötlichgelb; die Augen und ein Ring um diese, 2 dreieckige Flecken auf der Scheibe des Hsch., 5—6 abgekürzte Längslinien und einige Flecken am S.rande der graugelben Fd. schwarz; U.seite schwarz oder braunrot. 4. — Fast überall häufig.

179. H. lineatus F. **Gestreifter Sch.** — Länglich eif., Kopf, Hsch. und U.seite rötlichgelb; Fd. braun, dicht punktiert und behaart, ihr S.rand und 3 m. o. w. deutliche Längsstreifen auf der Scheibe jeder einzelnen rostgelb. 3. — Häufig. Mai—Juli.

180. H. palustris L. **Sumpf-Sch.** — Länglich eirund, schwarz; dicht grau behaart; Hsch. braun, seine S.ränder, die V.brust und die Beine rostrot; Fd. stark punktiert, schwarzbraun mit rostgelbem S.rande und 2 ebenso gefärbten Makeln, die eine an der Wurzel, die andere a. d. Sp. 4. — Häufig. Mai—Juli.

181. H. dorsalis F. **Breitgesäumter Sch.** — Gestreckt eif.; U.seite, Beine, Kopf, Fühler und eine große 3eckige Makel am S.rande des Hsch. bräunlichrot; Fd. schwarz, mit strohgrauer Behaarung, der buchtige Saum a. d. S. und öfters eine Quermakel an der Wurzel rot. 5. — Besonders auf Sumpfwiesen; nicht überall.

c. Hsch. wie vorher. Fd. einfarbig oder bloß an den Rändern heller.

182. H. nigrita Gyll. **Schwarzer Sch.** — Eirund, flach gewölbt, schwarz; Scheitel, Fühler und Beine rötlich; Fd. dünn behaart, mäßig dicht punktiert, jede mit 2 Reihen größerer Punkte. 3. — Häufig.

183. H. erythrocephalus L. **Braunköpfiger Sch.** — Eif., gewölbt, schwarz; Kopf fein punktiert, braunrot, neben den Augen dunkler; Hsch. a. d. S. rot durchscheinend; Fd. dicht punktiert und behaart, schwarzbraun, am äußersten S.rande und an der Wurzel heller; der untere Teil der Fühler, die V.brust und die Beine rostrot. 4. — Ueberall sehr häufig. Mai—Juli.

III. Gruppe. **Colymbetini, Tauchschwimmkäfer.**

1. Schildchen nicht sichtbar.
   - a. Fühler i. d. M. etwas verdickt; H.füße mit 2 gleichen Klauen; Körper oben stark gewölbt . . . . Noterus.
   - b. Fühler dünn, fadenf., H.füße mit 2 ungleichen Klauen; Körper mäßig gewölbt . . . . Laccophilus.
2. Schildchen deutlich sichtbar.
   - a. H.füße mit 2 ungleichen Klauen.
     - aa. 2. u. 3. Glied der Lippentaster fast gleich groß. Körper ziemlich gewölbt . . . . Ilybius.
     - bb. 2. Glied der Lippentaster länger als das 3. Körper fast flach . . . . Colymbetes.
   - b. H.füße mit 2 gleich großen Klauen . . . . Agabus.

47. Gattung. **Noterus, Weichschwimmkäfer.**

184. N. crassicornis F. Dickhörniger W. — Rostfarben; V.brust nicht gekielt; Fd. braun mit 3 Reihen grober Punkte. 4. — Häufig. Mai—Juli.

185. N. semipunctatus F. Kielbrüstiger W. — Wie Nr. 184, aber etwas größer, V.brust ist fein gekielt und die Punkte auf den Fd. bilden keine Reihen. 4—5. — Seltener.

48. Gattung. **Laccophilus, Scheckenteichschwimmkäfer.**

186. L. minutus F. Kleiner Sch. — Eif., gelb; Fd. braun, der S.rand, 4 größere Flecken an diesem und 2 m. o. w. deutliche am Grunde, blaßgelb; H.rand des Hsch. i. d. M. in eine kurze, stumpfe Spitze erweitert. 4,5. — Nicht selten. Mai—Juli.

187. L. obscurus Pz. Dunkler Sch. — Wie 186, aber grünlichgelb; Fd. gelbbraun. H.rand des Hsch. i. d. M. in eine ziemlich scharfe Spitze ausgezogen. 4,5. — Nicht selten. Mai—Juli.

49. Gattung. **Colymbetes, Tauchschwimmkäfer.**

1. Fd. mit sehr feinen, dichten Querrissen.

188. C. fuscus L. Brauner T. — (Taf. II, 10.) — Länglich eif.; oben braun, unten schwarz; Hsch. und Fd. am Rande rostgelb; Mundteile, Fühler, Schienen und Tarsen der 4 vorderen Beine rostrot, Schenkel und H.beine schwarzbraun. 16—17. — Nicht selten. Mai—September.

2. Fd. äußerst fein und verworren gerunzelt.

a. Fd. einfarbig schwarz.

189. C. Grapii Gyll. Grapes T. — Länglich eif.; Fd. auf dem Rücken mit 2 deutlichen, a. d. S. mit 2 feinen, m. o. w. deutlichen Punktreihen; Mund, Fühler, V.beine, Knie und Tarsen der M.beine braunrot. 11—12. — Nicht häufig. Mai—September.

b. Fd. bräunlich, mit schwarzen Punkten dicht gesprenkelt.

(Hsch. rotgelb, i. d. M. der Scheibe mit einer schwarzen Makel.)

190. C. notatus F. Gezeichneter T. — Länglich eif., mäßig gewölbt; V.brust und Beine gelb; Scheitel, 1 M.fleck und gewöhnlich 2 S.flecken, oft auch die Mitte des H.randes des Hsch. schwarz; Bauchringe beim ♂ gelb gerandet, beim ♀ gelb, a. d. S. schwarz gefleckt. 11. — Häufig; Frühjahr bis Herbst.

191. C. pulverosus St. Bestäubter T. — Länglich eif., kaum gewölbt; oben gelb, 2 Mondflecke zwischen den Augen, 1 Querfleck auf der Mitte des Hsch.

und die U.seite schwarz; die 4 vorderen Beine rostgelb, die hinteren m. o. w. dunkel. 11—12. — Häufig; Frühjahr bis Herbst.

(Hsch. ganz rotgelb oder nur am H.rande schwärzlich.)

192. C. adspersus F. Bespritzter T. — Oval, schwach gewölbt; oben gelbbraun, Scheitel und U.seite schwarz, Bauchringe bisweilen gelb gesäumt; U.seite des Kopfes und der V.brust, sowie die Beine rötlichgelb. 9—10. — Nicht selten. Mai—September.

193. C. collaris Payk. Gelbbauchiger T. — Länglich eif., flach gewölbt, rötlichgelb. Scheitel und einige Mondflecke auf der Stirne schwarz; Fd. dicht und gleichmäßig gesprenkelt; U.seite ganz rostgelb oder gelbbraun. 11. — Häufig.

50. Gattung. Ilybius, Buckelschwimmkäfer.

a. O.seite schwarz, mit oder ohne Metallglanz, jede Fd. mit 2 durchscheinenden Flecken.

194. J. ater D. G. Schwarzer B. — Lang eif., stark gewölbt; oben metallisch schwarz, netzf. gestrichelt; unten dunkel rotbraun; Fühler und V.beine hell braunrot. 13—14. — In Lachen von reinem Quellwasser nicht selten; Frühjahr bis Herbst.

195. J. obscurus Marsh. Schwarzbrüstiger B. — Hochgewölbt; unten dunkel rotbraun, die Brust schwärzlich; Mund, Fühler, 2 Stirnpunkte und Beine rotbraun. 11. — In Quellwasser; ziemlich selten.

196. J. guttiger Gyll. Schwarzbauchiger B. — Länglich eif., mäßig gewölbt; oben und unten rein schwarz, Mundteile, Fühler, 2 Stirnpunkte und die V.beine rotbraun. 9. — Selten.

b. Hsch. und Fd. hell gerandet, letztere mit oder ohne Fensterflecken.

197. J. fuliginosus F. Rußfarbiger B. — Länglich eif., wenig gewölbt; oben braun erzfarben, unten braunrot; Hsch. und Fd. breit gelbbraun gerandet; Beine rotbraun. 9—11. — Häufig; Frühjahr bis Herbst.

198. J. fenestratus F. Gefensterter B. — Eif., stark gewölbt, hinten spitz; oben dunkel erzfarben; S.rand des Hsch. und der Fd., sowie die ganze U.seite rotbraun. 11. — Häufig. Herbst bis Frühjahr.

51. Gattung. Agabus, Grabenschwimmkäfer.

1. Hsch. ganz oder teilweise braungelb.

199. A. maculatus L. Gefleckter G. — Kurz eif., oben blaßbraun, unten rostrot, H.leibsspitze meist schwärzlich; V.rand des Kopfes, 2 Scheitelflecke und 1 Querbinde i. d. M. des Hsch. rotbraun; S.rand der Fd., eine durch die Naht getrennte, sich hier erweiternde Wurzelbinde und mehrere, meist schwarze Flecken einschließende Längslinien gelb. 7—8. — Nicht selten in fließendem, klarem Wasser. Mai—September.

200. A. bipunctatus F. Zweipunktiger G. — Elliptisch; oben gelb, unten schwarz; Ränder der H.leibsringe rostrot; Kopf schwarz mit gelbem Mund und roten Scheitelflecken; Hsch. i. d. M. mit 2 runden, schwarzen Flecken, Fd. blaßgelb, m. o. w. wolkig schwarz gefleckt; Fühler, After und Beine gelbrot. 8—9. — Besonders in Pfützen auf Lehmboden; Frühjahr.

201. A. (Liopterus) agilis F. Lebhafter G. — Langgestreckt, schmal; Kopf, Hsch. und Fühler braunrot; Fd. hinten zugespitzt, braun mit hellerem S.rande; U.seite schwarz, B.brust und Beine rostrot. 7—8. — Nicht selten. Frühjahr.

2. Hsch. schwarz mit hellerem S.rande.

202. A. paludosus F. Kastanienbrauner G. — Eif., flach, schwarz, stark glänzend; Fd. dunkel kastanienbraun mit heller Wurzel und lichten S.rändern; Fühler, Mund, 2 Scheitelflecke, die Seiten des Hsch. und die Beine mit Ausnahme der Schenkel und hinteren Schienen roströtlich. 7—8. — In Gräben und langsam fließendem Wasser nicht selten; Frühjahr.

203. A. femoralis Payk. Erzglänzender G. — Gestreckt eif.; oben braun erzfarben, unten schwärzlich, glänzend. Kopf vorn, 2 Scheitelflecke, der S.rand des Hsch. und der der fein punktierten Fd. heller; Fühler und Beine rotbraun. B.schenkel am U.rande mit einer Reihe hellgelber Haare. 7. — Ziemlich selten.

204. A. Sturmii Gyll. Sturms G. — O.seite äußerst fein netzf. gestrichelt, schwarz; S. des Hsch., Ränder der H.leibsringe und die Beine rostfarben. Fd. fast ohne Punktreihen, braun mit lichterem S.rande; H.schenkel pechschwarz. 7,5. — Nicht selten.

205. A. abbreviatus F. Abgekürzter G. — Eif., metallisch schwarz; Kopf rot, hinten schwarz; Fühler und Beine rostbraun. Fd. glänzend schwarz mit 1 gelblichweißen, abgekürzten Binde hinter der Wurzel und jede mit 2 weißgelben Flecken, der eine h. d. M., der andere a. d. Sp. 7. — Häufig; Mai—Juli.

3. Hsch. schwarz.

206. A. bipustulatus L. Zweifleckiger G. — Eif., flach gewölbt; Fd. der Länge nach fein und dicht gestrichelt, ohne helleren Rand, beim ♂ glänzend, beim ♀ matt, schwarz; O.lippe, Taster, Fühler und 2 Scheitelflecken, Füße und Knie rostrot; H.füße beim ♂ unten ganz behaart. 9—10. — Gemein. Mai—Oktober.

207. A. chalconotus Pz. Erzfarbener G. — Länglich eif.; U.seite schwarz; O.seite schwärzlich erzfarben, dicht und fein netzf. gestrichelt; 2 Stirnpunkte, Mund, Fühler, Beine, der umgeschlagene Rand der Fd. und die Ränder der H.leibsringe braunrot. 8—9. — Mai—September.

208. A. congener Payk. Metallschwarzer G. — Schwarz, metallisch glänzend; O.seite fein netzartig gestrichelt; Fd. dunkelbraun, am V.- und S.rand heller, Punktstreifen deutlich; Mund, Fühler, 2 Scheitelflecke, Schienen, Tarsen, Rand der H.leibsringe rostrot. 7—8. — Selten.

IV. Gruppe. **Dytiscini, Großschwimmkäfer.**

1. Käfer 28—40 mm groß.
   a. H.füße mit 2 beweglichen Klauen . . . . Dytiscus.
   b. H.füße nur mit 1 beweglichen Klaue . . . . Cybister.
2. Käfer 10—18 mm groß.
   a. V.füße des ♂ scheibenf. erweitert mit einem großen Saugnapf; Fd. des ♀ mit 4 behaarten Furchen . . . . . . Acilius.
   b. V.füße des ♂ mit zahlreichen, gleich großen Saugnäpfen; Fd. des ♀ nicht gefurcht . . . . Hydaticus.

52. Gattung. **Dytiscus, Großschwimmkäfer.**

209. D. latissimus L. **Breitester G.** — (Taf. II, 11.) Hsch. und Fd. gelb gerandet, letztere mit sehr breitem, erweitertem S.rand. 38—40. — Unser größter Schwimmkäfer. Nur stellenweise; auch in Flüssen. Wie alle hierher gehörigen Arten von August bis Mai.

210. D. marginalis L. **Gelbrand.** — (Taf. II, 12.) O.seite dunkel olivgrün; alle Ränder des Hsch. und die S.ränder der Fd. gelb; Schildchen schwarz; U.seite braungelb. Fd. des ♀ gefurcht, manchmal auch glatt; H.brustlappen breit, stumpfspitzig. 28—30. — Gemein.

211. D. circumcinctus Ahr. **Randhals-G.** — Wie 210, aber der Körper etwas gestreckter; Brustlappen lang, schmal und scharf zugespitzt; Fd. des ♀ meist glatt, wenn gefurcht, dann sind die Furchen am Grunde dunkel und wenig länger als die Hälfte der Fd. 30—33. — Selten.

212. D. circumflexus L. **Gelbschildiger G.** — Wie 211, aber Schildchen gelb oder rostrot; Bauchringe an der Wurzel schwarz. 28—30. — Selten.

213. D. dimidiatus Bergstr. **Dunkelhalsiger G.** — (Taf. II, 13.) Hsch. nur a. d. S. und die Fd. am Außenrande gelb; oben olivgrün, unten rotbraun; Fd. des ♀ etwas über die Mitte gefurcht. 33—34. — Selten.

214. D. punctulatus F. **Punktierter G.** — Wie 213, aber die U.seite schwarz; Fd. des ♀ weit über die Hälfte gefurcht. 26. — Selten.

53. Gattung. **Cybister, Gauklerschwimmkäfer.**

215. C. Roeselii F. **Roesels G.** — Eif.; O.seite olivengrün; Mund, Fühler, S.rand des Hsch., ein Streifen am S.rande der Fd., die U.seite und die Beine blaß gelbbraun. Hsch. und Fd. des ♂ glatt, die des ♀ nadelrissig. 29—34. — Aug. bis Mai; nicht selten.

54. Gattung. Acilius, Furchenschwimmkäfer.

216. A. sulcatus L. Schwarzbauchiger F. — Sehr flach und breit, eif.; O.seite schwarzbraun, Mund, Ränder und 1 Querbinde des Hsch. gelb; U.seite schwarz, der Bauch gelb gefleckt; ♀ mit 4 breiten, gelb behaarten Furchen. 16. — Gemein; Frühjahr bis Herbst.

217. A. fasciatus D. G. Gelbbauchiger F. — Wie 216, aber kleiner und schmäler; Bauch ganz gelb oder bloß die Ringe an ihrer Wurzel schwarz; Schienen und Tarsen rötlich. 14. — Selten.

55. Gattung. Hydaticus, Pfützenschwimmkäfer.

a. Hsch. am V.= und H.rande schwarz.

218. H. bilineatus D. G. Schmalbindiger Pf. — Ziemlich flach; Fd. h. d. M. stark erweitert, die schwarzen Binden des Hsch. schmal; Fd. schwarzbraun, gelb gesprenkelt, der S.rand gelb durchscheinend. 14. — Selten.

219. H. cinereus L. Breitbindiger Pf. — Wie 218, aber ziemlich stark gewölbt, die Querbinde am V.= und H.rande des Hsch. breit. 14. — Selten.

b. Hsch. am V.= und S.rande rostgelb.

220. H. transversalis F. Quergezeichneter Pf. — Schwarz; Fd. mit breiten, gelben S.rändern und einer schmalen, gelben Querbinde hinter der Wurzel. 11—13. — Nicht selten. Mai—August.

221. H. Huebneri F. Einfarbiger Pf. — Schwarz; Hsch. und Fd. breit gelb gesäumt, letztere aber ohne Wurzelbinde und der gelbe S.rand ist gegen die Sp. abgekürzt. 13. — Nicht selten. Frühjahr.

222. H. stagnalis F. Linierter Pf. — Schwarz. Alle Ränder des Hsch. und die Fd. breit gelb gesäumt, letztere auch mit feinen gelben Längslinien. 12. — Selten. Mai—Juli.

4. Familie. Gyrinidae, Drehkäfer.

Schon in den ersten Frühlingstagen sehen wir diese kleinen, glänzenden Käferchen auf dem Wasserspiegel stehender Gewässer ihre munteren Spiele treiben. Obwohl die nächsten Verwandten der Dytisciden, zeigen sie doch in ihrem Bau mancherlei Abweichungen. Namentlich unterscheiden sie sich durch die kurzen Fühler, die 4 Facettenaugen (2 oben, 2 unten am Kopf), die längeren V.beine und durch die zu Rudern umgestalteten hinteren Beinpaare. Die

Flügel sind wie bei den Fadenschwimmkäfern sehr entwickelt und es ist ihnen deshalb möglich von einem Teich zum andern zu fliegen. — Bei uns kommen nur 2 Gattungen vor.

1. Körper mit glatter, glänzender Oberseite; Käfer im Sonnenschein auf der O.fläche des Wassers kreisend . . . . . . Gyrinus.
2. Körper fein behaart; Käfer nur nachts schwimmend, am Tage unter Steinen . . . . Orectochilus.

56. Gattung. Gyrinus, Drehkäfer.

1. U.seite mit Ausnahme der Beine größtenteils schwarz, metallglänzend.

223. G. marinus Gyll. Braunflügeliger D. — Flach gewölbt, glänzend, bläulich oder grünlich schwarz. Fd. nach hinten braun, grob punktiert gestreift. Abart Opacus Sahlb. etwas kleiner, Punktstreifen der Fd. viel feiner, nach vorne zunächst der Naht fast verschwindend. 5—6. Stammform selten; Abart nicht selten.

224. G. mergus Ahr. Gemeiner D. — (Taf. II, 14.) Eif., gewölbt, spiegelglatt, oben schwärzlichblau; U.seite der Brust, die Beine und der After rostrot; die vorderen Enden der Punktstreifen zunächst der Naht feiner, niemals aber ganz verschwindend. 5—7. — Gemein.

225. G. natator Ahr. Schwimmer. — Wie 224, aber O.seite wenig glänzend und mit Ausnahme des oft bläulichen S.randes rein schwarz; Punktstreifen der Fd. viel feiner, die vorderen Enden zunächst der Naht fast verschwindend. 5—7. Selten.

2. U.seite und Beine ganz rostrot.

226. G. minutus F. Kleiner D. — Länglich, oben schwarzgrün oder -blau; die Seiten des Hsch. und der Fd. etwas messingglänzend; Punktstreifen der Fd. fast gleich stark. 3—4. Nicht selten.

57. Gattung. Orectochilus, Flußdrehkäfer.

227. O. villosus F. Behaarter Fl. — Länglich, gewölbt, dunkel erzfarben, überall fein punktiert, grau behaart; U.seite nebst den Beinen rostgelb. $6_{,5}$. — In fließenden Gewässern, am Tage gewöhnlich unter Steinen verborgen.

5. Familie. Hydrophilidae. Wasserkäfer.

Die Wasserkäfer stimmen in ihrem Bau im allgemeinen mit den Arten der vorausgegangenen Familien überein. Nur die Bildung der Mundteile und Fühler ist verschieden. Letztere bestehen aus 6—9 Gliedern und bilden am Ende eine durchbrochene Keule. An den Mundteilen fallen namentlich die langen Kiefertaster auf, die nicht selten die Fühler an Länge übertreffen. Wie die Fadenschwimmkäfer, so sind auch die Wasserkäfer in der Größe sehr verschieden; es finden sich unter ihnen wahre Riesen von 40 mm Länge neben Formen von nur 1 mm. Die meisten sind Fleischfresser, wenn auch weniger arge Räuber als die Dytisciden. Manche Arten leben in frischem Dünger, der größte Teil jedoch im Wasser. Durch starkes Umwühlen des Bodens in den Fischteichen können die Käfer leicht an die Oberfläche des Wassers gebracht und alsdann mit dem Netz gefangen werden.

Uebersicht der Gruppen:

I. Käfer im oder am Wasser; Körper ist kahn- oder eif.; Hsch. nach vorn verengt . . . . Hydrophilini.

II. Käfer im oder am Wasser; Körper langgestreckt, nie kahnf.; Hsch. nach hinten verengt . . . . Helophorini.

III. Käfer im Dünger (nur Cyclonotum im Wasser); Körper eif. oder halbkugelig. Hsch. nach vorn verengt . . . . Sphaeridiini.

I. Gruppe. **Hydrophilini, Schwimm-Tastkäfer.**

1. Fühler mit 9 Gliedern.
   a. Mittelgroße bis sehr große Käfer (15—45 mm) . . . Hydrophilus.
   b. Käfer 2—8 mm; 2. Fühlerglied kegelf.; Bauch aus 5 Ringen bestehend . . . . Hydrobius.
   c. Käfer 1—$1_{,5}$ mm; 2. Fühlerglied kugelf.; Bauch besteht aus 4 Ringen . . . . Chaetarthria.
2. Fühler mit 8 Gliedern.
   a. Fd. fein punktiert; Augen flach, nicht vorspringend. Bauch mit 5 Ringen. Körper fast halbkugelig . . . . . . Laccobius.
   b. Fd. tief punktiert gestreift; Augen halbkugelig, seitlich stark vorspringend. Bauch mit 5 Ringen. Körper länglich eif. . . . . Berosus.
   c. Fd. fein verworren punktiert oder glatt, a. d. Sp. abgestutzt. Bauch mit 7 Ringen . . . . Limnebius.

58. Gattung. **Hydrophilus.** Schwimm-Tastkäfer.

228. H. piceus L. Großer Sch. — (Taf. II, 15.) Länglich eif., pechschwarz, glänzend; Fühler rostrot mit brauner Keule. Bruststachel weit über die Hüften hinaus verlängert, vorn tief gefurcht; Fd. a. d. Sp. mit einem Zähnchen; die Bauchringe dachf. gekielt. 35—44. — In stehenden und ruhig fließenden Gewässern unter Pflanzen, nicht selten. Mai—Herbst.

229. H. aterrimus Esch. Tiefschwarzer Sch. — Wie 228, aber etwas kleiner und rein schwarz; Fühler ganz rostrot; Fd. a. d. Sp. ohne Zähnchen; Bruststachel nicht gefurcht; nur der letzte Bauchring dachf. gekielt. 35—38. — Selten.

230. H. caraboides L. Kleiner Sch. — (Taf. II, 15.) Eif., gewölbt, schwarz, schwach grünlich glänzend; Fühler rostrot mit dunkler Keule; Fd. mit einigen Punktreihen, h. d. M. bauchig erweitert; B.beine braun; Bruststachel nicht über die H.hüften hinaus verlängert. 15—18. — Häufig. Mai—September.

59. Gattung. **Hydrobius.** Teich-Tastkäfer.

a. Letztes Glied der Kiefertaster länger als das vorletzte.

231. H. fuscipes L. Braunfüßiger T. — Eif., gewölbt, schwarz oder pechbraun, dicht punktiert; Fd. punktiert gestreift; die abwechselnden Zw.räume mit einer Reihe größerer Punkte; Fühler rostrot mit dunkler Keule; Beine braun. 7—8. — Häufig. Mai—September.

232. H. limbatus F. (globulus Payk.). Kugeliger T. — Länglich kugelf., glänzend dunkelbraun, die Scheibe des Hsch. und der Fd. schwärzlich; Fd. deutlicher als Kopf und Hsch. punktiert, mit einem nach vorne abgekürzten Nahtstreifen. 2—3. — Häufig. Mai—September.

b. Letztes Glied der Kiefertaster so lang als das vorletzte. Fd. mit einem nach vorn abgekürzten Nahtstreifen.

233. H. (Philhydrus) melanocephalus F. Schwarzköpfiger T. — Elliptisch, gewölbt; O.seite heller oder dunkler gelbbraun, dicht punktiert; U.seite, wie auch Kopf und Mitte des Hsch. schwarz; Beine rostgelb, die untere Hälfte der Schenkel schwarz. 5—6. — Nicht selten.

234. H. testaceus F. Gelbbrauner T. — Dem vorigen ähnlich; mäßig gewölbt und etwas heller gefärbt, sehr dicht und fein punktiert; Scheitel schwärzlich, Hsch. in der Mitte nur etwas dunkler; Schienen und Füße dunkel rotgelb. 5—6. — Nicht selten. Mai—Herbst.

235. H. marginellus F. Gerandeter T. — Schmal elliptisch, gewölbt, glänzend schwarz, dicht punktiert, Rand des Hsch. und der Fd. gelbbraun. 3,. — Häufig. Juni—August.

60. Gattung. **Chaetarthria, Zwergkugel-Tastkäfer.**

236. Ch. seminulum Payk. Z.-T. — Kugelrund, glänzend schwarz; Ränder des Hsch. und der Fd. etwas heller gefärbt; Fd. fein punktiert, mit einer eingedrückten, nach vorn abgekürzten Längslinie neben der Naht. Beine rotbraun. 1,2. — Häufig in stehenden Gewässern.

61. Gattung. **Laccobius, Pfützen-Tastkäfer.**

237. L. minutus L. Kleiner Pf. — Fast halbkugelig, schwarz; die Seiten des Hsch. und die eng punktiert gestreiften Fd. graugelb, letztere schwarz gesprenkelt und neben der Naht vor der Sp. meist mit einem helleren Punkt. 2—3. — Häufig. Juni September.

62. Gattung. **Berosus, Großaugen-Tastkäfer.**

238. B. luridus L. Gelbbrauner G. — Hochgewölbt, schmutzig gelbbraun, Kopf und Mitte des Hsch. meist erzgrün; Fd. gewöhnlich mit einigen dunkeln Flecken, tief punktstreifig, die Zw.räume verworren punktiert. 3—4. — Häufig. Mai Herbst.

63. Gattung. **Limnebius, Sumpf-Tastkäfer.**

239. L. truncatellus Thunb. Abgestutzter S. — Länglich eif., glänzend schwarz; die H.ecken des Hsch. und der Rand der Fd. gelbbraun; O.seite deutlich punktiert. 1—2. — Häufig. Juni—Herbst.

II. Gruppe. **Helophorini, Teich-Wasserkäfer.**

1. Fühler mit 9 Gliedern.
   a. Keule 3gliedrig. Hsch. viel breiter als lang. . . . . Helophorus.
   b. Keule 5gliedrig. Hsch. mit einer weißlichen Haut eingesäumt . . . . Ochthebius.
2. Fühler mit 7 Gliedern.
   a. Keule 3gliedrig. Hsch. so lang oder länger als breit . Hydrochus.
   b. Keule 4gliedrig. Hsch. fast 6eckig . . . . Hydraena.

64. Gattung. **Helophorus, Teich-Wasserkäfer.**

a. Fd. neben dem Schildchen zwischen dem 1. und 2. Punktstreifen mit einer ganz kurzen Punktreihe.

240. H. grandis Ill. Großer T. — Länglich; Kopf und Hsch. bronzefarben oder metallgrün; Fd. gelblich graubraun, grob punktstreifig, meist schwärzlich gefleckt; Fühler, Taster und Beine rötlichgelb. 4—6,5. — Häufig.

241. H. nubilus F. Starkgerippter T. Eif.; wie 240, aber der kurze Zw.raum zwischen der 1. Punktreihe und der kurzen Reihe ist stark keilf. (bei 240 nur schwach) erhaben; Kopf und Hsch. nicht metallfarben. 3,5. Häufig.

b. Fd. ohne Anfang einer Punktreihe zwischen dem 1. und 2. Streifen.

242. H. aquaticus L. Metallbrauner T. — Länglich eif.; Kopf und Hsch. gewöhnlich grün, erzfarben, letzteres narbig punktiert; Fd. dunkel gelbbraun, metallisch glänzend, tief punktiert gestreift, mit gewölbten Zw.räumen, wovon der 3. und 5. merkbar erhabener sind als die andern. 3. — Sehr häufig. Juni Herbst.

243. H. granularis L. Gekörnelter T. Dem vorigen sehr ähnlich, doch sind die Fd. gewöhnlich heller gefärbt und besitzen oft einige schwarze Makeln, stets aber einen kleinen schwarzen Flecken h. d. M.; Zw.räume nur wenig erhaben. 2—3. Nicht selten. Mai Juli.

244. H. griseus Herbst. Grauer T. — Länglich eif.; Kopf und Hsch. grün erzfarben, letzteres am V.rande, bisweilen auch ganz schmal a. d. S.rändern gelb gesäumt; Fd. tief punktiert gestreift mit schwärzlichen, unbestimmten Makeln und fast immer mit einer pfeilspitzf., gemeinschaftlichen Makel auf der Naht h. d. M. 2—3. — Ziemlich häufig; Juni, Juli.

65. Gattung. Hydrochus, Ufer-Wasserkäfer.

245. H. elongatus Schall. Länglicher U. — Metallschwarz mit grünem Schimmer; Hsch. mit 5 großen Gruben; Fd. punktiert gestreift, die Naht, 2—4., 6. und 8. Zw.raum derselben kielf. erhaben. 4,5. Ziemlich selten. Juni, Juli.

246. H. brevis Herbst. Kurzer U. Gedrungen eif. Fd. schwarz, stark gewölbt, die Naht und die abwechselnden Zw.räume kielf. erhöht; Hsch. so lang als breit, schmäler als die Fd., mit 7 zusammenhängenden Grübchen. Beine rotbraun. 3. — Ziemlich selten.

66. Gattung. Ochthebius, Runzel-Wasserkäfer.

247. O. pygmaeus F. Kleiner R. — Eif., flach gewölbt, braun erzfarben; Hsch. viel breiter als lang, zerstreut grob punktiert mit einer tiefen M.rinne und einigen flachen Eindrücken am A.rande; Fd. punktiert gestreift, die Zw.räume fein gerunzelt, a. d. Sp. hell pechbraun; U.seite schwärzlich, Beine rotgelb. 2. — Nicht selten. Juni, Juli.

67. Gattung. Hydraena, Zwerg-Wasserkäfer.

248. H. riparia Kug. Zehnstreifiger Z. Schwarz; Hsch. mit einigen m. o. w. deutlichen Grübchen, die Seiten stark punktiert; Fd. braun, breiter als das Hsch., mit 9—10 Reihen fast 4eckiger Punkte. Taster, Fühler und Beine rötlich. 2. — Nicht selten. Juni, Juli.

249. H. gracilis Germ. Zierlicher Z. — Schwarz, glänzend; Fd. und öfters auch der V.= und H.rand des Hsch. heller oder dunkler braun; Fühler und Beine rostrot; Fd. so breit a. d. Hsch. mit 6 Punktstreifen. 2. — Nicht selten.

III. Gruppe. Sphaeridiini, Dung-Tastkäfer.

1. Fühler 8gliedrig. Körper kugelig eif. . . . . Sphaeridium.
2. Fühler 9gliedrig.
   a. M.hüften durch eine spitzige Verlängerung der H.brust getrennt. Körper halbkugelig. . . . . Cyclonotum.
   b. Fortsatz der H.brust fehlt. Körper oval . . . . . . Cercyon.

68. Gattung. Sphaeridium, Dung-Tastkäfer.

250. S. scarabaeoides L. Großer D.=T. — (Taf. II, 17.) Schwarz, fein und dicht punktiert; Fd. an der Wurzel mit einer bisweilen undeutlichen, blutroten und a. d. Sp. mit einer großen, gelben Makel. Beine gelbbraun. 6—7. — In frischem Kuhdünger auf Viehweiden häufig.

251. S. bipustulatum F. Doppeltpunktierter D.=T. — Wie 250, aber die Seiten des Hsch. und der Fd. schmal gelb gerandet. Beine gelbbraun mit schwarzer Schenkelbinde. 4,5. — Häufig.

69. Gattung. Cyclonotum, Kugeltastkäfer.

252. C. orbiculare F. K.=T. — Glänzend schwarz, dicht punktiert. Fd. neben der Naht mit einer eingedrückten, vorn verschwindenden Längslinie; Beine dunkelbraun. 3. — Häufig in kleinen Tümpeln.

70. Gattung. Cercyon. Klein-Dungtastkäfer.

a. Zw.räume der Punktstreifen a. d. Fd. deutlich punktiert.

253. C. haemorrhoum Gyll. Rotspitziger Kl.=D. — Eif., stark gewölbt, glänzend schwarz; Hsch i. d. M. stark gewölbt. Fd. mit ziemlich starken, nach rückwärts viel tieferen Punktstreifen, schwarz mit dunkelroter Spitze; Beine rotbraun. 3. — Im Frühjahr an feuchten Orten unter Steinen 2c. 2c.

254. C. haemorrhoidale F. Braunflügeliger Kl.=D. — Wie 253, aber das Hsch. am Grunde vor dem Schildchen mit einem kleinen, punktf. Grübchen. 3. — Auf Viehweiden häufig; Juni.

255. C. unipunctatum L. Schwarzgefleckter Kl.=D. — Eif., schwarz; die Seiten des Hsch. und die Fd. gelb, letztere punktiert gestreift mit einer gemeinschaftlichen schwärzlichen Makel i. d. M. der Naht; Fühler und Beine rostbräunlich. 2. — Ueberall, aber weniger häufig. Frühjahr und Herbst.

b. Zw.räume der punktiert gestreiften Fd. kaum sichtbar oder nur vorn deutlich punktiert.

256. C. pygmaeum Ill. Kleiner Kl.-D. Eif., gewölbt, schwarz; Fd. am Grunde runzelig punktiert, sonst fein punktiert gestreift, schmutzig gelbbraun, an der Wurzel m. o. w. schwarz; Taster, Fühler und Beine rostbräunlich. 1,2 — Häufig.

257. C. triste Ill. Braunspitziger Kl.-D. Kurz eif., gewölbt, mattschwarz; Fd. fein punktstreifig, die Streifen gegen die rotbraune Spitze verworren. Taster, Fühler, S.rand des Hsch. und Beine bräunlich. 2. — Nicht selten.

6. Familie. Staphylinidae, Kurzflügler.

Diese leicht kenntliche Familie ist durch kurze, abgestutzte Fd., welche nur einen kleinen Teil des Hinterleibs bedecken, ausgezeichnet. Man findet sie unter Steinen, Moos, Baumrinde, im Mist, in faulenden Pflanzenstoffen, Pilzen und Schwämmen. Manche leben auch im Sande an den Ufern der Gewässer, auf Blumen, viele auch als Ameisenfreunde (Myrmekophilen) in und um Ameisenhaufen. Die Kurzflügler, auch Raubkäfer genannt, nähren sich wie ihre ihnen sehr ähnlich sehenden Larven von andern Insekten, die kleineren Arten aber hauptsächlich von Pilzen und pflanzlichem Moder. Die meisten sind kleine, oft nur einige Millimeter lange Käferchen, gewöhnlich einfarbig schwarz, selten charakteristisch gefärbt oder gezeichnet. In der Anzahl der Fußglieder herrscht große Verschiedenheit, meist sind es 5, doch kommen auch 4 und 3 Glieder vor.

Uebersicht der Gruppen:

I. Fühler vorn neben dem J.rand der Augen eingelenkt. . . . Aleocharini.

II. Fühler vor den Augen unter dem S.rand der Stirn eingelenkt. Tachyporini.

III. Fühler am V.rand der Stirn innerhalb der O.kiefer eingelenkt. (Hieher die größten Arten.) . . . . Staphylinini.

IV. Fühler unter dem leicht aufgeworfenen S.rand der Stirn eingelenkt. Letztes Glied der Kiefertaster sehr klein. . . . . . Paederini.

V. Fühler auf der Stirn am J.rande der Augen eingelenkt. Augen groß, vorgequollen. H.hüften klein, kegelf. . . . . Stenini.
VI. Fühler unter dem beulig aufgeworfenen S.rand der Stirn eingefügt; Fühler m. o. w. gekniet. H.hüften quer stehend. . . Oxytelini.
VII. Die geraden Fühler unter dem kaum aufgeworfenen S.rande der Stirn eingefügt. Am Grunde der Stirn 2 Nebenaugen. . Omalini.

I. Gruppe. **Aleocharini, Augenhorn-Raubkäfer.**

I. Alle Füße 5gliedrig.
1. Kopf hinten deutlich eingeschnürt. . . . . Chilopora.
2. Kopf hinten nicht eingeschnürt. . . . . Aleochara.

II. V.füße 4-, die hinteren 5gliedrig.
1. Das 1. Glied der H.füße nicht verlängert; das 2. Glied der Lippentaster kürzer als das 1. und 3. Fd. breiter als das Hsch. Homalota.
2. Das 1. Glied der H.füße verlängert. Kopf hinten wenig eingeschnürt, jedoch tief in das Hsch. zurückziehbar. Fühler länger als Kopf und Hsch., das 2. Glied derselben meist viel kürzer als das 3; leben unter Ameisen. . . . . Myrmedonia.
3. Das 1. Glied der H.füße verlängert; Kopf hinten deutlich eingeschnürt, durch einen dünnen Stiel mit dem Hsch. verbunden.
   a. Hsch. kaum halb so breit a. d. Fd., vornen zugerundet, am Grunde mit Längseindrücken. . . . . Autalia.
   b. Hsch. nach hinten verengt, gewöhnlich tief gefurcht; Lippentaster 3gliedrig, das Endglied etwas verdickt. . . . . Falagria.
   c. Hsch. schmäler a. d. Fd., von der Mitte ab nach vorn verengt; Endglied der Lippentaster nicht verdickt; Außenwinkel der Fd. meist deutlich gebuchtet. . . . . . . Bolitochora.

71. Gattung. **Autalia, Spaltzungen-Raubkäfer.**

258. A. impressa Ol. Sp.-R. — Rötlich gelbbraun, glänzend, fein behaart, der Kopf und die Mitte des H.leibs schwärzlich. Hsch. vorne mit einer kurzen M.rinne, am Grunde beiderseits mit 2 Eindrücken, der äußere rund, der innere länglich. 2—3. — In Pilzen, selten. Oktober und November.

72. Gattung. **Falagria, Kurzzungen-Raubkäfer.**

259. F. obscura Curt. Dunkler K.-R. — Rötlich gelbbraun, dicht behaart. Kopf und H.leib vor der Sp. schwärzlich; Hsch. fast herzf., sehr fein punktiert, M.linie schwach; Fd. breiter und etwas länger als das Hsch., sehr fein punktiert. 2. — Häufig unter Steinen. Oktober—April.

260. F. sulcata Payk. Punktierter K.-R. Braunschwarz, glänzend, fein behaart; Hsch. und Fd. fein punktiert, ersteres mit starker, bis über das Schildchen verlängerter M.furche. 2,5. Häufig, März Mai, Oktober und November.

73. Gattung. Bolitochara, Langzungen-Raubkäfer.

261. B. lunulata Payk. L.-R. Rostbräunlich, Kopf, Fühlermitte, der 5. und die Wurzel des 6. H.leibsringes, sowie die Fd. mit Ausnahme der Schultern und des Sp.randes schwärzlich; Beine rostgelb. Hsch. und Fd. dicht punktiert. 4. – Häufig in Pilzen. Herbst.

74. Gattung. Myrmedonia. Ameisenkurzflügler.

a. Kopf schwarz; Hsch. gelbrot.

262. M. collaris Payk. Rothalsiger A. Gelbrot, glänzend; Kopf, Fd., H.leibsspitze, Brust und Mitte der Fühler schwarz, die Spitze der letzteren und die Beine gelb; Hsch. zerstreut punktiert, mit einem tiefen Grübchen vor dem Schildchen. 3. — Ueberall unter Steinen. Mai.

263. M. canaliculata F. Gerinnter A. (Taf. III, 1.) Rotbraun, stark und dicht punktiert, Kopf und die 2 letzten H.leibsringel schwarz; Hsch. länger als breit mit feiner M.rinne; Fühler und Beine rötlichgelb. 4. — Bei schwarzen Ameisen; April—August.

b. Kopf und Hsch. von gleicher Farbe.

264. M. humeralis Grav. Rotschulteriger A. Pechbraun, fein punktiert; die Schultern, die ersten Bauchringel, die Fühlerwurzel und die Beine rötlich braun; Hsch. beiderseits mit einem Eindruck und vor demselben mit einer schwachen Vertiefung. 6. — Häufig in den Nestern der gelben Ameise. April, Mai.

265. M. limbata Payk. Gesäumter A. Rötlich-gelbbraun, sehr fein und dicht punktiert; Kopf, Scheibe der Fd. und die vorletzten H.leibsringe pechbraun; Hsch. fast um die Hälfte breiter als lang, beim ♀ undeutlich gerinnt, beim ♂ der Länge nach eingedrückt. Fühler und Beine rostfarben. 5. Nicht selten. April Juni.

75. Gattung. Homalota, Sumpfraubkäfer.

266. H. elongatula Grav. Gestreckter S. Schwarz, wenig glänzend, seidenhaarig; Fd. braun, Fühlerwurzel, Beine und After gelbbraun, letzterer bisweilen schwarz; Hsch. mit 1 seichten Grübchen am Grunde; der letzte H.leibsring nicht punktiert. 3. Häufig; Frühjahr Herbst.

267. H. analis Grav. After-S. Schwarz, fein behaart; Hsch. und Fd. braun, Fühler, Beine und H.leibsspitze gelblich; Hsch. fast kreisf., wenig breiter als der Kopf und wenig schmäler a. d. Fd., am Grunde mit einem eingedrückten queren Grübchen. H.leib überall dicht punktiert. 2. — Häufig unter feuchtem Laube. April—Oktober.

268. H. merdaria Thoms. Giftschwammraubkäfer. – Schwarz, fein grau behaart, punktiert; Fühler, Fd. und H.leibsspitze rotbraun, die 3 ersten Fühlerglieder und die Beine gelbbraun; Hsch. um die Hälfte breiter als lang, mit m. o. w. eingedrückter Scheibe, a. d. S. mit einzelnen abstehenden Haaren; die 2 letzten H.leibsringe ganz glatt. 4. – Gemein in Pilzen, namentlich in der Giftmorchel. Oktober und November.

76. Gattung. Aleochara, Aasraubkäfer.

269. A. fuscipes Grav. Braunfüßiger A. – Schwarz, glänzend, dicht punktiert, graugelb behaart, die kurzen, stark verdickten Fühler, Taster, Beine und Fd. rotbraun, letztere selten ganz schwarz; 3. Glied der Fühler ein- und einhalbmal so lang als das 2.; Fd. kürzer a. d. Hsch. 5–7. – An Aas, nicht selten.

77. Gattung. Chilopora, Kurzhandraubkäfer.

270. Ch. longitarsis F. Langfüßiger K. – Schwarz, matt, äußerst fein und dicht punktiert, mit feiner, grauer Behaarung; Schenkel pechbraun, Taster, Fühlerwurzel, Schienen und Füße gelblich; Hsch. mit einer seichten Längslinie und einem schwachen Eindruck vor dem Schildchen. Fd. fast um die Hälfte breiter a. d. Hsch., so lang als zusammen breit; die 4 ersten H.leibsringe an der Wurzel tief quer eingedrückt. 4. – An Flußufern; selten.

II. Gruppe. Tachyporini, Fluchtkurzflügler.

1. Fd. verworren punktiert.
   - a. H.leib a. d. S. scharf gerandet; Körper flach. . . . . . Tachinus.
   - b. H.leib wie vorher; Fd. fein behaart; Körper stark gewölbt. Tachyporus.
   - c. H.leib nicht gerandet, a. d. S. gerundet. . . . . Conosoma.
2. Fd. glatt, so lang als die Brust, mit 3 Punktreihen. . . . Bolitobius.

78. Gattung. Tachinus, Blütenkurzflügler.

271. T. rufipes L. Rotfüßiger B. – Pechschwarz, glänzend, Fühlergrund, Beine, Schultern und Sp.rand der Fd., Ränder der H.leibsringel rostrot; Hsch. schwarz, nach vorn verengt, S.rand gelbbraun durchscheinend. Fd. gelbbraun, so lang als zusammen breit. 5–6. – Häufig.

272. T. flavipes F. Gelbbeiniger B. – Glänzend schwarz, Fühler braun, die ersten Glieder meist schwärzlich; Fd. und Beine rotbraun, die Scheibe der ersteren meist dunkler; Hsch. um die Hälfte breiter als lang, selten gelb gerandet. 6–7. – Gemein.

273. T. fimetarius Grav. Schwarzhörniger B. Wie 272, aber kleiner; die Ränder des Hsch. breit gelb gesäumt. Fühler so lang als Kopf und Hsch., ganz schwarz. 4–5. – Häufig auf blühenden Gesträuchen; Frühjahr.

79. Gattung. Tachyporus. Fluchtkurzflügler.

274. T. obtusus L. Abgestumpfter F. – Rotgelb, glänzend; Brust, vordere Hälfte der Fd., die 2 letzten H.leibsringel, das Schildchen und die Fühlerspitzen schwarz; H.leib vorn gelbbraun. 3,5. – Häufig unter Steinen; Frühjahr.

275. T. chrysomelinus L. Chrysomelen-F. – Schwarz, glänzend. Fühlerwurzel, Hsch., Beine und Fd. rotbraun; Kopf, ein gemeinschaftlicher 3eckiger Fleck am Schildchen und ein breiter Streifen neben dem S.rande jeder Fd. schwarz; Füße und Ränder der H.leibsringe gelbbraun. 3–4. – Häufig; Herbst und Frühjahr.

276. T. hypnorum F. Moos-F. – Schwarz, glänzend. Fühler, Ränder der H.leibsringe, Beine, sowie ein breiter Raum am S.rande des Hsch. bräunlichgelb; Fd. rotgelb, am Schildchen und neben dem S.rande schwarz. 3,5. – Häufig unter abgefallenem Laub. Mai.

80. Gattung. Conosoma. Rundleibkurzflügler.

277. C. pubescens Payk. Dichtbehaarter R. – Schwarzbraun, die Fd. häufig heller braun, dicht grau behaart, Fühler und Beine, die Ränder der H.leibsringe und meist auch der H.rand des Hsch. gelbbraun. Fd. schmäler als das Hsch., so lang als zusammen breit. 4. – Sehr häufig unter altem Laub.

81. Gattung. Bolitobius, Schwammkurzflügler.

278. B. atricapillus F. Schwarzköpfiger Sch. – Glänzend gelbrot. Kopf, Fühlermitte, Brust, Schildchen, Fd. und die 3 letzten H.leibsringe mit Ausnahme des Sp.randes des 6. schwarz; ein großer 3eckiger Querfleck an der Wurzel und der H.rand der Fd., die Beine und der H.rand des 6. Leibesringes rotgelb. 5–6. – In Löcherpilzen häufig. Oktober und November.

279. B. pygmaeas F. Kleiner Sch. – Stark glänzend, dunkel-pechbraun; Kopf, ein Fleck am äußeren Spitzenwinkel der Fd., selten auch die Scheibe des Hsch. und der H.leib schwärzlich; Fühler braun, die ersten 5 Glieder und die Beine gelb. 3–4. – In Pilzen gemein; April–Oktober.

III. Gruppe. Staphylinini, Raubkäfer.

1. Hsch. scheinbar mit einfacher S.randlinie. . . . . . . Quedius.
2. Hsch. deutlich mit doppelter S.randlinie.

a. Fühler gegen d. Sp. verdickt; Hsch. kahl.	Creophilus.
b. Fühler ebenso; Hsch. dicht behaart.	Emus.
c. Fühler fadenf., das 3. Glied bedeutend länger als das 2. Körper scheckig behaart.	Leistotrophus.
d. Fühler fadenf., kurz; H.leib gedrungen, nach rückwärts schwach zugespitzt.	Staphylinus.
e. Fühler fadenf., schlank; H.leib lang, gleich breit. Fd. dunkel.	Ocypus.
f. Kopf durch eine halsf. Verengung mit dem Hsch. verbunden, letzteres reihig punktiert.	Philonthus.
g. Fühler stark gekniet, das 1. Glied sehr gestreckt; Hsch. hinten verengt mit 2 Punktreihen.	Xantholinus.

82. Gattung. Quedius, Hainraubkäfer.

280. Q. dilatatus F. Sägehorn-H. — Schwarz, wenig glänzend, Fühlerglieder vom 4. an nach innen stark sägeartig erweitert. Hsch. viel breiter als lang, gerundet, der Rand erweitert und aufgebogen. Fd. schmäler als das Hsch., fein und dicht punktiert, viereckig. 17–21. — In den Nestern der Hornisse, aber auch in morschen Bäumen und am ausfließenden Saft der Eichen. Selten. Juni, Juli.

281. Q. fulgidus F. Glänzender H. — Schwarz, glänzend, Fühler und Beine pechbraun, Fd. schwarz oder ziegelrot, fein verworren punktiert; H.leib dicht punktiert. 7–10. — Häufig an Pilzen, auch in Kellern. März–November.

282. Q. impressus Pz. Niedergedrückter H. — Schwarz, glänzend. Fd. pechschwarz, metallglänzend, jede mit 3 Reihen größerer Punkte, ihr Naht-, Seiten- und Spitzenrand braungelb, Beine pechschwarz mit rotbraunen Knien und Füßen. 6–7. — Nicht selten. März–Oktober.

283. Q. lateralis Grav. Gelbrandiger H. — Schwarz, der umgeschlagene S.rand der Fd. gelb; Fühlerwurzel und Tarsen, öfters die ganzen Beine rotbraun. Kopf gerundet, schmaler als das Hsch., dieses breiter als lang, vorn beiderseits mit 3 reihig gestellten Punkten; Fd. verworren punktiert. 9–10. — In Schwämmen; selten.

83. Gattung. Creophilus, Weißhaar-Raubkäfer.

284. C. maxillosus. Weißhaar-R. — (Taf. III, 2.) Schwarz, glänzend, eine breite, schwarz punktierte Binde über die Fd. und die mittleren H.leibsringe graufilzig. 15–20. — Nicht selten an Aas, im Mist. Sommer.

84. Gattung. Emus, Goldhaar-Raubkäfer.

285. E. hirtus L. Goldhaar-R. — (Taf. III, 3.) Schwarz, zottig behaart; die Haare des Kopfes, Hsch. und der 3 letzten H.leibsringe goldgelb. Fd. hinter d. M. mit einer breiten, graufilzigen Binde. 20–24. — In Kuhdünger; selten. April.

85. Gattung. Leistotrophus. Grauhaar-Raubkäfer.

286. L. nebulosus F. Nebelfleckiger G. Schwarz, dicht graubraun oder grünlich filzig behaart; Taster, Fühlerwurzel und Beine rötlichgelb, letztere am Grunde schwarz. 12—17. Nicht häufig. Herbst und Frühjahr.

287. L. murinus L. Mäusefarbener G. Wie 286, aber kleiner, Taster und Beine schwarz. 10—13. Häufig, besonders gern am Menschenkot; Frühjahr bis Herbst.

86. Gattung. Staphylinius. Großraubkäfer.

a. Fd. schwarz, dunkelblau oder grün.

288. St. pubescens D. G. Kurzhaariger G. Schwarz, oben braungrau, unten silberweiß dicht filzig behaart; Fd. mit gelblichen Schultern; jeder H.leibsring i. d. M. mit einem goldgelben, 3eckigen Fleck; Beine schwarz, die Schenkelspitze mit einem gelben Ring. 11—13. Frühjahr und Herbst.

289. St. fulvipes Scop. Rotfüßiger G. Schwarz. Kopf, Hsch. und Fd. schwarzblau oder grün, kurz schwarz behaart; Wurzel und Spitze der Fühler sowie die Beine braunrot, die 2 letzten H.leibsringe mit gold- oder silberglänzenden Haaren dicht besetzt. 13—14. Selten.

b. Fd. braun oder gelbrot.

290. St. chalcocephalus F. Erzhalsiger G. Schwarz; Kopf und Hsch. dunkel erzgrün, sehr dicht punktiert, gelb behaart, das letztere an der Wurzel mit einer glatten Stelle i. d. M.; Schildchen sammetschwarz; Fd., Schienen und Füße rotbraun; Fühler schwarz; der 2.—5. H.leibsring oben je mit 3 silbergrau behaarten Makeln, die folgenden mit einer solchen Querbinde. 12—13. Selten.

291. St. caesareus Cederh. Schöner G. (Taf. III, 4.) Schwarz, mattglänzend; Kopf so breit als das Hsch. Fühlerwurzel, Fd. und Beine rotbraun; Schildchen sammetschwarz; V.ecken und H.rand des Hsch., die O.seite des 2. H.leibsringes und auf den folgenden eine 3eckige Makel beiderseits oben und unten goldgelb behaart. 15—20. Auf Wegen und Straßen gemein. Frühjahr und Sommer.

292. St. erythropterus L. Brauner G. Mattschwarz; Kopf breiter als das Hsch.; Fühlerwurzel und -spitze, Fd. und Beine rotgelb; Schildchen dicht goldgelb seidenglänzend behaart; der 1. und die 3 letzten H.leibsringe beiderseits mit einer gelb behaarten, mäßig glänzenden Makel. 11—12. In Wäldern; ziemlich selten.

293. St. stercorarius Oliv. Mist-G. Schwarz; Kopf so breit als das Hsch. Fühlerwurzel und Beine gelbrot; Schildchen sammetschwarz; Fd. braunrot; H.leibsringe oben beiderseits mit einer silbergrau behaarten Makel, die 2 letzten gewöhnlich mit einer breiten, ebenso behaarten Binde. 12—13. Selten; Sommer und Herbst.

294. St. fossor Scop. Grab-G. — Schwarz; Kopf und Hsch. dunkel braunrot; Fd., Schienen und Füße rötlichgelb; Schildchen sammetschwarz; Fd. gelbseidig behaart; die H.leibsringe an der Wurzel i. d. M. mit 1 kleinen, goldglänzenden Fleck. 13—15. — In feuchtem Waldmoos; selten. Mai—Oktober.

87. Gattung. **Ocypus, Steinraubkäfer.**

a. Fd. von der Länge des Hsch. Käfer geflügelt.

295. O. olens Müll. Stinkender St. — (Taf. III, 5.) Schwarz, mattglänzend, dicht und fein punktiert und behaart; Fühlersp. braun oder rostfarben. Fd. so lang oder etwas länger als das Hsch. Größte Art. 24—30. — Nicht selten; Sommer und Herbst.

296. O. cyaneus Payk. Dunkelblauer St. — (Taf. III, 6.) Schwarz, mattglänzend, fein und spärlich kurz behaart, sehr fein und dicht punktiert. Kopf, Hsch. und Fd. oben dunkelblau. 15—22. — Nicht selten, auf Feldwegen. Juni bis September.

297. O. morio Grav. Mattschwarzer St. — Schwarz, Kopf und Hsch. schwach glänzend; Fühlerspitze, Füße und oft auch die Schienen rostbraun; Hsch. schmaler als der Kopf und wie die Fd. sehr dicht punktiert. 12—14. Nicht selten; Juli—Oktober.

298. O. picipennis F. Gestreifter St. — Schwarz; Kopf und Hsch. erzfarben, dicht und fein punktiert und meist fleckig grau behaart; Fd. pechschwarz, manchmal braunrot, die graue Behaarung derselben meist fleckig; H.leib mit grauhaarigen Linien; Fühlerspitze und Tarsen rotbraun. 12—16. — Nicht selten; März, April.

b. Fd. kürzer als das Hsch. Käfer ungeflügelt.

299. O. brachypterus Brull. Kurzflügeliger-St. Wie 295, aber an den kürzeren Fd. leicht zu erkennen. 22—30. — Nicht selten.

300. O. similis F. Aehnlicher St. — Schwarz, mattglänzend; kurz, schwarz behaart; Kopf und Hsch. glänzend, tief punktiert, letzteres mit glatter M.linie; Fd. und H.leib sehr dicht und fein punktiert, erstere so breit als das Hsch. 13—20. Nicht selten. April, Juni bis Oktober.

88. Gattung. **Philonthus, Mistraubkäfer.**

a. Hsch. auf dem Rücken beiderseits mit 3 Punkten.

301. Ph. intermedius Lac. Grünschimmernder M. — Schwarz; Kopf, Hsch. und Fd. metallisch grün. Fd. etwas breiter als das Hsch., dicht schwarzbraun behaart und zerstreut punktiert; Kopf so breit a. d. Hsch., mit tiefen Punkten hinter den Augen. 8—9. — Ziemlich häufig unter Moos.

302. Ph. splendens F. Glänzender M. — Schwarz, glänzend; nur die Fd. metallgrün, schwarz behaart, dicht punktiert. 10—13. — Nicht selten.

b. Hsch. jederseits mit einer Reihe von 4 Punkten.

303. Ph. aeneus Rossi. Erzfarbener M. Glänzend schwarz; Kopf und Hsch. bronzeschwarz; Fd. grünlich bronzefarben, dicht punktiert und greis behaart; Kopf hinter den Augen mit starken Punkten, zwischen den Augen mit 5 Punkten; Hsch. fast so lang als breit, schmäler als die Fd. 10–13. Häufig unter Laub und Moos. Frühjahr.

304. Ph. cyanipennis F. Blauflügeliger M. — Schwarz; Fd. schön kornblumenblau; Kopf gerundet, so breit als das Hsch., hinter den Augen mit einigen Punkten, zwischen den Augen mit 4 Punkten. 10–11. — In Schwämmen. Sehr selten.

305. Ph. atratus Payk. Schwarzer M. — Glänzend schwarz; Fd. metallisch schwarzgrün, seltener bläulich; Kopf rundlich, schmäler als das Hsch., hinter den Augen mit einigen großen Punkten; Hsch. beiderseits außer den 4 Rückenpunkten je noch mit 5 Seitenpunkten. Fd. nicht dicht und mäßig fein punktiert, greis behaart. 7–9. — Gemein; Sommer.

306. Ph. varius Gyll. Bunter M. — Schwarz, glänzend; Fd. metallisch grün, a. d. Sp. bisweilen mit 1 roten Fleck, selten ganz rot. Kopf viel kleiner als das Hsch. und wie dieses spiegelblank. Hsch. so lang als breit. Beine schwarzbraun oder braun. 6–7. — Nicht selten.

307. Ph. lepidus Grav. Kleinköpfiger M. — Glänzend schwarz; Fühlerwurzel, Fd. und Beine braungelb; Kopf viel kleiner und schmäler als das Hsch.; Fd. so breit, aber kürzer als das Hsch., an der Nahtspitze tief gemeinschaftlich ausgerandet. 5. — Häufig.

308. Ph. politus F. Glatter M. — Schwarz, glänzend. Kopf, Hsch. und Fd. dunkel bronzegrün, spiegelblank; erstes Fühlerglied unten gelbbraun, Beine schwarz; H.leib matt glänzend, wie die dicht punktierten Fd. dünn schwarz behaart; Hsch. so lang als breit. 8–11. — Häufig.

c. Hsch. beiderseits mit 5 Punkten.

309. Ph. ebeninus Grav. Dornschieniger M. — Schwarz, glänzend; Fd. metallisch grün; Beine öfters dunkelbraun; Hsch. so breit als lang, die S.ränder fast gerade, die Scheibe außer den Rücken- und Randpunkten beiderseits noch mit 4 Punkten; Schienen mit Dornen besetzt. 6–8. — Häufig unter Moos und Steinen. Herbst und Frühjahr.

310. Ph. sanguinolentus Grav. Rotfleckiger M. — Schwarz; Fd. dicht und fein punktiert, greis behaart, mit dunkelrotem Schulterfleck und einer ebenso gefärbten länglichen Makel auf der Naht; V.hüften gelbrot; Kopf gerundet, fast so breit als das Hsch.; dieses so lang als breit. 7–9. — An Waldrändern, nicht selten.

d. Hsch. jederseits mit einer Reihe von 6 Punkten.

311. Ph. fulvipes F. Gelbbeiniger M. — Glänzend schwarz; die 3 ersten Fühlerglieder, Fd. und Beine rotgelb; Hsch. so lang als breit, nach vorne

verengt; Fd. dicht und fein punktiert, gelb behaart, länger als das Hsch. 5,5. — An den Ufern von Gewässern, häufig; März—Juli.

312. Ph. tenuis F. Rotgelbhalsiger M. Schwarz; Hsch., Beine und Fd. rotgelb, letztere mit schwarzer Wurzel. Kopf eif.; Hsch. wenig länger als breit, mit fast geraden Seiten. Fd. viel breiter, aber kaum länger als das Hsch. V.füße beim ♂ stark erweitert. 4—5. Im angeschwemmten Röhricht nicht selten. Frühjahr.

89. Gattung. Xantholinus, Glanzraubkäfer.

313. X. fulgidus F. Rotflügeliger Gl. — Glänzend schwarz. Hsch. spiegelglatt, beiderseits mit einer tief eingegrabenen, schwach gebogenen, am Grunde punktierten Furche. Fd. und Füße ziegelrot. Kopf viereckig, etwas länger und breiter als das Hsch., mit sehr großen, bisweilen zusammenfließenden Punkten. Fühler braun. 8—9. — Unter Waldmoos. Selten.

314. X. punctulatus Payk. Punktierter Gl. — Schwarz, sehr stark glänzend, Fd. etwas breiter und länger als das Hsch., mit grünlichem Schimmer; Kopf sehr grob und dicht punktiert; Hsch. länger als breit, die Punktreihen auf dem Rücken mit 6—12 sehr veränderlichen Punkten. Oefters sind die Fühler und Beine, manchmal auch die Fd. rotbraun. 7—8. Häufig.

315. X. linearis Oliv. Langgestreckter Gl. — Schwarz, metallschimmernd; Fühler und Beine, öfters auch die Fd. pechbraun; Kopf sparsam und fein punktiert, i. d. M. glatt; Rückenreihe des Hsch. mit 12 oder mehr Punkten; Fd. so lang als das Hsch., tief punktiert. 6—7. — In Laubwäldern.

316. X. tricolor F. Dreifarbiger Gl. — Rostbraun; der Kopf, der hintere Teil des Hsch., der H.leib oben bis auf den Sp.rand der einzelnen Ringe schwärzlich. Hsch. um die Hälfte länger als breit, nach hinten stark verengt, die Rückenpunktreihe mit 12 oder mehr Punkten. Fd. kürzer als das Hsch., tief zerstreut punktiert. 7—8. Ziemlich selten.

IV. Gruppe. Paederini, Uferraubkäfer.

1. Fühler gekniet, dünn, fadenf. . . . . Cryptobium.
2. Fühler nicht gekniet, fadenf.
   a. Kopf vorgestreckt, hinten halsartig abgeschnürt. Hsch. mit abgerundeten Ecken, vorne und hinten abgestutzt. . . . Lathrobium.
   b. Kopf sehr groß, gerundet, mittels eines sehr dünnen, kurzen Halses mit dem eif. Hsch. verbunden. . . . . Stilicus.
   c. Kopf länglich 4eckig, an den Ecken abgerundet; Hsch. v. d. M. am breitesten. . . . . Sunius.
   d. Kopf rundlich. Hsch. kugelig. . . . . Paederus.

90. Gattung. Cryptobium, Kniehorn-Raubkäfer.

317. C. fracticorne Payk. K.-R. — Glänzend schwarz; Beine und Fühler bräunlich, letztere mit hellerer Spitze; Kopf schmäler als das Hsch., zerstreut punktiert;

Hsch. um die Hälfte länger als breit, mit glatter, jederseits von einer Punktreihe eingefaßten M.linie; H.leib dicht punktiert, greis behaart, die Ringe braun gerandet. 5. — Häufig in feuchten Wäldern. März—Mai.

91. Gattung. Lathrobium. Moderraubkäfer.

a. Fd. rot mit schwarzer Wurzel.

318. L. elongatum L. Verlängerter M. — Glänzend schwarz; Fühler, Taster und O.lippe rotbraun; Hsch. länglich, tief und dicht punktiert, mit glatter M.linie; Fd. länger als das Hsch., fein punktiert, länger als zusammen breit. Beine rotgelb. 8—9. — Häufig im Herbst und Frühjahr.

319. L. fulvipenne Grav. Braunflügeliger M. — Wie 318, aber 3. Fühlerglied deutlich länger als das 2.; Fd. so lang als das Hsch. 8. — Häufig. April.

b. Fd. schwarz oder schwarzbraun.

320. L. brunnipes F. Braunfüßiger M. — Schwarz, glänzend; Fühler, Beine und H.leibsspitze rötlich; Hsch. länger als breit und wie der Kopf sparsam punktiert, Mittellinie glatt. Fd. breiter, aber kaum länger als das Hsch. 8—9. — Häufig unter feuchtem Laub. März—Juli.

321. L. quadratum Payk. Schwarzflügeliger M. — Schwarz, glänzend; der H.leib matt, seidenartig greis behaart; Beine und Fühler pechbraun. Fd. ganz schwarz, länger und breiter als das Hsch., dicht punktiert. 7. — Häufig am Wasser und auf Wasserpflanzen. April—Juli.

322. L. terminatum Grav. Rotfleckiger M. — Wie 321, nur kleiner und schlanker; Fühlerwurzel, Beine und Flügelspitzen rotgelb. 6. — Häufig.

92. Gattung. Stilicus. Waldraubkäfer.

323. St. rufipes Germ. Rostbeiniger W. — Glänzend schwarz; Taster, Fühler und Beine rötlichbraun. Fd. länger als das Hsch., dunkel pechbraun, gegen d. Sp. heller; Hsch. schmäler als die Fd., kaum länger als breit, mit glatter, nach vorn verschwindender M.linie und mit einer feinen Rinne in derselben. 6. — Nicht selten; März—Mai.

324. St. subtilis Er. Schwarzflügeliger W. — Dem vorigen sehr ähnlich, die Beine aber blaßgelb, die hinteren mit schwarzen Knien. Hsch. länger als breit, nur halb so breit als die pechschwarzen Fd. Kopf so breit als die Fd., fein punktiert. 5. — Nicht selten in Laubwaldungen.

325. St. similis Er. Gelbspitziger W. — Schwarz. Fühler und Beine, letztere mit Ausnahme der pechbraunen Hüften, rötlichgelb. Kopf so breit als die Fd., runzelig punktiert. Hsch. fast um die Hälfte schmäler als die Fd., sehr dicht punktiert, mit fein gefurchter M.linie. Fd. mit gelbbräunlicher Spitze, etwas länger als das Hsch. und etwas grober und sparsamer punktiert. 5. — Nicht selten in Laubwäldern.

93. Gattung. **Sunius, Laubraubkäfer.**

326. S. angustatus Payk. Schmaler L. — Schwarz, Fühler, Beine und Ränder des H.leibs rostgelb; Fd. fast um die Hälfte länger als das Hsch., ihre Spitze rötlichgelb. 3—4. — Im ersten Frühjahr häufig unter Steinen.

327. S. filiformis Latr. Breitköpfiger L. — Mattschwarz, äußerst dicht und stark runzelig punktiert. Kopf breiter als das Hsch., dieses nur wenig kürzer als die Fd. Fühler, Beine, Spitze des H.leibs und der Fd. rötlichgelb. 4,5. — Häufig unter Steinen. Frühjahr.

94. Gattung. **Paederus, Uferraubkäfer.**

a. H.leib rot, a. d. Sp. schwarz.

328. P. littoralis Grav. Ungeflügelter U. — Schwarz; Fd. tief punktiert, grünlichblau; Fühler gelb, i. d. M. bräunlich; Schildchen dunkelrot; Beine rotgelb mit schwarzer Schenkelspitze; Hsch. beinahe kugelig. 7—8. — An Ufern nicht selten; März—Juni.

329. P. riparius L. Gemeiner U. — Fast wie 328, aber Hsch. viel länger als breit, nach hinten verengt. Fühler an der Wurzel gelb. 7—8. — Herbst und Frühjahr.

330. P. longipennis Er. Langdecken-U. — Wie die beiden vorigen, aber die 4 ersten Fühlerglieder und die ganzen Beine hell gefärbt. Hsch., V.brust und die 4 ersten H.leibsringe gelbrot. Hsch. hinten nur wenig verengt. 7—8. — Im ersten Frühjahr; nicht selten.

b. H.leib schwarzblau.

331. P. ruficollis F. Rothalsiger U. — Dunkelblau. Hsch. und V.brust rot; Beine und Fühler mit Ausnahme der gelblichroten Unterseite der beiden ersten Glieder schwarz. H.leib a. d. Sp. stärker als i. d. M. punktiert. 8. — Häufig, doch mehr in bergigen Gegenden.

V. Gruppe. **Stenini, Schmalraubkäfer.**

1. Augen halb so lang als der Kopf. Fd. hinten gerade abgeschnitten. H.leibsspitze mit 2 langen Borsten. . . . . . Dianous.
2. Augen so lang als der Kopf, stark vorgequollen; Fd. hinten schwach ausgerandet. . . . . Stenus.

95. Gattung. **Dianous, Strandraubkäfer.**

332. D. coerulescens Gyll. St. — Schwarzblau, wenig glänzend, weißlich behaart; Fd. tief punktiert, jede mit einer roten, runden Makel; Kopf etwas feiner und viel dichter als das Hsch. punktiert, mit 2 Furchen auf der Stirne. 5—6. — Unter Moos an Bachufern. März, April.

96. Gattung. **Stenus, Schmalraubkäfer.**

a. Jede Fd. mit einer roten runden Makel.

333. St. biguttatus L. Zweitropfiger Sch. — (Taf. III, 7.) Schwarz, metallschimmernd, fein weißlich behaart, dicht und tief punktiert; Taster am Grunde gelb; der Fleck auf den Fd. dem S.rande genähert. 5—6. — Häufig unter Moos an sumpfigen Orten. März—August.

334. St. bipunctatus Er. Zweipunktiger Sch. — Wie 333, aber weniger dicht punktiert; der rote Fleck auf dem Fd. i. d. M. zwischen Naht- und S.rand. 5—6. — Häufig.

b. Fd. einfarbig; Beine schwarz.

335. St. Juno F. Juno-Sch. — Schwarz, sparsam weißlich behaart; Stirn mit 2 starken Längsfurchen; Hsch. i. d. M. mit einer seichten Längsrinne und wie die Fd. dicht und tief punktiert; Taster gelblich. 5—6. — Ueberall häufig. März—August.

336. St. buphthalmus Grav. Ochsenaugiger Sch. — Dem vorigen ähnlich, aber Stirn mit undeutlichen Furchen; nur das 1. Glied der Taster gelb. 4—5. — Häufig. März—Mai.

337. St. binotatus Ljungh. Doppeltgezeichneter Sch. — Schwarz, mit Bleischimmer, dicht und stark punktiert, Behaarung sehr kurz; Stirn seicht gefurcht; Fühler dunkel rotbraun, ihr 1. Glied schwarz; Kiefertaster schwarzbraun mit gelbem Wurzelgliede. Fd. viel breiter als das Hsch., stark punktiert. 5. — Im Frühjahr; ziemlich selten.

c. Fd. einfarbig; Beine größtenteils gelbbraun.

338. St. humilis Er. Ungeflügelter Sch. — Schwarz, stark und tief punktiert, dicht weißgrau behaart; die 2 ersten Glieder der Taster und Beine gelbbraun; Kopf breiter als das Hsch., mit 2 seichten Furchen; Hsch. halb so breit als die Fd. 3—4. — Häufig.

339. St. tarsalis Ljungh. Gelbfüßiger Sch. — Schwarz, weißlich behaart, bleischimmernd, dicht punktiert; Taster, Fühlermitte und Füße rotgelb; Fd. beinahe doppelt so breit und etwas länger als das Hsch. H.leib ohne aufgebogenen S.rand. 4—5. — Häufig; Frühjahr.

VI. Gruppe. **Oxytelini, Furchenraubkäfer.**

1. Körper kurz und breit; Kopf sehr groß mit starken O.kiefern. . . . Oxyporus.
2. Körper langgestreckt, fast cylindrisch; V.schienen mit 2 Dornreihen. . . . Bledius.
3. Körper länglich, ziemlich flach; V.schienen mit 1 Dornreihe. Hsch. m. o. w. halbkreisf., mit 1 M.rinne. Schildchen ziemlich groß. . . . Platystethus.
4. Körper gleich breit, gestreckt, flach gedrückt; Hsch. nach hinten verengt, mit 3 m. o. w. deutlichen Längsfurchen. Schildchen klein. Oxytelus.

97. Gattung. **Oxyporus, Pilzraubkäfer.**

340. O. rufus L. Roter P. — (Taf. III, 8.) Schwarz, glänzend; Hsch., die 4 ersten H.leibsringe und die Beine rot, letztere mit schwarzer Schenkelwurzel; eine große Schultermakel auf jeder Fd. rotgelb. 7—9. — Nicht selten; Juni, August—Oktober.

341. O. maxillosus F. Zangenkiefer-P. — Gelbbraun; Kopf, Hsch. und Brust pechschwarz; Fd. um die Hälfte breiter als das Hsch., gelbbraun mit schwarzer Spitze. 7—9. — Selten; Frühjahr, Juli—September.

98. Gattung. **Bledius, Dornschienenraubkäfer.**

342. B. femoralis Gyll. Rotgeschienter D. — Pechbraun; Mund und Beine bräunlichrot, Hüften und Schenkel dunkler; Fühler mit roter Wurzel; Hsch. breiter als lang, mit vertiefter M.linie, h. d. M. schnell verengt. Fd. schwarz, viel länger und etwas breiter als das Hsch., dicht und tief punktiert. 3,5. — Auf Lehmboden; selten.

343. B. rufipennis Er. Rotflügeliger D. — Schwarz, glänzend; Fühler, Beine und Fd. hellrot, letztere um das Schildchen schwärzlich; Hsch. kaum breiter als lang, mit glatter, nicht vertiefter M.linie; Fd. breiter und länger als das Hsch., nicht dicht, aber tief punktiert. 4. — Auf Lehmboden, selten. Juni.

99. Gattung. **Platystethus, Großschildraubkäfer.**

344. P. morsitans Payk. Flachstirniger G. — Schwarz, glänzend; Mund, Schienen und Füße, öfters auch die Fd., braungelb. Stirn flach gedrückt, am Grunde mit einer tiefen M.furche. Fd. sehr fein gestrichelt und zerstreut punktiert. 3—4. — Sehr häufig im Dünger.

100. Gattung. **Oxytelus, Furchenraubkäfer.**

345. O. rugosus F. Runzeliger F. — Schwarz, wenig glänzend; Beine rötlich pechbraun. Hsch. viel breiter als lang, tief runzelig punktiert, mit 3 Längsfurchen, von denen sich die äußeren nach vorn verschmälern, S.rand gekerbt; Fd. gelbbraun, dicht und tief punktiert, fein gerunzelt. 4—5. — Sehr häufig im Frühjahr und Herbst an Dünger.

346. O. piceus L. Pechfarbener F. — Schwarz, glänzend; Fühlerwurzel, Beine und Fd. gelbbraun. Stirne punktiert, mit 1 M.furche; Hsch. unregelmäßig punktiert, mit 3 Längsfurchen, wovon die beiden äußeren etwas gebogen sind. Fd. dicht punktiert und fein gerunzelt, um die Hälfte länger als das Hsch. 4—5. — Häufig.

347. O. nitidulus Grav. Glänzender F. — Glänzend schwarz; Fd. dunkelbraun; Beine gelbbraun; Kopf, Fd. und Hsch. gleich breit, dicht punktiert und gerunzelt, letzteres mit 3 Längsfurchen, die mittlere tief, die seitlichen seicht und schwach gebogen. 2—3. — Sommer und Herbst gemein, in Kuhfladen.

VII. Gruppe. Omalini, Kleinraubkäfer.

1. Beide O.kiefer a. d. Sp. scharf 2zähnig. . . . . Anthophagus.
2. Beide O.kiefer i. d. M. mit 1 Zahn. . . . . Lesteva.
3. Nur 1 O.kiefer i. d. M. mit 1 Zahn. . . . . Omalium.
4. O.kiefer ungezähnt. . . . . Anthobium.

101. Gattung. Anthophagus, Strandraubkäfer.

348. A. caraboides L. Laufkäferähnlicher St. — Rötlich-gelbbraun, der H.leib vor der Sp. und der Kopf pechbraun, Beine gelb. Hsch. herzf., spärlich punktiert; Fd. fast doppelt so breit und doppelt so lang als das Hsch., ziemlich dicht und stark punktiert. 3—4. Im Spätherbst häufig.

349. A. testaceus Grav. Ziegelroter St. — Rötlich braungelb, glänzend, Kopf und Hsch. etwas dunkler; Fühler länger als der halbe Körper. Kopf zwischen den Augen mit 2 stark vertieften Strichen; Hsch. tief und ziemlich dicht punktiert, vor der Mitte erweitert. 4—5. — Im Spätherbst sehr häufig, oft in Spinnennestern.

102. Gattung. Lesteva. Bachraubkäfer.

350. L. bicolor F. Zweifarbiger B. — Schwarz, fein grau behaart, dicht punktiert; Fühler und Beine bräunlichrot; Hsch. i. d. M. stark gerundet erweitert, vor dem Schildchen mit einer kleinen Grube; Fd. pechbraun oder gelblichbraun, mehr als doppelt so lang und viel breiter als das Hsch. 4. — Häufig auf Sumpfwiesen unter Moos und Steinen. April—August.

103. Gattung. Omalium. Kleinraubkäfer.

351. O. rivulare Payk. Gemeiner K. — Schwarz, mäßig glänzend; Fühlerwurzel und Beine gelbbraun; Fd. heller oder dunkler braun, doppelt so lang als das Hsch.; Fühler allmählich verdickt; Kopf und Hsch. ziemlich tief und dicht punktiert, letzteres i. d. M. mit 2 leicht gekrümmten, nach vorn verschmälerten Längseindrücken. 3—4. — Gemein unter Rinden, auch an faulenden Stoffen. April bis Oktober.

352. O. florale Payk. Frühlings-K. — Glänzend schwarz. Fühlerspitze und Beine braunrot. Hsch. breiter als lang, nach vorn und rückwärts gleichmäßig verengt, V.ecken abgerundet, H.ecken ziemlich rechtwinklig, die Scheibe mit 2 m. o. w. deutlichen Eindrücken. Fd. schwarz, dicht punktiert, an der Naht schwach gerunzelt, breiter und länger als das Hsch. Schildchen glatt. H.leib sehr fein punktiert. 4. — Auf Blüten und unter Baumrinde; ziemlich selten. Frühjahr.

104. Gattung. Anthobium, Blütenraubkäfer.

353. A. florale Pz. Frühlings-B. — Schwarz, mäßig glänzend; Mund, Fühler und Beine bräunlichgelb; Fd. pechschwarz oder braun, dicht punktiert;

Hsch. fast doppelt so breit als lang, die Scheibe sehr fein punktiert, am S.rande i. d. M. schwach vertieft. 3–4. — Zu den ersten Frühlingsblumen.

354. A. abdominale Grav. Rötlicher B. — Rötlich gelbbraun, die Fd. heller, H.leib beim ♂ schwarz; Hsch. breiter als lang, a. d. S. gerundet, die Scheibe mit 2 Grübchen und mit einer schwachen M.rinne; Fd. breiter und mehr als doppelt so lang als das Hsch., dicht und stark punktiert. 3–4. — Häufig auf Blüten; April, Mai.

7. Familie. Pselaphidae, Tastkäfer.

Kleine, zierliche Käferchen, bei denen die Fd. ebenfalls verkürzt sind, so daß nur ein Teil des aus 5—6 hornartigen Ringen bestehenden, unbeweglichen H.leibs bedeckt ist. Die Fühler sind 6—11gliedrig und gewöhnlich kolben- oder keulenförmig verdickt. Die Füße bestehen aus 3 Gliedern. Die Käferchen leben in und bei Ameisenkolonien, unter Laub, Moos, Steinen.

Man sammelt sie am leichtesten an warmen Wintertagen, indem man die Ameisennester auf ein feines Drahtsieb bringt, das den Ameisen selbst den Durchtritt verwehrt, die in die Tiefe gehenden kleineren Käfer aber durchfallen läßt.

Gattungen:

1. Fühler 11gliedrig.
   a. Stirn mit einem geteilten Höcker, auf dem die Fühler eingelenkt sind. . . . . Pselaphus.
   b. Fühler unter dem Stirnrande eingefügt. . . . . . Bryaxis.
2. Fühler 6gliedrig; Käfer ohne Augen. . . . . Claviger.

105. Gattung. Pselaphus, Tastkäfer.

355. P. Heisei Hbst. Langhalsiger T. — Rostrot, glänzend, fein grau behaart; Hsch. viel länger als breit; Fd. nach hinten allmählich erweitert, mit einem geraden, vertieften Streifen neben der Naht und einem feinen, etwas gebogenen Strichelchen auf dem Rücken. 1,5. — Häufig unter Steinen und bei Ameisen; April, Mai.

356. P. Dresdensis Hbst. Kurzhalsiger T. — Glänzend kastanienbraun, fein grau behaart; Hsch. so lang als breit, mit einer vertieften Bogenlinie am H.rande; Fd. wie vorher. 1,5. — Vorkommen ebenso, seltener.

106. Gattung. Bryaxis, Zwergkäfer.

357. B. fossulata Rchb. Kastanienbrauner Z. — O.seite heller oder dunkler rotbraun, fein grau behaart; Fühler und Beine rötlich gelbbraun; Hsch. breiter als lang, mit 3 gleich großen, nicht zusammenhängenden Grübchen; Fd. nach hinten erweitert, mit 1 Naht- und 1 abgekürzten Rückenstreifen. 2. — Im Frühjahr häufig unter Steinen auf Grasplätzen.

358. B. impressa Pz. Schwarzer Z. — (Taf. III, 9.) Schwarz, glänzend, fein behaart; Fühler und Beine pechschwarz; Taster gelbbraun; Fd. dunkelrot, mit 1 geraden Naht- und 1 etwas gebogenen Rückenstreifen; Hsch. kugelig, glatt, das mittlere der 3 Grübchen am H.rande sehr klein; Fd. nach hinten stark erweitert. 2. — Nicht häufig. April—Juni.

359. B. sanguinea L. Blutroter Z. — Schwarz, glänzend, Fd. blutrot, mit 1 Naht- und einem nach hinten abgekürzten Rückenstreifen; Fühler und Beine braun; die 3 Grübchen des Hsch. durch eine Furche verbunden. 2. — Häufig unter Steinen. März—Juni.

360. B. haematica Rchb. Hellbrauner Z. — Hell rotbraun, glänzend, der H.leib dunkler; Hsch. fast kugelig. Fd. nach hinten erweitert, mit 1 Naht- und einem nach hinten abgekürzten Rückenstreifen. 2. — Häufig.

107. Gattung. Claviger, Keulenkäfer.

361. C. foveolatus Müll. (testaceus Preyssl.) Kleiner K. — (Taf. III, 10.) Glänzend rotbräunlich, fein behaart; Fühler so lang als der Kopf, ihr 3.—5. Glied viel breiter als lang und unter sich gleich lang. 2. — In den Nestern der gelben Ameise und unter Steinen; nicht selten. April, Mai.

8. Familie. Silphidae, Aaskäfer.

Mittelgroße, meist flache oder wenig gewölbte Käfer mit kolbigen oder keulenförmigen, 10—11gliedrigen Fühlern und 6 Bauchringen. Sie leben wie ihre Larven von Aas und faulenden Substanzen und zeichnen sich durch einen äußerst feinen Geruch aus. Die größeren Arten sondern in der Gefahr aus dem Maule oder After einen stinkenden Saft ab. Die Arten der Gattung Totengräber verscharren tote Tiere und legen daran ihre Eier ab.

Gattungen:

1. Fühler 10gliedrig, mit 4gliedrigem durchblättertem Endknopf . Necrophorus.
2. Fühler 11gliedrig, allmählich verdickt.
   a. Mittelgroße Käfer mit frei beweglichem, vorgestrecktem Kopf Silpha.
   b. Kleinere, ovale Käfer; Kopf wenig beweglich, in das Hsch. eingezogen . . . . Choleva.

108. Gattung. Necrophorus, Totengräber.

a. Fd. mit gelben, gezackten Querbinden.

362. N. vespillo L. Gemeiner T. — Schwarz; V.rand des Hsch. dicht gelb behaart; Fühlerkeule gelb. Schienen der H.beine gebogen und die Hüften derselben mit einem langen, spitzen Zahn. 11—20. — Häufig. Mai—August.

363. N. vestigator Hersch. Aufspürender T. — (Taf. III, 11.) Wie 362, aber das Hsch. an allen Rändern gelb wollig behaart; Schienen der H.beine gerade. 15—20. — Nicht selten; vom ersten Frühjahr an.

364. N. interruptus Steph. (fossor Er.). Unterbrochenbindiger T. — Wie die beiden vorigen, aber Hsch. ganz kahl; alle Bauchringe am Rande mit gelblichgrauen Haaren besetzt. 14—17. — Selten. Sommer.

365. N. ruspator Er. Suchender T. — Die Wurzelbinde der Fd. reicht nur bis an den umgeschlagenen Rand und nur die äußerste Sp. des H.leibs ist graugelb bewimpert. 14—17. — In Wäldern, selten. Sommer.

366. N. sepultor Charp. Schwarzrandiger T. — Querbinden rot; die Wurzelbinde setzt sich über den umgeschlagenen S.rand fort; nur die äußerste Sp. des H.leibs schwarz behaart. 14—18. — Selten.

367. N. mortuorum F. Kleiner T. — (Taf. III, 12.) Fühler ganz schwarz; die 1. Binde auf den Fd. nicht unterbrochen, die 2. an der Sp. erscheint nur in Form zweier großer Makeln; H.schienen gerade. 12—13. — In Wäldern nicht selten; Mai—Oktober.

b. Fd. schwarz.

368. N. germanicus L. Deutscher T. — (Taf. III, 13.) Schwarz, Fd. mit rötlichem, breitem S.rande. 21—35. — Selten; Sommer.

369. N. humator F. Trauer-T. — (Taf. III, 14.) Käfer mit Ausnahme der gelben Fühlerkeule ganz schwarz. 18—24. — Im Sommer an Aas; selten.

109. Gattung. Silpha, Aaskäfer.

a. Fühler mit deutlich größeren Endgliedern.

370. S. littoralis L. Gestade-A. — Schwarz, langgestreckt; die 3 letzten Fühlerglieder rostrot; Hsch. scheibenf.; Fd. abgestutzt, nach hinten erweitert, mit 3 erhabenen Längslinien und einer Beule h. d. M. 12—22. — An größerem Aas, selten. Mai—Juli.

371. S. thoracica L. Rotschildiger A. — (Taf. III, 15.) Hsch. rot, mit goldgelben Haaren besetzt; Fd. nicht abgestutzt, schwarz, mit 3 erhabenen Längslinien und 1 Beule h. d. M. 13—15. — Häufig. April—Juli.

372. S. quadripunctata L. Vierpunktiger A. — (Taf. III, 16.) Schwarz; S.rand des Hsch. und die Fd. bis auf 4 glänzendschwarze Makeln blaß gelbbraun. 12—14. — Im Frühjahr auf jungen Bäumen, wo er der Raupenjagd obliegt.

373. S. opaca L. Glänzender A. — Schwarz, dicht goldbräunlich behaart; Fd. mit 3 erhabenen Längslinien und einer schwachen Beule zwischen den beiden äußersten. 11. — Selten.

374. S. rugosa L. Gerunzelter A. — Schwarz, glanzlos; Kopf und Hsch. dünn behaart, letzteres mit kahlen Beulen; Fd. kahl, mit 3 erhabenen, am Ende wie verästelten Längslinien. Die Zw.räume mit flach erhabenen, breiten Querrunzeln. 9—10. — Häufig.

375. S. sinuata L. Gelappter A. — Dem vorigen ähnlich, aber Fd. zwischen den Längsstreifen glatt und diese am Ende nicht verästelt. Nahtwinkel beim ♀ lappenf. ausgezogen. 10—11. — Häufig.

376. S. dispar Hbst. Braunschwarzer A. — Kopf, Hsch., Schildchen und die Wurzel der Fd. fein gelblich behaart; Fd. mit 3 erhabenen Längslinien, die Zw.räume sparsam behaart; Nahtwinkel beim ♀ nur wenig ausgezogen. 9—11. — Selten. Juni.

b. Fühler allmählich verdickt.

377. S. atrata L. Schwarzer A. — (Taf. III, 17.) Schwarzbraun oder schwarz, glänzend; Fd. runzelig punktiert, mit 3 erhabenen, glatten, hinten abgekürzten Längslinien. 9—11. — Gemein. Herbst und Frühjahr.

378. S. laevigata F. Glatter A. — Wie 377, aber Fd. fein punktiert, ohne erhabene Längslinien. 11—15. — Selten. April, Mai.

379. S. reticulata F. Genetzter A. — Schwarz, glanzlos. Hsch. gleichmäßig und sehr dicht punktiert, vorne abgestutzt; Fd. mit 3 meist sehr schwachen Längsstreifen, deren äußerster am stärksten ist und in einen Höcker endigt. Die Zw.räume querrunzelig. 12. — Nicht selten. Mai—Juli.

380. S. obscura L. Gemeiner A. — Tiefschwarz, matt; alle Ränder des vorn abgestutzten Hsch. gleichmäßig erhaben; Fd. mit 3 deutlichen, erhabenen Längslinien, Zw.räume ziemlich grob punktiert. 12—15. — Gemein. April und Mai, Juli—Oktober.

110. Gattung. Choleva. Moderkäfer.

a. Fühler länger als der halbe Körper, letzterer langgestreckt.

381. Ch. angustata F. Gelbhaariger M. — Pechschwarz, anliegend gelb behaart; Mundteile, Fühler und Beine hell rostrot; S.rand des Hsch. und der Fd. rotbraun; Ränder der H.leibsringe rötlich; Fd. leicht gestreift, fein und dicht punktiert. 5. — An Aas und faulenden Stoffen; Mai.

382. Ch. cisteloides Fröhl. Braunhaariger M. — Wie 381, nur ist die Behaarung braun. 5. — Frühjahr bis Herbst, nicht selten.

b. Fühler kürzer als der halbe Körper, letzterer eif.

383. Ch. fumata Spence. Rauchbrauner M. — Rauchbraun, mit etwas helleren Fd.; die 3 ersten Fühlerglieder und die Beine braunrot; Hsch. fast doppelt so breit als lang, nach vorn mehr als nach hinten verengt; Fd. mit einem vertieften Streifen neben der Naht. 3—4. — Häufig an Aas. April—November.

384. Ch. nigrita Er. Schwarzer M. — Schwarz; die ersten 6 Fühlerglieder und das letzte, sowie die Beine rostrot; Hsch. i. d. M. am breitesten, kaum um die Hälfte breiter als lang; Fd. sehr undeutlich gestreift. 4. — Selten. April—Juni.

385. Ch. picipes F. Braunfüßiger M. — Eiförmig, gewölbt, pechschwarz. Fühler nach der Spitze wenig verdickt, pechbraun, Endglied hellgelb. Hsch. breiter als lang, nach vorne mehr als nach hinten verengt, H.ecken stumpf. Fd. seitlich stark bauchig erweitert, mit seichten, gegen die Sp. tieferen Streifen. Beine pechbraun, Tarsen gelb. 5—6. — An faulen Pilzen, auch an ausfließendem Baumsaft. Selten. Frühjahr und Sommer.

9. Familie. Scaphidiadae, Kahnkäfer.

Glatte, glänzende Käferchen mit kahnförmigem Körper, 11gliedrigen, geraden Fühlern, deren 5 letzte Glieder verdickt sind. Der Hinterleib besteht aus 5—7 Ringen. — Die Arten leben vorzugsweise in faulen Baumstöcken und in Schwämmen.

1. Schildchen sichtbar; Augen deutlich ausgerandet . . . . . Scaphidium.
2. Schildchen unter dem i. d. M. erweiterten H.rand des Hsch. versteckt; Augen nicht ausgerandet . . . . Scaphisoma.

111. Gattung. Scaphidium, Kahnkäfer.

386. S. quadrimaculatum Oliv. Vierfleckiger K. (Taf. III, 18.) Schwarz, glänzend; Fühler rotbraun, die Keule schwarz mit brauner Spitze, Tarsen rostrot; Fd. ziemlich dicht punktiert, jede mit 2 roten Querflecken. 5—6. — Nicht selten; an Buchenschwämmen und in morschem Kiefernholz. Mai, Juni.

112. Gattung. Scaphisoma, Schwammkahnkäfer.

387. S. agaricinum Oliv. Schwarzer Sch. — Schwarz oder braun; Fühler, Beine und Sp. der Fd. heller gefärbt; das 8. Fühlerglied am kleinsten. 2. — In modrigem Holz. Ziemlich häufig.

388. S. limbatum Er. Punkthalsiger Sch. — Schwarzbraun, glänzend; Fühlerwurzel und Beine gelbbraun. Hsch. fein, Fd. dicht und stärker punktiert, letztere mit tiefem Nahtstreifen, a. d. Sp. braungelb gesäumt; 8. Fühlerglied so lang als das siebente oder neunte. 2—3. — Nicht selten.

10. Familie. Histeridae, Stutzkäfer.

Kleine, gedrungene, meist rundliche Käferchen mit geknieten, knopfförmigen Fühlern und geringeltem Endknopf. In der Gefahr werden Kopf, Fühler und Beine eingezogen, ersterer unter das vorn stark ausgerandete Hsch., die letzteren in besondere Gruben. Die hinten abgestutzten Fd. lassen die 2 letzten Glieder des Leibes unbedeckt. — Man findet die Käfer, wie ihre Larven im Mist, an faulenden Pflanzen, unter Baumrinde und auch bei Ameisen.

I. Kopf nicht zurückziehbar, vorgestreckt; Körper ganz flach . . . Hololepta.
II. Kopf zurückziehbar.
  1. V.brust vorne in einen gerundeten Lappen erweitert, welcher den Kopf von unten bedeckt.
    a. Körper ziemlich gestreckt; H.schienen am A.rande gezähnt; Käfer leben unter Baumrinde . . . . Platysoma.
    b. Körper plump; H.schienen am A.rande mit 2 Dornreihen. Käfer leben im Dünger, an Aas oder an ausfließendem Baumsaft . . . . Hister.
  2. V.brust ohne oder mit sehr kleinen Lappen.
    a. Fühler unter dem Stirnrande eingelenkt; O.seite m. o. w. punktiert. H.schienen außen mit einer Doppelreihe von Dornen Saprinus.
    b. Fühler auf der Stirn eingelenkt; Hsch. u. Fd. mit erhabenen Rippen. H.schienen einfach . . . . Onthophilus.

113. Gattung. Hololepta. Rindenstutzkäfer.

389. H. plana Füssl. R. — Schwarz, glänzend; Hsch. breiter als die Fd., a. d. S. gerundet, mit feinen, vorn unterbrochenen Streifen; Fd. a. d. Sp. schief gegen die Naht abgestutzt. 8. — Selten; namentlich unter Pappelrinde.

114. Gattung. Platysoma. Flachstutzkäfer.

390. P. frontale Payk. Hohlstirniger F. — Schwarz, glänzend; Stirn vertieft, Seiten des Hsch. punktiert. Fd. mit 5 Rückenstreifen, von denen die 2 inneren abgekürzt sind. M.schienen mit 5, H.schienen mit 4 Zähnen. 3—4. — Selten.

391. P. oblongum F. Kiefernrinden-K. — Schwarz, glänzend; Körper 2mal so lang als breit; von den 6 Rückenstreifen jeder Fd. reichen die 3 inneren fast bis zur Mitte, die 3 äußeren sind ganz. Randstreifen fehlen. M.schienen mit 4, H.schienen mit 3 Zähnen. 4. — Unter Kiefernrinde. Selten. März, April.

392. P. depressum F. Eichenrinden-K. — Glänzend schwarz, ganz flach; Körper nur um die Hälfte länger als breit; Fd. mit 6 Streifen, von denen der 4. stets, der 5. oft verkürzt ist, Nahtstreif fehlt ganz; M.schienen mit 4, H.schienen mit 3 Zähnchen. 3. — Unter Eichen- und Buchenrinde; häufig. März bis Mai.

115. Gattung. Hister, Stutzkäfer.

a. Fd. glänzend schwarz mit roten Makeln.

393. H. quadrinotatus Scr. Vierfleckiger St. — Glänzend schwarz; Hsch. beiderseits mit 2 Streifen, welche bis zum H.rande reichen; jede Fd. nur mit 3 Rückenstreifen und 2 blutroten, oft ineinanderfließenden Makeln. A.rand der V.schienen mit 3 Zähnchen. 7—8. — Häufig. April, Mai.

394. H. quadrimaculatus L. Vierpunktiger St. — Schwarz, glänzend; Hsch. a. d. S. mit 2 Streifen. Fd. mit 3 Rückenstreifen nach außen und einem abgekürzten Randstreifen, jede außerdem mit einer großen, mondf., öfters unterbrochenen roten Makel. V.schienen a. d. Sp. mit einem einfachen Zahn. 9—12. — Selten.

395. H. sinuatus F. Mondfleckiger St. — Schwarz; Hsch. beiderseits nur mit einem Streif. Fd. je auf der Mitte mit einer großen, gelbroten, mondförmigen Makel, mit 3 ganzen Rückenstreifen nach außen und einem in der Mitte abgekürzten neben der Naht. V.schienen 3zähnig. 7—8. — Auf trockenen, sandigen Viehweiden. Selten. April, Mai.

396. H. bimaculatus L. Zweifleckiger St. — Jede Fd. mit einem rötlichgelben Fleck, der den ganzen äußeren Spitzenwinkel einnimmt und mit 6 Rückenstreifen, von denen der 1. nur bis zur Mitte reicht, die übrigen sind ganz. Fühler und Beine braunrot; Hsch. mit einer tiefen Grube an den V.ecken. V.schienen mit 4 Zähnchen. 5. — Häufig.

b. Fd. nicht gefleckt.

397. H. unicolor F. Einfarbiger St. — Schwarz, mäßig glänzend Fd. mit 2 Rand- und 6 Rückenstreifen, von denen die 3 inneren abgekürzt sind; V.schienen 3zähnig. 7—9. — Häufig.

398. H. merdarius Hoffm. Mist-St. — Schwarz oder braun, glänzend; Fd. mit 1 Rand- und 6 Rückenstreifen, wovon die 3 äußeren ganz, die 3 inneren nach vorne abgekürzt sind, der umgeschlagene Rand fein punktiert; Fühlerkeule rot; V.schienen mit 4 Zähnen, von denen der unterste a. d. Sp. geteilt ist. 6—7 — Nicht selten.

399. H. cadaverinus E. H. Aas-St. (Taf. III, 19.) Schwarz oder braun, glänzend, eif.; Fd. mit 1 Rand- und 6 Rückenstreifen, von denen die 3

äußeren ganz sind; von den 3 inneren reicht der 1. und 2. von der Spitze fast bis zur Mitte, der 3. fast bis an die Wurzel; Fühlerkeule schwarzbraun; V.schienen mit 5—6 Zähnchen. 5—8. — Häufig; April, Mai.

400. H. stercorarius E. H. Gemeiner St. — Schwarz, glänzend; Fd. mit 1 abgekürzten Randstreifen und 6 Rückenstreifen, von denen die 3 äußeren ganz sind, der 1. bis zur Mitte reicht und der 2. und 3. an der Fd.spitze nur schwach angedeutet sind; der umgeschlagene Rand glatt. Beine pechbraun; V.schienen mit 5 Zähnen. 5. — Gemein. April, Mai.

401. H. purpurascens Hbst. Purpurfleckiger St. — Fd. mit einer schwachen, dunkelroten Makel, welche mitunter die ganzen Fd. einnimmt, so daß der ganze Käfer rotbraun oder schwarz ist und mit 1 Rand- und 6 Rückenstreifen, von denen die 4 äußeren ganz, die beiden inneren abgekürzt sind. Der umgeschlagene Rand ist glatt. V.schienen mit 5 Zähnen. 3—5. — Nicht selten; Herbst und Frühjahr.

116. Gattung. Saprinus, Moder-Stutzkäfer.

402. S. nitidulus F. Glänzender M.-St. — Metallisch schwarz; Hsch. ringsum punktiert, vorn beiderseits mit 1 seichten Grübchen, Scheibe spiegelglatt; Fd. mit 1 abgekürzten Naht- und 4 schrägen, abgekürzten Rückenstreifen, h. d. M. dicht punktiert; V.schienen am A.rande fein sägeartig gezähnt. 4—6. — Im Frühjahr an Aas und faulen Schwämmen; häufig.

403. S. aeneus F. Erzfarbener M.-St. — Metallisch schwarz, sehr dicht punktiert, die Scheibe des Hsch. und ein großer Fleck auf dem vordern, innern Teile der Fd. spiegelblank; Nahtstreifen gewöhnlich nicht abgekürzt; von den Schrägstreifen fehlt der 2. V.schienen kaum gezähnt. 3—4. — Im Frühjahr häufig an Mist, kleinem Aas &c. &c.

404. S. conjungens Payk. Schwarzglänzender M.-St. — Glänzend schwarz; Stirn 3eckig eingedrückt; Hsch. an den S.rändern ziemlich breit, am H.rande schmal punktiert; die Scheibe spiegelglatt; Fd. mit 4 tief punktierten Rückenstreifen, welche fast bis zur Sp. reichen und von denen sich der innere in einem Bogen vorn mit dem Nahtstreifen verbindet, Fd.spitze bis zum 2. Streifen grob punktiert. V.schienen mit 5 Zähnen. 3. — Häufig im Mist.

117. Gattung. Onthophilus, Rippen-Stutzkäfer.

405. O. striatus F. Runzelhalsiger R. — Schwarz, mit mattem Glanze; Fühlerkeule rostrot; Hsch. dicht runzelig punktiert, mit 6 gleichmäßig erhabenen Rippen; Fd. mit 6 abwechselnd erhabenen Streifen, die Zw.räume dicht und fein gestreift und jeder mit einer Punktreihe; U.seite sehr stark und grob punktiert. 2. Nicht selten.

11. Familie. Phalacridae, Glattkäfer.

Sehr kleine, glatte, eirunde Käferchen mit 11gliedrigen, keulenförmigen Fühlern und deutlich 5gliedrigen Tarsen; die 3 ersten Glieder der letzteren sind etwas erweitert und unten schwammig behaart. Der ziemlich große Kopf wird von den stark vortretenden Vorderecken des ausgebuchteten Halsschildes umfaßt. — Die Arten leben auf Blumen, namentlich gern auf Korbblüten und Gräsern und überwintern teilweise unter Rinden und Baummoos.

1. Alle Füße gleich lang . . . . Phalacrus.
2. H.füße verlängert . . . . Olibrus.

118. Gattung. Phalacrus, Glattkäfer.

406. P. corruscus Payk. G. — (Taf. IV, 1.) Schwarz, stark glänzend; Fd. sehr schwach und undeutlich gestreift, die Zw.räume äußerst fein und verworren punktiert; Fühler und Beine mitunter braun. 2—3. — Häufig auf blühendem Rispengras. Mai, Juni.

119. Gattung. Olibrus, Kranzkäfer.

407. O. aeneus F. Erzgrüner K. — Gewölbt, spiegelglatt, grünlich erzfarben; Fd. schwach punktstreifig, Zw.räume fein punktiert; Fühler schwarz mit heller Wurzel; U.seite und Beine braun. 2. — Häufig.

408. O. bicolor F. Zweifarbiger K. — Schwarz, sehr stark glänzend; U.seite rotbraun; Fühler und Beine gelbbraun; Fd. neben der Naht mit 2 deutlichen Streifen und mit einer feinen Punktreihe neben jedem derselben, an der Spitze mit großem, rotgelbem Fleck. 3. — Häufig auf Grasplätzen; Mai—Juli.

12. Familie. Nitidulidae, Glanzkäfer.

Kleine Käferchen mit 10—11gliedrigen, geraden, keulenförmigen Fühlern. Von den übrigen Keulenhörnern unterscheiden sich die Reps- oder Glanzkäfer hauptsächlich durch die walzenf. V.hüften und die freie Beweglichkeit der 5—6 H.leibsringe. Der Körper ist oft breit und flach, zuweilen halbkugelig oder sehr gestreckt und schmal. — Die Käfer leben teils auf und von Blüten, teils unter Baumrinden vom ausfließenden Safte, teils in Pilzen und an Aas.

I. Fd. die letzten 2—3 H.leibsringe nicht bedeckend.
  1. Klauen einfach . . . . Cercus.
  2. Klauen an der Wurzel mit 1 Zahn . . . . Brachypterus.
II. Fd. höchstens den letzten H.leibsring freilassend.
  1. V.brust einfach.
    a. Fühlerrinnen einander sich nähernd.
      aa. Die 3 ersten Fußglieder einfach. Hsch. u. Fd. mit erweitertem Rande . . . . Soronia.
      bb. Die 3 ersten Fußglieder erweitert; Aftersegment des ♂ vortretend . . . . Epuraea.
      cc. Die 3 ersten Fußglieder erweitert; Afterseg. des ♂ versteckt Nitidula.
    b. Fühlerrinnen nach außen gebogen.
      aa. O.Kiefer mit einfacher Spitze . . . . Omosita.
      bb. O.Kiefer mit 3zähniger Spitze . . . . Amphotis.
  2. V.brust gegen die M.brust vorragend; die ersten 3 Tarsenglieder erweitert, unten zottig behaart.
    a. Fühlerrinnen undeutlich; V.schienen am A.rande gezähnelt. Pria.
    b. Fühlerrinnen deutlich, parallel; V.schienen mit einfachem A.rande . . . . Meligethes.
  3. V.brust mit einer kurzen Spitze gegen eine kleine Grube der M.brust vorragend. Hsch. hinten breiter als die Fd.; Körper rundlich, oben gewölbt . . . . Cychramus.
  4. V.brust nach hinten nur wenig über den V.rand der M.brust greifend; Körper langgestreckt; Kopf bis zu den Augen in das Hsch. eingezogen. . . . . Ips.

120. Gattung. **Cercus, Blütenglanzkäfer.**

409. C. pedicularis L. B. — Hell rostgelb, fein behaart, grob punktiert; Stirn mit einer feinen Querlinie zwischen den Fühlern; Schildchen, ein Fleck vorn auf den Fd., die Naht und die Brust schwärzlich. 2. — Häufig auf blühenden Sträuchern; Juni, Juli.

121. Gattung. **Brachypterus, Kurzflügelglanzkäfer.**

410. B. gravidus Ill. Leinkraut=K. — Mattschwarz, fein anliegend behaart, sehr dicht punktiert; Fühler und V.beine braunrot; H.ecken des Hsch. ziemlich spitz; Schildchen auffallend groß. 3. — Auf blühendem Leinkraut; Juli.

411. B. Urticae F. Nessel=K. — Braun, metallglänzend, dünn behaart, ziemlich stark punktiert; Mundteile, Fühler und Beine rostrot; H.ecken des Hsch. abgerundet. 2. — Häufig auf blühenden Nesseln. Juni, Juli.

122. Gattung. **Soronia, Schildglanzkäfer.**

412. S. grisea L. Grauhaariger Sch. — Rotbraun, dicht punktiert, greis behaart; Hsch. uneben und wie die Fd. mit schwärzlichen Makeln und Strichen gezeichnet; jede Fd. mit 4—5 schwach erhabenen Längslinien. 4—5. — Am ausfließenden Safte alter Weiden, Erlen und Eichen. April—Juli.

123. Gattung. **Epuraea, Blumenglanzkäfer.**

413. E. limbata F. Gesäumter B. — Eirund, gewölbt, rostrot, fein punktiert und behaart; Hsch. und Fd. flach gerandet, letztere hinten auf der Naht mit großem, schwarzem Fleck, der auch bisweilen fehlt. 2—3. — Häufig unter faulenden Baumrinden; April—Juni.

414. E. aestiva L. Sommer-B. — Länglich 4eckig, flach, dunkel ockergelb, fein und dicht punktiert, weichhaarig; S.rand des Hsch. schmal abgesetzt; Fd. hinten gerundet. 3. — Häufig in Blüten. Mai—Oktober.

415. E. florea Er. Frühlings-B. — Oval, flach, hell ockergelb, sehr fein und dicht punktiert, fein behaart; V.rand des Hsch. gerade, der S.rand schmal und flach abgesetzt. Fd. a. d. Sp. gerade abgestutzt, der Außenwinkel abgerundet. 2—3. — Auf Weidenblüten häufig. März, April.

124. Gattung. **Nitidula, Glanzkäfer.**

416. N. rufipes L. Rotbeiniger G. — Mattschwarz, grau behaart; Fühlerwurzel und Beine rostrot; Fd. einfärbig, äußerst fein punktiert. 2—4. — Häufig an faulenden Stoffen.

417. N. bipustulata L. Zweifleckiger G. — (Taf. IV, 2.) Mattschwarz, schwarz behaart; jede Fd. h. d. M. mit 1 roten Fleck; S.rand des Hsch. und die Beine rostrot. 3—5. — An Aas. Frühjahr.

418. N. quadripustulata F. Vierfleckiger G. — Matt grauschwarz, greis behaart. Fd. bräunlich, jede mit 2 ockergelben Flecken, einem kleineren vor und einem größeren hinter der Mitte. Fühler mit dunklerer Keule, sonst wie die Beine rotbraun. 2—3. — Ziemlich selten.

125. Gattung. **Omosita, Aas-Glanzkäfer.**

419. O. depressa L. Zusammengepreßter A.-G. — Breit eirund, sehr flach, rostrot, fein punktiert und behaart; Seiten des Hsch. breit und flach abgesetzt, die Scheibe mit 2 flachen Gruben am H.rande. Fd. schwarz gefleckt, jede mit 3 erloschenen Längslinien. 4—5. — Häufig.

420. O. colon L. Doppelpunkt-A.-G. — Eif., flach, schwarzbraun, fein punktiert und behaart; Hsch. schwärzlich, mit rostrotem S.rand, vor der Wurzel mit 2 Eindrücken; Fd. schwärzlich, die Spitze und mehrere Flecken rostrot. 2—3. — Häufig an verwesenden tierischen Stoffen; April—Juni.

421. O. discoidea F. Schwarzer A.-G. — Dem vorigen ähnlich; schwarz; Fd. mit einem gemeinschaftlichen, die größere vordere Hälfte einnehmenden, rostgelben Fleck. 3. — Häufig. Mai.

126. Gattung. **Amphotis, Saftglanzkäfer.**

422. A. marginata F. Breitrandiger S. — Braun, fein und dünn behaart; der breite Rand des Hsch. und der Fd. rostrot; Fd. stark punktiert, mit

5 erhabenen Längslinien; 2 längliche Flecken an der Wurzel, eine gemeinschaftliche, unterbrochene Binde h. d. M., die U.seite und die Beine braungelb. 4—6. — An ausfließendem Eichensaft; April, Mai.

127. Gattung. Pria, Bittersüß-Glanzkäfer.

423. P. Dulcamarae Ill. B.-G. — Olivenbräunlich, seidenglänzend; Schildchen und U.seite schwärzlich; Fd. rostgelb, oft mit dunkler Naht, hinten m. o. w. gerundet, kürzer als der H.leib; Beine hellgelb. 2—3. — Auf Nachtschatten und Schlehdorn häufig. Mai—September.

128. Gattung. Meligethes, Blütenstaubglanzkäfer.

424. M. aeneus F. Gemeiner B. — Schwarz; O.seite schwarzgrün oder blau, metallglänzend, dicht punktiert und anliegend greis behaart; Fühler, U.seite und Beine pechschwarz oder dunkelbraun, V.schienen heller. H.ecken des Hsch. scharf rechtwinklig. 2,5. — Gemein, namentlich auf Kreuzblütlern. April und Mai, Juli und August.

425. M. viridescens F. Grünlicher B. — Wie 424, aber oben blaugrün, weniger dicht punktiert, Behaarung viel dünner; Fühler und Beine gelbrot. 2—3. — Vorkommen ebenso.

426. M. Symphyti Heer. Beinwell-B. — Stark gewölbt, schwarz, oben blauschimmernd, kaum behaart, dicht punktiert; Fühler bräunlich; Beine rostgelb; die H.ecken des Hsch. stumpfwinklig; V.schienen am A.rande oben sehr fein, unten stärker sägef. gezähnt. 3. — In den Blüten von Symphytum officinale, nicht selten. Mai, Juni.

427. M. difficilis Heer. Taubnessel-B. — Schwach gewölbt, glänzend schwarz; Kopf und Hsch. grünschimmernd; Fühler und Beine rotbraun; H.ecken des Hsch. stumpfwinklig. 2,5. — In Taubnesselblüten, nicht selten.

428. M. tristis St. Natterkopf-B. — Schwarz, bleiglänzend, dicht punktiert, grau behaart; 2. Fühlerglied rotbraun, der übrige Teil und die Beine schwarz; H.ecken des Hsch. stumpfwinklig; V.schienen am A.rande mit langen spitzen Zähnen. 2. — Häufig in den Blüten von Echium vulgare.

129. Gattung. Cychramus, Großschildglanzkäfer.

429. C. luteus F. Gelber G. — Rötlich- oder braungelb, dicht anliegend gelb behaart; Hsch. a. d. S. stark gerundet, hinten fast gerade; Fd. mit einer hinten stärker eingedrückten Nahtlinie. 3—4. — Im Juni und Juli häufig auf blühenden Sträuchern, im Herbst in Staubpilzen.

130. Gattung. Ips, Glattglanzkäfer.

430. I. quadriguttatus F. Gelbfleckiger G. — Schwarz, glänzend; jede Fd. mit 1 weißgelben, 3spitzigen Makel an der Schulter und mit einer ge-

wöhnlich doppelten h. d. M.; Schultermakel manchmal in 3 Flecken geteilt. 3—5. — Unter Eichenrinde und am ausfließenden Safte; Mai, Juni.

431. I. quadripunctatus Hbst. Vierpunktiger G. — Glänzend schwarz; jede Fd. mit 2 rotgelben, rundlichen Makeln, die eine an der Schulter, die andere h. d. M. 5—7. — Unter der Rinde von Laubbäumen, im Frühjahr und August.

432. I. quadripustulatus F. Vierfleckiger G. — Glänzend schwarz, flach, gleich breit; jede Fd. mit 2 lebhaft roten Makeln, wovon die vordere an der Schulter gegen die Wurzel der Fd. ausläuft. 5—7. — Unter Baumrinden; März—Mai.

433. I. (Pitiophagus Shuk.) ferrugineus L. Rostroter G. — Lang, schmal, fast walzenf., rötlich oder gelbbraun, glänzend, punktiert; Kopf meist dunkler. 4—6. — Unter Eichen- und Kiefernrinde; selten; Frühjahr.

13. Familie. Colydiadae, Fadensaftkäfer.

Kleine Käfer mit geraden, meist keulenförmigen, 8—11gliedrigen Fühlern und 5 Bauchringen, von denen die ersten 3 oder 4 unbeweglich sind. — Käfer und Larven leben teils unter Baumrinden oder in Baumschwämmen, teils auch im Holze selbst in den Gängen der Borkenkäfer.

1. Alle Bauchringe von gleicher Länge.
   a. Hsch. mit erhabenen Längslinien neben dem S.rande; Fd. punktstreifig . . . . Ditoma.
   b. Hsch. gefurcht; Fd. mit Rippen . . . . Colydium.
2. 1. Bauchring am längsten; Fd. punktstreifig . . . . Cerylon.

131. Gattung. Ditoma, Bastsaftkäfer.

434. D. crenata Hbst. Gekerbter B. — Flach, schwarz, Fühler und Beine rötlichbraun; Fd. mit je 2 großen, roten, an der Naht getrennten Querflecken, bisweilen die ganzen Fd. rot; Hsch. breiter als lang. 3. — Häufig unter der Rinde abgestorbener Bäume. Mai, Juni.

132. Gattung. Colydium, Fadensaftkäfer.

435. C. elongatum F. Eichen-F. — (Taf. IV, 3.) Schwarz, glänzend, Fühler und Beine rostrot; Fd. an der Wurzel heller, an der Sp. gemeinschaftlich abgerundet, jede mit 4 erhabenen Längsrippen und zwischen denselben mit 2 feinen Punktreihen. 5—7. — An Eichen; selten. Juni.

436. C. filiforme F. Buchen-F. — Unterscheidet sich von 435 durch die an der Wurzel rostroten, an der Spitze einzeln abgerundeten Fd. 5—6. — Unter Buchenrinde; selten.

133. Gattung. Cerylon, Freihorn-Fadensaftkäfer.

437. C. histeroides F. Schwarzer F. — Schwarz oder pechbraun, bisweilen auch gelbbraun, glänzend; Fühler und Beine rotbraun; Hsch. so lang als breit, nach vorne deutlich verengt, auf dem Rücken stark und tief, a. d. S. schwächer punktiert; die Punktstreifen der Fd. nach der Sp. zu verschwindend. 2. — Unter Baumrinden, häufig; Herbst bis Mai.

14. Familie. Cucujidae, Rindenplattkäfer.

Kleine, meist sehr flache, lange Käfer mit 11gliedrigen, fadenförmigen oder mit 3 verdickten Endgliedern versehenen Fühlern. Die ziemlich kurzen Beine haben 5, bei den Männchen zuweilen nur 4 Fußglieder. Der Hinterleib besteht aus 5 gleichen, frei beweglichen Ringen. — Käfer und Larven leben teils unter Baumrinden, teils an aufgespeicherten Getreidevorräten und anderen Pflanzenwaren, teils auch auf nassen Wiesen im Grase.

1. Fühler fadenförmig.
   a. 1. Fühlerglied sehr stark verlängert; Hsch. viel breiter als lang, seine V.winkel vorragend . . . . Brontes.
   b. 1. Fühlerglied wenig verlängert; Kopf hinter den Augen nach auswärts und rückwärts lappenf. erweitert . . . . . . Cucujus.
2. Fühler mit 3gliedriger Keule.
   a. 1. Fußglied sehr klein, das 2. etwas länger als das 3. u. 4. An den V.schienen ist ein Enddorn etwas verlängert und gekrümmt. Körper flach. . . . . Laemophloeus.
   b. 1. Fußglied fast so lang als die beiden folgenden zusammen; Hsch. a. d. S. gezähnt. Schenkel i. d. M. keulig verdickt. Körper langgestreckt und flach . . . . Silvanus.

134. Gattung. Brontes, Holzplattkäfer.

438. B. planatus L. H. — Mattschwarz oder schwarzbraun, fein greis behaart, sehr stark punktiert; Hsch. am S.rande fein gezähnelt, nach hinten verengt; Fd. seicht punktstreifig; Fühler und Beine rostgelb. 5—6. — Nicht selten unter der Rinde abgestorbener Bäume. Juli.

135. Gattung. **Cucujus, Blut-Rindenplattkäfer.**

439. C. sanguinolentus L. Bl.-R. — (Taf. IV, 4.) Schwarz; Kopf, Rücken des Hsch. und Fd. scharlachrot, letztere seidenglänzend, weitläufig und undeutlich punktiert, jede mit 2 schwach erhabenen Längslinien. 11—12. — Unter Baumrinden; sehr selten.

136. Gattung. **Laemophloeus, Plattkäfer.**

440. L. ferrugineus Steph. Gelbbrauner P. — Rotgelb, fein behaart; Hsch. so lang als breit, nach hinten schmäler, die H.winkel scharfeckig; Fd. mit 4 feinen Streifen und mit einer erhabenen Längslinie neben dem 4. Streifen; Schildchen quer. 2. — In Getreidespeichern. Mai.

441. L. Clematidis Er. Waldreben-P. — Langgestreckt, schmal, rostrot, sehr fein behaart; Kopf und Hsch. dicht punktiert, letzteres länger als breit; Fd. gleichmäßig gestreift, an der Spitze gemeinschaftlich abgerundet, jede mit 6 Rücken- und 2 Seitenstreifen. 2—3. — Herbst bis Frühjahr unter der Rinde der Waldrebe. Nicht selten.

137. Gattung. **Silvanus, Hainplattkäfer.**

442. S. frumentarius F. Getreideplattkäfer. — Braun, fein behaart; Hsch. dicht punktiert, mit 2 breiten Längsfurchen, die Seiten gezähnt, nach vorn verengt; Fd. punktiert gestreift, mit abwechselnd erhabenen Zw.räumen. 3. — An Getreidevorräten. Mai.

15. Familie. **Cryptophagidae, Pilzknopfkäfer.**

Kleine Käferchen mit eiförmigem oder länglichem, meist gewölbtem, zuweilen selbst kugeligem Körper. Der Kopf ist klein und vorgestreckt. Die Fühler sind 11gliedrig und an der Spitze stets keulig verdickt. Von den 5 Ringen des Hinterleibs ist der erste länger als die übrigen. — Die Käfer leben auf Blumen, nassen Wiesen, in Kellern und an andern dumpfen Orten, einige auch in Ameisennestern.

1. Alle Füße scheinbar 4gliedrig, da das 4. Glied von dem zweilappigen Ausschnitt des 3. Gliedes eingeschlossen ist. Käfer stets fein grau behaart . . . . Telmatophilus.
2. Alle Füße deutlich 5gliedrig; die H.füße des ♂ bisweilen 4gliederig. Käfer bräunlich behaart . . . . Cryptophagus.

138. Gattung. **Telmatophilus, Sumpfkäfer.**

443. T. caricis Oliv. Seggen-S. — Schwarz, dicht und fein punktiert, gelbgrau behaart; Fühler, Beine und der letzte H.leibsring rötlich; Hsch. fast so lang als breit; Fd. etwas breiter als das Hsch. 2—3. — An Sumpfgräsern, nicht selten.

444. T. Typhae Fall. Rohrkolben-S. — Schwarz, grau behaart; Hsch. breiter als lang, neben dem S.rande mit einer schwachen Längslinie; Fühler und Beine rötlich gelb. 2. — Häufig. Juni.

139. Gattung. **Cryptophagus, Pilzknopfkäfer.**

445. C. Lycoperdi Hbst. Braunroter P. — (Taf. IV, 5.) Länglich, gewölbt, rotbraun, abstehend rauh behaart, stark und tief punktiert; Hsch. breiter als lang, am S.rande dicht vor der Mitte mit einem kleinen, spitzen Zähnchen, auf dem Rücken mit 4 schwielenartigen Höckern. 3. — In Schwämmen, nicht selten. Herbst.

446. C. cellaris Scop. Reihig behaarter P. — Länglich, flach gewölbt, fein punktiert, dicht anliegend, auf den Fd. länger und reihig behaart. Hsch. oben ohne Schwielen, i. d. M. jeder Seite mit einem kleinen, stumpfen Zähnchen, der S.rand sehr fein gekerbt. 2—3. — In feuchten Kellern; häufig. Frühjahr.

447. C. acutangulus Gyll. Großzahniger P. — Länglich, wenig gewölbt, rötlichgelb, dicht und fein punktiert, kurz anliegend behaart; Hsch. viel breiter als lang, nach hinten verengt, die V.ecken mit einem sehr großen, hakenförmig nach rückwärts gebogenen Zahn, der S.rand fein gekerbt. 2—3. — Häufig.

16. Familie. **Lathridiidae, Moderkäfer.**

Kleine, eiförmige Käferchen mit 8—11gliedrigen, keulenförmigen Fühlern, kugeligen, dicht beieinanderstehenden Vorderhüften und 5 Hinterleibsringen. Die Füße sind 3-, selten die vorderen 4gliedrig. — Die Käfer leben unter faulenden Pflanzenstoffen, an Schimmel, unter Auskehricht und Baumrinden.

1. Hsch. mit abgesetztem, m. o. w. erhabenem S.rand und mit 2 feinen, erhöhten Längslinien. Körper glatt . . . . Lathridius.
2. Hsch. nicht gerandet, a. d. S. fein gezähnt. Körper behaart . Corticaria

140. Gattung. **Lathridius, Moderkäfer.**

448. L. minutus L. Kleiner M. — (Taf. IV, 6.) Schwarzbraun, unbehaart, Fühler und Beine rötlich gelbbraun; Hsch. i. d. M. mit 2 länglichen Grübchen, V.ecken stark gerundet; Fd. tief punktiert gestreift. 2. — Fast das ganze Jahr hindurch an dumpfigen Orten an Schimmel. Häufig.

141. Gattung. **Corticaria, Mulmkäfer.**

449. C. pubescens Gyll. Langhaariger M. — Braun, ziemlich lang behaart; Fühler und Beine hell gefärbt; Hsch. nach hinten stark verengt; tief und dicht runzelig punktiert, vor dem Schildchen mit einer breiten Grube, viel schmaler als die dicht punktiert gestreiften Fd. 2—3. — Häufig unter Moos.

17. Familie. Erotylidae, Kolbenkäfer.

Kleine Käfer mit 11gliedrigen, keulenförmigen Fühlern, 5 Fußgliedern, von denen das 4. oft sehr klein ist; von den 5 Bauchringen sind die ersten 2 verwachsen. — Die eiförmigen Käfer leben unter Baumrinden, in Schwämmen oder in morschem Holz.

1. Füße deutlich 5gliedrig, das 4. Glied sehr klein; Klauenglied so lang als die vorhergehenden zusammen. . . . . Engis.
2. Füße scheinbar 4gliedrig, indem das 4. Glied nebst der Wurzel des Klauengliedes im zweilappigen 3. versteckt.
   a. Fühlerkeule mit lose aneinander gereihten Gliedern. Körper lang-eiförmig. . . . . Triplax.
   b. Fühlerkeule mit eng aneinander gereihten Gliedern. Körper eiförmig. . . . . Tritoma.

142. Gattung. **Engis, Faulholzkäfer.**

450. E. humeralis F. Rotschulteriger F. — Glänzend schwarz; Kopf, Hsch., ein Punkt auf der Schulter, Fühler und Beine rotgelb, bisweilen der ganze Käfer hellbraun. 3. — In modrigem Holz und in Baumschwämmen; häufig. Mai, Juni.

143. Gattung. **Triplax, Dreiblattkolbenkäfer.**

451. T. Russica L. Russischer D. — Rotgelb, glänzend; Fühler, Schildchen, Fd. und oft auch die Brust schwarz; Fd. punktstreifig. 6—7. — In faulem Weidenholz und den daran befindlichen Schwämmen. Juni.

452. T. aenea Schall. Blauflügeliger D. — Wie 451, aber Fd. blau oder grün. 5. — In Baumschwämmen; nicht selten.

453. T. rufipes F. Rotbeiniger D. — Schwarz; Hsch. und Beine rotgelb; Kopf rot; Fühler rotbraun, mit dunkler Keule, 2. Glied nur halb so lang als das dritte. 4. — In Baumschwämmen; nicht selten.

144. Gattung. Tritoma, Schwammkolbenkäfer.

454. T. bipustulata F. Zweifleckiger Sch. — Glänzend schwarz, mit großer, roter Schultermakel, die manchmal bindenartig erscheint, bisweilen auch das Hsch. rot; Tarsen rostrot. 4. — In Buchenwäldern in morschem Holze oder an dessen Schwämmen, nicht selten. Herbst und Frühjahr.

18. Familie. Mycetophagidae, Pilzfresser.

Kleine, länglich eiförmige, fein behaarte Käfer mit 11gliedrigen, allmählich verdickten oder mit 4—5 größeren Endgliedern versehenen Fühlern, 4gliedrigen Tarsen und 5 frei beweglichen Leibesringen. — Die Käfer leben in Baumschwämmen, unter der Rinde oder im Moder abgestorbener Bäume.

1. Fühler allmählich verdickt oder mit 4—5gliedriger Keule; Hsch. jederseits hinten mit einem tiefen Grübchen; Augen quer . .	Mycetophagus
2. Fühler mit 3gliedriger Keule; Hsch. jederseits am H.rande mit einem schwachen Eindruck; Augen rund.	Typhaea.

145. Gattung. Mycetophagus, Pilzfresser.

455. M. quadripustulatus L. Vierfleckiger P. — (Taf. IV, 7.) Rostbraun, Hsch. und Fd. schwarz, letztere mit einer großen, runden Makel an der Schulter und einer kleineren h. d. M., die Behaarung der Makeln rot, sonst schwarz; Fühler rotbraun, i. d. M. dunkler, allmählich verdickt; U.seite, Beine und Kopf rostrot; Hsch. dicht punktiert, braun behaart, nach vorn stark verengt, am H.rande zweimal gebuchtet, so breit als die Wurzel der Fd. 5—6. — Häufig unter morscher Rinde; Sommer und Herbst.

456. M. atomarius F. Vielfleckiger P. — Schwarz oder pechbraun, fein gelb behaart; Hsch. fast doppelt so breit als lang, H.rand zweimal gebuchtet, O.seite sehr dicht, fast runzelig punktiert; Fd. schwarz, punktiert gestreift, eine große Schultermakel, eine Fleckenbinde h. d. M. und mehrere veränderlich liegende Makeln

gelb; Fühler rot, Beine gelbbraun. 4. — In Buchenwäldern unter Rinde und in Schwämmen. Nicht selten. Juni—Oktober.

457. M. multipunctatus Hellw. Vielpunktiger P. — Pechbraun oder schwärzlich, Fühler und Beine rötlich, erstere vor der Spitze dunkel; Fd. mit vielen größeren und kleineren, oft zusammenfließenden gelben Flecken, stark punktstreifig. Hsch. vorn und hinten gleichmäßig verengt. 4—5. — An Weiden- und Pappelschwämmen häufig; Juni—Oktober.

146. Gattung. Typhaea, Rundaugen-Pilzfresser.

458. T. fumata L. Rundaugen-P. — Rotbraun, sehr dicht und fein punktiert, dicht anliegend gelb behaart; Hsch. nach vorne verengt, hinten so breit als die Fd. Diese mit feinen Punktstreifen, die Zw.räume reihenf. behaart. 2—3. — Häufig. Sommer und Herbst.

19. Familie. Endomychidae, Stockkäfer.

Kleine, zierliche Käferchen mit flachem Körper, 11gliedrigen, vorgestreckten Fühlern, die länger sind als Kopf und Halsschild zusammen. Die Füße sind scheinbar 3gliedrig, tragen aber am Grunde des Klauengliedes noch ein sehr verstecktes, kleines 4. Glied. Der Hinterleib besteht aus 5—6 freien Ringen. — Die Käfer leben in Pilzen oder unter Baumrinden.

1. V.hüften aneinanderstehend; Hsch. nach hinten verengt. . . . Lycoperdina.
2. V.hüften durch einen schmalen Fortsatz der V.brust getrennt; Hsch. nach hinten nicht verengt.
   a. M.brust fast dreieckig, nach vorne stark verengt. . . . . Mycetina.
   b. M.brust 4eckig. . . . . Endomychus.

147. Gattung. Lycoperdina, Staubpilzkäfer.

459. L. Bovistae F. Schwarzer St. — (Taf. IV, 8.) Schwarz oder pechbraun, fein staubartig behaart; Fühler, bisweilen auch die Ränder des Hsch., die Fd.spitze und die Beine rotbraun; Fd. an der Naht etwas vertieft. V.schienen einfach. 5. — Selten. Juni, Juli.

460. L. succincta L. Dunkelroter St. — Dunkelrot; Fd. ohne Nahtstreifen, eine breite Binde über dieselben, die Brust und die ersten Bauchringe schwarz. V.schienen des ♂ am J.rande mit einem Zahn, die des ♀ mit kurzen Borsten. 4—5. — Selten. Juni, Juli.

148. Gattung. Mycetina, Glasfleck-Stockkäfer.

461. M. cruciata Schall. G. — Länglich eif., O.seite glänzend hochrot; Kopf, ein Kreuz auf den Fd., H.brust, Fühler und Beine mit Ausnahme der Tarsen schwarz. 5. — Hauptsächlich unter morscher Birkenrinde, auch in Baumschwämmen. Selten.

149. Gattung. Endomychus, Stockkäfer.

462. E. coccineus L. Roter St. — (Taf. IV, 9.) Eif., glänzend, hochrot; Kopf, Fühler, die Mitte des Hsch., je 2 große, runde Makeln auf den Fd., Seiten der Brust, die Beine, mit Ausnahme der Tarsen, schwarz. 5—6. — Selten; an Baumpilzen und unter faulenden -rinden.

20. Familie. Dermestidae, Speckkäfer.

Kleinere Käfer mit meist 11gliedrigen, keulenförmigen Fühlern, 5gliedrigen Füßen, zapfenförmig, dicht nebeneinanderstehenden Vorderhüften und walzenförmigen Hinterhüften. Der Hinterleib besteht aus 5 Ringen. In der Gefahr stellen sich die Käfer tot, indem sie die Fühler in Rinnen auf der Unterseite des Halsschildes und die Füße in die für sie bestimmten Schenkelfurchen einlegen. — Sie nähren sich wie ihre Larven von toten tierischen Stoffen, zum Teil auch von Blütenstaub. Die Larven werden namentlich schädlich durch Zerstören trocken aufbewahrter Felle, ausgestopfter Vögel und aufgesteckter Insekten.

1. Helle, bräunliche, behaarte Käferchen von 5 mm Länge; leben auf Blüten; Fußklauen mit einem breiten Zahn am Grunde. Byturus.
2. Dunkel gezeichnete, ovale Käfer von 7—8 mm Länge; leben an tierischen Stoffen; Stirn ohne Nebenauge. Fußklauen einfach. Dermestes.
3. Langovale Käfer von 5 mm Länge; Stirn mit 1 Nebenauge; Fühlerrinnen schwach, Grube zur Aufnahme der Fühlerkeule fehlend; leben auf Pelzwerk und Blüten. . . . . Attagenus.
4. Körper breit, flach, dicht beschuppt, 2—3 mm lang; Hsch. hinten i. d. M. in einen gerundeten Lappen erweitert, der das Schildchen bedeckt; leben auf trockenen, tierischen Substanzen und Blüten. . . . . Anthrenus.

150. Gattung. Byturus, Himbeerkäfer.

463. B. fumatus L. H. — Rotgelb oder schwarz, dicht punktiert, lang gelbgrau behaart, Fd. und Beine braunrot; Augen groß, mäßig gewölbt, O.lippe deutlich sichtbar. 4—5. — Häufig auf blühenden Gesträuchen und blühendem Löwenzahn. Mai, Juni.

464. B. tomentosus F. Mufffäfer. — Wie 463, aber etwas kleiner und schmäler, meist rostbraun; Behaarung kürzer und feiner; Augen klein, stark gewölbt; O.lippe kaum sichtbar. 3—4. — Häufig; Mai, Juni.

151. Gattung. Dermestes, Speckkäfer.

a. Fd. zweifarbig.

465. D. lardarius L. Gemeiner Sp. — Schwarz; Fühler braunrot; Fd. mit einer breiten, hinten gezackten, dicht grau behaarten Binde, in der jederseits 3 schwarze Punkte sich befinden. 7—8. — Gemein; in Häusern. März—Oktober.

b. Fd. einfarbig.

466. D. murinus L. Grauer Sp. — (Taf. IV, 10.) Schwarz, Fühler dunkelbraun, mit großer, tiefschwarzer Keule; O.seite mit bläulichgrauen und schwarzen Härchen wolkig gescheckt; Schildchen gelbbraun behaart; U.seite dicht grauweiß behaart, die einzelnen Bauchringe mit schwarzen Seitenpunkten, der letzte Bauchring schwarz, mit 3 weißen Punkten an der Wurzel. 6—8. — An Aas und Knochen; nicht selten. April—Juli.

467. D. laniarius Ill. Rothörniger Sp. — Stark gewölbt, schwarz, fein grau behaart; Fühler braunrot; Schildchen mit weißgelben Haaren bedeckt; U.seite dicht weiß behaart, 2.—4. Bauchring jederseits am H.rande mit einem schwarzen Punkt, letzter Bauchring meist ganz schwarz. 7—8. — Nicht selten; Mai, Juni.

468. D. Frischii Kug. Frischs Sp. — Mattschwarz; S.rand des Hsch. weißlich behaart, die H.ecken mit einem schwarzen Punkt; U.seite weiß behaart, jeder Bauchring mit einem schwarzen Fleck a. d. S., der letzte noch mit einer Makel i. d. M., die jedoch kaum die halbe Länge einnimmt. 7—10. — In sandigen Gegenden nicht selten.

469. D. undulatus Brahm. Rosthalsiger Sp. — Mattschwarz; Fühler braunrot; Hsch. und Fd.wurzel rostgelb und schwarz gescheckt; Schildchen dicht gelbweiß behaart; Fd. bläulichgrau gescheckt; U.seite kreideweiß behaart, 1 Bauchring mit schwarzen Seitenflecken, letzter ganz schwarz mit 2 weißen Punkten am Grunde. 5—6. — An Aas; nicht selten. April—Juni.

470. D. ater Oliv. Schwarzer Sp. — O.- und U.seite schwarz, fein schwarz behaart. Fühler braunrot; der H.rand der 3 letzten B.ringe dicht rotgelb behaart. 6—8. — Selten.

152. Gattung. Attagenus, Pelzkäfer.

471. A. pellio L. Gemeiner P. — Oben schwarz, unten dichter greis behaart; Fühler, Beine und manchmal auch die Fd. rotbraun; Hsch. am Grunde mit 3, jede Fd. mit 1 weißen Fleck. 4—5. — Gemein; in Häusern. Frühjahr und Herbst.

472. A. viginti-guttatus F. 22fleckiger P. — Schwarz, Fühlergeißel und Tarsen braunrot; O.seite schwärzlich, U.seite grau behaart. Hsch. mit 2, Fd. mit vielen, dicht behaarten, kreideweißen Flecken. 4—5. — Selten.

373. A. megatoma F. Haus-P. — Schwarz, oben schwärzlich, unten gelblichgrau behaart; Fühlerwurzel, Taster und Beine gelbrot; Fd. nicht selten braun oder braunrot, aber immer ohne weiße Flecken. 3—4. — In Häusern; selten.

153. Gattung. Anthrenus, Flachspeckkäfer.

a. Fühler 11gliedrig mit 3gliedriger Keule.

474. A. Scrophulariae L. Braunwurz-F. — O.seite schwarz, die Seiten des Hsch. und 3 Fleckenbinden der Fd. weiß beschuppt, Naht und S.rand der Fd., mitunter auch der des Hsch., rot beschuppt. Beine mit Ausnahme der Schenkel rotbraun. 3—4. — Häufig in Häusern und auf Blüten; Mai, Juni und im Spätherbst.

475. A. Pimpinellae F. Bibernell-F. — O.seite schwarz, Hsch. gelb und weiß gescheckt; Fd. vor der Mitte mit breiter, zackiger, weiß beschuppter Querbinde und einigen solchen Makeln hinter derselben; Beine rotbraun. 3. — Gemein, auf Schirmpflanzen; Juni.

476. A. varius F. Veränderlicher F. — Oben graugelb, unten weißlich beschuppt; Hsch. vor dem Schildchen mit einer weißen Makel; Fd. mit 3 welligen, weißen Binden; Beine schwarz. 2—3. — Nicht selten; auf Blüten und besonders in Insektensammlungen.

b. Fühler 8gliedrig mit 2gliedriger Keule.

477. A. museorum L. Kabinett-F. — Schwarz, unten grau behaart, oben gelb gesprenkelt; Hsch. am Grunde mit 3 weißen Makeln; Fd. mit 3 wellenförmigen, unregelmäßigen, weißen Binden. Fühlerwurzel, Schienen und Tarsen braunrot. 2—3. — Häufig in Häusern, auch auf Blumen. Juni.

c. Fühler 5gliedrig mit langem, keulenf. Endglied.

478. A. claviger Er. Kurzhörniger F. — Schwarz, unten grau behaart, oben gelb gesprenkelt. Unterscheidet sich von 477 hauptsächlich durch den fehlenden weißen Fleck vor dem Schildchen; die Binden der Fd. sind oft unterbrochen. Fühler und Beine rostrot. 2—3. — Häufig.

21. Familie. Byrrhidae, Pillenkäfer.

Kugelige Käfer mit allmählich verdickten, 10—11gliedrigen Fühlern. Der Hinterleib besteht aus 5 Ringen, von denen die 3 ersten unbeweglich miteinander verwachsen sind. Die Hüften der Beine stehen quer und die Schenkel haben eine Furche zur Aufnahme der Schienen. Fühler und Beine können in besondere Vertiefungen eingelegt werden. — Die Käfer kriechen am Tage langsam auf sandigen Wegen und Triften herum und nähren sich von Moosen; die geflügelten Arten fliegen des Nachts. In der Gefahr ziehen sie den Kopf zurück und schlagen Fühler und Beine ein.

1. Alle Tarsen in ihre Schienen einlegbar. Fühler vom 4. Gliede an allmählich verdickt. . . . . Byrrhus.
2. Nur die V.tarsen in ihre Schienen einlegbar.
   a. Fühler mit deutlich abgesetzter 5gliedriger Keule . . . . Cytilus.
   b. Fühler vom 7. Gliede an gegen die Sp. allmählich verdickt; Fd. ungestreift. . . . . Morychus.

154. Gattung. Byrrhus, Pillenkäfer.

a. Fd.naht verwachsen; Käfer ungeflügelt.

479. B. ornatus Pz. Geschmückter P. — Schwarz; O.seite filzig graubraun; Hsch. mit m. o. w. deutlichen, helleren Zeichnungen; Fd. fein gestreift, die abwechselnden Zw.räume mit dunkeln Samtstreifen, auf der Mitte des Rückens eine grau oder rostrot eingefaßte, bogenf., gemeinschaftliche Binde. 9—11. — In Wäldern; Herbst und Frühjahr.

b. Fd. nicht verwachsen; Käfer geflügelt.

480. B. pilula L. Gemeiner P. — (Taf. IV, 11.) O.seite braun, filzig behaart, die abwechselnden Zw.räume der fein gestreiften Fd. mit dunkleren oder schwarzen Samtflecken, der Rücken manchmal mit einer Querbinde, die durch 2 graue oder gelbe Fleckenlinien begrenzt ist; U.seite und Beine schwarz. 7—9. — Gemein; April, Mai.

481. B. murinus F. Grauer P. — Kurz-eif., O.seite schwarzfilzig mit zerstreuten, kurzen Börstchen; Fd. gestreift, die abwechselnden Zw.räume etwas gewölbt, samtschwarz; über die Mitte des Rückens ziehen 2 aus weißgrauen Haarflecken gebildete, oft unterbrochene Wellenlinien. 3—4. — Ziemlich selten.

482. B. fasciatus F. Gebänderter P. — Eif., h. d. M. am breitesten; O.seite dicht mit braunem Filze bekleidet; U.seite dicht anliegend grauweiß oder

goldgelb behaart; mehrere unbestimmte Zeichnungen auf dem Hsch. und die abwechselnden Zw.räume der fein gestreiften Fd. dunkelbraun oder samtschwarz; der Rückenfleck bei reinen Stücken Wförmig. 6—8. — Häufig; in der Zeichnung sehr veränderlich.

483. B. dorsalis F. Rückenfleckiger P. — Kurz eif., nach beiden Enden etwas zugespitzt; O.seite schwarz- oder schwarzgrau filzig; Hsch. mit goldglänzender, veränderlicher Zeichnung; Fd. mit gemeinschaftlicher Rückenmakel, die gewöhnlich von 2, aus Punkten bestehenden, grauen oder gelben Linien begrenzt ist. 6—7. — Ziemlich selten.

155. Gattung. Cytilus, Streifenpillenkäfer.

484. C. varius F. St. — Kurz eif., stark gewölbt; oben dunkel metallgrün, der Kopf und das Hsch. kupfer- oder messingfarben; Schildchen meist gold-, doch auch schwarz- oder weißfilzig; Fd. fein gestreift, mit grün und schwarz gegitterten Zw.räumen. Bauch glänzend schwarz, fein behaart, die Sp.ränder dicht weiß-borstig behaart. Beine schwarz. 4—6. — Nicht selten.

156. Gattung. Morychus, Glattflügel-Pillenkäfer.

485. M. aeneus F. Weißschildiger G. — Länglich eif.; unten pechbraun, oben glänzend erzgrün; unten dicht, oben sparsam grau behaart. Schildchen weiß. 4—5. — Selten.

486. M. nitens Pz. Schwarzschildiger G. — Fast kugelig; O.seite metallisch grün; U.seite schwarz oder braun. Schildchen schwarz. 3. — Nicht selten.

22. Familie. Parnidae, Hakenkäfer.

Kleine, längliche, im Wasser lebende Käfer, deren Körper mit dichtem, das Wasser abstoßendem Haarfilz bekleidet ist. Von den 5 Bauchringen sind die 4 ersten unbeweglich. Die Tarsen sind 5gliedrig und tragen auffallend große Klauen. — Man findet die Käfer in fließenden und stehenden Gewässern, in denen sie, ohne schwimmen zu können, herumkriechen. Zum Zweck der Atmung sind sie mit einer Luftblase umgeben. Infolge dessen können die Käfer lange unter Wasser verweilen. Um ihren Luftvorrat zu erneuern, kriechen sie hauptsächlich nachts an Pflanzen, die über dem Wasserspiegel hervorragen, empor. Manche Arten schwärmen auch an schönen Tagen über ihren Gewässern.

1. Käfer gestreckt, cylindrisch, mindestens 3mal so lang als breit; Beine ziemlich nahe zusammenstehend . . . . Parnus.
2. Käfer kugelig oval, kaum halb so lang als breit; Beine ziemlich weit auseinanderstehend . . . . Elmis.

157. Gattung. **Parnus, Hakenkäfer.**

487. P. prolifericornis F. Graufilziger H. — (Taf. IV, 12.) O.seite seidenglänzend graugelb- oder grünlichbraun-filzig, worein sich gerade, nach rückwärts gerichtete Wollhaare mischen; Stirn zwischen den sehr nahe an einanderstehenden Fühlern höckerartig aufgetrieben und zusammengedrückt; Rand des Hsch. und der Fd., sowie die Beine bis auf die dunkleren Schienen rostfarben. 5. — Häufig an Pfützenrändern. Juli.

488. P. viennensis Heer. Wiener H. — Flachgedrückt, schwarz mit gelblich-grauem Seidenüberzug; Fd. stark und tief verworren punktiert; Beine braun mit hellen Füßen; Fühler von einander entfernt. 4—5. — Nicht selten.

489. P. auriculatus Ill. Braunfilziger H. — Länglich eif., gewölbt, schwarz, bräunlich seidenfilzig, mit längeren, aufrechtstehenden schwarzen Haaren; Fd. tief punktiert, an der Wurzel seicht gestreift; Beine schwarz oder dunkelbraun, Tarsen rotbraun; Fühlerwurzeln einander genähert. 4—5. — Nicht selten.

158. Gattung. **Elmis, Schlammknopfkäfer.**

490. E. aeneus Müll. Erzglänzender Sch. — Schwarz, erzglänzend; Fühler ganz oder nur an der Wurzel rostrot; Hsch. mit 2 eingegrabenen Längslinien; Fd. stark punktstreifig, der 4. und 6. Zw.raum erhaben. Beine braun oder pechschwarz. 2. — In Bächen, nicht selten. Juni—September.

491. E. Volkmari Müll. Volkmars Sch. — Länglich, schwarz, glänzend, mit blauem oder erzfarbenem Schimmer; Fühler und Füße rostfarben; Hsch. mit 2 Längslinien a. d. S., dicht und fein punktiert; Fd. punktstreifig. 3. — In Bächen, stellenweise häufig. Juli—September.

23. Familie. **Heteroceridae, Sägekäfer.**

Kleine, meist flache, dicht filzig behaarte, gelb gefleckte Käfer mit 11gliedrigen Fühlern, die vom 5. Gliede an eine nach innen sägeartig gezähnte Keule bilden. Die Beine tragen 4gliedrige Tarsen und bedornte Schienen. Die Käfer leben, durch eine fettige Absonderung ihres Haarüberzuges gegen Feuchtigkeit geschützt, am Rande von fließenden und stehenden Gewässern in gegrabenen Gängen.

159. Gattung. **Heterocerus.** Sägekäfer.

492. H. marginatus F. Gerandeter S. — Ziemlich gewölbt, schwarz, oben mit dichter brauner Behaarung; Fühler braun, das 1. Glied gelb; Hsch. sehr fein punktiert, die Seiten rostgelb; Fd. sehr fein und spärlich grau behaart, an der Wurzel mit Spuren von Streifen und mit einer bogig gekrümmten, rostgelben Makel, außerdem noch mit 2 ebenso gefärbten, großen, bindenf. Makeln und 2 Flecken a. d. Sp. U.seite und Beine schwärzlich, H.leibsspitze gelblich. 4—5. — Häufig. Mai, Juni.

493. H. hispidulus Kiesw. Borstenhaariger S. — (Taf. IV, 13.) Wenig gewölbt, schwarz, mit anliegender, gelblichgrauer Behaarung, die Fd. außerdem mit Reihen weißlicher, aufrechter Börstchen besetzt; Fühler braun, die ersten 2 Glieder gelb; Fd. mit ziemlich deutlichen Streifen, die bis über die Mitte reichen; Schultermakel nicht bogig gekrümmt, die übrige Zeichnung wie vorher. 3. — Selten. Juli.

494. H. laevigatus Pz. Glatter S. — Flach, gestreckt, mit anliegender, seidiger Behaarung; Fd. dicht und fein punktiert, mit ziemlich deutlichen, erst h. d. M. verschwindenden Streifen, eine längliche Makel neben dem Schildchen, der S.rand, sowie 1 oder 2 Flecken auf der Scheibe und an der Sp. gelb; Beine blaßgelb, die Wurzel der Schenkel, die Knie und die Spitze der Schienen schwärzlich. 3—4. Häufig an Pfützenrändern. Juli.

24. Familie. **Lucanidae, Schröter.**

Mittelgroße bis große Käfer mit 10gliedrigen, geknieten Fühlern, deren Endglieder nach innen kammförmig erweitert sind. Der Hinterleib besteht aus 5 Ringen. Oft sind die Oberkiefer des Männchens bedeutend verlängert. — Die Käfer leben wie ihre Larven im Mulm faulender Bäume oder schwärmen, namentlich nachts, umher. Ihre Nahrung besteht in ausfließendem Baumsafte.

1. Augen durch den S.rand des Kopfes in zwei Hälften geteilt.
   a. Augen bis zur Hälfte geteilt; O.kiefer des ♂ geweihartig . . Lucanus.
   b. Augen fast ganz geteilt; O.kiefer des ♂ wenig verlängert . Dorcus.
2. S.rand des Kopfes nicht über die Augen fortgesetzt.
   a. Körper flach. . . . . Platycerus.
   b. Körper walzenf., Kopf mit einem Horn. . . . . Sinodendron.

160. Gattung. **Lucanus, Schröter.**

495. L. cervus L. Hirschkäfer, Feuerschröter. — (Taf. IV, 14.) In Größe und Farbe sehr veränderlich; die kleineren Varietäten haben ihre Ursache in mangelnder Ernährung der Larve. ♂ kastanienbraun, O.kiefer geweihartig, mit diesen 55—75. ♀ meist pechschwarz, O.kiefer kurz, kaum von Kopflänge, 30—40. — In alten Eichenschlägen, nicht selten. Juni, Juli.

161. Gattung. **Dorcus, Balkenschröter.**

496. D. parallelepipedus L. Balkenschröter. — (Taf. IV, 15.) Mattschwarz; fast gleich breit; Kopf und Hsch. fein und zerstreut, Fd. dicht punktiert, leicht gerunzelt. Kopf des ♂ grob punktiert, so breit als das Hsch., O.kiefer mit kleinem Zahn. 15—22. — In Eich- und Buchwaldungen; selten. Juni.

162. Gattung. **Platycerus, Rehschröter.**

497. P. caraboides L. Laufkäferähnlicher R. — Länglich, ziemlich flach, grün, blau oder blaugrün, unten dunkler; Hsch. viel breiter als lang, weitläufig und fein punktiert; Fd. gereiht punktiert, auf dem Rücken schwach gestreift. Manchmal sind Bauch und Beine rostrot; P. rufipes Hbst. 11—13. — Nicht selten in Eich- und Buchwaldungen. Mai—August.

163. Gattung. **Sinodendron, Baumschröter.**

498. S. cylindricum L. Walzenförmiger B. — Glänzend schwarz; dicht narbig punktiert, Fd. schwach gestreift. ♂ mit nach rückwärts gekrümmtem Stirnhorn; ♀ mit geradem, nur einen spitzen Höcker bildenden Stirnhorn. 10—13. — In faulen Laubbäumen nicht selten. Juni—August.

25. Familie. **Scarabaeidae, Blatthornkäfer.**

Mittelgroße bis große Käfer mit kurzen, geknieten, 7—11gliedrigen Fühlern, deren Endglieder einen beweglichen Fächer bilden. Der Bauch besteht aus 5—6 Ringen. Die Vorderbeine sind stets Grabbeine; Tarsen 5gliedrig. — Die mitunter durch Ansehnlichkeit und Farbenpracht ausgezeichneten Käfer leben nur von pflanzlichen Stoffen (ausgenommen Trox). Man findet sie teils im Dünger der Huffängetiere, teils auf Blättern und Blüten, teils an wunden

Stellen der Bäume, um den ausfließenden Saft zu verzehren, teils im Mulm modriger Stämme. Die Männchen sind oft durch stärkere Hörner und andere Hervorragungen auf Kopf und Halsschild oder durch größere Fühlerkeulen ausgezeichnet. Die Eier werden in Erde, Mist, Mulm u. dgl. abgelegt. Daselbst findet man auch die plumpen, weichhäutigen Larven.

Der Uebersichtlichkeit wegen unterscheiden wir die zahlreichen Arten in 5 Gruppen.

Uebersicht der Gruppen:

I.	Fühler 8—11gliedrig, mit 3—7 beweglichen Blättern am Ende; Fd. bedecken den ganzen H.leib. Die Käfer leben ausschließlich in frischem Dünger oder an trockenen, tierischen Substanzen . .	Coprini.
II.	Fühler 7—10gliedrig, in eine fächerf. Keule endend, die des ♂ größer. Fd. entweder gewölbt und alle Füße mit 2 gleich großen, gezähnten, manchmal auch gespaltenen Klauen oder Fd. flach und die H.füße nur mit 1 Klaue. Die manchmal in großer Masse auftretenden Käfer leben auf Blumen und Blättern.	Melolonthini.
III.	Fühler 9gliedrig, mit 3blättriger, dicht schließender Keule; die meist flacheren Fd. lassen die Afterdecke unbedeckt; alle Füße tragen 2 ungleiche Klauen. Die Arten leben ebenfalls auf Blüten und Laub und treten auch manchmal in größerer Menge schädlich auf.	Rutelini.
IV.	Fühler 10gliedrig; Körper stark gewölbt; Stirn des ♂ mit einem Horn, die des ♀ mit einem Höcker. Die einzige Art lebt in Eichenmulm und Eichenlohe.	Dasytini.
V.	Fühler 10gliedrig, mit 3blättrigem Endknopf; Fd. flachgedrückt; Klauen einfach und an allen Füßen gleich groß. Die Arten leben auf Blumen, an ausfließenden Baumsäften und im Mulm. . .	Cetonini.

I. Gruppe. **Coprini, Mistkäfer.**

1. Fühler 8gliedrig; Körper rundlich; H.beine bedeutend verlängert; Schildchen nicht sichtbar.	Sisyphus.
2. Fühler 9gliedrig.	
a. Körper groß, stark gewölbt; Kopfschild i. d. M. tief eingeschnitten; Kopf des ♂ und ♀ mit einem Horn; Schildchen wie bei 1.	Copris.
b. Körper rundlich, ziemlich flach; Kopfschild vorn leicht ausgerandet; Kopf nur beim ♂ gehörnt; Schildchen wie vorher.	Onthophagus.
c. Körper walzenf.; Kopfschild mit 3 Höckerchen; Schildchen sichtbar.	Aphodius.

3. Fühler 11gliedrig.
   a. Körper kurz eif., fast kugelig. Kopf des ♂ mit 1, das Hsch. mit 2 Hörnern. . . . . Odontaeus
   b. Körper oval, meist gewölbt; Kopf nie, Hsch. nur selten mit Höckern und Hörnern. . . . . Geotrupes.
4. Fühler kurz, 10gliedrig; Bauch nur mit 5 Ringen; Fd. uneben und mit Haarbüscheln besetzt. . . . . Trox.

164. Gattung. **Sisyphus, Pillendreher.**

499. S. Schaefferi L. P. — Mattschwarz; Kopf stärker, Hsch. feiner gekörnt punktiert, dieses so groß als die leicht kettenartig gestreiften Fd. 7—11. — Auf Weiden im Kuh- und Schafmist. Sehr selten.

165. Gattung. **Copris, Mondhornkäfer.**

500. C. lunaris L. M. — (Taf. V, 1.) Glänzend schwarz; Hsch. vorn steil abfallend und stark runzelig punktiert, oben glatt; Fd. gestreift, die beiden Ränder der Streifen fein gekerbt; ♂ auf dem Kopfe mit langem, spitzem Horn und hinten dicht über der Wurzel mit 2 Zähnchen; Hsch. jederseits mit einem 3eckigen Horn. ♀ mit sehr kurzem, breitem Horn, Hsch. ohne Höcker. 15—22. — In frischem Kuhdünger. Selten. Juni, Juli.

166. Gattung. **Onthophagus, Kotpillenkäfer.**

a. Fd. schwarz oder pechbraun.

501. O. nutans F. Nashorn-K. — Mattschwarz, kurz grauhaarig; Hsch. sehr dicht körnig punktiert, vorn steil abfallend, am O.rande des abschüssigen Teiles mit 2 Höckerchen; Fd. seicht punktstreifig, die Zw.räume fein gekörnt. ♂ auf dem nach hinten verlängerten Scheitel mit einem nach vorn übergebogenen Horn und auf der Stirn mit flacher Querleiste. ♀ ohne Scheitelhorn. 7—9. — Häufig.

502. O. taurus L. Stier-K. — Schwarz, mit schwachem Metallschimmer, schwach grau behaart. Hsch. ziemlich dicht und flach punktiert, meist mit grünlichem Schimmer; Fd. seicht punktstreifig, die Zw.räume sparsam punktiert, Färbung zuweilen braun. ♂ auf dem Scheitel mit 2 langen, krummen, gegen einander gebogenen, seltener ganz kurzen, geraden Hörnern. ♀ auf der Stirn mit 2, seltener mit 1 erhabenen Querlinie. 7—11. — Häufig in Waldgegenden an Rinderkot.

503. O. ovatus L. Eiförmiger K. — Mattschwarz, oben mit kurzen Borstenhaaren. Hsch. sehr dicht körnig punktiert, vorn abschüssig, mit einem kleinen Höcker i. d. M. Fd. schwach gekerbt gestreift. Kopf des ♂ mit 1 queren Stirnleiste, der des ♀ mit einer 2. bogenf., wenig erhabenen vor derselben. 4—5. — Gemein; in Schafmist. Herbst und Frühjahr.

b. Fd. gelbbraun mit schwarzen Makeln.

504. O. coenobita Hbst. Kupferhalsiger K. — U.seite dunkel metallgrün, Kopf und Hsch. kupferglänzend, letzteres mit gelblichen Härchen ziemlich dicht besetzt und dicht punktiert. Fd. seicht gestreift, die Zw.räume zerstreut punktiert. Kopfschild des ♂ mit einer am Grunde breiten Platte, welche mit einem dünnen, nach vorn übergebogenen Horn endigt. Stirn des ♀ mit 2 Querleisten, von denen die vordere viel weniger erhaben und gebogen ist. 6—8. — Häufig an Kuhmist und Menschenkot.

505. O. fracticornis Preyssl. Bruchhörniger K. — U.seite schwarz; Kopf und Hsch. mit schwachem Metallschimmer, sonst wie vorher; Hsch. ohne Höcker; Fd. seicht punktstreifig, die Zw.räume 2reihig punktiert, deutlich schwarz gesprenkelt. ♂ und ♀ unterscheiden sich wie vorhin. 8—9. — Sehr häufig an Kot und Dung.

506. O. vacca L. Grünhalsiger K. — (Taf. V, 2.) U.seite dunkel metallgrün, Kopf und Hsch. heller oder dunkler grün; Fd. schwarzgrün gesprenkelt, seicht gestreift und zerstreut punktiert. Hsch. vorn steil abfallend, fein und ziemlich dicht gekörnt. Kopfschild des ♂ vorn zugespitzt mit aufgebogener Spitze; Hsch. vorn i. d. M. ausgebuchtet. ♀ mit 2 Querleisten auf der Stirn, von denen die vordere gebogen und wenig erhaben, die hintere stark erhaben und meist von 2 Hörnern begrenzt ist; Hsch. vorn i. d. M. mit 2 kleinen Höckern. 8—11. — Häufig.

507. O. nuchicornis L. Nackenhorniger K. — (Taf. V, 3.) Schwarz, schwach erzschimmernd; Fd. schwarz gesprenkelt; Kopfschild gerundet; Hsch. punktiert, i. d. M. mit einer sehr schwachen Längsrinne. Scheitel des ♂ mit einem unten breit erweiterten, nach vorn gerichteten Horn. ♀ auf der Stirn mit 2 starken Querleisten, von denen die vordere gebogen ist. Hsch. vorn i. d. M. mit einem Höcker. 6—9. — Sehr häufig.

167. Gattung. Aphodius, Dungpillenkäfer.

1. Schildchen groß, etwas versenkt; Körper flach.

508. A. erraticus L. Herumschweifender D. — Schwarz, dicht punktiert, mäßig glänzend; Hsch. am Grunde deutlich gerandet; Fd. hinten abgestutzt, schmutzig braungelb, selten pechschwarz, punktstreifig. ♂ auf der Stirn mit einem Höcker, ♀ nur mit einer Spur desselben. 7—8. — Häufig an Schafmist. Sommer.

509. A. subterraneus Hbst. Tiefschildiger D. — Glänzend schwarz; Kopfschild vorn seicht ausgebuchtet; Hsch. a. d. S. stark gerandet und am Grunde mit zerstreuten großen Punkten. Fd. zuweilen braun oder rotbraun, kerbig gefurcht, die Zw.räume stark erhaben, glatt. Stirn beim ♂ mit 3 deutlichen, beim ♀ schwachen Höckerchen. 6—7. — Nicht selten.

2. Schildchen groß, nicht versenkt. Körper stark gewölbt.

510. A. haemorrhoidalis L. Rotafter-D. — Glänzend schwarz; Kopfschild mit 3 kleinen Höckern, vor den Augen in eine kleine, beinahe zahnartige Ecke

vorspringend; Hsch. hinten gerandet. Fd. tief punktstreifig, die Streifen gegen die Sp. vertieft, hinten und oft auch an den Schultern rot. 3—5. — Häufig.

511. A. fossor L. Grabender D. — Glänzend schwarz, zuweilen braunrot; Hsch. grob zerstreut punktiert; Fd. kerbig gestreift, die Streifen nach hinten verloschen. Stirn des ♂ mit 3 deutlichen, die des ♀ mit nur angedeuteten Höckern. 9—12. — Häufig.

2. Schildchen von gewöhnlicher Größe.

512. A. sordidus F. Glattbrüstiger D. — Glänzend graugelb, die Scheibe des Hsch., manchmal 2 Punkte auf den Fd. und die Brust schwärzlich; Fd. gestreift, die Zw.räume kaum punktiert. Kopfschild vorn gerundet, mit 3 Höckerchen, der mittlere beim ♂ größer. 5—7. — Häufig. Sommer und Herbst.

513. A. varians Duft. Rotschultriger D. — Glänzend schwarz; Stirn mit 3 stumpfen Höckern. Hsch. auf der Scheibe mit ganz zerstreuten Punkten; Fd. tief punktstreifig, die Zw.räume, wenigstens die äußeren, deutlich punktiert, an den Schultern gewöhnlich mit großer, länglicher Makel. 5. — Häufig.

514. A. niger Pz. Schwarzer D. — Glänzend; walzenf., Hsch. dicht ungleich punktiert; Fd. fein kerbig gestreift, die Zw.räume sehr fein zerstreut punktiert. Stirn ohne Höcker. 4—5. — Häufig.

4. Schildchen klein. Fd. rot.

515. A. foetens F. Rotbauchiger D. — Glänzend schwarz; Beine braun, H.leib, V.ecken, oft auch der ganze S.rand des Hsch. und die Fd. rot, letztere stark kerbig gestreift mit zerstreut fein punktierten Zw.räumen. 5—7. — Nicht selten.

516. A. fimetarius L. Gemeiner D. — (Taf. V, 4.) Wie vorher, aber der H.leib schwarz. 5—7. — Gemein, vom April an.

5. Schildchen klein. Fd. schwarz.

517. A. granarius L. Feld-D. — Glänzend schwarz, flach gewölbt; Fühler rostrot, die Keule dunkler; Hsch. zerstreut und fein punktiert, H.rand gleichmäßig gerundet. Fd. kerbig gestreift, ihre Spitze, manchmal auch die ganzen Fd. und die Schenkel rotbraun. 3—5. — Häufig.

518. A. ater Deg. Tiefschwarzer D. — Kurz, stark gewölbt, wenig glänzend, Fühler und Füße, selten auch die Fd. braun; Hsch. dicht und ungleich punktiert, Fd. fein kerbig gestreift, die Zw.räume flach und sparsam fein punktiert. Kopfschild mit einer m. o. w. erhabenen Bogenlinie und hinter derselben mit drei Höckerchen auf der Stirn. 4—6. — Häufig. Frühjahr.

519. A. rufipes L. Rotbeiniger D. — Länglich, schwarz oder braun, mäßig glänzend, U.seite heller gefärbt; Hsch. mit platter Scheibe, a. d. Sp. wulstig gerandet; Fd. tief gestreift. Kopfschild beim ♂ eben, beim ♀ mit kleiner Beule. 11—13. — Ziemlich häufig.

6. Schildchen klein. Fd. gelb mit schwarzen Zeichnungen.

520. A. inquinatus F. Wolkiger D. — Glänzend schwarz; Hsch. hinten deutlich gerandet, die V.ecken gewöhnlich rotbraun; Fd. kerbig gestreift, graugelb,

mit einer langen Makel hinter der Schulter auf dem 7. Zw.raum, welche sich sowohl gegen den S.rand als auch gegen die Mitte erweitert und mit mehreren veränderlichen Flecken auf dem 3.—5. Zw.raum; Bauch braun, die Spitze gelblich; Beine rotbraun; die Schenkel auf der U.seite gelb. Stirn deutlich gehöckert. 4—7. — Gemein. Herbst.

521. A. merdarius F. Gewöhnlicher D. — Glänzend schwarz; V.ecken oder die ganzen S.ränder des Hsch. braungelb; Fühler, mit Ausnahme der Keule und die Beine braun. Fd. lehmgelb, kerbig gestreift, Zw.räume flach gewölbt und fein punktiert; die Naht, die Schulter, der umgeschlagene S.rand schwärzlich. Stirn ohne Höcker. 3—4. — Häufig. Sommer und Herbst.

522. A. prodromus Brahm. Beschmutzter D. — Glänzend schwarz, flach gewölbt; die Fühlergeißel, die Beine, die Seiten des Hsch. und die Fd. graugelb, letztere kerbig gestreift und je mit einem dunkleren Flecken auf der Scheibe. Stirn ohne Höcker. ♂ mit deutlich behaarten Fd., die des ♀ nur a. d. Sp. behaart. 5—8.— Häufig. Frühjahr.

523. A. punctato — sulcatus St. Punktiert gestreifter D. — Wie vorher, aber die Stirnhöcker sind durch drei flache Beulen angedeutet; ♂ mit einem behaarten Eindruck auf der H.brust; im allgemeinen kleiner. 4—7. — Häufig. Frühjahr.

524. A. pubescens St. Behaarter D. — Schwach gewölbt, schwarz; die Seiten des Kopfes und Hsch., die Beine und Fd. strohgelb, letztere bisweilen auf der Scheibe mit grauem Nebelfleck. Stirn ohne Höcker. ♂ mit graubehaarten Fd. und mit einem solchen Eindruck auf der H.brust; die Zw.räume der Kerbstreifen beiderseits gereiht punktiert. Fd. beim ♀ nur gegen die Sp. kurz und sparsam behaart; Zw.räume zerstreut punktiert. 5—6. — Häufig.

525. A. luridus Payk. Gewürfelter D. — Glänzend schwarz. Kopf und Hsch. fein punktiert. Fd. kerbig gestreift, schmutzig graugelb, mit schwarzen Linien oder schwarz und dann mit gelben Strichen gezeichnet oder auch ganz schwarz, a. d. Sp. fein behaart. Kopfschild an den Augen in einen scharfen Winkel erweitert. 7—10. — Häufig.

168. Gattung. **Odontaeus, Kugelgrabkäfer.**

526. O. mobilicornis F. Stirnhorn-K. — O.seite schwarz, braun oder gelbbraun, glatt; U.seite braungelb, gelblich behaart. Fühler und Beine rötlich gelb. Kopf und Hsch. grob punktiert; Fd. tief punktstreifig mit stark erhabenen Zw.räumen. ♂ mit einem dünnen, rückwärts gebogenen, beweglichen Horn auf dem Kopfe; Hsch. mit einem kürzeren, aber breiteren Horn und jederseits mit einem großen, grubenf. Eindruck, die Mitte vorn mit 2 Höckern. ♀ mit nur undeutlichen Erhabenheiten auf Stirn und Hsch. 7—9. — Selten. Lebt sehr verborgen auf Wiesen unter Dünger; fliegt nachts umher. Sommer.

169. Gattung. **Geotrupes, Roßkäfer.**

a. Hsch. des ♂ mit Hörnern.

527. G. Typhoeus L. Gehörnter R. — (Taf. V, 5.) Schwarz; flach gewölbt; Fd. gestreift mit glatten Zw.räumen. Hsch. des ♂ mit 3 geraden, nach vorn stehenden Hörnern, das des ♀ am V.rande mit einer erhabenen Querlinie und beiderseits mit einem Höcker. 17—20. — Auf Sandboden an Schafmist. April—Juni.

b. Hsch. bei beiden Geschlechtern ohne Hörner.

528. G. stercorarius L. Gemeiner R. — (Taf. V, 6.) O.seite schwarz, schwarzblau oder -grün, U.seite veilchenblau, stark glänzend; Fd. je mit 14 fein punktierten Streifen. O.kiefer mit geradem A.rande, an der Sp. tief 2mal gebuchtet, bei var. putridarius Er. am Außenrande gerundet und a. d. Sp. einmal gebuchtet. 16—24. — Gemein.

529. G. mutator Marsh. Veränderlicher R. — O.seite blau- oder grünschwarz, selten kupferfarben; U.seite sehr stark glänzend, stahlblau oder goldgrün. Fd. mit etwa 18 Punktstreifen, die Zw.räume abwechselnd schmäler. 16—24. — Häufig.

530. G. sylvaticus Pz. Wald-R. — Glänzend schwarz oder schwarzgrün, unten glänzend blau. Hsch. zerstreut punktiert, an der Wurzel vollständig gerandet; Fd. undeutlich gestreift, die Zw.räume fein gerunzelt. 11—17. — Gemein; besonders in Wäldern.

531. G. vernalis L. Frühlings-R. — O.seite fast glatt, schwarz mit blauem oder violettem Schimmer, unten blau; Hsch. an der Wurzel nur i. d. M. gerandet. Fd. mit sehr seichten, oft undeutlichen Punktreihen, die Zw.räume sehr leicht querrunzelig. 12—17. — Meist an Wildkot; nicht selten. April—Juli.

170. Gattung. **Trox, Scharrkäfer.**

532. T. scaber L. Rauher Sch. — Matt grauschwarz; Hsch. mit wulstigen Erhabenheiten, schmäler als die Fd., diese mit feinen, geraden, vertieften Längsstreifen, Zw.räume flach, undeutlich gerunzelt, die abwechselnden mit ungleich großen, rostroten Haarbüscheln besetzt. 6—7. — Auf Sandboden; selten.

533. T. hispidus Pont. Gelbbüscheliger Sch. — Grauschwarz, glanzlos; Fd. ohne regelmäßige, gerade, vertiefte Streifen, nur mit m. o. w. tiefen, grübchenartigen Punkten reihig punktiert; die abwechselnden Zw.räume sind mit kleinen, schwarzen Höckerchen, die an der hintern Seite ein gelbliches Haarbüschel haben, reihenweise besetzt. 8—9. — Auf Feldern und Wegen ziemlich häufig; Frühjahr.

534. T. sabulosus L. Gries-Sch. — (Taf. V, 7.) Schwarz, glanzlos; Fühler rotbraun; Hsch. uneben, sehr dicht punktiert, der S.- und H.rand mit kurzen, gelblichen Borsten eingefaßt; Fd. h. d. M. bauchig erweitert mit breiten, flachen Streifen; die Zw.räume abwechselnd ein wenig erhaben, aber nicht gehöckert, die Haarbüschel sitzen flach auf. 7—9. — Auf Sandwegen ziemlich häufig; Frühjahr.

II. Gruppe. Melolonthini, Laubkäfer.

I. H.füße nur mit einer großen Klaue . . . . Hoplia.
II. H.füße wie die übrigen Beine mit 2 gleich großen Klauen.
  1. Fühler mit 3blättriger Keule.
    a. V.tarsen kaum länger als die Schienen . . . . Homaloplia.
    b. V.tarsen länger als die Schienen . . . . Serica.
    c. Käfer den Maikäfern ähnlich; H.leibsspitze aber nicht ausgezogen . . . . Rhizotrogus.
  2. Fühler mit 5—7blättriger Keule.
    a. ♂ mit 7=, ♀ mit 5blättriger Keule. Fd. glatt, braun und weiß gesprenkelt . . . . Polyphylla.
    b. ♂ mit 7=, ♀ mit 6blättriger Keule; Fd. braun mit erhabenen Rippen . . . . Melolontha.

171. Gattung. Hoplia, Einklau-Laubkäfer.

535. H. philanthus Sulz (argentea F.). Silbergrauer K. — Schwarz; Fd. öfters pechbraun oder braun; O.seite mit grauen, grünen oder bläulichen Schüppchen bedeckt, doch so, daß die Grundfarbe nicht gänzlich verdeckt ist; U.seite silberblaue Schuppen tragend; Hsch. mit sehr kurzen, wenig aufstehenden Härchen bekleidet; V.schienen bei beiden Geschlechtern 3zähnig, der obere Zahn sehr klein; die großen H.klauen vor der Spitze gespalten. ♂ mit schwarzen, ♀ mit roten Beinen. 7—9. — Auf Blüten und Gräsern; nicht häufig. Juni, Juli.

536. H. praticola Duft. Wiesen=K. — Schwarz, viel breiter als der vorige; Fd. gewöhnlich braun, Beine schwarz, braun oder rotgelb. O.seite mit perlmutterglänzenden, gelben oder schwach grün oder blauschimmernden Schuppen weitläufig bedeckt, dem ♂ fehlen die Schuppen bisweilen. Hsch. mit langen, aufstehenden, rostfarbenen Haaren ziemlich dicht bekleidet. V.schienen des ♂ mit 2, die des ♀ mit 3 Zähnen. Hinterfüße mit ungespaltenen Klauen. 9—10. — Ziemlich häufig.

537. H. farinosa L. Dichtschuppiger K. — (Taf. V, 8.) Breit, flach, schwarz; Fd. rotbraun; die O.seite sehr dicht mit grünen, gelben, gelbgrünen oder bräunlichen Schuppchen und mit einzelnen, niederliegenden Börstchen besetzt, Grundfarbe vollständig verdeckt. U.seite sehr dicht hellgrün, silberglänzend beschuppt. V.schienen des ♂ mit 2 Zähnen. ♀ weniger dicht beschuppt, so daß die Grundfarbe durchscheint, V.schienen mit 3 Zähnen. Klauen der H.füße wie vorher. 8—11. — Namentlich auf Spiraea, Liguster, Crataegus und Schirmblüten; nicht selten.

172. Gattung. Homaloplia, Spaltklauen-Laubkäfer.

538. H. ruricola F. Sp. — Eif., schwarz, mäßig glänzend, mit aufrechten, langen, graugelben Haaren besonders auf Kopf und Hsch. besetzt, die Oberfläche

des letzteren tief, aber nicht dicht punktiert und mit einer sehr seichten M.rinne; Fd. fein gestreift, rötlich gelbbraun mit schwarzen Rändern. 5—7. — Auf Blüten und Gräsern; selten. Juli.

173. Gattung. **Serica, Samt-Laubkäfer.**

539. S. brunnea L. Brauner S. — Länglich, gewölbt, rötlich gelbbraun, zart bereift; Augen schwarz; Stirn bräunlich; Hsch. 2mal so lang als breit, ziemlich stark zerstreut punktiert; Fd. mit fast geraden Seiten, nach hinten nur wenig erweitert, seicht gefurcht, in den Furchen tief und dichter als in den Zw.räumen punktiert. 8—9. — In Nadel- und gemischten Waldungen an Gras. Selten. Juni, Juli.

174. Gattung. **Rhizotrogus, Brach-Laubkäfer.**

540. Rh. solstitialis L. Junikäfer, Brachkäfer. — (Taf. V, 11.) Rötlich braungelb, der hintere Teil des Kopfes, die Scheibe des Hsch. und die U.seite dunkel. Brust, Hsch. und Fd.wurzel abstehend zottig behaart. Fd. zerstreut und undeutlich punktiert, jede mit 4 erhabenen Längslinien. H.leib mit weißgrauer dichter Behaarung. 14—17. — Hin und wieder häufig. Im Juni und Juli nach Sonnenuntergang schwärmend.

541. Rh. aestivus Ol. Frühlings-B. — Blaß gelbbraun, die Scheibe des Hsch. und ein breiter Streifen längs der Naht oder die ganzen Fd. dunkler. Hsch. nach vorn stark verengt, der V.- und S.rand lang abstehend behaart, die O.seite kahl, dicht punktiert. Fd. mit undeutlich erhabenen Längslinien, querrunzelig punktiert; Brust dicht zottig behaart. 14—16. — Stellenweise häufig. Bei Tag hält sich der Käfer in oder an der Erde verborgen, an warmen Abenden schwärmt er umher. April—Juni.

175. Gattung. **Polyphylla, Marmor-Laubkäfer.**

542. P. fullo L. Walker. — (Taf. V, 10.) Schwarzbraun; Fd. mit vielen, aus dichten, weißen Haarschuppen gebildeten Flecken. 25—35. — In sandigen Gegenden, namentlich am Ostseestrande und in Ungarn an Laub- und Nadelholz, besonders an Föhren, häufig. Juni, Juli.

176. Gattung. **Melolontha, Maikäfer.**

543. M. vulgaris F. Gemeiner M. — (Taf. V, 9.) Schwarz, weiß behaart. Fd. rötlich braun mit gleichfarbigem A.rand und je mit 5 erhabenen Längslinien, von denen die 1. dicht an der Naht liegt. Fühler und Beine hell braunrot, selten alle Schenkel schwärzlich. Afterdecke allmählich in eine ziemlich breite Spitze ausgezogen. Hsch. meist schwarz, seltener rot. 25—29. — In manchen Jahren verheerend auftretend. Mai. Die Larve (Engerling) braucht in wärmeren Gegenden 3, in kälteren 4 Jahre zur Entwicklung.

544. M. Hippocastani F. Roßkastanien-M., Schornsteinfeger. — Unterscheidet sich vom vorigen hauptsächlich durch die schwarzen A.ränder der Fd. Afterdecke plötzlich abgesetzt und dann erst in eine dünne, gegen das Ende erweiterte Spitze auslaufend. 21—26. — In der Färbung ebenso veränderlich wie 543, mit welchem er auch in der Lebensweise und im Larvenzustande übereinstimmt, nur daß er etwas früher erscheint. Manchen Gegenden fehlt er ganz.

545. M. pectoralis Germ. Ahorn-M. — Schwarz, dicht weiß behaart. Fühler, Beine und Fd. rötlich braungelb; H.ecken des Hsch. stumpf. Spitze der Afterdecke beim ♂ kurz und dünn, beim ♀ äußerst kurz, wenig bemerkbar. 20—24. — Von den beiden vorgehenden hauptsächlich dadurch unterschieden, daß die Afterdeckspitze ganz und nicht bloß die Ränder abstehend behaart sind. Sehr selten.

III. Gruppe. **Rutelini, Glanzlaubkäfer.**

1. Kopfschild nach vorn allmählich zugespitzt mit aufgebogener Spitze. Körper flach . . . . Anisoplia.
2. Kopfschild nicht verlängert, vorn stumpf abgestutzt, nicht aufgebogen.
   a. H.schenkel nicht erweitert; Körper flach . . . . Phyllopertha.
   b. H.schenkel erweitert; Körper gewölbt . . . . Anomala.

177. Gattung. **Anisoplia, Getreide-Laubkäfer.**

546. A. agricola F. G. — (Taf. V, 12.) Oval, dunkel metallgrün, grau zottig behaart; Hsch. ziemlich dicht punktiert, mit langer aufstehender Behaarung; Fd. deutlich gestreift, gelbbraun, der S.rand, eine viereckige Makel am Schildchen und eine bindenf. Quermakel i. d. M. schwarz; bisweilen dehnt sich die schwarze Färbung auf die ganzen Fd. aus. 8—10. — Selten.

547. A. crucifera Hbst. Kreuztragender G. — Metallisch dunkelgrün; Kopf und Hsch. sehr dicht punktiert, letzteres mit feiner, weißlicher, niederliegender Behaarung. Fd. gelbbraun, um das Schildchen herum fein und dicht behaart, eine Makel um das Schildchen, die Naht, die Ränder und eine breite Querbinde i. d. M. schwarz. Die Querbinde ist bald größer, bald kleiner und zieht sich häufig bis zum Schulterhöcker. 10—13. — Auf Kornähren. Juni, Juli. In manchen Gegenden häufig.

178. Gattung. **Phyllopertha, Garten-Laubkäfer.**

548. P. horticola L. G. — (Taf. V, 13.) Bläulichgrün, glänzend, lang abstehend behaart; Fd. rötlich gelbbraun, selten ganz dunkel pechbraun. 9—11. — Gemein auf Sträuchern. Juni, Juli.

179. Gattung. **Anomala, Strauch-Laubkäfer.**

549. A. Frischii F. (aenea Deg.). St.-L. — Eif., stark gewölbt. Färbung sehr veränderlich; U.seite gewöhnlich grün oder blauschwarz; Kopf und Hsch. mit

Ausnahme der gelben S.ränder grün oder blaugrün; Fd. braungelb mit grünem Schimmer, bisweilen sogar die ganze O.fläche einfarbig dunkelgrün. Kopf und Hsch. dicht und etwas runzelig punktiert, Fd. punktstreifig und quer gerunzelt. Fühler immer rostgelb mit schwarzer Keule. 10—14. — Im Juli auf Gebüschen; in manchen Gegenden häufig.

IV. Gruppe. **Dynastini, Nashornkäfer.**

Hieher gehören die größten Formen unter den Insekten. Die Vertreter gehören aber fast ganz den Tropen an.

180. Gattung. **Oryctes, Nashornkäfer.**

550. O. nasicornis L. N., Lohkäfer. — (Taf. V, 14.) Länglich, stark gewölbt, kastanienbraun, glänzend, oben glatt, unten fuchsrot behaart. Hsch. auf der vorderen Hälfte ausgehöhlt und beim ♂ i. d. M. mit einer queren, 3höckerigen Hervorragung versehen. Kopfschild des ♂ mit einem starken, rückwärts gebogenen Horn, das des ♀ mit einem hornartigen Höcker. 24—36. — In Gerbereien, Gärtnereien und in Eichenbeständen; ziemlich selten. Juni, Juli.

V. Gruppe. **Cetonini, Goldkäfer.**

1. V.schienen mit 2 Zähnen.	
a. Fd. hinter der Schulter ausgebuchtet. Käfer stark behaart, Decken weiß gesprenkelt	Oxythyrea.
b. Fd. hinter der Schulter nicht ausgebuchtet; O.seite nicht behaart, grün oder schwarz	Gnorimus.
c. Fd. wie vorher; Käfer dicht zottig behaart, mit schwarzen Zeichnungen	Trichius.
2. V.schienen mit 3 Zähnen.	
a. Fd. hinter der Schulter ausgebuchtet	Cetonia.
b. Fd. hinter der Schulter nicht ausgebuchtet	Osmoderma.
3. V.schienen mit 5 Zähnen. Fd. kurz, die 2 letzten H.leibsringe nicht bedeckend. ♀ mit einer Legeröhre	Valgus.

181. Gattung. **Oxythyrea, Blumenkäfer.**

551. O. stictica L. Gesprenkelter B. — Schwarz, oben oft erzgrün oder kupferschimmernd, lang gelblich behaart, mit weißen Punkten und Makeln. Hsch. ziemlich dicht und grob punktiert; Fd. mit flach grubig punktierten Streifen; Afterdecke mit 6 weißen Flecken. ♂: Bauch der Länge nach eingedrückt und mit 4 weißen Punkten. ♀: Bauch flach und ungefleckt. 10—13. — Auf Blüten, nicht selten. Süddeutschland, Oesterreich. Juni, Juli.

182. Gattung. Cetonia, Rosenkäfer.

a. O.= u. U.=seite dicht, lang u. abstehend behaart.

552. C. hirtella L. Rauher R. — (Taf. V, 17.) Mattschwarz, lang abstehend behaart; Kopf und Hsch. sehr dicht punktiert, letzteres mit einer scharf erhabenen M.linie. Fd. sparsamer und kürzer behaart mit weißen Flecken. 9—12. — Schon vom ersten Frühjahr an auf blühenden Weiden und Löwenzahn. Nicht selten.

b. O.= u. U.=seite goldgrün glänzend.

553. C. speciosissima Scop. (fastuosa F.) Großer R. — (Taf. V, 16.) Fd. meist schön goldgrün, glatt; Kopf dicht, Hsch. zerstreut punktiert; Bauchringe glatt, der letzte dicht punktiert. Fortsatz der M.brust stark erweitert, vorn abgerundet. 24—26. — Sehr selten. Im Spätsommer an Eichen.

554. C. affinis Andersch. Aehnlicher R. — Dem vorigen sehr ähnlich, unterscheidet sich aber, indem die Fd. am S.rande und alle Bauchringe wenigstens an der Wurzel deutlich punktiert sind. Fortsatz der M.brust stark erweitert und vorn gerade abgestutzt. 20—24. — Sehr selten; in jungen Eichenschlägen. Juni, Juli.

c. U.seite kupferglänzend oder braun erzfarben.

555. C. aurata L. Gemeiner R. — (Taf. V, 15.) Goldgrün, oft mit kupferigem Schimmer, stark glänzend, sparsam behaart; U.seite kupferrot. Kopf u. Hsch. dicht punktiert; Fd. mit einer erhabenen Leiste neben der Naht, so daß letztere vertieft erscheint u. mit weißen Quermakeln. Fortsatz der M.brust am Ende fast kugelig. 16—21. — Häufig. Vom Mai bis Juli auf Blüten und an ausfließendem Baumsaft.

556. C. marmorata F. Marmorierter R. — Dunkel metallbraun, stark glänzend, unten schwarz kupfrig. Hsch. und Fd. weiß gesprenkelt; Brust und Seiten der Bauchringe gelb behaart. Fd. narbig punktiert, um das Schildchen herum ganz glatt. Fortsatz der M.brust kurz, sehr breit und flach. 20—24. — Ziemlich selten. An ausfließendem Baumsaft, namentlich an Weiden, Erlen und Eichen. Mai bis Mitte August.

557. C. metallica F. (floricola Herbst.) Dunkler R. — Oben oliven=erzgrün oder kupferfarbig, unten dunkel erz= oder kupferfarben, manchmal auch metallisch veilchenblau. Fd. auf der H.hälfte längs der Naht eingedrückt. Hsch. und Fd. meist weiß gesprenkelt; Brust und Seiten der Bauchringe gelbgrau behaart. Fortsatz der M.brust nach vorn erweitert, flach a. d. S. und Ecken gerundet, die Spitze abgeschnitten. 17—24. — Nicht selten. An ausfließendem Baumsaft und auf Blüten. Mai, Juni.

183. Gattung. Osmoderma, Juchtenkäfer.

558. O. eremita L. Eremit, Einsiedler. — (Taf. VI, 1.) Sehr breit und flach; pechschwarz, ins metallisch=rötliche ziehend. Hsch. mit tiefer M.rinne, welche von 2 vorn in stumpfen Höckern endigenden Leisten begrenzt ist. Fd. dicht leder=artig gerunzelt. 26—32. — Selten. Im Mulm modernder Laubbäume. Juni—Sept.

184. Gattung. **Gnorimus, Edelkäfer.**

559. G. nobilis L. Grüner E. — (Taf. VI, 2.) Oben goldgrün, unten kupferrot; Kopf u. Hsch. sehr dicht punktiert, letzteres mit feiner M.rinne. Fd. mit sparsamen weißen Punkten u. Strichen, stark querrunzelig. 15—20. — Nicht selten auf blühendem Holunder u. Spierstauden. Mai, Juni.

560. G. variabilis L. Schwarzer E. — Tiefschwarz, kaum glänzend; Kopf und Hsch. sehr dicht punktiert; Fd. runzelig mit weißlichen und gelblichen Flecken. Brust greis behaart. 17—21. — Sehr selten, am ausfließenden Saft der Eichen. Juni, Juli.

185. Gattung. **Trichius, Pinselkäfer.**

561 T. fasciatus L. Gebänderter P. — (Taf. VI, 3.) Schwarz, dicht gelb oder gelbgrau zottig behaart. Fd. mit zerstreuten Härchen bekleidet, gelb mit 3 schwarzen Binden, von denen die 1. entweder als große Schultermakel auftritt oder die ganze Fd.wurzel einnimmt, die 2. befindet sich h. d. M. und ist vor der Naht abgekürzt, die 3. erscheint als eine große Makel a. d. Sp. M.schienen scharf gezähnt. Hsch. mit abgerundeten H.ecken. 11—14. — Häufig, namentlich auf Schirmblumen und Kohlkratzdisteln. Juni—August.

562. T. abdominalis Mén. Glattschieniger P. — Wie vorher, aber die H.ecken des Hsch. rechtwinklig und die M.schienen sehr undeutlich oder gar nicht gezähnt; H.schenkel des ♂ etwas keulenf. verdickt; Seiten des Bauches unbehaart. 10—13. — Selten; auf Schneeball und Schirmblumen. Juni—August.

186. Gattung. **Valgus, Kurzdecken-Blumenkäfer.**

563. V. hemipterus L. K. — (Taf. V, 18.) Schwarz, mit weißen und gelbbraunen Schuppen scheckig gezeichnet. Hsch. mit 2 erhabenen Längslinien. Fd. verkürzt, den vorletzten H.leibsring nicht bedeckend. ♀ mit einer langen Legeröhre. 7—9. — Nicht selten in morschen Laubbäumen, auch auf Blüten. Mai—Juli.

26. Familie. **Buprestidae, Prachtkäfer.**

Langgestreckte, kleine bis große Käfer mit 11gliedrigen, schnurförmigen oder gesägten Fühlern, 5gliedrigen Tarsen und 5 Bauchringen, von denen die 2 ersten verwachsen sind. Die Vorderbrust verlängert sich nach hinten in einen stumpfen Fortsatz, der in eine Aushöhlung der Mittelbrust paßt. Das Schnellvermögen fehlt aber den Arten. Die Beine sind verhältnismäßig kurz. — Die oft durch Farbenpracht ausgezeichneten, in den Tropen zahlreich, bei uns nur in geringer Zahl vorkommenden Käfer, finden sich im Sonnenschein auf Blüten, Blättern und an frisch gefälltem Holz. In der Gefahr fliegen sie schnell und gewandt davon. Die Larven, der Holzkultur sehr schädlich, leben namentlich in Waldbäumen, dieselben nach allen Richtungen durchfressend.

1. Schildchen nicht sichtbar. S.rand des nach vorn verengten Hsch. nach abwärts gebogen. Fd. fast walzenf., der S.rand nach hinten gesägt . . . . Acmaeodera.
2. Schildchen klein, rundlich. S.rand des nach vorn enger werdenden Hsch. gerade. Fd. h. d. M. allmählich zugespitzt, die Sp. abgerundet oder abgestutzt, der S.rand nicht gesägt . Ancylocheira
3. Schildchen klein, punktf., aber deutlich.
   a. Hsch. am Grunde am breitesten, vorne verengt, S.rand fast gerade. Fd. breiter als das Hsch., ziemlich flach, gegen die Sp. verengt . . . . Chalcophora.
   b. Hsch. mehr als um die Hälfte breiter als lang, die scharfen S.ränder gerundet erweitert, nach hinten stark verengt. Fd. schmäler als das Hsch., flach . . . . Buprestis.
   c. Hsch. viel breiter als lang, v. d. M. am breitesten; Fd. etwas breiter als das Hsch., mäßig gewölbt, hinten stark zugespitzt, die Sp. jeder einzelnen abgestutzt oder ausgerandet, S.rand nicht gesägt . . . . Dicerca.
4. Schildchen 3eckig.
   a. Hsch. vor oder i. d. M. erweitert, H.rand gerade. Fd. so breit als das Hsch., h. d. M. verengt, die Sp. jeder einzelnen abgerundet und m. o. w. gesägt oder gekerbt . . . Anthaxia.
   b. H.rand des H.sch. beiderseits zur Aufnahme der Fd.wurzeln tief ausgebuchtet. Fd. an der Wurzel breiter als das Hsch., sehr flach gewölbt, h. d. M. verengt, der S.rand und die abgerundeten Spitzen fein gesägt . . . . Chrysobothrys.
   c. Wie vorher, aber Fußklauen gespalten . . . . Coraebus.
   d. Hsch. wie vorher. Fd. lang, hinter den Schultern zusammengezogen, h. d. M. erweitert und dann schnell zugespitzt; Sp. meistens fein gesägt . . . . Agrilus.
   e. Hsch. nach vorn stark verengt. Fd. 3eckig, von den Schultern nach hinten verengt. Käfer durch ihre gedängte Gestalt in die Augen fallend . . . . Trachys.
5. Schildchen mehr als 3mal so breit als lang, i. d. M. mit einer kleinen Spitze. Hsch. hinten ebenso breit als i. d. M.; H.rand beiderseits leicht ausgerandet. Fd. h. d. M. etwas erweitert und hier bis zur abgestutzten Spitze schwach gesägt Lampra.

187. Gattung. **Acmaeodera, Ohnschild-Prachtkäfer.**

564. A. octodecimguttata Pill. Achtzehnfleckiger O.-P. — Fd. blau, punktstreifig, mit gerunzelten Zw.räumen und jede mit 9—10 verschieden großen, gelben Makeln, von denen 5 in einer Reihe neben der Naht stehen; U.seite fein grau behaart. 9—10. — Selten in Buchenwäldern Oesterreichs und der Schweiz.

565. A. taeniata F. Weißschuppiger O.-P. — Fd. schwarz, punktstreifig, mit runzelig punktierten Zw.räumen und mehreren bindenf. gelben Makeln. U.seite dicht weiß beschuppt. 7—9. — Vorkommen wie vorher.

188. Gattung. **Chalcophora, Erzprachtkäfer.**

566. C. Mariana L. Großer E. — (Taf. VI, 4.) Oben schwärzlich erzfarben mit vertieften kupfrig oder kupfergoldenen Stellen; U.seite kupferglänzend. Hsch. mit 5 unregelmäßigen, erhabenen Längsstreifen. 24—30. — Selten, in Kiefernwäldern. Juli.

189. Gattung. **Buprestis, Buntprachtkäfer.**

567. B. tenebrionis L. B. — Mattschwarz. Hsch. vor dem Schildchen mit einer tiefen Grube, tief runzelig punktiert, dicht weiß bestäubt und mit vielen unregelmäßigen, geglätteten schwarzen Erhabenheiten. Fd. schwach gerunzelt, mit ziemlich feinen Punktstreifen. 22—26. — Oesterreich, Schweiz.

190. Gattung. **Dicerca, Spitzprachtkäfer.**

568. D. aenea L. Gelbstreifiger Sp. — O.seite braun erzfarben mit dunkleren, spiegelglänzenden Flecken, U.seite kupferglänzend. Kopf und Hsch. grob runzelig punktiert. Fd. stark punktstreifig, ohne schwarze, erhabene Flecken, in 2 spitze Zähnchen endend. 19—22. — Selten.

569. D. berolinensis F. Eckfleckiger Sp. — Kupferglänzend, oben grünschimmernd. Hsch. punktiert, höchstens a. d. S. gerunzelt; Fd. dicht punktiert, neben der Naht fein gestreift mit glatten, schwarzen kettenf. Erhabenheiten, ebenfalls in 2 spitze Zähnchen endend. 20—24. — Selten; in Buchenwäldern. Juni—August.

191. Gattung. **Lampra, Glühprachtkäfer.**

570. L. conspersa Gyll. Erzfarbener G. — Kupferglänzend; O.seite etwas dunkler, grau bestäubt, dicht runzelig punktiert mit schwarzen Erhabenheiten. Hsch. mit erhabener, schwarzer M.linie. Fd. innen deutlich gestreift, die schmale Spitze jeder einzelnen abgestutzt. 12—18. — Selten; auf gefälltem Holz und an Pappelstämmen.

571. L. rutilans F. Goldgeränderter G. — (Taf. VI, 5.) Grün oder goldgrün; Kopf und Hsch. grob punktiert, S.rand des letzteren goldfarbig. Fd. mit kleinen, schwarzen Flecken gesprenkelt, neben dem S.rande mit einem rötlichglänzenden Goldstreifen, die Zw.räume der Streifen grob runzelig punktiert. 11—14. — Selten. An Erlen und besonders an Linden. Juni, Juli.

192. Gattung. Ancylocheira, Prachtkäfer.

572. A. octoguttata L. Rundfleckiger P. — Stahlblau, 2 Flecken auf der Stirn, S.ränder des Hsch. und 5 große Makeln auf jeder Fd. gelb; U.seite schwarzblau mit vielen gelben Flecken. Fd. punktstreifig. 9—13. — Selten; in Kiefern- und Fichtenwälder. Sommer.

573. A. flavomaculata F. Eckfleckiger P. — Braun oder schmutziggrün, metallisch glänzend, weiß bestäubt; unten kupfrig, grau behaart. Seiten des Hsch. und 3—4 sehr veränderliche Makeln auf jeder Fd. gelb. Brust und Seiten des Bauches rot gefleckt. 12—18. — Selten; auf geschlagenem Kiefernholz. Juni, Juli.

574. A. rustica L. Einfarbiger P. — In der Färbung sehr veränderlich, gewöhnlich blaugrün, doch auch erzfarben, grün oder blau; U.seite kupfrig, weiß behaart. Fd. punktstreifig, die Zw.räume gleichmäßig erhaben und jeder mit einer m. o. w. regelmäßigen Punktreihe, die Spitze mit kleinen Zähnchen. 12—18. — Ziemlich selten; in Nadelwäldern.

193. Gattung. Anthaxia. Schönprachtkäfer.

575. A. Salicis F. Goldroter Sch. — (Taf. VI, 6.) Hsch. mit feiner M.furche, grün oder blau, mit 2 großen, runden, schwarzblauen Makeln. Fd. goldrot, mit einer m. o. w. halbrunden, die ganze Wurzel einnehmenden, blauen Makel. 5—7. — Ziemlich selten; auf Blumen, Mai.

576. A. nitida Rossi. Glänzendgrüner Sch. — Stirn tief eingedrückt. Hsch. a. d. S. stark gerundet erweitert mit tiefen, großen Gruben und mit einer dunkelblauen Makel jederseits. Fd. fein gerunzelt, an der Spitze tief und grob punktiert, undeutlich gestreift, beim ♂ grün oder goldgrün, beim ♀ längs der Naht bis zur Mitte breit grün, das übrige purpurrot, goldglänzend. 5—6. — Auf Blüten; ziemlich selten. Sommer.

577. A. nitidula L. Mattglänzender Sch. — Hsch. fein netzartig gerunzelt mit flachen Gruben in den H.ecken und mit seichter M.rinne, fast noch einmal so breit als lang. ♂ ganz grün oder goldgrün, ♀ mit purpurgoldenem Kopfe und Hsch. und grünen oder blauen Fd. 4—6. — Ziemlich häufig auf Wiesenblumen, besonders auf Löwenzahn und Wucherblumen. Sommer.

578. A. quadripunctata L. Vierpunktiger Sch. — Schwarz oder schwarzbraun, wenig glänzend, runzelig punktiert; U.seite schwarzgrün oder schwarz. Hsch. breiter als lang und mit 4, in einer Querreihe stehenden Grübchen und mit seichter M.linie. 4—6. — Häufig auf Blumen, namentlich in Fichten- und Kiefernwäldern. Juni, Juli.

579. A. sepulchralis F. Braunhaariger Sch. — Braunschwarz mit Metallschimmer, unten dunkel erzfarben. Kopf behaart. Hsch. doppelt so breit als lang, netzartig gerunzelt. Fd. dicht und fein gekörnt. 4—6. — Ziemlich selten.

194. Gattung. **Chrysobothrys, Putzprachtkäfer.**

580. C. affinis F. Kupferbauchiger P. — Oben dunkel kupferfarben, unten goldig kupferglänzend, meist mit grünen Rändern. Fd. dicht runzelig punktiert, jede mit 4 schwach erhabenen Rippen, an der Wurzel mit 1, auf der Scheibe mit 2 großen, seichten grün- oder rotgoldigen Gruben. 11—13. — Ziemlich selten. Auf gefälltem Eichen- oder Buchenholz. Mai—August.

195. Gattung. **Coraebus, Blütenprachtkäfer.**

581. C. Rubi L. Vielbindiger Bl. — Schwarz; Hsch. stark gewölbt, mit tiefen, queren Gruben in den H.ecken. Fd. dicht schuppenartig punktiert mit grauen, wellenf. Haarbinden. 8—9. — Selten.

582. C. elatus F. Metallgrüner Bl. — Metallbraun oder -grün. Hsch. tief, aber nicht dicht punktiert, am H. mit einem tiefen Quereindruck. Fd. dicht schuppenartig punktiert, auf der vorderen Hälfte gerunzelt. 5—6. — Auf jungen Eichentrieben. Selten. Mai, Juni.

196. Gattung. **Agrilus, Heckenprachtkäfer.**

a. Fd. mit mehreren weißbehaarten Flecken.

583. A. biguttatus F. Zweifleckiger H. — Grün oder blaugrün; Fd. mit 1 deutlichen weißen Makel h. d. M. und gewöhnlich mit 2 minder deutlichen am S.rande; Fd.spitzen abgerundet und fein gezähnelt. 9—12. — Auf Eichen; ziemlich selten. Mai, Juni.

b. Fd. mit reifartiger Behaarung.

584. A. olivicolor Kiesw. Olivenfarbiger H. — Grau oder olivengrün, metallglänzend. Scheitel gewölbt mit einer M.furche. Hsch. grob und unregelmäßig querrunzelig, nach hinten wenig verschmälert. Fd. gekörnt. 4—5. — Nicht selten auf jungen Buchen und Ulmen.

585. A. Hyperici Crtz. Johanniskraut-H. — Hell kupferglänzend; Kopf gewöhnlich goldgrün mit einer seichten, vertieften M.linie. Hsch. querrunzelig mit breiter M.furche. 5. — Auf Johanniskraut ziemlich häufig. Juni, Juli.

c. Fd. nicht behaart.

586. A. angustulus Ill. Schmaler H. — Grün oder blaugrün, manchmal bronzefarben. Fühler tief gesägt. Hsch. in den H.ecken beiderseits mit einem sehr deutlichen, scharfen Leistchen. 4—6. — Auf jungen Eichentrieben nicht selten. Juni, Juli.

587. A. laticornis Ill. Breithörniger H. — Metallisch olivengrün. Fühler vom 4. Gliede an allmählich bedeutend sägeartig erweitert, gegen d. Sp. wieder verdünnt. Hsch. querrunzelig, in den H.ecken mit einem beinahe bis zur Mitte reichenden, erhabenen Leistchen. 5—6. — Auf jungen Eichen, nicht selten.

588. A. viridis L. Grüner Z. — Blau, grün, erzfarben oder metallschwarz. Hsch. überall dicht gleichmäßig querrunzelig, mit seichter undeutlicher M.furche und einer wenig erhabenen Leiste beiderseits in den H.ecken. Fd. hinter den Schultern verengt, h. d. M. etwas erweitert. 5—7. — Auf Weiden nicht selten. Mai.

197. Gattung. Trachys, Zwergprachtkäfer.

589. T. minuta L. Kleiner Z. — Dunkel erzfarbig, behaart. Kopf glatt, i. d. M. tief eingedrückt. Schildchen sehr klein. Fd. bläulichschimmernd, mit 4 wellenf., weißhaarigen Binden. 3. — Häufig auf Gebüschen, namentlich Weiden. April und Mai, Juli.

590. T. troglodytes Gill. Blauer Z. — Schmutzig blau oder grün. Hsch. deutlich zerstreut punktiert; Stirn tief eingedrückt. 3. — Häufig.

27. Familie. Elateridae, Schnellkäfer.

Langgestreckte, kleine bis mittelgroße Käfer mit 11gliedrigen, meist einfach gesägten, zuweilen auch gekämmten Fühlern, 5 Bauchringen und sehr kurzen, schwachen Beinen mit 5gliedrigen Tarsen. — Durch das den allermeisten Vertretern der Familie eigene Schnellvermögen sind die Käfer allgemein bekannt. Auf den Rücken gelegt, stemmen sie den Vorderbruststachel gegen den Vorderrand der Mittelbrust und lassen denselben dann plötzlich zurückschnappen, wodurch der Käfer in die Luft gefedert wird und beim Auffallen wieder auf die Beine zu liegen kommt. Die Arten leben auf Blumen und Gebüschen, an ausfließendem Baumsaft und im Mulm modernder Bäume, ihre Larven in der Erde an allerlei Wurzeln.

I. Hsch. auf der U.seite jederseits mit einer tiefen Fühlerrinne.
  1. Fühlerfurchen bis an die V.hüften reichend. 2. Fühlerglied klein, konif. Hsch. länger als breit . . . . Adelocera.
  2. Fühlerfurchen nicht bis an die V.hüften reichend. 2. u. 3. Glied klein, kugelig. Hsch. breiter als lang . . . . Lacon.

II. Hsch. ohne Fühlerrinnen, höchstens sind solche angedeutet.
  1. 2. u. 3. Fühlerglied kleiner als die folgenden.
    a. Hsch. so lang oder länger als breit, nach vorn verengt. Stirn breit, vorn halbkreisf. abgerundet. Schildchen länglich 4eckig . . . . Elater.

b. Hsch. länger als breit, S.rand gerade mit scharfer, nach der Mitte der Augen zu verlaufender Kante (nicht herabgebogen, vergl. Agriotes). Schildchen länglich, stumpf zugespitzt . . . . Dolopius.

c. Hsch. so lang als breit oder breiter, nach vorn allmählich verengt, die Seiten scharfkantig gerandet. Schildchen merklich länger als breit, a. d. Sp. gerundet. Größere Schnellkäfer Melanotus.

d. Hsch. wie vorher, i. d. M. kissenartig erweitert. Die 2 ersten Fußglieder der H.füße fast gleich lang. Schildchen eif. Limonius.

e. Hsch. ebenso, vor d. M. verengt, oben stark gewölbt, H.ecken zu langen, scharfen Dornen ausgezogen. Schildchen länglich mit stumpfer Spitze. Kleine Schnellkäfer, höchstens 6 mm Adrastus.

2. Das 2. Fühlerglied kleiner als alle übrigen.

a. Hsch. so lang als breit oder länger, a. d. S. etwas gerundet erweitert, oben stark kissenartig gewölbt. Bruststachel sehr kurz u. stumpf. Schildchen herzf. . . . . Cardiophorus.

b. Hsch. wie vorher, aber flach gewölbt, von der Mitte an nach vorn verengt, V.ecken stark eingebogen; H.ecken scharf, meist etwas nach außen gerichtet. Schildchen eif., am Grunde abgestutzt . . . . Corymbites.

c. Hsch. schmäler als die Fd., diese nach hinten nicht allmählich sich verschmälernd, sondern eif. abgerundet. Kopf weit aus dem Hsch. vortretend; Augen groß, vorgequollen. Fühler bedeutend länger als Kopf und Hsch. Kopfschild breit und ausgehöhlt. Schildchen rund. Käfer ohne Schnellvermögen Campylus.

3. 2. u. 3. Fühlerglied gleich groß oder das 3. bedeutend länger.

a. Hsch. etwas länger als breit, nach vorn verengt, die Seiten oft gerundet erweitert, H.ecken mäßig lang. 1. Fußglied so lang als die beiden folgenden. Schildchen eif. zugespitzt Athous.

b. Hsch. ebenso, die Seiten gerade, vorn zugerundet; Schildchen gerundet, länglich, 3. Fußglied mit großem, lappenf. Anhängsel (daran leicht kenntlich) . . . . Synaptus.

4. Alle Fühlerglieder ziemlich gleich groß. Hsch. vorn kissenartig gewölbt mit stark nach unten gesenkten Rändern, so daß dieselben an den U.rand der Augen verlaufen. Schildchen rund oder eirund. Hierher die gemeinsten Arten . . . . Agriotes.

198. Gattung. **Adelocera, Schuppen-Schnellkäfer.**

591. A. fasciata L. Gebänderter Sch. — Schwarz, mit gelben, goldglänzenden Schüppchen bestreut; Hsch., mit Ausnahme einiger Makeln, und eine zackige Binde h. d. M. der Fd. dicht gelblichweiß beschuppt. 15—16. — Selten. In Tannenwäldern, besonders in Gebirgsgegenden.

199. Gattung. Lacon, Grau-Schnellkäfer.

592. L. murinus L. Mäusefarbener G. — Schwarzbraun, dicht mit grauen oder braunen Haarschuppen wolkig bedeckt. Fd. fein punktstreifig. Fühler rostfarben mit schwarzem Wurzelgliede; Füße rötlich. Hsch. hinten gefurcht. 11—15. — Gemein. Frühjahr.

200. Gattung. Elater, Schnellkäfer.

a. Fd. ganz oder größtenteils rot.

593. E. sanguineus L. Gemeiner roter Sch. — (Taf. VI, 7.) Schwarz; Fd. scharlachrot, schwarz behaart. Hsch. ziemlich gleichmäßig punktiert, am Grunde tief der Quere nach eingedrückt. 11—14. — Nicht selten in Kiefernstöcken. Frühjahr.

594. E. lythropterus Germ. Braunhaariger Sch. — Wie vorher, aber die Behaarung rotbraun, auf der U.seite seidenschimmernd. 10—13. — Selten; April, Mai.

595. E. sanguinolentus Schrank. Blutroter Sch. — Schwarz, schwarzgrau behaart. Fd. scharlachrot mit schwarzer Naht und meist mit einer großen schwarzen Makel auf derselben. Hsch. a. d. S. dicht punktiert, M.furche fehlend oder nur schwach angedeutet. 9—12. — Selten; in Kiefernwäldern. April—September.

596. E. pomorum Geoffr. Braunroter Sch. — Schwarz, braun behaart; Fd. braunrot, die äußerste Sp. öfters schwarz. Hsch. dunkel behaart, ziemlich zerstreut punktiert. 8—11. — Im Mulm und unter Laubholzrinde; ziemlich selten.

597. E. praeustus F. Schwarzspitziger Sch. — Schwarz, Füße rötlich. Hsch. stark punktiert und wie der Kopf schwarz behaart. Fd. scharlachrot mit schwarzer Sp. 8—11. Selten; in moderndem Holz. Mai—August.

598. E. balteatus L. Umgürteter Sch. — Schwarz. Fd. bräunlichrot, das letzte Drittel schwarz; Tarsen rötlich. Behaarung dicht und fein. 8—9. — Unter Laub- und Nadelholzrinde. Juni.

b. Fd. gelb oder schwarz.

599. E. crocatus Geoff. Gelber Sch. — Schwarz. Fd. gelb oder gelbrot, gelb behaart, die äußerste Sp. bisweilen schwarz. Hsch. a. d. S. dichter, auf der Scheibe fein und sparsam punktiert. Füße rötlichgelb. 8—11. — Selten.

600. E. nigrinus Hbst. Schwarzer Sch. — Schwarz, glänzend mit schwarzer, nach rückwärts geneigter Behaarung; U.seite seidenschimmernd, Fühler und Beine braun. Hsch. wenig breiter als lang. 7—8. In alten Fichtenstöcken. Selten.

201. Gattung. Dolopius, Seiden-Schnellkäfer.

601. D. marginatus L. Gerandeter S. — Gestreckt, fein behaart, dunkelbraun; Ränder des Hsch., Fühlerwurzel, Beine und Fd. gelbbraun, letztere mit dunklern Naht- und S.rändern. Fd. punktstreifig. Oefters ist auch der ganze Käfer blaß gelbbraun. 6—7. — Auf Wiesen ziemlich häufig. Mai, Juni.

202. Gattung. **Cardiophorus**, Herzschild-Schnellkäfer.

a. Hsch. ganz oder größtenteils rot.

602. C. thoracicus F. Rotschildiger H. — Schwarz, dünn greis behaart; Hsch. stark kugelig gewölbt, ganz hellrot. 8. — Selten. April, Mai.

603. C. ruficollis L. Rothalsiger H. — Wie vorher, Hsch. korallenrot, der H.rand und das vordere Drittel schwarz. 6. — In Nadelwäldern nicht selten. April.

b. Hsch. schwarz.

604. C. testaceus F. Silbergrauhaariger H. — Schwarz, fein seidenartig behaart; Mund, Taster, Spitzen der Fühlerglieder, Wurzel und Spitze der Schenkel und Schienen, Tarsen und manchmal auch die Fd. rötlich gelbbraun, letztere punktstreifig mit fein punktierten Zw.räumen. Hsch. schwach gewölbt, sehr fein und dicht punktiert. 7—9. — Auf sandigen Waldplätzen nicht selten. April, Mai.

605. C. Equiseti Hbst. Schachtelhalm H. — Dem vorigen ähnlich, aber Fühler und Beine ganz roströtlich, die Schenkel m. o. w. schwärzlich. Hsch. sehr stark gewölbt. 7—8. — Auf sumpfigen Wiesen nicht selten. Mai.

203. Gattung. **Melanotus**, Schwarz-Schnellkäfer.

606. M. castanipes Payk. Braunfüßiger Sch. — Langgestreckt, pechschwarz oder -braun; Fühler und Beine braunrot; Fd. punktstreifig, drei und ein halb so lang als das Hsch., letzteres v. d. M. ab nach vorn verengt, a. d. S. dicht, i. d. M. weitläufiger punktiert. 17—19. — Mehr in Gebirgsgegenden. Frühjahr.

607. M. rufipes Hbst. Rostbraunfüßiger Sch. — Wie vorher, Hsch. stärker gewölbt und a. d. Sp. gleichmäßig gerundet. Fd. kaum 3mal länger als das Hsch. 12—16. — Nicht selten an morschen Weiden. Mai, Juni.

608. M. niger F. Schwarzer Sch. — Schwarz, fein anliegend greis behaart; Schienen und Füße manchmal rotbraun; Hsch. breiter als lang, dicht und gleichmäßig punktiert, mit einer feinen, erhabenen M.linie. Schildchen so lang als breit. Fd. punktstreifig, 3mal so lang als das Hsch. 12—14. — Nicht selten auf Blüten. April—Oktober.

204. Gattung. **Limonius**, Hecken-Schnellkäfer.

609. L. cylindricus Payk. Walzenförmiger H. — Gewölbt, schwarz, metallisch erzgrün, gelbgrau behaart; Hsch. länger als breit, dicht punktiert; Fd. punktstreifig, Zw.räume sehr fein punktiert. Fortsatz der M.brust deutlich gefurcht. 8—11. — Häufig auf trockenen, sandigen Grasplätzen. Juni.

610. L. nigripes Gyll. Schwarzfüßiger H. — Wie vorher, aber das Hsch. am Grunde breiter als lang, stärker und dichter punktiert. Bruststachel ungefurcht. 8—11. — Vorkommen wie vorher.

611. L. parvulus Pz. Kleiner H. — Schwarz, grünlich erzglänzend, dicht gelblich behaart; Fühlerwurzel und Beine bräunlichgelb, Schenkel dunkler. Hsch.

länger als breit, nach vorn sehr schwach verengt, zerstreut punktiert. Fd. so breit als das Hsch., punktstreifig, mit sehr fein punktierten Zw.räumen. 6—8. — Häufig. Mai, Juni.

205. Gattung. Athous, Laub-Schnellkäfer.

a. Körper ganz schwarz.

612. A. niger L. Schwarzer L. — Schwarz, m. o. w. glänzend, fein aschgrau behaart, Hsch. überdies mit längeren vorwärts gerichteten, schwärzlichen Haaren; Stirn flach 3eckig eingedrückt; Fühler bedeutend länger als Kopf und Hsch. zusammen; Hsch. i. d. M. erweitert, ziemlich stark kissenartig gewölbt, fein und gleichmäßig punktiert. Fd. punktstreifig, Zw.räume fein und etwas runzelig punktiert. 10—14. — Häufig. Juni.

b. Der ganze Körper oder doch die Fd. hell gefärbt.

613. A. longicollis Oliv. Langhalsiger L. — O.seite schwarz, braun oder rotgelb; U.seite und Beine m. o. w. bräunlich gelb. Fd. entweder ganz gelbbraun oder die Naht und der S.rand schwärzlich. Kopf samt den großen Augen so breit als der V.rand des Hsch. Stirn stark vertieft. Fühler borstenf., 3. Glied mehr als doppelt so lang als das 2. Hsch. länger als breit, schmäler als die Fd., sehr dicht punktiert. Geschlechter sehr verschieden. ♂ flach, Fühler viel länger als Kopf und Hsch., letzteres mit geraden, vorn verengten S.; Fd. tief punktstreifig. ♀ gewölbt, Fühler so lang als Kopf und Hsch., letzteres vorn und hinten gleichmäßig verengt, a. d. S. schwach gerundet. 8—10. — ♂ häufig. ♀ selten. Juni, Juli.

614. A. haemorrhoidalis F. Rotafteriger L. — Pechbraun oder schwarz, graulich behaart; Fd. heller, der umgeschagene S.rand, der Sp.rand der Bauchringe und der After rotbraun; Fühler und Beine braun. Kopf und Hsch. sehr dicht und stark punktiert. Fd. fein punktstreifig, die Zw.räume fein punktiert. 11—14. — Häufig auf Haseln und in Nadelwaldungen an Heidekraut. Herbst und Frühjahr.

615. A. vittatus F. Gestreifter L. — (Taf. VI, 8.) Schwarz. Fd. rostbraun mit schwarzer Naht und einem solchen Längsstreifen neben dem S.rande. Fühler, Beine und H.leib rot gelbbräunlich. Hsch. gewöhnlich an den H.ecken, selten an allen Rändern rotbraun. Manchmal sind auch die Fd. dunkel und nur die Spitze, die Ränder der Bauchringe und der After gelb. 8—11. — Häufig. Herbst und Frühjahr.

616. A. subfuscus Müll. Bräunlicher L. — Langgestreckt, schmal, bräunlich rostgelb; Kopf, Scheibe des Hsch., Brust und Wurzel des H.leibs schwärzlich oder pechbraun Hsch. etwas länger als breit, beim ♂ schwach, beim ♀ stärker gewölbt, dicht punktiert, stark glänzend, selten ganz schwarz. Fühler des ♂ länger als Kopf und Hsch. 8—9. Häufig auf jungem Laub- und Nadelholz. Juni, Juli.

206. Gattung. Corymbites, Kammhorn-Schnellkäfer.

1. Fühler vom 3. Gliede an deutlich gesägt. Schildchen eif.

a. Fd. rot oder gelb.

617. C. haematodes L. Roter K. — (Taf. VI, 9.) Schwarz. Fd. blutrot, jede mit 2 leistenf. erhabenen Zw.räumen; Kopf und Hsch. rotfilzig. 10—13. — Ziemlich selten. Frühjahr an den Trieben von Weiden und Vogelbeeren.

618. C. aeneicollis Ol. (virens Schrank.). Grünhalsiger K. — Glänzend dunkelgrün. Fd. strohgelb oder rötlich gelbbraun, jede mit einem länglichen, dunkel metallgrünen Flecken a. d. Sp. 13—18. — Selten. April, Mai.

619. C. castaneus L. Gelbflügeliger K. — Schwarz. Kopf und Hsch. gelbfilzig. Fd. gelb mit schwarzer Spitze, punktstreifig. 8—10. — Auf Fichten in Gebirgen. Selten. Frühjahr.

620. C. cupreus F. Kupfriger K. — Kopf, Hsch., U.seite und hintere Hälfte der Fd. kupferfarben, die vordere, größere Hälfte der letzteren strohgelb. 10—17. — Auf Gebirgen; nicht selten. Juni.

b. Fd. grün oder metallisch braun.

621. C. pectinicornis L. Gehörnter K. — (Taf. VI, 10.) Grün, messingglänzend. Fd. punktstreifig mit querrunzeligen Zw.räumen. Fühler schwarz, ihre Aeste beim ♂ mehr als doppelt so lang als die einzelnen Glieder selbst. 14—18. — Nicht selten, namentlich auf Schirmblumen. Mai, Juni.

622. C. tesselatus L. Wolkiger K. — Metallischbraun, dicht grau oder bräunlich, auf den Fd. stellenweise wolkig behaart. Hsch. länger als breit, dicht punktiert, H.ecken ziemlich scharf nach außen gerichtet. 13—15. — Häufig, auf Blüten. Mai—Juli.

2. Fühler vom 4. Gliede an deutlich gesägt. Schildchen rund oder rund eif. (Diacanthus).

a. Fd. erzfarben grün, blau oder schwarz.

623. C. aeneus L. Erzfarbener K. — Ziemlich breit, flach gewölbt, glatt, grün, blau, violett, kupferig oder schwarz metallglänzend. Beine dunkel metallisch oder rot. Hsch. fast quadratisch mit seichter M.furche und starkem Quereindruck vor dem H.rande. Fd. fein punktstreifig mit punktierten Zw.räumen. 11—15. — Ziemlich häufig. Mai, Juni.

624. C. holosericeus F. Seidenhaariger K. — Breit und flach, dunkel erzfarbig; ziemlich dicht seidenglänzend graugelb, auf den Fd. fleckig behaart. Hsch. wenig breiter als lang, mit kurzen, kaum nach außen vorspringenden H.ecken. Fd. etwas bauchig, seicht gestreift, S.rand etwas aufgebogen. 10—11. — Vorkommen wie vorher.

625. C. latus F. Breiter K. — Plump, breit, stark gewölbt, dunkel metallfarben, manchmal grünlich, sehr fein grau behaart. Hsch. um die Hälfte breiter als lang, dicht punktiert, der S.rand ziemlich breit abgesetzt, am H.rande jederseits mit einer tiefen Grube. Fd. hinter der Mitte bauchig erweitert, punktstreifig, Zw.räume flach und dicht punktiert. Beine wie die U.seite dunkel. 11—16. — Nicht selten.

b. Fd. mit gelber Zeichnung.

626. C. cruciatus F. Kreuz-K. — Schwarz, glänzend. Hsch. mit 2 roten Längsbinden. Fd. gelbbraun, ein Längsstreif an den Schultern und ein gemeinschaftliches Kreuz schwarz. Fühler, Beine und Rand des H.leibs rostrot. 11—13. Selten. Auf Equisetum (Schachtelhalm). April und Mai.

627. C. bipustulatus L. Zweifleckiger K. — Schwarz oder schwarzbraun, ziemlich glänzend. Fd. behaart, punktstreifig, auf den Schultern mit großer, rundlicher, gelbroter Makel. Fühlerwurzel und Beine pechrötlich. 7—8. — Nicht selten.

207. Gattung. Agriotes, Feld-Schnellkäfer.

a. Hsch. deutlich länger als breit, schmäler als die Fd.

628. A. aterrimus L. Großer F. — Schwarz, schwach glänzend, oben fein, unten dicht anliegend braun behaart. Kopf und Hsch. dicht punktiert, letzteres nach vorn verengt, die H.ecken lang, scharf zugespitzt, stark nach außen geschwungen. Fd. fein punktstreifig, die Zw.räume dicht runzelig punktiert, mehr als 3mal so lang als zusammen breit. Fühler und Beine pechbraun. 11—13. — Häufig auf Gebüschen und an blühendem Getreide. Mai, Juni.

629. A. pilosus Pz. Behaarter F. — Schwarz mit dichtem, niederliegendem, grauem, die Grundfarbe verdeckendem Haarüberzuge. Fühler, Beine und gewöhnlich auch der After rotbraun. Kopf, Hsch. und Fd. dicht punktiert, letztere sonst wie vorher. 13—15. — Nicht selten; besonders in Gebirgsgegenden.

630. A. sobrinus Kiesw. (pallidulus Ill.) Kleiner F. — Dunkelbraun oder schwarz, glänzend, fein und nicht dicht, niederliegend greis behaart. Fühler, H.ecken des Hsch., Beine, Fd. mit Ausnahme der meistens schwärzlichen Ränder rötlich-gelbbraun. Hsch. glänzend, nicht dicht punktiert. Fühler länger als Kopf und Hsch., das 2. Glied länger als das 3. und fast so lang als das 4. Fd. punktstreifig. Manchmal sind die Fd. dunkel und nur ein Längsstreifen i. d. M. jeder einzelnen dunkel. 4—5. — Häufig auf Blüten.

b. Hsch. nicht oder nur wenig länger als breit, so breit als die Fd.

631. A. lineatus L. (segetis Bierk.) Saatschnellkäfer. — Gewölbt, länglich, dunkelbraun, grau behaart. Fühler, Beine, V.rand und H.ecken des Hsch. und der S.rand des H.leibes rotbraun. Fd. tief punktstreifig, die Zw.räume paarweise genähert und abwechselnd braun. 8—9. — Häufig. Larve unter dem Namen Drahtwurm bekannt.

632. A. obscurus L. Gemeiner F. — Gedrungen, stark gewölbt, schwarz oder dunkelbraun. Hsch. stark kissenartig gewölbt, deutlich breiter als lang, sehr dicht punktiert. Fd. gewöhnlich heller oder dunkler braun, stark gewölbt, punktstreifig, i. d. M. merklich breiter als am Grunde. 9—10. — Gemein; auf allen Wegen herumlaufend. Mai, Juni.

633. A. sputator L. Randhalsiger F. — Länglich, stark gewölbt, pechbraun, dicht grau behaart. V.- und H.rand des Hsch., Fühler und Beine gelblich-

braun. Hsch. dicht punktiert, so lang als breit. Fd. meist hellbraun, selten dunkler, punktstreifig; Zw.räume eben, sehr fein körnig punktiert. 6—8. — Häufig. Frühjahr.

634. A. ustulatus Schall. Dunkelhalsiger F. — Länglich, gleich breit, weniger gewölbt, schwarz, fein greis behaart. Fühler, Beine und Fd. gelbbraun, letztere meist mit schwärzlicher Sp., seltener ganz pechbraun oder schwarz. Hsch. so breit als lang, stark gewölbt, die H.winkel scharf gekielt. 9—10. — Häufig auf Blüten. Mai, Juni.

208. Gattung. **Synaptus, Walzen-Schnellkäfer.**

635. S. filiformis F. Fadenförmiger W. — Walzenf.; schwarz oder braun, dicht anliegend grau behaart; Fühler und Beine rostfarben. Hsch. hinten mit seichter M.furche. Fd. fein punktstreifig. 10—11. — Nicht selten auf Blüten. Mai—Juli.

209. Gattung. **Adrastus, Klein-Schnellkäfer.**

636. A. limbatus F. Dunkelrandiger K. — Glänzend schwarz, sparsam behaart. Fühler, Beine, V.ecken des Hsch., Fd. rötlich braungelb, die Naht und der S.rand der letzteren dunkler. 3. Fühlerglied doppelt so lang als das Zweite. 4—5. — Nicht selten.

637. A. pallens F. Bleicher K. — Schwarz, grau behaart, Fühler, V.rand und H.ecken des Hsch., Fd., Beine, Fortsatz und V.rand der V.brust und die H.leibssp. rötlich gelbbraun, die Naht der Fd. bisweilen dunkel. 4—6. — Häufig an Gräsern. Juni.

210. Gattung. **Campylus, Zahn-Schnellkäfer.**

638. C. linearis L. Schmaler Z. — Schwarz; der vordere Teil des Kopfes und des Hsch. rot, letzteres oft mit einem schwarzen Fleck i. d. M. Fd. des ♂ gelb, zuweilen mit schwarzer Naht, die des ♀ schwarz mit gelbem Saum. After, Schienen und Tarsen gelblich. 10—12 — Unter Erlenrinde; selten. Mai, Juni.

28. Familie. **Malacodermata, Weichkäfer.**

Die Weichkäfer unterscheiden sich durch ihre lederartigen, biegsamen Flügeldecken und die weiche Körperumhüllung charakteristisch von den übrigen Koleopteren. Die Fühler sind 11gliedrig, meist faden- oder borstenförmig, sehr selten gesägt oder keulig gestaltet. Der Bauch besteht aus 5—7 Ringen. Manche von den hierher gehörigen Arten sind durch ihr Leuchtvermögen allgemein bekannt.

Wieder andere können an den Seiten ihres Körpers rote, fleischige Wärzchen ausstülpen. Bei einigen sind die Weibchen nur mit kurzen, seitlichen Flügelstummeln ausgestattet und die Käfer haben infolge dessen ein larvenartiges Aussehen. — Sie leben meist auf Blüten und Strauchwerk, wo sie sich teils von Säften, teils vom Raube nähren.

A. Bauch besteht aus 5 Ringen.
  I. H.schenkel einfach. Hsch. wenigstens 3mal so breit als lang . Cyphon.
  II. H.schenkel stark verdickt, Springbeine. Hsch. wie vorher . . Scirtes.
B. Bauch besteht aus 6 oder 7 Ringen.
  I. M.hüften von einander entfernt. Fühler nahe aneinander stehend.
    1. Kopf größtenteils unter dem aufgeworfenen Rande des Hsch. versteckt.
      a. Mund rüsself. verlängert. Fühler an der Wurzel desselben eingefügt. Fd. mit undeutlich erhabenen Längslinien . . . . Dictyoptera.
      b. Mund nicht rüsself. verlängert. Fd. mit stark erhabenen Längslinien . . . . Eros.
    2. Kopf vom V.rande des Hsch. nicht bedeckt, letzteres mit einer erhabenen Leiste beiderseits. Fd. dicht und stark punktiert gestreift . . . . Homalisus.
  II. M.hüften einander berührend.
    1. Fühler an der Wurzel einander m. o. w. genähert. Kopf vollständig unter dem vorn abgerundeten Hsch. versteckt; der vorletzte oder die 2 vorletzten H.leibsringe leuchten bei Nacht.
      a. Fd. des ♂ so lang als der H.leib. . . . . Lampyris.
      b. Fd. des ♂ viel kürzer als der H.leib . . . . Phosphaenus.
    2. Fühler an der Wurzel von einander entfernt. Kopf nicht vom Hsch. bedeckt; keiner von den H.leibsringen leuchtet bei Nacht.
      a. Fußklauen einfach, nicht gespalten, höchstens die äußere Klaue am Grunde zahnf. erweitert; Fd. den H.leib ganz bedeckend. Käfer sehr häufig auf Blüten . . . . . Cantharis.
      b. Fußklauen gespalten; sonst wie vorher . . . . . . Rhagonycha.
      c. Fd. meist etwas verkürzt; Fühler i. d. M. der Stirne eingelenkt. O.kiefer i. d. M. mit einem großen Zahn . Malthinus.
      d. Fd. stark verkürzt. Fühler am I.rand der Augen eingefügt. O.kiefer i. d. M. ohne Zahn . . . . Malthodes.
  III. Füße zwischen den Klauen mit 2 häutigen, lappenf. Anhängseln.
    1. Die meist rot oder grün gefärbten Käferchen können a. d. S. des Körpers rote Bläschen herausstülpen.
      a. Fühler zwischen den Augen auf der Stirn eingefügt . Malachius.

b. Fühler vor den Augen a. d. S. des Kopfes eingelenkt. Die mittleren B.ringe sind i. d. M. unterbrochen und hautartig . . . . Anthocomus.
c. Sämtliche B.ringe ganz hornig, sonst wie vorher . . Ebaeus.
2. Seiten des Körpers ohne Bläschen.
a. Körper lang abstehend behaart. 1. Glied der V.füße beim ♂ groß, dreieckig, nach außen in einen großen, angelf. Fortsatz verlängert . . . . Henicopus.
b. Körper kurz abstehend behaart. Fußklauen am Grunde entweder zahnf. erweitert oder jede mit einem hautartigen Fortsatz . . . . Dasytes.

211. Gattung. Cyphon, Jochkäfer.

639. C. Padi L. Glänzendschwarzer J. — (Taf. VI, 11.) Kurz eif., ziemlich stark gewölbt, schwarz, glänzend, dicht punktiert, fein greis behaart. Fühlerwurzel, Spitze der Fd., Schienen und Füße gelbbraun. 1—2. — Auf Wasserpflanzen häufig. April und Juni.

640. C. variabilis Thunb. Veränderlicher J. — Länglich eif., glänzend schwarzbraun, braun oder gelbbraun, greis behaart, fein punktiert. Fühlerwurzel und Beine heller gefärbt. Fd. ohne Spuren von erhabenen Linien. 2—3. — Häufig auf Blüten. Mai, Juni.

212. Gattung. Scirtes, Dickschenkelkäfer.

641. S. hemisphaericus L. Halbkugeliger D. — Glänzend pechschwarz, fein punktiert, sehr fein grau behaart. Fühlerwurzel, Schienen und Tarsen gelblich, Schenkel dunkler. 3—4. — Häufig auf Wasserpflanzen.

213. Gattung. Dictyoptera, Rüssel-Weichkäfer.

642. D. sanguinea L. Roter R. — Schwarz, wenig glänzend. S.ränder des Hsch. und die Fd. hochrot. Hsch. uneben, von einer M.rinne durchzogen. Fd. fein anliegend behaart, mit undeutlichen erhabenen Längslinien. Fühler und Beine schwarz. 8—9. — Auf Schirmblumen ziemlich selten. Juni—September.

214. Gattung. Eros, Feuer-Weichkäfer.

643. E. Aurora Hbst. Rothalsiger F. — Hsch. und Fd. rot, die Mitte des ersteren meist dunkler mit 4 breiten, flachen Gruben. Fd. mit abwechselnd stärkeren und schwächeren Längsrippen, die Zw.räume reihenf. mit viereckigen, flachen Gruben besetzt. U.seite dunkelbraun, Fühler und Beine pechbraun. 7—10. — Selten; auf Blumen. Mai—September.

644. E. minutus F. Kleiner F. — Schwarz. Hsch. schwarz mit 5 Gruben, wovon 2 auf der hinteren und 3 auf der vorderen Hälfte liegen; Fd.

rot, mit zwei Reihen großer, viereckiger Punkte zwischen den erhabenen Linien. U.seite und Beine pechbraun; Fühler schwarz mit gelber Spitze. 5—7. — Selten; auf Waldblumen. Juli—September.

215. Gattung. Homalisus, Breithals-Weichkäfer.

645. H. suturalis F. B.-W. — Schwarz, fein greis behaart. Fd. rot, jede mit breitem, schwarzem, v. d. Sp. verschwindendem Nahtstreifen. U.seite pechbraun; Fühler und Beine braun. 5,5. — Auf Waldwiesen. Juni, Juli.

216. Gattung. Lampyris, Johanniskäfer.

646. L. noctiluca L. Größerer J. — (Taf. VI, 12.) Graubraun. Hsch. graugelb mit dunklerer Scheibe. Fd. 3mal so lang als zusammen breit. ♀ ohne jegliche Spur von Flügeln; bekannt unter dem Namen Glüh- oder Scheinwurm. ♂ 11—13. ♀ 14—17. — Die zwei vorletzten B.ringe leuchten bei Nacht mit hellem, grünlichem Scheine. Auch die Eier, Larven und Puppen leuchten. Man findet den Käfer im Juni und Juli, die Larven bis Ende November.

647. L. (Lamprorhiza) spendidula L. Johanniskäferchen. — Dem vorigen ähnlich; Hsch. vorn mit 2 glasartig durchsichtigen Flecken. Fd. kaum mehr als doppelt so lang als zusammen breit. ♂ 8—9. ♀ 9—11; letzteres ungeflügelt mit 2 kleinen Flügelstummeln. Häufig. Juni, Juli.

217. Gattung. Phosphaenus, Leuchtkäfer.

648. Ph. hemipterus Geoffr. Kurzflügeliger L. — Schwarzbraun, sparsam behaart, Schienen und Füße braun; die beiden letzten B.ringe hellgelb, der vorletzte mit 2 im Dunkeln leuchtenden Punkten. ♂ 6,5. ♀ 8,5. — An grasigen Plätzen. Selten. Juni, Juli.

218. Gattung. Cantharis L. (Telephorus, Schaeff.), Weichkäfer.

a. Fd. dunkelblau.

649. C. abdominalis F. Gelbrotbauchiger W. — Schwarz, Fd. blau. ♂: Mund und H.leib rötlichgelb. ♀: Fühlerwurzel, der vordere Teil des Kopfes, Hsch., B.brust, Bauch und V.schenkel rötlichgelb. 10—13. — Auf Blumen, selten. Juni, Juli.

650. C. violacea Payk. Blauer W. — Rotgelb, Fd. blau. Fühler, mit Ausnahme des Wurzelgliedes, M.- und H.brust, Tarsen schwärzlich. Schenkel des ♂ meist dunkler. 11—13. — In Berggegenden, selten. Mai, Juni.

b. Fd. schwarz.

(Hsch. ganz rotgelb oder nur mit einem schwärzlichen Fleck am V.rande oder i. d. M.).

651. C. fulvicollis F. Rothalsiger W. — Rotgelb. Kopf von der Einlenkungsstelle der Fühler an nach rückwärts, Fühler gegen die Spitze und die

Mitte der H.brust schwärzlich. 3. Fühlerglied mehr als um die Hälfte länger als das 2. Hsch. mitunter i. d. M. dunkel. 5,5—6,5. — Häufig. Juni, Juli.

652. C. fusca L. Gemeiner W. — Schwarz, fein grau behaart. Fühlerwurzel, V.teil des Kopfes, Hsch. und Umkreis des Bauches rotgelb. Hsch. am V.rande mit einer schwarzen Makel. Beine schwarz, bisweilen die V.schenkel und -Schienen rötlich. 12—14. — Gemein. Mai, Juni.

653. C. rustica Fall. Fleckhalsiger W. — (Taf. VI, 13.) Der vorigen Art sehr ähnlich, nur befindet sich die schwarze Makel auf dem Hsch. i. d. M. und die Schenkel sind rostrot mit dunkler Spitze. 12—15. — Vorkommen ebenso.

654. C. thoracica Oliv. Rotschildiger W. — Rotgelb. 3. Fühlerglied fast 3mal so lang als das 2. Fd. stark gerunzelt, spärlich mit ziemlich langen, feinen Härchen besetzt, grob und dicht punktiert. Fühler gegen die Spitze hin, Scheitel, Fd. und die Brust schwarz. 6—7. — Nicht selten.

655. C. dispar F. Rundhalsiger W. — Rotgelb; ein Fleck i. d. M. des Scheitels, das Schildchen, die Fd., M.- und H.brust und der Bauch mit Ausnahme des Saumes schwarz; Fühlerspitze, H.schienen und meist ein Fleck vor der Sp. der Schenkel schwärzlich. Hsch. breiter als lang, vorn vollkommen abgerundet. 10—12. — Häufig.

656. C. nigricans Müll. Dunkler W. — Braunschwarz. V.kopf, Fühler und Beine rotgelb; die Schienen der H.beine gewöhnlich, öfters auch die Schenkelspitze schwärzlich. Hsch. mit dunklem M.fleck oder dunkelbraun, die Ränder weißgelb, fast durchscheinend. B.ringe rostgelb gerandet. 9—10. — Häufig. Juni.

657. C. pellucida F. Rotbauchiger W. — Dem vorigen sehr ähnlich, nur ist der Bauch ganz rotgelb und die Fühler mit Ausnahme der Wurzel sind bräunlichrot oder dunkel. 9—11. — Häufig. Mai—Juli.

(Hsch. dunkel, nur mit schmalem, hellem Rand.)

658. C. obscura L. Gewöhnlicher W. — Schwarz, unten dichter, oben sparsamer grau behaart. Taster, Fühlerwurzel, Seiten des Hsch. und des H.leibs rostgelb; die äußere Klaue an sämtlichen Füßen mit einem großen, nach vorn gerichteten Zahn. 9—12. — Gemein. Mai, Juni.

659. C. pulicaria F. Gelbaftriger W. — Schwarz; Mund, Ränder des Hsch. und des Bauches sowie der After gelb; der S.rand des Hsch. breit, der V.- und H.rand schmal gelb gesäumt. 6—7. — Selten. Juni.

c. Fd. gelb.

660. C. haemorrhoidalis F. Frühlings-W. — O.seite blaßgelb; der Scheitel und eine große, vorn und hinten gewöhnlich ausgerandete Makel auf der Scheibe des Hsch. schwarz. Brust und Bauch schwarz, die Ränder der B.ringe und die Beine gelb, die Spitzen der Schenkel oft schwärzlich. 5,5—6,5. — Häufig auf Blüten. Frühjahr.

661. C. livida L. Gelber W. — Rötlichgelb. Augen, ein Fleck auf der Stirn, Brust, oft auch die Knie und Schienen der H.beine schwarz. Fd. ockergelb

oder schwarz und vorn mit hellem, umgeschlagenem Rande (var. scapularis Redt.). 11—13. — Häufig. Juni.

662. C. rufa L. Eckhalsiger, gelber W. — Wie die vorige Art, aber das Hsch. an den V.ecken stark gerundet, die H.ecken fast rechtwinkelig. Beine gelb mit dunkleren Tarsen. 8—10. — Nicht gemein. Juni.

663. C. bicolor Pz. Kleiner gelber W. — Den beiden vorigen Arten ähnlich, aber kleiner. Fd. grau ockergelb; U.seite mit Ausnahme der H.leibsränder und meist auch die H.beine schwarz. 6—7. — Häufig.

219. Gattung. Rhagonycha, Spaltklau-Weichkäfer.

a. Hsch. rot oder wenigstens die S.ränder breit rot gesäumt.

664. R. fulva Scop. (melanura Oliv.). Gemeiner Sp.-W. — Ganz rotgelb. Fühler mit Ausnahme der Wurzel, Füße und Fd.spitze schwarz. 7—9. — Aeußerst häufig auf Doldenblüten. Juli, August.

665. R. testacea L. Randhalsiger Sp.-W. — Schwarz. Hsch. rotgelb, i. d. M. mit einer großen, schwarzen Makel. Fühlerwurzel, Fd. und Beine gelb, die Schenkel meist dunkel. 4,5—5,5. — Häufig. Juni.

666. R. fuscicornis Oliv. Braunhörniger Sp.-W. — Hsch., V.brust, Beine und After rötlichgelb; Kopf, Schildchen und U.seite schwarz; Fühler braun mit gelblicher Wurzel; Fd. gelbbraun, ihre Spitze schwarz.

b. Hsch. schwarz.

667. R. pallida F. Gelbflügeliger Sp.-W. — Kopf, Fühler mit Ausnahme der Wurzel, Hsch. und U.seite schwarz. Fühlerwurzel, Beine und Fd. gelb, letztere zuweilen mit schwarzer Spitze. 5,5—6,5. Häufig. Mai, Juni.

668. R. elongata Fall. Länglicher Sp.-W. — Langgestreckt, schwarz, glänzend. Fd. braunschwarz, fein grau behaart, dreimal so lang als zusammen breit. Fühlerwurzel und mitunter auch die Schienen gelbbraun. Hsch. so lang als breit, nach vorn etwas verengt. 5—6. Auf nassen Waldwiesen. Selten.

669. R. atra L. Schwarzer Sp.-W. — Unterscheidet sich von der vorigen Art durch breiteres Hsch., Fühlerwurzel und Schienen stets rötlichgelb. Fd. mehr als doppelt so lang als zusammen breit, sparsam greis behaart. 4,5—5,5. — Ziemlich selten. Mai.

220. Gattung. Malthinus, Blüten-Weichkäfer.

a. Fd. deutlich punktiert gestreift.

670. M. fasciatus Oliv. Gebänderter Bl. — Blaß rötlichgelb; H.kopf., Hsch. mit Ausnahme der breiten S.ränder und H.brust schwarz. Fd. graugelb, eine große, 3eckige Makel am Schildchen und eine breite Querbinde v. d. Sp. schwärzlich, die Spitze schwefelgelb. Kopf und Hsch. runzelig punktiert, letzteres breiter als lang. Abart M. balteatus Suffr. kleiner und schmäler, dunkler braun; eine weißlich-gelbe Querbinde auf den Fd. v. d. M. 3,5—5. — Selten. Mai—Juli.

b. Fd. ohne deutliche Punktstreifen.

671. M. biguttulus Payk. Zweifleckiger Bl. — Pechschwarz. Fühlerwurzel und V.schenkel gelbbraun. Hsch. viel breiter als lang, nach vorne erweitert, die S.ränder abwärts gedrückt, vor dem Schildchen mit einem kleinen Grübchen. Fd. dunkler, ihre Spitze schwefelgelb. 5. — In Berggegenden. Selten.

672. M. flaveolus Payk. (punctatus Fourc.). Fleckhalsiger Bl. — Rostgelb. Fühler mit Ausnahme der Wurzel, H.kopf und einige Flecken auf dem Hsch. schwarz. Fd. graugelb, ihre Spitze schwefelgelb. Kopf mit den Augen so breit als die Fd. 5—6. — Auf Waldwiesen. Selten. Juni.

221. Gattung. Malthodes, Kurzflügel-Weichkäfer.

673. M. sanguinolentus Fall. Rothalsiger K. — Braun. Mund, Fühlerwurzel, Hsch., Schienen und Tarsen rötlichgelb. Hsch. meist mit dunklerer Mitte, sehr fein punktiert, etwas breiter als lang, vorn und hinten gerandet. Fd. a. d. Sp. schwefelgelb, mehr als doppelt so lang als zusammen breit. 3—4. — Nicht selten in feuchten Laubwäldern.

674. M. marginatus Latr. Gerandeter K. — Graubraun, fein behaart. Mund, Fühler, Ränder des Hsch., Beine und ein Teil des Bauches gelb. Fd. nicht ganz dreimal so lang als zusammen breit, ihre Sp. schwefelgelb. 4—5. — Auf Waldwiesen, nicht selten. Mai, Juni.

675. M. pellucidus Kiesw. Brauner K. — Mehr o. w. graubraun, fein behaart. Fühlerspitze, Schienen, Füße, sowie ein Teil des Bauches hellbraun. Hsch. breiter als lang, der V.rand etwas gerundet. Fd. fast doppelt so breit als das Hsch., ihre Spitze schwefelgelb. 3—4. — Selten. Juni.

676. M. misellus Kiesw. Schwarzer K. — Ganz schwarz, nur die O.kiefer und die Knie sind gelbbraun, der Bauch teilweise gelb. 3—4. — Selten.

677. M. brevicollis Payk. Aschgrauer K. — Bräunlichschwarz; Hsch. fast doppelt so breit als lang, auf der Scheibe mit einer seichten M.rinne und oft mit schmutziggelben Rändern. Fd. aschgrau, die Spitze bisweilen verwaschen gelb. 2. — In Wäldern auf Blumen. Selten. Juni.

678. M. spathifer Kiesw. Gelbbrüstiger K. — Graubraun, fein behaart und fein punktiert. Brust, ein Teil des H.leibs und die Sp. der Fd. schwefelgelb. Fühlerwurzel, Mund, Knie, V.- und H.rand des Hsch. rötlichgelb, letzteres viel breiter als lang mit stumpfen Ecken. 2—3. — Selten. Juni.

222. Gattung. Malachius, Warzenkäfer.

a. Hsch. ganz grün.

679. M. viridis F. Grüner W. — Ganz grün. Mund gelb; die beiden Wurzelglieder von unten gelbbraun; die äußerste Sp. der Fd. meist rot. 4—5. — Nicht selten. Juni, Juli.

680. M. elegans Oliv. Gelbstirniger W. — Grün. V.hälfte des Kopfes gelb. Fd.spitze mit einer rotgelben Makel. V.knie und V.tarsen gelb. 4—5. — Selten.

681. M. geniculatus Germ. Gelbknieiger W. — Blaugrün; Sp. der Fd. rot; Knie der V.beine gelbgefleckt; die ersten 4 oder 5 Fühlerglieder des ♂ sind unten gelb, die des ♀ schwarz. 5—6. — Nicht selten. Juli.

b. Hsch. grün mit roten V.ecken.

682. M. aeneus L. Erzfarbener W. — Grün; Kopf vorn gelb, Fd. nach außen rot, glanzlos, sehr fein gerunzelt. 2. Fühlerglied des ♂ unten mit einem langen, das 3. mit einem dünneren, rückwärtsgebogenen Zahn. 6,5—7,5. — Häufig. Mai—Juli.

683. M. rubidus Er. Glänzender W. — Grün, glänzend; der grüne Fleck auf den Fd. fast bis zur Sp. reichend, sonst wie vorher. 5—6. — Selten.

684. M. bipustulatus L. Zweifleckiger W. — (Taf. VI, 14.) Grün; Mund gelb; Fd. nur an der Sp. rot. 6. — Häufig. Juni, Juli.

c. Hsch. grün mit roten Seiten.

685. M. marginellus F. Gesäumter W. — Grün, glänzend. Mund gelb. Fd.spitze rot. 5,5. — Ziemlich selten.

686. M. (Axinotarsus) pulicarius Pz. Schwarzgrüner W. — Schwarzgrün, glänzend, schwach greishaarig. Kopf und der übrige Teil des Hsch. fast schwarz. Fd.spitze rot. Mund, Fühler und V.füße bräunlichgelb. 3—4. — Nicht selten.

d. Hsch. rot.

687. M. (Axinotarsus) ruficollis Kiesw. Rothalsiger W. — Dunkelgrün, glänzend. Fd.spitze rot. 3. — Selten.

223. Gattung. Anthocomus, Binden-Weichkäfer.

688. A. sanguinolentus F. Rotflügeliger B. — Dunkelgrün; S.rand des Hsch. rot; Fd. ganz rot. Stirn mit 2 seichten Grübchen. Fd. etwas breiter als das Hsch. 4. — An Gräsern; selten, August—Oktober.

689. A. equestris F. Grüngebänderter B. — Grün oder schwarzgrün. Fd. rot, eine 3eckige gemeinschaftliche Makel am Schildchen und eine breite Querbinde h. d. M. dunkelgrün oder schwarz. 3. — Nicht selten. Mai—September.

690. A. fasciatus L. Rotgebänderter B. — Schwarz; Kopf und Hsch. grün; Fd. v. d. M. mit roter, an der Naht unterbrochener Querbinde und mit roter Spitze. Beine dunkel, die Knie der V.beine gelb. 3,5. — Ziemlich selten. April—Juli.

224. Gattung. Ebaeus, Blumen-Weichkäfer.

691. E. thoracicus F. Rotschildiger B. — Schwarz, glänzend; Hsch. rot; Fd. dunkelblau; die V.beine gelb, ihre Schenkel bis auf die Spitze schwarz. 3. — Ziemlich selten. Juni, Juli.

692. E. pedicularius Schrank. Rotspitziger B. — Schwarz, glänzend; Fühlerwurzel, alle Schienen und die vorderen Schenkel m. o. w. an der Spitze gelb. Fd. mit schwachem, bläulichem Schimmer und gelbroter Spitze. 3,5. — Nicht selten. Juni, Juli.

225. Gattung. Henicopus, Haar-Weichkäfer.

693. H. hirtus L. H.-W. — Schwarz, mäßig glänzend; ♂ schwarz, ♀ grau abstehend zottig behaart. Fd. wenig breiter als das Hsch., doppelt so lang als zusammen breit, zerstreut und etwas runzelig punktiert. 7—10. — Auf sandigen Grasplätzen. Selten. Mai, Juni.

226. Gattung. Dasytes, Himbeer-Weichkäfer.

694. D. niger L. Schwarzer H. — Glänzend schwarz, abstehend schwarz behaart. Hsch. so lang als breit, auf der Scheibe punktiert, a. d. S. runzelig mit vertiefter Längslinie, welche nach vorn undeutlich wird. Fühler wenig länger als Kopf und Hsch. zusammen. Fd.naht nach hinten stark erhaben. 4. — Namentlich auf Himbeerblüten. Mai—Juli.

695. D. coeruleus Deg. Blauer H. — Langgestreckt, blau oder blaugrün, glänzend, abstehend behaart; Fühler und Beine schwarz. Kopf und Hsch. grob und nicht dicht punktiert; Fd. runzelig punktiert, Naht nicht erhaben. 5,5—6,5. — In Laubwäldern, nicht selten. April, Mai.

696. D. plumbeus Müll. Gelbschieniger H. — Langgestreckt, schwarz, oben mit grünem Metallglanz, abstehend schwarz und anliegend gelblich behaart. Fühlerwurzel und Schienen gelb. Augen des ♂ bedeutend vorspringend. 3—4. — Häufig. Frühjahr.

29. Familie. Cleridae, Buntkäfer.

Kleinere bis mittelgroße, rauhbehaarte Käferchen mit 5—6 Bauchringen und 11gliedrigen, entweder allmählich verdickten oder mit 3 größeren Endgliedern versehenen Fühlern. Die 4—5gliedrigen Füße haben eine schwammige Sohle, die den Käfern auch auf glatten Gegenständen ein rasches Laufen ermöglicht. — Die meist bunten Tierchen leben größtenteils vom Raube anderer Insekten auf Blüten und an Baumstämmen, einige nähren sich auch vom Aase. Die rosenroten Larven finden sich teils in altem Holz, woselbst sie den dort wohnenden Insekten nachgehen, teils in den Nestern der Bienen und Wespen.

I. Der H.leib besteht aus 6 Ringen.

1. Fühler vom 3. Gliede an gesägt, ihr 2. Glied rundlich. Füße deutlich 5gliederig. Käfer leben auf Blüten und frisch gefälltem Holz . . . . Tillus.

2. Fühler fadenf., nur die 3 letzten Glieder merklich verdickt. Füße scheinbar 4gliedrig, indem das 1. Glied nur schwer sichtbar ist. Vorkommen wie vorher . . . . Opilus.

3. Fühler allmählich gegen die Spitze keulenf. verdickt, Endglied eif. zugespitzt. Füße undeutlich 5gliedrig, da das 1. Glied größtenteils in der Schiene versteckt ist. Käfer findet man am häufigsten auf frisch gefälltem Holz . . . . Clerus.

4. Fühler mit stark abgesetzter 3gliedriger Keule, Endglied sehr groß und schief abgestutzt. Füße 4gliedrig. Käfer leben auf Blüten . . . . Trichodes.

II. Der H.leib besteht aus 5 Ringen. Fühler mit 3 großen, lose aneinander gereihten Endgliedern. Füße scheinbar 4gliedrig, indem das 4. äußerst kleine Glied in dem 2lappigen 3. Glied versteckt ist. Käfer leben auf Blüten oder an trockenem Aas . . . . . . Corynetes.

227. Gattung. **Tillus, Holz-Buntkäfer.**

697. T. elongatus L. Gestreckter H. — Schwarz, fein behaart. Fd. bläulichschwarz, punktiert gestreift. ♀ größer mit rotem Hsch. 7—9. — Auf Blumen und an alten Bäumen. Selten. Juli.

698. T. unifasciatus T. Gebänderter H. — Glänzend schwarz, lang behaart. Vordere kleinere Hälfte der Fd. rot, grob punktiert; hintere größere Hälfte schwarz mit einer weißgelben Querbinde; Spitze der Fd. weiß behaart. 5—6,5. — In Fichtenwäldern. Selten. Juli.

228. Gattung. **Opilus, Haus-Buntkäfer.**

699. O. mollis L. Rauchbrauner H. — Dunkelbraun, weich behaart. Fühler, Beine, mit Ausnahme der Schenkelmitte, Fd.spitze und 2 Binden der Fd. blaßgelb. Von den beiden Binden befindet sich die eine, meist in 3 Makeln aufgelöste an der Wurzel, die andere, etwas gezackte h. d. M.; Bauch rotgelb. Punktstreifen der Fd. v. d. Sp. völlig verschwindend. 9—11. In Häusern. Selten.

700. O. domesticus St. Hellbrauner H. — Dem vorigen sehr ähnlich, aber nur 6—9 mm lang; Wurzelbinde der Fd. gewöhnlich nicht unterbrochen, die Punktstreifen bis zur Spitze reichend. — Vorkommen ebenso.

701. O. pallidus Oliv. Blasser H. — Rötlich-gelbbraun. Fd. mit undeutlicher, hellerer Querbinde h. d. M. und feinen, deutlichen, vor der Spitze verschwindenden Punktstreifen. Augen schwärzlich. 8. — Sehr selten.

229. Gattung. Clerus, Buntkäfer.

702. C. quadrimaculatus Schall. Vierfleckiger B. — Flach gedrückt, schwarz, braun behaart. Hsch., Fühler und Beine rot, die Schenkel i. d. M. schwarz. Fd. bis über die Mitte punktiert gestreift, jede mit einer queren, weißgelben Makel vor der Mitte und mit einer solchen v. d. Sp. 4—5. — Sehr selten. März bis Mai.

703. C. mutillarius F. Schwarzhalsiger B. — Schwarz, mit weißen und schwarzen langen Haaren besetzt. Mund, H.ecken des Hsch. und eine zackige Querbinde vor der Spitze der Fd. dicht weiß behaart. Wurzel der Fd. rot, am H.rande der roten Färbung einige weiß behaarte Makeln. Bauch rot. 9—12. — Selten. Mai, Juni.

704. C. formicarius L. Ameisenähnlicher B. — (Taf. VII, 1.) Gelbrot, Kopf, V.rand des Hsch., Beine und Fd. schwarz, letztere mit roter Wurzel und 2 dicht weiß behaarten Querbinden. 7—9. — Ziemlich häufig. Oktober und November; die überwinterten Käfer findet man schon in den ersten Frühlingstagen.

230. Gattung. Trichodes, Immenkäfer.

705. T. apiarius L. Bienenwolf, Bienenfresser. — Schwarzblau, zottig behaart. Fd. scharlachrot, 2 breite, zackige Binden und die Spitze dunkelblau. 11—13. — Ziemlich häufig. Juni, Juli.

706. T. faviarius Ill. Großer J. — Schwarzblau, zottig behaart. Fd. scharlachrot mit schwarzblauer, am Schildchen fleckenartig erweiterter Naht, 2 Binden und die Spitze ebenso gefärbt; die vordere Binde ist schräg. 11—15. — Sehr selten.

707. T. alvearius F. Rotspitziger B. — (Taf. VII, 2.) Schwarzblau, zottig behaart. Fd. scharlachrot, die Naht, eine eckige Makel am Schildchen, 2 breite, gezackte Querbinden und eine Makel vor der roten Spitze schwarzblau. 11—13. — Selten. Juni, Juli.

231. Gattung. Corynetes, Hecken-Buntkäfer.

a. Hsch. blau oder grün.

708. C. rufipes F. Rotfüßiger H. — Dunkelblau oder blaugrün, behaart; Taster, Fühlergeißel, Mund und Beine dunkelrot; Hsch. an den H.ecken abgerundet. Fd. mit ziemlich groben, i. d. M. verschwindenden Punktstreifen. 4—6. — Nicht selten; auf Blumen, in Häusern an trockenen Fleischwaren.

709. C. coeruleus Deg. Blauer H. — Schön dunkelblau, glänzend, schwarz behaart; Fühler und Beine schwarz; Hsch. auf der Scheibe zerstreut, a. d. S. dichter punktiert; Fd. tief reihenf. punktiert, die Streifen reichen weit h. d. M. $4_{,5}$. — Nicht selten; gerne an rotfaulenden Eichen.

710. C. ruficornis St. Rothörniger H. — Dem vorigen sehr ähnlich, unterscheidet sich aber durch die rote Fühlergeißel und die roten Beine. 4,5. — Selten.

711. C. violaceus L. Schwarzbeiniger H. — Schön grün oder dunkelblau, behaart; Fühler, Beine und U.seite schwarz. Hsch. zerstreut punktiert, H.ecken fast rechtwinklig; Fd. grob punktiert gestreift, die Streifen verschwinden i. d. M.; Zw.räume fein punktiert und quer gerunzelt. 4,5. — Nicht selten.

b. Hsch. rot.

712. C. ruficollis F. Rothalsiger H. — Dunkelblau, behaart; Hsch., Wurzel der Fd., U.seite mit Ausnahme des Bauches und die Beine rot. Fd. dunkelblau, fein punktiert, mit feinen Punktstreifen. 4—5,5. — Selten.

30. Familie. Lymexylonidae, Bohrkäfer.

Kleinere bis mittelgroße Käfer mit langgestrecktem, walzenförmigem Körper, 11gliedrigen, fadenförmigen, in der Mitte verdickten oder gesägten Fühlern. Der Hinterleib besteht aus 5—7 freien Ringen. Die Flügeldecken sind flach, an der Spitze nicht herabgebogen und an der Naht klaffend. — Käfer und Larven leben vom Holze.

1. Fühler kurz, gesägt. Hsch. breiter als lang . . . . Hylecoetus.
2. Fühler lang, fadenf., i. d. M. etwas verdickt, schwach gesägt. Hsch. länger als breit . . . . Lymexylon.

232. Gattung. Hylecoetus, Rinden-Bohrkäfer.

713. H. dermestoides L. R. — ♂ an den Kiefertastern mit büscheligem, großem Anhange; entweder ganz schwarz und nur die Beine rötlichbraun oder gelb, häufiger sind jedoch Beine und Fd. gelbbraun, die letzteren mit schwarzer Spitze. ♀ meist einfarbig rostgelb mit dunklen Augen und dunkler Brust. ♂ 6—11. ♀ 8—16. — In Wäldern und auf Holzplätzen; ziemlich selten. April, Mai.

233. Gattung. Lymexylon, Holz-Bohrkäfer.

714. L. navale L. Werftkäfer. — (Taf. VII, 3.) ♂ schwarz; Fd.wurzel, H.leib und Beine gelb. ♀ ockergelb; Kopf, Rand und Spitzen der Fd. schwärzlich. ♂ 5—9; ♀ 8—14. — An geschlagenem Eichenholz. Juli. Sehr selten.

31. Familie. Ptinidae, Pochkäfer, Holzkäfer.

Unter dem Namen Pochkäfer fassen wir hier eine Anzahl kleinerer Familien (Ptinidae, Anobiidae, Cividae) zusammen, deren Bauch stets aus 5 Ringen besteht. Ihre Fühler sind 9—11gliedrig, fadenförmig oder gesägt, seltener keulig verdickt, indem die 3 Endglieder größer sind. Der Kopf ist meistens unter das kapuzenförmig vorragende Halsschild einziehbar. — Die Käfer leben wie ihre Larven im abgestorbenen Holze oder an trockenen Pflanzen- und Tierresten. Viele von ihnen sind gefährliche Verwüster der Pflanzensammlungen. Die eigentlichen Pochkäfer befallen alte Möbel, das Fachwerk der Wände u. dergl. Holzsachen. Kreisrunde Löchelchen (die Fluglöcher der Käfer) zeigen die Anwesenheit der schädlichen Gäste an. Zur gegenseitigen Anlockung bringen die Käfer ein tickendes Geräusch hervor, indem sie unter Feststemmung der Beine mit dem Kopfe gegen das Holzwerk hämmern. Abergläubische Leute glaubten ehedem in diesem Pochen ein Anzeichen eines baldigen Todesfalles in der Familie zu erblicken. Die Käfer sind daher im Volksmunde unter dem Namen „Totenuhr" bekannt.

1. Fühler 11gliedrig, fadenf., nahe aneinander auf der Stirn eingefügt.
   - a. Fühler länger als der halbe Körper. Schildchen deutlich. Fd. walzenf., um mehr als die Hälfte länger als zusammen breit; leben auf blühenden Gesträuchen . . . . Hedobia.
   - b. Fühler des ♂ so lang als der Körper, die des ♀ kürzer. Schildchen deutlich. Hsch. breiter als lang, der vordere Teil stark kugelig gewölbt, meist mit 4 Höckern versehen; Schenkel an der Wurzel sehr dünn, die Spitze keulenf. verdickt; Körper kurz eif.; leben meist in Häusern . . . . Ptinus.
   - c. Fühler, Schildchen und Schenkel wie vorher. Hsch. kugelig gewölbt, am H.rande stark eingeschnürt; Körper sehr stark gewölbt; leben in Häusern . . . . Niptus.
   - d. Fühler fast so lang als der halbe Körper, dicht behaart. Schildchen nicht sichtbar. Hsch. ohne Eindrücke; Fd. kahl, an der Naht verwachsen, zu einer blasenartigen, durchscheinenden Kugel aufgetrieben; leben in Häusern . . . . . . Gibbium.

2. Fühler 11gliedrig, fadenf., am V.rand der Augen eingefügt, weit auseinanderstehend; die 3 letzten Glieder übertreffen die vorhergehenden an Größe.
   a. Fühler kurz; Stirn breit. Hsch. schmäler als die Fd., ohne Aushöhlung auf der V.brust zur Aufnahme des zurückgeschlagenen Kopfes. Fd. etwas niedergedrückt, gestreift . . . . Priobium.
   b. Die 3 letzten Fühlerglieder sind sehr lang und breitgedrückt. Hsch. kapuzenf., hinten abgerundet, unten zur Aufnahme des Kopfes ausgehöhlt; Fd. punktstreifig; Körper lang, walzenf. Anobium.
   c. Fühler mäßig lang, die 3 letzten Glieder länglich. Hsch. so breit als die Fd., unten nicht ausgehöhlt. Fd. nur punktiert, aber ohne Streifen . . . . Xestobium.
3. Fühler 11gliedrig, gekämmt oder gesägt.
   a. Fühler des ♂ gekämmt, die des ♀ nach innen gesägt. Seiten des Hsch. fein gerandet; Fd. doppelt so lang als zusammen breit; Körper gestreckt, walzenf. . . . . Ptilinus.
   b. Fühler bei beiden Geschlechtern einfach gesägt. Hsch. viel breiter als lang, der V.rand ist i. d. M. etwas kapuzenf. über den stark geneigten Kopf vorgezogen. Fd. walzenf., um die Hälfte länger als zusammen breit . . . . Ochina.
   c. Fühler gesägt, die mittleren Glieder breiter als lang, nach innen erweitert. Hsch. kurz, so breit als die Fd., genau sich an dieselben anlegend, an der U.seite vor den Hüften tief ausgehöhlt, die Scheibe kissenartig gewölbt. Fd. gestreift, um die Hälfte länger als zusammen breit . . . . . . Xyletinus.
4. Fühler 10gliedrig, mit 3 großen Endgliedern.
   a. Fühlerkeule gesägt; Kopf klein, bis zu den vorragenden Augen größtenteils in dem stark gewölbten, rauhen Hsch. versteckt. Apate.
   b. Glieder der Fühlerkeule deutlich von einander getrennt. Kopf mit den stark vorspringenden Augen fast so breit als das Hsch. Käfer leben in trockenen Weinrebenstengeln . . . . . . Psoa.
   c. Glieder der Fühlerkeule von einander abstehend. Füße 4gliedrig. Käfer leben in Schwämmen . . . . Cis.

234. Gattung. **Hedobia, Trotz-Pochkäfer.**

715. H. imperialis L. Großer T. — Dunkelbraun, sehr fein behaart; Hsch. hinten scharf kammf. erhaben, a. d. S. grau; Schildchen weiß behaart. Fd. dicht und fein verworren punktiert, eine Makel an der Schulter, die Spitze, ein V-förmiger Fleck mitten auf der Naht und eine breite Querbinde h. d. M. dicht graulich-weiß behaart. 4—5. — Ziemlich selten; auf Blüten. Mai, Juni.

716. H. regalis Duft. Kleiner T., Bohrkäfer. — Dem vorigen sehr ähnlich, aber kleiner; die Fd. sind braunschwarz und die Zeichnungen heller, außerdem ist die Behaarung im Umkreis des Schildchens und die von 3 linienf. Zeichnungen auf der Scheibe rostgelb. 3—4. — Häufig auf Blüten.

235. Gattung. **Ptinus, Diebkäfer.**

717. P. fur L. Kräuterdieb. — Rot- oder pechbraun, behaart; Hsch. vor der Basis stark eingeschnürt und quer eingedrückt, beiderseits h. d. M. mit einem kleinen Zähnchen, auf der Scheibe mit 4 Höckern, von denen die beiden mittleren büschelig behaart sind. Schildchen weiß behaart. Fd. punktiert gestreift, mit 2 weißbehaarten, manchmal fast erloschenen Querbinden. Decken des ♂ anliegend behaart und gestreckt mit parallelen Seiten. Decken des ♀ eif. 3—4. — In alten Häusern häufig. Der Käfer befällt namentlich gerne Pflanzen- und Insektensammlungen.

718. P. rufipes F. Rotfüßiger D. — Rostrot oder -braun. Hsch. mit 4 m. o. w. deutlichen, gleichmäßig behaarten Höckerchen. Fd. des ♂ walzenf., dicht grau behaart, tief punktiert gestreift, die des ♀ lang eif., grob punktiert gestreift, mit 2 weiß behaarten Querbinden. Kopf, Fühler, Hsch. und Beine des ♀ bräunlichrot; ♂: schwarz, nur die Fühler und Beine sind rot. 3—4. — Ziemlich selten; in Häusern. Frühjahr.

719. P. brunneus Duft. Brauner D. — Gelb- oder rotbraun, fein behaart; Fühler und Beine heller gefärbt; Hsch. länger als breit, hinten mit einem Quereindruck, auf der Scheibe mit 4 stumpfen Höckerchen. Schildchen weiß. Fd. kurz eif., punktstreifig, behaart, an der Wurzel noch mit einem dichten, gelben Haarfleck. 2—3. — Selten.

720. P. latro F. Rostroter D. — (Taf. VII, 4.) Gelb- oder rostrot, Fühler und Beine heller, abstehend gelb behaart. Hsch. länglich, hinten zusammengeschnürt, mit 4 gleichen, stumpfen Höckerchen; Schildchen weiß behaart; Fd. gefurcht, nicht gefleckt, beim ♂ gestreckt mit parallelen Seiten, beim ♀ eif. 3—4. — Selten; in Häusern. Frühjahr.

236. Gattung. **Niptus, Kugel-Diebkäfer.**

721. N. hololeucus Fald. Goldgelber K. — Pechbraun, überall dicht goldgelb seidenglänzend behaart. Fd. kugelig gewölbt, sehr fein gestreift, die Zw.-räume mit aufrechten gelben Haaren; Schenkel a. d. Sp. kugelig verdickt. 4. — In Häusern, namentlich in Wollmagazinen. Frühjahr.

237. Gattung. **Gibbium, Buckel-Pochkäfer.**

722. G. scotias F. B. — Kastanienbraun, glasartig durchscheinend. Hsch. glatt und sehr kurz. Fühler und Beine mit gelben, glänzenden Haaren bekleidet. 3. — In Häusern. Selten. Frühjahr.

238. Gattung. **Priobium, Breitstirn-Pochkäfer.**

723. P. castaneum F. Kastanienbrauner B. — Fast walzenf., kastanienbraun, dicht gelbbraun behaart; Taster gelbbraun, Fühler und Beine rostfarben;

Hsch. viel breiter als lang, vorne abgestutzt, die Seiten gerundet, der Rand schmal aufgebogen, vor dem Schildchen mit einem sehr kleinen Höckerchen; Fd. doppelt so lang als breit, tief punktstreifig. 5. — Selten; an Buchen und Eichen. Frühjahr.

239. Gattung. Anobium, Pochkäfer.

a. Hsch. ohne Höcker.

724. A. paniceum L. Gemeiner P. — (Taf. VII, 5.) Kurz walzenf., rötlichbraun, dicht und fein behaart. Hsch. viel breiter als lang, gleichmäßig gewölbt, nach vorn etwas verengt, die V.ecken abgerundet. Fd. wenig breiter als das Hsch., fein punktiert gestreift, die Zw.räume fein gerunzelt. 2—3. — Häufig; gern in altem Brot und in Pflanzenvorräten.

725. A. minutum F. Kleiner P. — Dem vorigen sehr ähnlich, aber kleiner; Hsch. nach vorne nur sehr wenig verengt, V.ecken nahezu rechtwinklig; Punktstreifen der Fd. gegen die Spitze fast verschwindend. 2. — Ziemlich selten.

b. Hsch. gehöckert.

726. A. rufipes F. Braunfüßiger P. — Schmal, walzenf., pechbraun, glanzlos, äußerst fein und kurz behaart. Fühler, Beine, Brust und U.seite des Kopfes rotbraun; 3. Fühlerglied doppelt so lang als das 4.; S.rand des Hsch. fein gekerbt; Fd. breiter als das Hsch., punktiert gestreift, stumpf abgerundet. 5—6. — Ziemlich selten.

727. A. striatum Oliv. (domesticum Fourc.) Werkholz-P. — Schmal, heller oder dunkler pechbraun, sehr fein und kurz grau behaart; Hsch. hinten beiderseits ein wenig aufgebogen, i. d. M. des H.randes mit einem von einer seichten M.linie durchzogenen Höcker. Fd. breiter als das Hsch., punktiert gestreift, a. d. Sp. vollkommen abgerundet. 3—4. — Sehr häufig; für Möbel und anderes Holzwerk die schädlichste Art. Frühjahr bis Herbst.

728. A. pertinax L. Starrkopf, Totenuhr. — (Taf. VII, 6.) Pechbraun oder schwarz, glanzlos, sehr kurz und fein behaart. Hsch. i. d. M. mit 3 Gruben, am H.rande beiderseits mit einer dicht goldgelb behaarten Makel, S.rand und Ecken abgerundet. Fd. fein punktiert gestreift. 5—6. — Nicht selten. Frühjahr bis Herbst.

240. Gattung. Xestobium, Klopfkäfer.

729. H. tessellatum F. Fleckiger K. — Dunkel rotbraun, fein und dicht punktiert, goldgelb fleckenartig behaart; 6.—8. Fühlerglied länglich; Hsch. ohne merkliche Gruben; Tarsenglieder breit dreieckig. 6—7. — In Häusern, ziemlich selten; vom ersten Frühjahr an.

241. Gattung. Ptilinus, Bohrkäfer.

730. P. pectinicornis L. Bücherbohrer. — Schwarz; Fd. braun, verworren punktiert; Fühler und Beine rötlich gelbbraun; bisweilen ist auch der ganze

Körper braun; Hsch. fast kugelrund. 4—6. — Häufig in alten Baumstämmen, auch in alten Büchern und deren Einbänden. Mai—Juli.

731. P. costatus Gyll. Schwarzer P. — Tiefschwarz, matt, selten die Fd. schwarzbraun; Fühler, Schienen und Tarsen braunrot; Fd. verworren punktiert mit 3 schwach erhabenen, oft sehr undeutlichen Längsrippen; Kammfortsätze der Fühler beim ♂ gegen die Spitze verdickt. 5—6. — Vorkommen wie vorher, aber weit seltener.

242. Gattung. **Ochina, Binden-Pochkäfer.**

732. O. Hederae Müll. Epheu-P. — Braun, Fühler und Beine heller, dicht punktiert und graugelb behaart. Fd.wurzel und -spitze und eine breite Querbinde i. d. M. unbehaart. 2—3. — In dürren Epheuzweigen; ziemlich selten. Juni.

243. Gattung. **Xyletinus, Mark-Pochkäfer.**

733. X. pectinatus F. Rosthörniger M. — Länglich, schwarzbraun, mäßig glänzend; Hsch. gewölbt, nach vorne ziemlich stark verengt, die Seiten stark nach abwärts gezogen, der Rand rostrot; Fd. gestreift, der Sp.rand rötlich. Fühler und Beine rostrot. 3—4. — Ziemlich selten.

244. Gattung. **Apate, Trug-Pochkäfer.**

734. A. varia L. Dunkler T. — Schwarz oder dunkelbraun; Hsch. vornen tief eingeschnitten, stark gewölbt, rauh; Fd. dicht geförnt, mit Reihen gelblicher Haarflecken. 8—13. — In altem Buchenholz; sehr selten. Süddeutschland und Oesterreich.

735. A. capucina L. Roter T. — Schwarz, die tief und grob punktierten Fd. und der Bauch rot; Hsch. nicht eingeschnitten, zahnartig geförnt. 6—13. — In Eichen und Linden. Selten.

245. Gattung. **Psoa, Reben-Pochkäfer.**

736. P. viennensis Hbst. R.-P. — Langgestreckt, dunkel metallgrün, grau behaart, Fd. rost- oder braunrot. 7—10. — In Weinbergen; sehr selten. Oesterreich.

246. Gattung. **Cis, Schwammfresser.**

a. Fd. fein und dicht punktiert und außerdem noch mit größeren zerstreuten Punkten besäet, die m. o. w. deutliche Streifen bilden.

737. C. Boleti Scop. Gemeiner Sch. — Schwarz oder braun, sehr kurz und dicht behaart; Hsch. uneben, mit feiner, erhabener M.linie und ziemlich breit erweitertem S.rand, neben demselben meist mit einer feinen, erhabenen Linie; Fühler und Beine rostrot. 2,5—3,5. — Häufig und meist gesellschaftlich in Baumschwämmen.

738. C. micans F. Ungestreifter Sch. — Pechbraun, mit sehr kurzen, glänzenden, gelblichen Haaren dicht bekleidet; Hsch. ohne erhabene M.linie; Fd. ohne Spuren von Streifen; der ganze Käfer äußerst fein runzelig punktiert. Fühler und Beine hellbraun. 2,5. — Häufig.

739. C. hispidus Payk. Gestreifter Sch. — Pechbraun oder =schwarz, fein und dicht punktiert, Behaarung borstig, kurz und dicht; Fd. auf der vordern Hälfte schwach, aber deutlich punktstreifig. Fühler und Beine gelbbraun. 2. Häufig in Baumschwämmen.

b. Fd. gleichmäßig, fein und zerstreut punktiert, stets ohne Spuren von Streifen.

740. C. nitidus Hbst. Glänzender Sch. — Länglich, glänzend, kahl. Hsch. breiter als lang, aber gleichmäßig gewölbt, a. d. S. und hinten erhaben gerandet, die V.ecken spitz vorgezogen. Fd. so breit als das Hsch. 2. — Ziemlich selten.

741. C. Alni Gyll. Birken=Sch. — Braun, glänzend, zerstreut punktiert, mit sehr kurzen, steifen Härchen besetzt. Mund, Fühler und Beine blaß gelbbraun; Hsch. a. d. S. und hinten gerandet, nur wenig breiter als lang, vorn gerundet erweitert; Fd. breiter als das Hsch. 2,5. - In Birkenschwämmen. Selten.

32. Familie. Tenebrionidae, Schwarzkäfer.

Kleine bis große, nächtliche oder doch lichtscheue, meist dunkel gefärbte Käfer mit 10—11gliedrigen Fühlern und kugeligen Vorderhüften. Vorder= und Mittelfüße haben je 5, die Hinterfüße nur 4 Tarsenglieder. Der Bauch besteht aus 5 Ringen. — Die meist dem Mittelmeergebiete angehörigen Käfer leben vorzugsweise an dunkeln, dumpfigen Orten von modernden pflanzlichen und tierischen Stoffen. Manche sondern in der Gefahr einen stinkenden Saft ab, dessen Geruch auch nach dem Tode noch lange Zeit fortdauert.

I. Füße bewimpert oder mit Stachelborsten besetzt, selten behaart; im letzteren Falle aber sind dann die V.= und die M.füße beim ♂ immer erweitert.

1. Fühler kaum gegen die Spitze verdickt, das 3. Glied so lang als die 3 darauffolgenden zusammen, die 4 letzten Glieder fast kugelig. Fd. ziemlich glatt, an der Naht verwachsen, der S.rand breit umgeschlagen, einen Teil der H.leibsringe umfassend, jede einzelne Decke rückwärts in eine längere oder kürzere Spitze ausgezogen. Schildchen sehr klein . . . . Blaps.

2. Fühler allmählich gegen die Spitze verdickt; Augen durch den erweiterten Kopfrand in zwei Teile getrennt. Fd. an der Naht nicht verwachsen, eif., mit erhabenen Längsrippen und Höckern; unter Steinen in sandigen Gegenden . . . . Opatrum.

II. Füße an der U.seite fast immer dicht anliegend bürstenartig behaart, selten fehlt die Behaarung ganz.

1. Fühler nicht länger als Kopf und Hsch.

a. Fühler allmählich gegen die Spitze verdickt. Kopf mit breit aufgeworfenem Rande, der sich vor den Augen eckig erweitert und sich dann ganz oder doch größtenteils über dieselben fortsetzt. Fd. einfarbig, breit, kurz walzenf. . . . . Bolitophagus.

b. Die letzten 8 Fühlerglieder bedeutend größer, doppelt so breit als lang, unter sich gleich groß. Körper kurz eif., hoch gewölbt. Fd. mit 2 gelbroten Binden . . . . Diaperis.

c. Kopf bis zu den großen Augen in das Hsch. eingezogen.

aa. Fühler mit 3 großen Endgliedern, diese viel breiter als lang. Körper gestreckt, gleich breit, flach gewölbt . . Tribolium.

bb. Fühler vom 5. Gliede an bedeutend verdickt, das Endglied kurz eif. Augen groß, oval. Hsch. so lang oder länger als breit, a. d. S. fast gerade. Fd. die Spitze des H.leibs nicht ganz bedeckend. Körper lang und schmal Hypophloeus.

cc. Fühler vom 4. Gliede an gegen die Spitze verdickt, die vergrößerten Glieder doppelt so breit als lang. Hsch. vorn verschmälert. Fd. schwach gewölbt . . . . . . Uloma.

d. Fühler schnurf., gegen die Spitze kaum verdickt, das 3. Glied das längste. Kopf m. o. w. vorgestreckt, nicht bis zu den nierenf., großen Augen in das Hsch. eingezogen. Hsch. breiter als lang, i. d. M. am breitesten. Körper langestreckt . . . Tenebrio.

2. Fühler fadenf., länger als Kopf und Hsch. zusammen, das 2. Glied sehr kurz, das 3. das längste, Endglied schief abgestutzt. Hsch. breiter als lang, vorn am breitesten, hinten eng an die Fd. anschließend. Körper oval. Käfer auf Waldbäumen lebend . Helops.

247. Gattung. **Blaps, Totenkäfer.**

742. B. mortisaga L. Toten- oder Trauerkäfer. — (Taf. VII, 7.) Schwarz, glanzlos, fein zerstreut punktiert. Hsch. fast so lang als breit, vor der Mitte am breitesten, nach hinten geradlinig verengt. Fd. fast walzenf., i. d. M. wenig erweitert, jede hinten in eine lange, schmale Spitze ausgezogen. 22—26. — Nicht selten in Kellern und Viehställen. Juni—August.

743. B. similis Latr. Breiter T. — Schwarz, glanzlos. Hsch. viel breiter als lang; Fd. stark gewölbt, i. d. M. erweitert, sehr fein runzelig punktiert, mit Spuren erhabener Streifen, jede Decke nur in eine kurze Spitze ausgezogen. 24—27. — Vorkommen wie vorher. April—Juli.

744. B. mucronata Latr. Stark gewölbter T. — Schwarz, glanzlos, fein zerstreut punktiert. Hsch. kaum breiter als lang, schwach gewölbt; Fd. länglich eif., so breit als das Hsch., i. d. M. stark bauchig erweitert, die des ♂ in eine lange, die des ♀ in eine kurze Spitze ausgezogen. 23—25. — Selten; an denselben Orten wie die vorigen Arten. Sommer.

745. B. confusa Fisch. Schmaler T. — Schwarz, glanzlos, sehr fein, aber deutlich punktiert. Hsch. so lang als breit, die Seiten fast gerade, H.ecken rechtwinklig, stark abgerundet. Fd. fast gleich breit, sehr wenig erweitert, ohne Spuren von erhabenen Längslinien, jede in eine kurze Spitze ausgezogen. 22—24. — Selten.

248. Gattung. **Opatrum, Staub-Schwarzkäfer.**

746. O. sabulosum L. Gemeiner St. — (Taf. VII, 8.) Schwarz, oben meist aschgrau, dicht körnig punktiert, glanzlos. Hsch. fast doppelt so breit als lang, a. d. S. schwach gerundet, die H.ecken vorspringend. Fd. so breit als das Hsch., mit erhabenen Streifen und zwischen denselben mit glänzenden Höckerchen. V.schienen a. d. Sp. in einen dreieckigen Zahn erweitert. 7—9. — Häufig auf sandigem Boden. April—Juni.

747. O. viennense Duft. Wiener St. — Schwarz oder grauschwarz, glanzlos, dicht körnig punktiert und mit kurzen, niederliegenden gelblichen Börstchen besetzt. Hsch. um die Hälfte breiter als lang, i. d. M. gerundet erweitert. Fd. punktiert gestreift. V.schienen nicht zahnf. erweitert. 5—6. — Oesterreich und Ungarn.

249. Gattung. **Bolitophagus, Schwamm-Schwarzkäfer.**

748. B. armatus F. Zahnhalsiger Sch. — Braun oder rotbraun, glanzlos; Kopfrand vorne mit 2 geraden, aufstehenden Spitzen; Hsch. seicht ausgeschnitten, der S.rand fast gerade, deutlich gezähnt. Fd. mit erhabenen Längslinien und spitzig gezähntem S.rande. 2—3. — Ziemlich selten; in Baumschwämmen.

749. B. reticulatus L. Gestreifter Sch. — Schwarz oder braun, glanzlos. Hsch. vorn tief ausgeschnitten, mit stark vorspringenden Ecken und gerundet erweitertem, gestrecktem S.rand. Fd. mit feinen, erhabenen Längslinien, Zw.räume mit grübchenartigen Punkten. 6—7. — Selten; in Baumschwämmen.

750. B. (Eledona) agaricola Hbst. Pilz-Sch. — Schwarz oder braun, glanzlos. Hsch. stark gewölbt, der S.rand fein gekerbt. Fd. mit feinen, erhabenen Längsstreifen, die Zw.räume mit Reihen großer Punkte. 3. — Häufig.

250. Gattung. **Diaperis, Achsenkäfer.**

751. D. Boleti L. Gebänderter A. — Glänzend schwarz, stark gewölbt, unbehaart, sehr fein und zerstreut punktiert. Fd. punktiert gestreift, die Spitze und 2 gezähnte Querbinden rotgelb. 5—7. — Ziemlich selten; in Baumschwämmen und unter schimmeliger Rinde. Mai—September.

251. Gattung. **Tribolium, Brot-Schwarzkäfer.**

752. T. ferrugineum F. Gelbbrauner B. — Walzenf., rot- oder gelbbraun; Hsch. fein und dicht punktiert; Fd. fein punktiert gestreift, die Streifen nach außen etwas erhöht, Zw.räume sehr fein punktiert. 3. — Häufig in Häusern an altem Brot und an Körnervorräten.

252. Gattung. **Hypophloeus, Rinden-Schwarzkäfer.**

a. Fd. mit deutlichen Punktreihen.

753. H. castaneus F. Kastanienbrauner R. — Glänzend, dunkel kastanienbraun, Fühler und Beine heller. Hsch. länger als breit; Fd. walzenf., fast 3mal so lang als zusammen breit, zwischen den Punktreihen zerstreut punktiert. 5—7. — Unter morscher Baumrinde; nicht selten.

754. H. depressus F. Flacher R. — Rostrot, wenig glänzend; Hsch. so lang als breit, dicht punktiert. Fd. flach gewölbt, etwas mehr als 2mal so lang als zusammen breit, zwischen den Punktreihen kaum sichtbar punktiert. 3. — Ziemlich häufig; im Moder oder unter der Rinde alter Bäume.

b. Fd. verworren punktiert.

755. H. Pini Pz. Fichten-R. — Glänzend rostrot; Hsch. länger als breit, sehr fein punktiert; Fühler und Beine rötlichgelb. 3—4. — Unter der Rinde von Nadelholzbäumen. Selten.

756. H. bicolor Oliv. Zweifarbiger R. — Glänzend; Kopf und Hsch. rostrot; Fd. schwarz, das vordere Drittel rotgelb; U.seite rostrot. 3—3,5. — Nicht selten im Moder oder unter der Rinde alter Bäume.

253. Gattung. **Uloma, Moder-Schwarzkäfer.**

757. U. culinaris L. M.-Sch. — Braunrot, glänzend, unbehaart. Kopf und Hsch. tief und dicht punktiert; Fd. schwach gewölbt, kaum breiter als das Hsch., gekerbt gestreift. 9—10. — Im Moder und unter der Rinde alter Bäume. Selten.

254. Gattung. **Tenebrio, Mehlkäfer.**

758. T. molitor L. Gemeiner Mehlkäfer, Müller. — (Taf. VII, 9.) Pechschwarz oder braun, wenig glänzend, U.seite und Beine heller. Hsch. viel breiter als lang. Schildchen eckig. Fd. mehr als doppelt so lang als zusammen breit, flach gewölbt, gestreift, in den Streifen undeutlich punktiert. 14—15. — Häufig in Mühlen, bei Bäckern, auch in Taubenschlägen. Die glänzend-gelben, augenlosen Larven sind unter dem Namen „Mehlwürmer" als Vogelfutter allgemein bekannt. Der Käfer erscheint im Juni und Juli.

759. T. picipes Hbst. Rundschildiger M. — Dem vorigen ähnlich; unterscheidet sich hauptsächlich durch das halbrunde Schildchen; Fd. nur doppelt so lang als zusammen breit. 12—13. — Im Moder alter Bäume. Selten.

760. T. obscurus F. Dicht punktierter M. — O.seite schwarz, wenig glänzend, äußerst dicht punktiert; Hsch. nach vorn und hinten gleich stark verengt, vor dem H.rande mit einem jederseits von einem Strichelchen begrenzten Querwulst, die H.ecken vorragend. Schildchen eckig. Fd. gestreift, die Streifen undeutlich punktiert, Zw.räume sehr fein und dicht körnig gerunzelt. 14—17. — Im Moder alter Bäume, auch in Pferdeställen. Selten. Sommer.

255. Gattung. **Helops, Langhorn-Schwarzkäfer.**

a. Hsch. wenig breiter als lang.

761. H. lanipes F. Spitzflügeliger L. — Glänzend schwarzbraun, Fühler und Tarsen rostrot, letztere unten dicht und lang rotgelb behaart. Kopf und Hsch. tief und dicht punktiert, der V.rand des letztern gerade, der H.rand seicht gebuchtet. Fd. breiter als das Hsch., nach hinten etwas erweitert und stärker gewölbt, punktiert gestreift, jede in eine stumpfe Spitze ausgezogen. 11—13. — Nicht selten in morschen Bäumen.

b. Hsch. viel breiter als lang.

762. H. caraboides Pz. (striatus Fourc.). Laufkäferähnlicher L. — (Taf. VII, 10.) Oben glänzend pechschwarz, unten braun, Fühler und Beine rotbraun. Kopf und Hsch. dicht punktiert, letzteres nach vorne mehr als nach hinten verengt, der V.rand ziemlich tief ausgeschnitten, der H.rand beiderseits seicht gebuchtet, die H.ecken rechtwinklig. Fd. walzenf., kaum breiter als das Hsch., doppelt so lang als zusammen breit, fein punktiert gestreift, Zw.räume breit, flach, sehr fein und undeutlich punktiert. 9—10. — Unter morscher Eichenrinde. Selten. Herbst und Frühjahr.

763. H. quisquilius F. Kieferrinden-L. — Dem vorigen ähnlich. Hsch. an den Rändern häufig rötlich gefärbt; am H.rande beiderseits mit einem schwachen Grübchen. Fd. tief punktiert gestreift, Zw.räume flach gewölbt, fein und zerstreut punktiert. 6—8. — In Kiefernwaldungen nicht selten. Herbst und Frühjahr.

33. Familie. Cistelidae, Wieselkäfer.

Kleinere, flinke Käferchen mit 11gliedrigen, fadenförmigen Fühlern, heteromeren Füßen, kugelig oder kegelförmig vorragenden Vorderhüften und 5—6 Bauchringen. — Sie leben auf Blüten, Blättern und im Mulm hohler Bäume.

I. Bauch aus 5 Ringen bestehend.
  1. Fühler so lang oder länger als der halbe Körper.
    a. Fühler nach innen schwach gesägt, ihr 3. Glied kaum so lang als das 4., das 7. mehr als doppelt so lang als dick. Hsch. wenig breiter als lang, nach vorn mäßig verengt. Fd. breiter als das Hsch., mehr als doppelt so lang als zusammen breit. Schildchen gerundet eif. Körper schmal. Käfer in morschem Holz. . . . . Allecula.
    b. Fühler gesägt, faden- oder borstenf., am V.rande der Augen eingefügt, das 2. Glied sehr kurz. Hsch. halbkreisf., vorne m. o. w. abgerundet; Schildchen 3eckig. Fd. lang-eif., walzenf. gewölbt, deutlich punktiert gestreift, weich. Käfer auf Blüten. Cistela.
  2. Fühler kürzer als der halbe Körper.
    a. 2. Fühlerglied sehr kurz, das 3. so lang oder etwas länger als das 4. Hsch. halbkreisf., der H.rand gegen das Schildchen ein wenig erweitert, H.ecken rechtwinklig. Fd. doppelt so lang als zusammen breit, der umgeschlagene Rand bis zu dem Nahtwinkel verlängert. Käfer im Moder alter Bäume. Prionychus.
    b. Fühler behaart, vor den Augen eingefügt. Hsch. viel breiter als lang, vorne abgerundet, der H.rand ziemlich gerade. Schildchen 3eckig mit abgerundeter Spitze. Fd. etwas breiter als das Hsch., doppelt so lang oder länger als zusammen breit. Körper lang und schmal. Käfer in morschem Holz und in Baumschwämmen . . . . Mycetochares.

II. Bauch aus 6 Ringen bestehend. Käfer auf Blüten.
  1. Hsch. nach vorn stark verengt, ziemlich halbkreisf., H.ecken die Schultern der kaum breiteren Fd. umfassend . . . . Megischia.
  2. Hsch. viel breiter als lang, ziemlich gleich breit. Fd. breiter als das Hsch. . . . . Omophlus.

256. Gattung. **Allecula, Schmal-Wieselkäfer.**

764. A. morio F. Sch.-W. — Heller oder dunkler pechbraun, fein grau behaart, fein und sehr dicht punktiert; Fühlerwurzel und Beine rotgelb; Fd. sehr tief gestreift, die Streifen undeutlich punktiert. 6—7. — In morschem Holz; selten. Sommer.

257. Gattung. **Cistela, Wieselkäferchen.**

a. O.kiefer mit geteilter Spitze.

765. C. fulvipes F. (luperus Hbst.). Sparsam behaarter W. — Glänzend schwarz oder braun, oben kaum behaart. Mund, Fühler und Beine rötlichgelb. Hsch. mit abgerundeten V.- und stumpfwinkligen H.ecken; Fd. punktiert gestreift, Zw.räume zerstreut punktiert. 7—9. — Auf Blüten, nicht selten.

766. C. murina L. Dicht behaarter W. — Oben dicht grau behaart, fein und dicht punktiert; Fd. a. d. Sp. neben der Naht mit Spuren vertiefter

Streifen. Färbung sehr veränderlich. Meist ist der Körper schwarz; Fd. und Beine gelbbraun, bisweilen sind Hsch., Fühler und Beine rot (C. thoracica F.); häufig ist auch der Käfer bräunlichgelb, das Hsch. rötlich und der Bauch pechbraun (C. Evonymi F.). 5—6. — Häufig auf Blüten. Juni.

767. C. rufipes F. Rotfüßiger W. — (Taf. VII, 11.) Pechschwarz oder braun, ziemlich dicht grau behaart. Mund, Fühler und Beine rotgelb. 3. Fühlerglied nur wenig kürzer als das 4. Hsch. halbkreisf., dicht und fein punktiert. Fd. dicht runzelig punktiert, schwach vertieft gestreift. ♂ mit schwach gesägten, ♀ mit fadenf. Fühlern. 7—8. — In Kiefernwäldern. Selten. Juni.

b. O.kieferspitze nicht geteilt (Cteniopus Sol.).

768. C. sulphurea L. Schwefelgelber W. — Einfarbig schwefelgelb, seidenglänzend behaart; Augen schwarz; Fühler und Tarsen bräunlich. Hsch. i. d. M. etwas erweitert, breiter als lang; Fd. sehr fein und dicht punktiert, kaum gestreift. 6—8. — Ziemlich selten. Auf verschiedenen Pflanzen. Juli.

258. Gattung. **Prionychus, Mulm-Wieselkäfer.**

769. P. ater F. M.-W. — Glänzend schwarz, sehr fein grau behaart, dazwischen mit aufstehenden schwarzen Haaren. Mund, Fühler und Beine rotbraun. O.seite fein punktiert. 10—11. — Selten. Besonders im Mulm alter Weidenbäume. Juni.

259. Gattung. **Mycetochares, Schwamm-Wieselkäfer.**

770. M. axillaris Payk. Sch.-W. — Langgestreckt, schmal, schwarz oder pechbraun, behaart; Fühler und Beine rostgelb. Hsch. des ♀ i. d. M. gerundet erweitert, nach hinten deutlich verengt, das des ♂ am H.rande ebenso breit als i. d. M. 6—7. — In morschem Holz und in Baumschwämmen. Selten. Juni.

771. M. brevis Pz. (linearis Ill.). Gestreifter Sch. — Oben pechschwarz, glänzend, unten rostrot, lang, aber nicht dicht behaart. Mund, Fühler mit Ausnahme der Mitte und Beine rostgelb. Hsch. gerundet erweitert, nach rückwärts verengt und ausgebuchtet, zerstreut grob punktiert; Fd. schwach punktiert gestreift. V.hüften durch einen schmalen Fortsatz der V.brust getrennt. 6—7. — Nicht selten. Mai, Juni.

260. Gattung. **Megischia, Blüten-Wieselkäfer.**

772. M. (Podonta) nigrita F. Bl.-W. — Länglich, glänzend schwarz, sehr fein grau behaart, fein und dicht punktiert. Hsch. breiter als lang, nach vorne stark verengt, H.ecken nach rückwärts vorspringend. Fd. kaum breiter als das Hsch., mehr als doppelt so lang als zusammen breit, nach hinten verengt, undeutlich gestreift. 8—9. — Selten. Süddeutschland und Oesterreich. Juli, August.

261. Gattung. **Omophlus, Pflanzen-Wieselkäfer.**

773. O. Amerinae Curt. Behaarter P. — Glänzend schwarz, fein grau behaart, Seiten des Hsch., Kopf und Brust lang abstehend schwarz behaart. Fd. rostbraun, mit stark vorragender Schulterbeule, dicht punktiert und gerunzelt, seicht gestreift. Schienenspitze braun. 9. — Nicht selten auf blühenden Kiefern. Mai, Juni.

774. O. lepturoides F. (Betulae Hbst.) Bockähnlicher P. — Glänzend schwarz, fein grau behaart; Fd. kahl, rötlich gelbbraun, dicht runzelig punktiert und gestreift. Kopf zwischen den Fühlern tief quer eingedrückt. 9—11. — Nicht selten.

34. Familie. **Melandryadae, Schattenkäfer.**

Die Schatten- oder Düsterkäfer bilden eine kleine Familie behender, in morschem Holze oder in Baumschwämmen lebender Käfer mit 10—11gliedrigen, fadenförmigen oder gegen die Spitze verdickten Fühlern, heteromeren Füßen und zapfenförmig vorragenden Vorderhüften.

1. V.hüften durch einen Fortsatz der V.brust von einander getrennt. Fühler gegen die Spitze verdickt. Schienen mit langen Enddornen.
   a. Körper lang-eif., vorne und hinten zugerundet. H.ecken des Hsch. in eine dornartige Spitze ausgezogen . . . . Eustrophus.
   b. Körper walzenf., nach hinten mehr als nach vorne verengt. H.ecken des Hsch. ohne vorgezogene Spitze. Aeußerst flinke, hüpfende und purzelnde Käferchen . . . . Orchesia.
2. V.hüften einander berührend.
   a. Fühler kürzer als der halbe Leib, gekrümmt, nach innen manchmal schwach gesägt. Kopf ziemlich vorragend. Hsch. breiter als lang, nach vorne stark verschmälert. Fd. breiter als das Hsch., i. d. M. erweitert, flach gewölbt . . . . Melandrya.
   b. Fühler des ♀ so lang als der halbe Körper, die des ♂ länger. Kopf bis zu den Augen in das Hsch. eingezogen. Hsch. fast doppelt so breit als lang, i. d. M. erweitert. Fd. so breit als das Hsch., ziemlich walzenf. H.schenkel meist stark verdickt . . . . Osphya.
3. Kopf in einen schmalen Rüssel verlängert; an dessen Seiten die fadenf. Fühler weit von den Augen eingelenkt. Käfer unter Baumrinden . . . . Rhinosimus.

262. Gattung. **Eustrophus, Dornhals-Schattenkäfer.**

775. E. dermestoides F. Speckkäferähnlicher D. — Pechschwarz oder braun, unten hellbraun, fein glänzend behaart und dicht runzelig punktiert. Fd. seicht gestreift. 5. — Häufig in Baumschwämmen.

263. Gattung. **Orchesia, Hüpf-Schattenkäfer.**

776. O. micans Payk. Glänzender H. — O.seite braun, fein und dicht runzelig punktiert, seidenglänzend behaart. U.seite pechbraun; Bauch und Beine rötlichgelb. Hsch. am H.rande gegen das Schildchen etwas erweitert und auf beiden Seiten schwach eingedrückt. Fd. gegen die Spitze hin ziemlich stark verengt und heller braun, der Nahtrand leistenartig erhaben. 5. — Häufig in Baumschwämmen. Mai, Juni.

264. Gattung. **Melandrya, Schattenkäfer, Düsterkäfer.**

777. M. caraboides L. Laufkäferähnlicher Sch. — (Taf. VII, 12.) Schwarz, oben mit blauem Schimmer, behaart. Fühlerspitze und Tarsen rötlichgelb. Hsch. flach, beiderseits am H.rande grubig eingedrückt. Fd. dicht punkiert gestreift, h. d. M. erweitert. 9—13. — An morschem Holze. Selten. Mai, Juni.

778. M. canaliculata F. Schwarzer Sch. — Glänzend schwarz, Fühlerspitzen und Tarsen rötlichgelb. Hsch. mit einer seichten M.furche und beiderseits neben dem aufgebogenen S.rande mit tiefem Längseindruck. Fd. h. d. M. erweitert, an der Wurzel glatt, hinten tief gestreift. 12—15. — An morschem Holz. Sehr selten.

779. M. flavicornis Duft. Gelbhörniger Sch. — Glänzend schwarz, fein grau behaart; Mund, Fühler und Beine rotgelb. Hsch. wie beim vorigen. Fd. h. d. M. nicht erweitert, dicht punktiert, jede mit 5 erhabenen, an der Wurzel verschwindenden Streifen. 9. — Sehr selten.

265. Gattung. **Osphya, Dickschenkel-Schattenkäfer.**

780. O. bipunctata F. Zweipunktiger D. — ♂ schwarz, fein und dicht grau behaart. Mund, Fühlerwurzel, Ränder des Hsch. und Beine rostgelb, bisweilen ist auch das ganze Hsch. bis auf zwei dunkle Makeln rostgelb; Spitze der verdickten H.schenkel schwarz. ♀ ganz gelbbraun, dicht und fein behaart; Scheitel, 2 Punkte auf dem Hsch., Spitze der Fd. und die Brust schwarz. ♂ 7—11. ♀ 9. — Auf Blüten; selten. Juli.

266. Gattung. **Rhinosimus, Rüssel-Schattenkäfer.**

781. Rh. ruficollis L. Rothalsiger R. — (Taf. VII, 15.) Kopf, Hsch., die erste Hälfte der Fühler und die Beine gelbrot; Brust und H.leib pechschwarz;

Scheitel und Fd. blaugrün oder dunkelblau, selten schwarz; Kopf und Hsch. tief und zerstreut, Fd. fein und reihig punktiert. Rüssel fast 3mal so lang als der übrige Teil des Kopfes. 3—4. — Unter Rinde von Laubbäumen, namentlich Eichen und Birken; nicht selten. Juni—Oktober.

35. Familie. Lagriidae, Wollkäfer.

Eine sehr kleine Familie fast mittelgroßer Käfer mit 11gliedrigen, fadenförmigen Fühlern, heteromeren Füßen und kegelförmigen Vorderhüften. Das Halsschild ist auffallend klein und viel schmäler als der Kopf und die weichen, gegen die Spitze erweiterten Flügeldecken. — Von den in Europa heimischen 11 Arten der einzigen Gattung Lagria F. kommt in Deutschland nur eine vor, die aber überall häufig auf Blüten und Gesträuchen sich findet.

267. Gattung. **Lagria, Wollkäfer.**

782. L. hirta L. W. — (Taf. VII, 13.). Schwarz, lang, zottig behaart. Fd. braungelb, weich, runzelig punktiert, beim ♂ fast gleich breit, beim ♀ hinten erweitert. 8—11. — Häufig. Mai—August.

36. Familie. Anthicidae, Blumenkäfer.

Kleine, auf Blumen oder an Aas lebende Käferchen mit fadenförmigen, 11gliedrigen Fühlern, heteromeren Füßen und kegelförmig vorstehenden Vorderhüften. Der mit großen Augen ausgestattete Kopf ist von dem viel schmälern Halsschild meist stark halsförmig abgeschnürt.

1. Hsch. vorne in ein großes, gerades Horn verlängert . . . . Notoxus.
2. Hsch. vorne abgerundet, ganzrandig.
   a. Schenkel mit dünner Wurzel und stark keulenf. verdickter Spitze. Fd. eif., stark gewölbt . . . . Formicomus.
   b. Schenkel nicht oder nur wenig verdickt. Fd. nicht so stark gewölbt . . . . Anthicus.

268. Gattung. Notoxus. Einhornkäfer.

783. N. monoceros L. Gemeiner E. — Rötlich gelbbraun, seidenglänzend behaart. Horn des Hsch. mit 4—5 deutlichen, abgerundeten Zähnchen am S.rande; Fd. rostgelb, jede mit einer schwarzen Makel am Schildchen, einer kleineren, bisweilen fehlenden am S.rande v. d. M. und mit einer bindenf., m. o. w. mondf. gestalteten Quermakel h. d. M. Beim ♂ sind die Fd. an der Sp. etwas abgestutzt und mit einer schwachen beulenf. Erhöhung versehen. 3—4. — An Gräsern und kleineren Tierleichen häufig. Mai—Juli.

784. N. cornutus F. Gebänderter E. — Pechbraun oder schwärzlich, fein seidenglänzend behaart. Fühler und Beine hellbraun. Fd. mit 2 rostgelben, an der Naht m. o. w. unterbrochenen Querbinden. 3—4. — Selten.

269. Gattung. Formicomus, Dickschenkel-Blumenkäfer.

785. F. formicarius Goeze. D. — Glänzend schwarz, schwach behaart; Fühlerwurzel, Hsch., eine abgekürzte Binde an der Wurzel der Fd., Beine mit Ausnahme der Knie rot. Fd. äußerst fein, undeutlich und zerstreut punktiert, mit 2 grauen Haarbinden; ♂ mit gezähnten V.schenkeln und 2mal ausgerandetem letztem B.ring. 3—4. — An Gräsern; in manchen Gegenden häufig. Mai, Juni.

270. Gattung. Anthicus, Blumenkäfer.

786. A. hispidus Rossi. Langhaariger B. — Pechschwarz, grob punktiert, lang abstehend behaart. Fühler, Schienen und Tarsen, H.rand des Hsch. und eine an der Naht unterbrochene Querbinde an der Fd.wurzel rotgelb. 2—3. — Häufig auf Wiesenblumen. Sommer.

787. A. floralis F. Gemeiner B. — (Taf. VII, 16.) Glänzend schwarzbraun, schwach behaart. Fühler, Hsch., Fd.wurzel und Beine rostrot; manchmal sind die ganzen Fd. dunkel gelbbraun. ♂ mit 2 kleinen Erhabenheiten auf dem Hsch. 3. — Häufig. Sommer.

788. A. antherinus L. Schwarzhörniger B. — Schwarz, sehr fein grau behaart, Tarsen gelbbraun, selten auch die Schienen braun; Fd. schwarz, jede mit großer, gelber Makel an der Schulter und mit einer eben so gefärbten, schiefen, nach vorn erweiterten Querbinde h. d. M. 3. — Häufig. Frühjahr und Sommer.

37. Familie. Pyrochroidae, Feuerkäfer.

Größere Käfer mit 11gliedrigen, kammförmigen (Männchen) oder gesägten (Weibchen) Fühlern, heteromeren Füßen und kegelförmigen, dicht beisammenstehenden Vorderhüften. Der hinter den nierenförmigen Augen erweiterte Kopf ist von dem schmaleren Halsschild stark abgeschnürt. Die weichen Flügeldecken sind gegen die Spitze erweitert.

Man findet die Käfer in Wäldern teils auf Blumen und Gesträuchen, teils unter Baumrinden. — Nur eine Gattung.

271. Gattung. **Pyrochroa, Feuerkäfer.**

789. P. coccinea L. Hochroter F., Kardinal. — (Taf. VII, 14.) Schwarz, fein schwarz behaart; Hsch. und Fd. scharlachrot, rot behaart; Schildchen schwarz. Stirn mit einer 4eckigen, nach hinten abgerundeten, beim ♂ scharf begrenzten Vertiefung. 15—17. — In Laubwäldern; ziemlich selten. Mai, Juni.

790. P. pectinicornis F. Gelbroter F. — Hsch. und Fd. gelbrot, ersteres mit dunklem Fleck. Kopf, Fühler, U.seite und Beine schwarz; jede Fd. mit 2 schwach erhabenen Längsstreifen. Fühler des ♂ sehr stark gekämmt. 7—8. — In Buchenwäldern, besonders in Gebirgsgegenden. Selten. Mai, Juni.

791. P. satrapa Schrank. Roter F. — O.seite ganz rot, nur der Mund, die Augen, die Fühler, die U.seite und die Beine schwarz. Stirn mit einem mondf., tiefen Eindruck; Hsch. mit deutlicher M.rinne. 10—12. — In Laubwäldern. Selten. Mai, Juni.

38. Familie. Mordellidae, Stachelkfäer.

Leicht kenntliche, behende, seidenglänzende Käferchen mit 11gliedrigen Fühlern, heteromeren Füßen und zapfenförmig vorragenden, dicht beisammenstehenden Hüften. Der senkrecht stehende Kopf ist viel breiter als der Vorderrand des Halsschildes, dieses ist nach hinten stark erweitert und am Grunde so breit als die Flügeldecken. — Die Arten leben auf Blüten und an morschem Holze. Sie machen, wenn ihnen Gefahr droht, mit den verlängerten Hinterbeinen flinke, purzelnde Bewegungen.

1. H.leib in eine lange, stachelf. Spitze ausgezogen. Fd. nach hinten stark verengt.
   a. H.schienen breit, mit gelbem Rande . . . . Mordella.
   b. H.schienen und das 1. Tarsenglied mit tiefen, schiefen Einschnitten . . . . Mordellistena.
2. H.leib nicht in eine Spitze ausgezogen. Fd. nach hinten wenig verengt . . . . Anaspis.

272. Gattung. Mordella, Stachelkäfer.

792. M. fasciata F. Gebänderter St. — (Taf. VIII, 1.) Schwarz; eine schiefe, nach einwärts gerichtete Schultermakel und eine Querbinde h. d. M. dicht gelblich behaart. Fühler gesägt, die ersten Glieder gelbbraun. Länge ohne Stachel 5 mm. — Häufig. Sommer.

793. M. aculeata L. Einfarbiger St. — Einfarbig schwarz; Hsch. viel breiter als lang. Fühler deutlich gesägt. 5. — Gemein.

273. Gattung. Mordellistena, Furchenschienen-Stachelkäfer.

794. M. abdominalis F. Rotbauchiger F. — Schwarz, grau behaart. Mund, Fühlerwurzel, V.beine und Bauch rotgelb; Hsch. des ♂ schwarz, das des ♀ rot. 4,5—5,5. — Ziemlich selten.

795. M. variegata F. Fleckiger F. — Schwarz, fein grau behaart; eine m. o. w. deutliche Makel an den V.ecken des H.sch., die bisweilen den ganzen V.- und S.rand einnimmt, eine Makel an der Schulter, die bis über die Fd.mitte verlängert ist, der Mund, die Fühler und die Beine bräunlichgelb; die H.schenkel sind manchmal in der Mitte dunkler. 3—4. — Nicht selten. Juni, Juli.

796. M. parvula Gyll. Schwarzer F. — Schwarz, ungefleckt, fein bräunlich behaart; Hsch. kaum so lang als breit, die lappenf. Erweiterung gegen das Schildchen abgerundet. Fd.naht erhaben. Fühlerwurzel und V.schenkel bisweilen gelbbraun. 2,5—3. — In Norddeutschland, nicht selten. Mai, Juni.

274. Gattung. Anaspis, Kegelkäfer.

a. Hsch. gelbrot.

797. A. thoracica L. Rotschildiger K. — Schwarz oder schwarzbraun, fein grau behaart; Kopf, Fühlerwurzel, Hsch. und vordere Beine rötlichgelb; H.beine braun mit dunkleren Schenkeln. 3. — Nicht selten. Juni.

798. A. ruficollis F. Rothalsiger K. — Dem vorigen sehr ähnlich, aber kleiner und dichter behaart; Kopf auf der hinteren Hälfte schwarz; Beine gelb, Schenkel der H.beine etwas dunkel. 2,5. — Selten. Juli.

b. Hsch. schwarz.

799. A. humeralis F. Gelbschultriger K. — Schwarz; Fd. pechfarben mit rostgelber Schulter; Fühlerwurzel und meist auch die V.schienen rotgelb. 2,5. — Selten. Juni.

800. A. rufilabris Gyll. Schwarzer K. — Schwarz, mit feiner, bräunlicher, seidenglänzender Behaarung; Mund und Fühlerwurzel gelb; Beine braun mit helleren V.schienen. 2,5. — Nicht selten.

801. A. frontalis L. Gelbstirniger K. — Schwarz, fein braungrau behaart; Mund, Stirn, Fühlerwurzel und V.beine hellgelb. Bisweilen ist auch nur die Wurzel der Fühler gelb und der Mund und die Beine sind braun. 4. — Häufig. Mai.

39. Familie. Meloidae, Oelkäfer, Blasenkäfer.

Mittelgroße Käfer von sehr verschiedenem Habitus; mit 9—11=gliedrigen, am Ende oder in der Mitte oft verdickten Fühlern. Im Bau der Beine stimmen sie mit der vorhergehenden Familie überein. Die Klauen dagegen sind in zwei ungleiche, dicke Hälften geteilt. Der vertikal stehende, durch dicke Wangen ausgezeichnete Kopf ist hinten halsartig abgeschnürt. — Berührt man die Käfer, so lassen manche Arten aus den Beingelenken eine öhähnliche, gelbe, blasenziehende Substanz hervortreten, weshalb der Volksmund diese Tierchen mit dem Namen „Oelkäfer" oder „Blasenkäfer" belegt hat. Ehedem galt diese Flüssigkeit als wichtiges Mittel gegen Hundswut und Wassersucht. Heute noch finden manche Arten wegen des in ihnen enthaltenen „Kantharidins" Verwendung zur Bereitung von Zugpflastern; daher rührt die Bezeichnung „Pflasterkäfer".

Was aber die Oelkäfer ganz besonders interessant macht, das ist ihre Entwickelung, um deren Erforschung sich besonders Newport und Fabre verdient gemacht haben. Schon im zeitigen Frühjahr finden wir auf grasreichen Plätzen die entwickelten Käfer herumkriechen. Bald macht sich auch das dickleibige Weibchen an das Geschäft des Eierlegens, indem es der Erde in 3—4 selbstgegrabenen Löchern bis 4000 Eier anvertraut. Dieselben werden mit der ausgescharrten Erde wieder sorgfältig bedeckt und dann sich selbst überlassen. Nach etwa 4 Wochen entschlüpfen den Eiern mattschwarze, ohrwurmartige, borstig behaarte Larven mit 6 dreiklauigen Beinen und 4 langen Haaren an der Schwanzspitze. Diese kleinen Tierchen sind sehr lebendig. Alsbald erklettern sie eine der ihnen zunächst stehenden Blumen und lassen sich da manchmal in großer Zahl nieder. Hier muß nun die Larve, ohne zu fressen und zu wachsen, geduldig warten, bis sich ihr eine günstige Gelegenheit bietet, ihre Entwickelung zu Ende zu bringen. Diese Möglichkeit aber kann ihr nur ein honigsammelndes, behaartes Insekt gewähren. Es gelangen nämlich nur die Larven zur Entwickelung, welche ein in Honig eingebettetes Ei irgend einer Bienenart aufzehren können. Sobald daher ein größeres Insekt auf der Wohnblume sich niederläßt, ersteigen die Tierchen mit großer Behendigkeit den Rücken desselben. Nur den allerwenigsten aber gelingt es, das richtige Reitpferd zu erwischen. Ist nun aber eine Larve wirklich auf den Leib einer Bienenart geraten, so gelangt sie mit derselben in den Bau. Während die nichtsahnende Biene ihr Ei der mit Honig angefüllten Zelle anvertraut, gleitet die früher unter dem Namen „Bienenlaus" (Pediculus melittae Kirby) uns wohlbekannte Larve in die Zelle hinein und läßt sich von der Bienenmutter einschließen. Dort macht sie sich nun auch alsbald über das Bienenei her und verzehrt es vollständig. Sodann schreitet sie zu ihrer ersten Verwandlung, indem sie den harten Chitinpanzer abwirft und als eine engerlingähnliche, weiche, bleiche Larve erscheint. Erst in dieser neuen Gestalt ist die Larve zum Genusse des um sie her angehäuften Honigs befähigt, bezw. auf diesen von der Natur angewiesen. Nach etwa 5 Wochen hat die Larve ihre volle Größe erreicht. Nun hebt sich ihre Oberhaut, ohne zu bersten, vom Körper ab und in dieser Hülle bildet sich eine kleinere Puppe mit stark gewölbtem Rücken und warzigen Erhöhungen an Stelle der Beine. Man nennt diese Lebensform des Tieres Scheinpuppe oder Pseudochrysalide. Bald hebt sich auch bei dieser die Haut ab und es entsteht eine dritte Larvenform, welche mit der zweiten große Aehnlichkeit besitzt. Während die Scheinpuppe, ohne Nahrung zu sich zu nehmen, ruhig in ihrer Umhüllung lag, macht sich die jetzt entstandene Larve frei und verzehrt den Rest des Honigs, den die zweite Larve übrig gelassen hat. Nach kurzer Zeit häutet sich auch diese Larve und es ergiebt sich nun die eigentliche Puppe. In derselben ist der Käfer schon im Herbst des betr. Jahres ausgebildet, schlüpft aber erst im nächsten Frühjahr als ein wahrer Proteus hervor.

So bietet uns der Oelkäfer oder Maiwurm in seinem Lebensbilde eine neue Weise der natürlichen Arterhaltung und Artbeschränkung. Nur durch die enorme Eierzahl vermag sich die Art bei der von so vielen Zufällen abhängigen Entwicklung zu erhalten.

I. Käfer ungeflügelt. Fd. den H.leib nicht ganz bedeckend, ihre Nahtränder gebogen und klaffend. Schildchen sehr klein oder gar nicht sichtbar . . . . Meloe.

II. Käfer geflügelt. Fd. den H.leib bedeckend, ihre Nahtränder gerade. Schildchen stets deutlich sichtbar.

1. Fühler 9gliedrig, nahe am Munde eingefügt, Endglied groß und etwas breit gedrückt; beim ♂ ist das 1. Glied bedeutend verlängert, die mittleren Glieder sind sehr unregelmäßig . . Cerocoma.

2. Fühler 11gliedrig. Fd. walzenf. den Körper umschließend.

   a. Fühler allmählich gegen das Ende keulenf. verdickt, kürzer als der halbe Körper; Endglied am größten, kegelf. zugespitzt und stets deutlich von dem 10. getrennt. Hsch. ziemlich kugelig, nach vorn verengt . . . . Mylabris.

   b. Fühler fadenf., so lang oder länger als der halbe Leib. Hsch. breiter als lang, am V.rande eckig erweitert. Käfer grün . Lytta.

275. Gattung. Meloe. Maiwurm.

a. Fühler i. d. M. (beim ♂ viel stärker) verdickt.

802. M. proscarabaeus L. Gemeiner M., Oelkäfer. — (Taf. VIII, 2.) Schwarz, mit blauem oder violettem Schimmer. Kopf und Hsch. dicht und grob

punktiert, die Scheibe des letzteren ohne Eindrücke und mit fast geradem H.rand. Fd. grob gerunzelt. 11—32. — An Rainen und grasigen Wegrändern; überall. April, Mai.

803. M. violaceus Marsh. Blauer M. — Glänzend dunkelblau. Kopf und Hsch. zerstreut punktiert, H.rand des letzteren tief ausgeschnitten und mit tiefem Quereindruck. Fd. lederartig gerunzelt. 12—25. — Vorkommen wie vorher.

b. Fühler i. d. M. nicht verdickt.

aa. Hsch. fast quadratisch.

804. M. hungarus Schrank. Gelbrandiger M. — Schwarz, glatt, wenig glänzend. Kopf und Hsch. mit feinen, zerstreuten Pünktchen. Fd. äußerst fein lederartig gerunzelt, am innern Rande rostgelb gesäumt. 15—20. — Selten. Oesterreich und Ungarn.

805. M. autumnalis Oliv. Herbst-Oelkäfer. — Schwarz, blauschimmernd. Kopf und Hsch. mit ziemlich feinen, die Fd. mit etwas größeren zerstreuten Punkten. Hsch. am H.rande ausgeschnitten, mit feiner M.rinne. 12—16. — Sehr selten. Oktober.

bb. Hsch. viel breiter als lang.

806. M. variegatus Donov. Verschiedenfarbiger M. — (Taf. VIII, 3.) Oben schmutzig metallgrün, unten glänzend grün; Ränder von Kopf und Hsch. und die Wurzel der B.ringe purpurrot; eine Makel auf der O.seite jedes H.leibsringes glänzend kupferrot. 20—32. — Auf Bergtriften. Selten. März—Mai.

807. M. rugosus Marsh. Schwarzer Oelkäfer. — Schwarz, glanzlos. Fühler dünn, fadenförmig. Kopf und Hsch. grob, dicht und tief punktiert, mit vertiefter M.linie, letzteres vor der Mitte am breitesten, der Quereindruck vor dem H.rande gebogen. Fd. grob gerunzelt. 11—13. — Selten. Oktober.

808. M. scabriusculus Br. & Er. Fein gerunzelter M. — Schwarz, manchmal mit violettem Schimmer, wenig glänzend. Kopf und Hsch. dicht punktiert, letzteres a. d. S. gerundet, hinten tief eingedrückt und ausgebuchtet, die Scheibe mit vertiefter M.linie und beiderseits daneben seicht eingedrückt. Fd. fein darmähnlich gerunzelt. Fühler schnurf., das 2. Glied kleiner, die mittleren so lang als breit. 11—19. — Nicht selten. April, Mai.

809. M. brevicollis Pz. Dickhörniger M. — Schwarzblau; Kopf und Hsch. tief zerstreut punktiert, letzteres a. d. S. gerundet, am H.rande tief ausgebuchtet, auf der Scheibe ohne M.rinne; Fd. grob gerunzelt. Fühler schnurf., gegen das Ende etwas verdickt, die Glieder kugelig, das Endglied eif. 9—22. — Selten. April, Mai.

276. Gattung. Cerocoma, Breithorn-Blasenkäfer.

810. C. Schaefferi L. Schäffers B. — Goldgrün, oben schön grünblau, dicht punktiert. Kopf, Hsch. und U.seite mit langen, weißen Haaren, Mund, Fühler und Beine gelb, Hüften und Schenkwurzeln dunkelgrün oder schwärzlich. ♀ mit

schwarzem Mund, schwärzlicher Fühlerwurzel und -spitze und rostbräunlichen Beinen. 7—10. — Auf Blüten. Selten. Juli.

811. C. Dahli Kr. Dahls B. — Der vorigen Art sehr ähnlich; beim ♂ alle Schenkel und manchmal auch die Schienen heller oder dunkler grün. 8—10. — Selten. Oesterreich.

277. Gattung. **Mylabris, Blasenkäfer.**

812. M. Fueslini Pz. (variabilis Oliv.; floralis Pall.). Gebänderter B. — Schwarz, glänzend, mit Ausnahme der Fd. lang abstehend schwarz behaart; Fd. vor und h. d. M. je mit einer breiten, zackigen, gelben Querbinde und jede außerdem an der Wurzel und an der Spitze mit einer ebenso gefärbten runden Makel. 12—14. — Selten. Oesterreich.

278. Gattung. **Lytta, Pflasterkäfer.**

813. L. vesicatoria L. Spanische Fliege. — (Taf. VIII, 4.) Gold- oder bläulichgrün, Fühler und Tarsen schwärzlich. Kopf hinter den Augen stark erweitert und wie das Hsch. fein zerstreut punktiert. Fd. gerunzelt, jede mit 2 feinen, erhabenen Längslinien. 12—22. — In heißen Sommern manchmal häufig auf Eschen, Liguster und Syringen. Juni. — Im Süden Europas, wo der Käfer sehr häufig ist, wird er gesammelt und in den Handel gebracht. Pulverisiert liefert er dann das bekannte, spanische Fliegenpflaster.

40. Familie. **Oedemeridae, Engdeckenkäfer.**

Gestreckte Blumenkäfer mit 11—12gliedrigen, faden- oder borstenförmigen Fühlern, welche wenigstens die halbe Körperlänge erreichen. Die weichen, nach hinten meist enger werdenden Flügeldecken sind viel breiter als das kurze, nach rückwärts ebenfalls sich verschmälernde Halsschild. Im Bau der schlanken Beine stimmen die Eng- oder Schmaldeckenkäfer mit den Arten der vorigen Familie überein, nur sind die Hinterschenkel bei den Männchen oft stark verdickt.

I. V.schienen mit 1 Enddorn. Fühler des ♂ mit 12, die des ♀ mit 11 Gliedern . . . . Nacerdes.

II. V.schienen mit 2 Enddornen. Fühler bei beiden Geschlechtern nur mit 11 Gliedern.

1. Fühler ganz nahe an den Augen eingefügt.
   a. 2. Fühlerglied halb so lang als das 3. Kopf bis zu den Augen in das Hsch. zurückgezogen. Fd. etwa 4mal so lang als zusammen breit, nach rückwärts nicht verschmälert . . Asclera.
   b. 2. Fühlerglied viel kürzer als die Hälfte des 3. Kopf vorgestreckt. Fd. nach hinten stark verengt, kaum mehr als 3mal so lang als an den Schultern breit. ♂ mit stark verdickten H.schenkeln . . . . Oedemera.
2. Fühler etwas entfernt von den Augen eingefügt. Kopf stark vorgestreckt, spitz dreieckig. Hsch. länger als breit. Fd. gleich breit oder gegen die Spitze erweitert. 2—3mal so lang als zusammen breit. . . . . Chrysanthia.

279. Gattung. Nacerdes, Schmalkäfer.

a. Fd. wenigstens teilweise gelb oder gelbbraun.

814. N. melanura L. Brauner Sch. — U.seite, Kopf und Fühler schwärzlich; Hsch. rötlichgelb; Fd. strohgelb, an der Spitze schwarz, jede mit 3 sehr feinen, erhabenen Längslinien; Beine dunkel, Schienen und Tarsen gelblich. 6—14. — Auf Blüten; ziemlich selten.

815. N. (Anoncodes) adusta Pz. Gelbbauchiger Sch. — ♂: Fd. nach hinten sehr stark verschmälert, braun, ihre Wurzel heller, die Spitze dunkler. Fühler, Taster und Hüften gelbbraun; V.schenkel verdickt. ♀: Hsch., Schildchen und Bauch rostgelb; Fd. nicht verschmälert, gelbbraun, ihre Spitze und meistens auch der S.rand schwarzblau; die übrigen Teile des Körpers bei beiden Geschlechtern blauschwarz. 7—15. — Selten. Sommer.

816. N. (Anoncodes) rufiventris Scop. Rotbauchiger Sch. — Schwarz, blauschimmernd, fein grau behaart. Taster, Fühlerwurzel auf der U.seite und ein Teil der V.schienen gelb. Fd. des ♂ um das Schildchen herum, sowie ein größerer oder kleinerer Teil der Naht gelbbraun. ♀ mit rotgelbem, in der Mitte m. o. w. schwärzlichem Hsch. und gelben Fd., schwarzer Spitze und manchmal auch mit schwärzlichem S.rand oder die Fd. sind ganz schwarz und nur ein 3eckiger Fleck am Schildchen gelb. Bauch rotgelb. 8—12. — Nicht selten. Sommer.

b. Fd. blau oder grünschimmernd.

817. N. (Anoncodes) fulvicollis Scop. Gelbhalsiger Sch. — Körper schwarz, mit blauem oder grünem Schimmer. Hsch. am V.rande i. d. M. ausgebuchtet. ♂ mit gefurchter, ♀ mit gewölbter Stirne. Hsch. und H.leibsspitze beim ♀ rotgelb. 8—10. — In Gebirgsgegenden nicht selten. Sommer.

280. Gattung. Asclera, Breit-Engdeckenkäfer.

818. A. sanguinicollis F. Rothalsiger B. — Dunkelgrün oder blaugrün, dicht grau behaart; U.seite der Fühlerwurzel, die ersten Glieder der Taster

und das Hsch. rotgelb, die Scheibe des letzteren mit grübchenartigen Vertiefungen; Fd. mit je 3 erhabenen Längslinien, dicht punktiert. 8—11. — Selten. Frühjahr.

819. A. coerulea L. Blauer B. — Blau oder blaugrün, äußerst fein anliegend behaart; Fühler schwarz; Hsch. mit schwachen Eindrücken; Fd. mit je 3 erhabenenen Längslinien. 7—9. — Nicht selten. Frühjahr.

281. Gattung. Oedemera, Schenkel-Engdeckenkäfer.

a. Fd. gelb oder gelbbraun, manchmal schwarz gerandet.

820. O. podagrariae L. Krummschenkliger Sch. — Glänzend schwarz, silbergrau behaart. Spitze und Außenrand der Fd. beim ♂ gewöhnlich schwarzbraun; ♀: Hsch., Fd. und Bauch gelb. Fühlerwurzel und Beine bei beiden Geschlechtern rötlichgelb. Tarsen, Schienen und Schenkelspitze an den H.beinen dunkel. ♂ mit stark gekrümmten und verdickten H.schenkeln. 8—11. — Ziemlich selten; Juli, August.

821. O. flavescens L. Gemeiner Sch. — Schwarz, metallisch glänzend, grau behaart. Fühlerwurzel und Fd. gelbbraun, letztere oft mit schwärzlichem A.rande. Hsch. h. d. M. stark eingeschnürt. ♂ mit sehr stark verdickten H.schenkeln. 6—8. — Häufig. Juli, August.

822. O. marginata F., (femorata Schmidt, subulata Oliv.). Gerandeter Sch. — (Taf. VIII, 5.) Blauschwarz. Fd. gelbbraun mit schwärzlicher Wurzel und leistenf. erhabenen, schwarzen Rändern. H.schenkel des ♂ mäßig verdickt. Bauch des ♀ gelb gesäumt. 8—10. — Selten.

b. Fd. blau oder grün.

823. O. flavipes F. Grüner Sch. — Grün oder grünblau, sehr fein behaart. Fühlerwurzel und V.beine gelb; Hsch. vorne erweitert, h. d. M. stark eingeschnürt, die Scheibe mit 3 tiefen, großen Gruben. Fd. gegen die Spitze stark verschmälert, jede mit 3 deutlich erhabenen Längslinien. H.schenkel des ♂ stark verdickt. 6—8. — Nicht selten. Juni.

824. O. virescens L. Grünlicher Sch. — Dunkel- oder schmutziggrün, dicht punktiert, grau behaart. Hsch. länger als breit, vorn erweitert, h. d. M. stark eingeschnürt, auf der Scheibe mit 2 großen, durch eine erhabene Linie getrennten Gruben. Fd. dicht runzelig punktiert, nach hinten wenig verschmälert, jede mit 3 erhabenen Längslinien. H.schenkel des ♂ verdickt und gebogen. 8—11. — Häufig. Mai Juli.

825. O. lurida Marsh. Kleiner Sch. — Der vorigen Art sehr ähnlich, aber viel kleiner. Hsch. kaum länger als breit, vorne kaum erweitert. H.schenkel des ♂ nicht verdickt; letzter B.ring des ♀ ausgerandet. 5—6,5. — In Wäldern auf Blumen, häufig. Mai—Juli.

282. Gattung. Chrysanthia, Grün-Engdeckenkäfer.

826. C. viridissima L. Schwarzhörniger G. — Goldgrün, grob punktiert; Mund und Fühler pechschwarz, die Wurzel der letzteren, Taster und V.schienen

gelbbraun; Hsch. uneben mit undeutlicher Längsfurche. 5—10. — Nicht selten auf Blüten. Sommer.

827. C. viridis Schmidt. Gelbhörniger S. — Goldgrün, grob punktiert; Fühler, Taster und Beine gelb, letztere mit schwärzlichen Tarsen und Knien. Hsch. ziemlich eben, ohne Längsrinne. 5—7. — Selten. Sommer.

---

41. Familie. Curculionidae, Rüsselkäfer.

Die Rüsselkäfer bilden eine sehr umfangreiche, leicht kenntliche Familie von meist kleinen bis sehr kleinen Käfern. Alle ohne Ausnahme sind Pflanzenfresser. Manche von ihnen sind deshalb sowohl im entwickelten als namentlich im Larvenzustande gefürchtete Feinde des Landwirtes und Forstmannes. Ihre sehr kleinen Mundwerkzeuge stehen an der Spitze einer rüsselartigen Verlängerung des Kopfes. Die Fühler sind gegen die Spitze verdickt und meist gekniet; im letzteren Falle ist dann das Wurzelglied bedeutend verlängert und führt den Namen Schaft, während die übrigen Glieder die Geißel bilden. An sämtlichen Beinen befinden sich nur 4, meist mit einer breiten Sohle versehene Tarsenglieder, von denen das 3. gewöhnlich zweilappig ist. — Die augen- und fußlosen Larven leben im Innern von Pflanzen und benagen bald deren Wurzeln, bald die Stengel, bald die Blüten und Früchte.

A. Orthocerie, Geradrüssler.

Fühler gerade, nicht gekniet; das Wurzelglied meist wenig länger als die folgenden; Rüssel einlegbar und meist ohne Fühlerfurche.

I. Fd. die H.leibsspitze vollständig bedeckend. Rüssel ziemlich lang, walzen- oder fadenf. Fühler 11gliedrig, keulenf., die 3 Endglieder fest verwachsen. Kleine, geflügelte Käferchen mit eif., hochgewölbtem Körper . . . . Apion.

II. Fd. die H.leibsspitze nicht bedeckend.

1. Rüssel walzen- oder fadenf. oder an der Spitze erweitert. Körper m. o. w. deutlich 4eckig.

a. Kopf verlängert, hinter den Augen stark halsartig eingeschnürt. Fühler 12gliedrig mit 4gliedriger Keule. Schildchen quer. Fd. rot . . . . Apoderus.

b. Kopf hinter den Augen nicht oder nur wenig eingeschnürt. Fühler 11gliedrig mit 3gliedriger Keule.
aa. Kopf stark nach unten geneigt oder dem Bauch anliegend. Spitze der Schienen mit einem Hornhaken. Klauen einfach. Fd. rot . . . . Attelabus.
bb. Schienen ohne Hornhaken an der Spitze. Klauen der H.beine gespalten. Fd. vieler Arten schön metallisch gefärbt . . . . Rhynchites.
2. Rüssel breit, flach. Fühler 11gliedrig, sehr oft keulenf., in einer breiten Grube a. d. S. des Rüssels eingefügt.
a. Augen halbkugelig, stark vorspringend. Hsch. breiter als lang, i. d. M. eckig erweitert, vor dem H.rande mit feiner, erhabener, i. d. M. unterbrochener Querleiste. Fd. auf dem Rücken flach gedrückt . . . . Platyrhinus.
b. Augen nierenf., ihr V.rand deutlich ausgebuchtet. Hsch. wie vorher, aber ohne erhabene Querleiste vor dem H.rand. Fd. ziemlich walzenf. Fühler des ♂ länger als der Körper . Anthribus.
3. Rüssel sehr kurz, breit. Käfer flachgedrückt. Fd. an der Spitze einzeln abgerundet.
a. Fühler a. d. S. des sehr kurzen, breiten Rüssels eingefügt, die 3 letzten Glieder bedeutend größer. Augen rund. Hsch. so lang als breit, H.rand nach rückwärts gerundet erweitert Urodon.
b. Fühler fadenf., gegen die Spitze wenig verdickt und häufig gesägt, vor der Ausrandung der nierenf. Augen eingelenkt. Kopf hinter den großen Augen stark halsartig verengt. Hsch. breiter als lang, am H.rande jederseits ausgebuchtet. H.schenkel verdickt . . . . Bruchus.

283. Gattung. **Apion, Spitzmäuschen.**

1. Rüssel ahlenförmig zugespitzt.

828. A. pomonae F. Schwarzblaues Buchen-Sp. — Schwarz oder schwarzblau, äußerst fein behaart; Fd. dunkelblau; Hsch. kegelf., auf der hintern Hälfte mit vertiefter M.rinne; Fd. stark punktiert gefurcht, die Zw.räume eben. 3. — Häufig, besonders auf jungen Buchen. Frühjahr bis Herbst.

829. A. Craccae L. Vogelwicken-Sp. — Dem vorigen ähnlich, aber ganz mattschwarz und ziemlich stark grau behaart; beim ♀ die Fühlerwurzel, beim ♂ die ganzen Fühler rostrot. 2,₅—2,₇. — Häufig auf Wickenarten, besonders auf der Vogelwicke. Frühjahr bis Herbst.

2. Rüssel überall von gleicher Dicke, nicht zugespitzt.

a. Fd. grün, blau oder blaugrün.

830 A. aeneum F. Malven-Sp. — Schwarz, glänzend, unbehaart; Stirn zwischen den Augen mit tiefer Längsfurche; Hsch. etwas länger als breit, kegelf., stark aber nicht sehr dicht punktiert, hinten vor dem Schildchen mit einer kurzen

M.rinne oder mit einem Grübchen. Fd. bronzefarben, grün oder blaugrün, mit sehr feinen Streifen. Beine schwarz. 3. — Häufig auf Malven, besonders auf Stockrosen (Althaea rosea). Sommer.

831. A. Onopordi Kirby. Eselsdistel-Sp. — Glänzend schwarz, unbehaart; Rüssel lang; Stirn gerunzelt; Hsch. so lang als breit, grob und tief punktiert, hinten mit einer kurzen M.rinne; Fd. grün oder blaugrün, tief gestreift, in den Streifen undeutlich punktiert; Beine schwarz. 3. — Häufig auf der Esels- oder Wegdistel (Onopordon Acanthium). Juni, Juli.

832. A. aterrimum L. Grünflügeliges Ampfer-Sp. — Schwarz, kaum behaart. Stirn zwischen den Augen dicht punktiert; Hsch. nach vorn deutlich verengt, a. d. S. erweitert, dicht punktiert, vor dem Schildchen mit kurzem Längseindruck; Fd. erzfarben, grün oder blaugrün, hinten bauchig erweitert, punktiert gefurcht. $1,_{5}$—2. — Auf Sauerampfer; nicht selten.

833. A. violaceum Kirby. Blauflügeliges Ampfer-Sp. — Schwarz, fast kahl; Stirn runzelig; Hsch. so lang als breit, walzenf., seicht und nicht dicht punktiert, vor dem Schildchen mit tiefem Längseindruck. Fd. dunkelblau, punktiert gefurcht. $2,_{5}$. — Nicht selten auf Sauerampfer. Juni—September.

834. A. Pisi F. Blaues Klee-Sp. — Schwarz; Rüssel und Stirne punktiert; Hsch. fast walzenf., tief punktiert, hinten mit kurzer M.rinne; Fd. dunkelblau, punktiert gefurcht, die Zw.räume flach gewölbt. $2,_{5}$. — Häufig auf Kleefeldern. Mai—August.

b. Fd. schwarz oder schwarzblau.

835. A. Fagi L. (apricans Hbst.). Schwarzes Klee-Sp. — Glänzendschwarz, unbehaart; Fühlerwurzel gelbbraun; Hsch. länger als breit, dicht punktiert, fast walzenf. mit tiefer, kurzer M.rinne; Fd. kugelig eif., tief punktiert gefurcht, Zw.räume schwach gewölbt; Schienen der V.beine gelb, die der hinteren schwärzlich, $2,_{2}$—$2,_{7}$. — Häufig auf Kleeäckern. Herbst und Frühjahr, Juni und Juli.

836. A. assimile Kirby. Tiefschwarzes Klee-Sp. — Dem vorigen ähnlich, aber der Rüssel deutlich gekrümmt; Fühlerwurzel dunkel pechbraun, M.rinne des Hsch. seicht; Streifen der Fd. undeutlich punktiert, Zw.räume flach. $2,_{2}$. — Nicht selten auf Kleeäckern. Sommer.

837. A. Trifolii L. Schwarzhörniges Klee-Sp. — Den beiden vorigen ähnlich; Fd. stark gewölbt meist mit grünlichem Schimmer; Fühler ganz schwarz; Schenkel- und Schienenwurzeln rostgelb. $1,_{5}$—2. — Häufig auf Klee; Frühjahr und Sommer.

838. A. Ononis Kirby. Hauhechel-Sp. — Schwarz, dicht grau behaart; Rüssel runzelig punktiert; Fühler ganz schwarz; Hsch. fast walzenf., dicht punktiert, hinten mit vertiefter M.rinne; Fd. punktiert gefurcht, hinten stark gewölbt, schwarzblau. $2,_{5}$. — Nicht selten auf der Hauhechel. Sommer.

839. A. vorax Hbst. Obstbaum-Sp. — Der vorigen Art ähnlich, aber weniger dicht behaart; Rüssel auf der vorderen Hälfte glänzend; Fühlerwurzel braunrot; Mittelrinne des Hsch. kurz. Stirn mit 2—3 vertieften Längsstreifen. $3,_{7}$. — Häufig auf Laub- besonders Obstbäumen. Juni—September.

c. Fd. braun, fleckig behaart.

840. A. vernale F. Brennessel-Sp. — Schwarz, dicht weißgrau behaart; Fd. mit 2 m. o. w. regelmäßigen, unbehaarten, schiefen Binden; Fühler und Beine rötlichgelb. 2,5. — Auf Brennesseln sehr häufig. Frühjahr und im Juli.

d. Käfer ganz rot.

841. A. miniatum Germ. Blutrotes Sp. — Hell blutrot; Augen schwarz; Hsch. dicht punktiert, i. d. M. gerundet erweitert, hinten mit feiner M.rinne; Fd. tief punktiert gefurcht. 3,5. — Auf Wiesenklee und Ampferarten; ziemlich selten. Juli.

842. A. frumentarium L. Gelbrotes Sp. — Ganz gelbrot; Augen schwarz; Hsch. dicht punktiert, ohne M.rinne, i. d. M. nicht erweitert; Fd. gekerbt gestreift. 3. — Häufig auf Gräsern. Sommer.

284. Gattung. Apoderus, Dickkopf-Rüsselkäfer.

843. A. Coryli L. Haselnuß-D. — (Taf. VIII, 6.) Schwarz, Hsch. und Fd. rot, letztere grob punktiert gestreift; Beine entweder ganz rötlichgelb oder nur die Mitte der Schenkel rot und der übrige Teil schwarz. 6,5—7. — Häufig, besonders auf Haselnußgesträuch.

285. Gattung. Attelabus, After-Rüsselkäfer.

844. A. curculionides L. A. — Tiefschwarz, mäßig glänzend, stark gewölbt, unbehaart. Hsch., Fd. und meist auch die Fühlerwurzel rot; Fd. sehr fein punktstreifig, Zw.räume äußerst sparsam punktiert. 4—6. — Nicht selten auf niederem Eichengebüsch. Mai, Juni. Aehnlich dem vorigen rollt auch er die Blätter behufs Aufnahme von je einem Ei dütenartig zusammen.

286. Gattung. Rhynchites, Blattwickler, Blattroller.

1. Fd. schwarz oder rot.

845. R. planirostris F. Schwarzer Haselnuß-Bl. — Schwarz, glänzend, lang behaart; Rüssel lang und dünn, punktiert, an der Wurzel mit 2 tiefen Furchen. Kopf und Hsch. fein und undeutlich punktiert; Fd. schwarz, gestreift punktiert. 2—2,5. — Selten, auf Haseln. August, September.

846. R. Betulae L. Birken-Bl. — Glänzend schwarz, fein behaart; Rüssel sehr kurz, an der Spitze erweitert; Kopf groß, hinten stark eingeschnürt; Hsch. mit einer nach vorn und hinten verschwindenden M.furche, dicht und fein punktiert; Fd. schwarz, grob punktiert gestreift; ♂ mit stark verdickten H.schenkeln. 4,5. — Häufig auf Birken, Haseln, Erlen, Pappeln u. a. Laubbäumen. Mai — Juli.

847. R. aequatus L. Rotflügeliger Bl. — Dunkel erzfarben, sehr dicht punktiert und braun behaart; Rüssel gebogen, länger als Kopf und Hsch. Fd. tief punktiert gestreift, rot mit schwärzlicher Naht. 2,5—3. — Häufig auf blühendem Weißdorn und anderen Sträuchern. April, Mai.

2. Fd. grün, blau, kupfer- oder goldglänzend.

a. Fd. verworren runzelig punktiert.

848. R. auratus Scop. Goldiger Bl. — Grün oder purpurrot goldglänzend, lang behaart, Spitze des Rüssels, Fühler und Tarsen schwarzblau; Rüssel dick und gerade. ♂ mit einem nach vorn gerichteten Dorn beiderseits am Hsch. 6—7. — Ziemlich selten; auf Schlehen. Mai, Juni.

849. R. Bacchus L. Purpurroter Apfelstecher. — Dem vorigen ähnlich, meist purpurrot goldglänzend, dünner und kürzer behaart; Rüssel gebogen und wie die Fühler und Tarsen ganz blau; Hsch. beim ♂ ohne Seitendornen. 4—5. — Häufig auf Obstbäumen, besonders auf Apfelbäumen, deren halbwüchsige Früchte das ♀ anbohrt, um hiebei je ein Ei einzuschieben. Sommer.

b. Fd. nie gerunzelt, m. o. w. deutlich punktstreifig.

aa. O.seite kaum behaart; Fd. zusammen fast quadratisch.

850. R. (Rhinomacer) Populi L. Pappel-Bl. — O.seite grün, blau-dunkel- oder goldgrün, U.seite, Rüssel und Beine dunkelblau; Stirn ziemlich tief gefurcht; Hsch. fein und ziemlich dicht punktiert mit seichter M.rinne, breiter als lang, ♀ beiderseits mit einem spitzigen, nach vorn gerichteten Dorn. $4,_5$—$5,_5$. — Häufig auf Zitterpappeln. Mai, Juni.

851. R. (Rhinomacer) betuleti F. Rebenstecher. — (Taf. VIII, 7.) Oben und unten gleich gefärbt, dunkelblau oder goldgrün; Stirn nur wenig vertieft; Hsch. und Fd. etwas feiner und dichter punktiert als bei vorigem, sonst wie Nr. 850. ♀ ebenso ausgezeichnet. $5,_5$—$6,_5$. — In Weinbergen, wo er die Rebblätter aufrollt, häufig. Mai, Juni; August, September.

bb. O.seite deutlich behaart.

852. R. cupreus L. Kirschen- oder Pflaumenstecher. — O.seite metallbraun oder dunkel kupferglänzend, fein und sparsam weißgrau behaart; Hsch. fast breiter als lang, dicht punktiert; Fd. mit sehr dichten und grob punktierten Streifen. 4. — Besonders auf Steinobstbäumen, in deren Früchte das ♀ je ein Ei legt. Die Larven fallen mit dem Obst zur Erde und verpuppen sich in derselben. Der entwickelte Käfer kommt im Frühjahr hervor. Mai, Juni.

853. R. germanicus Hbst. Deutscher Bl. — Grünlich-blau; Hsch. so breit als lang oder breiter, a. d. S. schwach gerundet, gleichmäßig und sehr fein und dicht punktiert; Fd. blau, tief punktiert gestreift, Zw.räume breiter als die Streifen selbst, gewölbt. 2—$2,_5$. — Ziemlich selten.

854. R. sericeus Hbst. Kornblumenblauer Bl. — O.seite schön kornblumenblau, glänzend, ziemlich dicht und lang abstehend behaart; Rüssel, Kopf und Hsch. mit grünlichem Schimmer; Rüssel kaum so lang als der Kopf, gerade, mit tiefer M.rinne, in deren Mitte sich eine erhabene Längslinie befindet; Hsch. breiter als lang, a. d. S. gerundet, ziemlich zerstreut punktiert, mit vertiefter M.rinne; Fd. punktiert gestreift, Zw.räume verworren punktiert und gerunzelt. 5—6. — Ziemlich selten.

287. Gattung. Platyrhinus, Platt-Bürstenkäfer.

855. P. latirostris F. Breitrüssler. — Länglich, oben ganz flach gedrückt, schwarz, dicht mit grauen und braunen Härchen bekleidet; Rüssel, Stirne, Brust, Bauch und Fd.spitze dicht weiß oder weißgelb beschuppt; Rüssel beinahe breiter als der Kopf, ganz flach. Hsch. breiter als lang, vor dem Grunde erweitert, i. d. M. eingedrückt. 11—13. — Unter morscher Buchenrinde; selten. Mai bis September.

288. Gattung. Anthribus, Bürstenkäfer.

856. A. albinus L. Weißer B. — Länglich, oben ziemlich stark gewölbt, braun mit grauen, haarf. Schüppchen dicht bekleidet; Rüssel, Kopf, eine kleine Makel v. d. M. jeder Fd., eine breite Binde vor der Spitze und die U.seite weiß beschuppt. Hsch. i. d. M. mit 3 in einer Querreihe stehenden, schwarz behaarten Höckern; Fd. reihig punktiert, der 3. Zw.raum mit 3—4 schwarzen Haarbüscheln; beim ♂ die Spitzen aller Fühlerglieder, beim ♀ nur das 8. Glied weiß beschuppt. 8—10. — Auf Blüten und unter morschen Baumrinden. Selten.

289. Gattung. Urodon, Reseda-Samenkäfer.

857. U. rufipes Oliv. Rotfüßiger R. — Schwarz, dicht grau behaart; Fühler und Beine rotgelb, die H.schenkel mit schwarzer Spitze. 2,2. — Auf wilder Reseda häufig. Juni, Juli.

858. U. pygmaeus Gyll. Kleiner R. — Der vorigen Art sehr ähnlich, aber kleiner und nur die Fühlerwurzel rotgelb; Schienen und Tarsen rostbräunlich. 1,5. — Vorkommen wie vorher.

859. U. suturalis F. Hellnahtiger R. — Schwarz, fein grau behaart. Fühlerwurzel und V.schienen rotgelb; H.ecken des Hsch., Fd.naht und U.seite dicht weiß behaart. 2,5. — Ebenso häufig wie die beiden andern.

290. Gattung. Bruchus, Samenkäfer.

860. B. seminarius L. (granarius Fahrs.) Gemeiner S. — Eif., schwarz, ziemlich dicht, die Fd. sparsamer weißgrau behaart; die 4 ersten Fühlerglieder und die ganzen V.beine rötlichgelb, 2 Punkte auf der Mitte des Hsch., 1 Fleck vor dem Schildchen und mehrere auf den Fd. weißlich behaart; H.schenkel und S.rand des Hsch. mit einem Zähnchen. 3. — Häufig in Ackerbohnen und Wicken.

861. B. Pisi L. Erbsenkäfer. — Breit eif., schwarz, dicht weißgrau fleckig behaart; Hsch. i. d. M. des Seitenrandes ebenfalls je mit einem behaarten Zähnchen; Fd. gestreift; die 4 ersten Fühlerglieder und die V.beine mit Ausnahme der schwarzen Schenkel rotgelb; Schenkel gezähnt; Afterdecke dicht weiß behaart, mit 2 großen, runden, schwarzen Makeln. 4,5. — Häufig in Erbsen.

862. B. ater Marsh. (villosus F.) Besenginster-S. — Eif., schwarz, fein grau behaart; Fühler kürzer als der halbe Leib, ihre Wurzel rotbraun; Hsch. doppelt so breit als lang; Beine ganz schwarz, Schenkel ungezähnt. 2,5—3. — Häufig in den Hülsen der Akazie und des Besenginsters. Herbst und Frühjahr, später auf den Blüten.

B. Gonatoceri, Knierüssler.

Fühler gekniet, das 1. Glied (Schaft) bedeutend verlängert. Rüssel stets mit einer Furche zum Einlegen der Fühler.

Uebersicht der Gruppen:

A. Brachyrhynchi, Kurzrüssler. — Rüssel kurz, m. o. w. dick. Fühler nahe an der Spitze desselben eingefügt, meist 12gliedrig.

I. Fühler zwischen der Mitte und der Spitze des Rüssels eingefügt, ihr Schaft die Augen stets erreichend, oft überragend. Fühlerfurchen gleich breit, nach unten gebogen. Augen rund. Hsch. a. d. S. gegen die Augen nicht erweitert . . . . Brachyderini.

II. Wie vorher, aber Fühlerschaft die Augen stets überragend; Fühlerfurchen a. d. S. des Rüssels kurz und fast gerade gegen die Mitte der Augen aufsteigend . . . . Otiorhynchini.

III. Fühlerschaft die Augen nicht oder kaum erreichend. Fühlerfurchen mäßig tief, allmählich zum untern Augenrand verlaufend. V.hüften aneinander stehend; Schienen an der Spitze mit einem starken Haken. Käfer 8—22 mm . . . . Hylobiini.

IV. Fühler dünn, ihr Schaft bis zum V.rand oder bis zur Mitte der Augen reichend. Rüssel stark, an den Kanten abgerundet. Schienen m. o. w. rundlich, innen nicht ausgebuchtet, an der Spitze ohne Haken. Fußklauen frei . . . . Hyperini.

V. Fühler schwach gekniet; Fühlerschaft kurz; Fühlerfurche nach der U.seite des Rüssels und unter die Augen gebogen. Hsch. an der Wurzel mit einem Falz, in den die Fd. eingreifen. Klauen am Grunde verwachsen. Körper meist langgestreckt. . . . . Cleonini.

B. Mecorhynchi. Langrüssler. — Rüssel walzen- oder fadenf., m. o. w. verlängert, selten kürzer als das Hsch.; Fühler an seinem Grunde oder in der Mitte eingefügt.

VI. Fühler vor oder nahe an der Mitte des Rüssels eingefügt, dieser dünn und rund. Fühlerfurchen von oben nicht sichtbar. V.hüften fast immer dicht beisammenstehend. Schienen rundlich, nicht ausgebuchtet, a. d. Sp. meist mit großem Haken. Klauen frei. . . Erirhinini.

VII. Fühler i. d. M. des Rüssels eingefügt, ihr Schaft den V.rand der Augen überragend. H.ecken des Hsch. spitz vorspringend. Fd. walzenf., am Grunde mit aufstehendem Rande, a. d. Sp. einzeln abgerundet, den After nicht bedeckend. V.hüften dicht beisammen . . . . . Magdalini.

VIII. Fühler i. d. M. des Rüssels eingefügt, ihr Schaft den V.rand der Augen selten überragend. Fühlerkeule deutlich gegliedert. H.ecken des Hsch. einfach. After meist bedeckt. V.hüften dicht beisammen. 3. Tarsenglied zweilappig, Klauen meist gezähnt . . . . . Tychiini.

IX. Rüsselfurche tief, auf der M.brust endend, diese in eine eif., scharfrandige Scheibe vergrößert. V.brust zwischen den V.hüften tief furchenartig ausgehöhlt. Fühlerkeule gegliedert. 3. Tarsenglied zweilappig. V.hüften von einander entfernt . . . . Cryptorhynchini.

X. Fühlerschaft den V.rand des Hsch. nicht überragend, Fühlerkeule deutlich gegliedert; Schildchen undeutlich oder fehlend. V.brust m. o. w. furchenartig vertieft; V.hüften von einander entfernt. After frei. 3. Tarsenglied meist zweilappig erweitert. Körper kurz und dick . . . . Ceutorhynchini.

XI. Fühler an der Wurzel des Rüssels eingefügt, ihr Schaft den V.rand der Augen meist überragend; Fühlerkeule ungegliedert; alle B.ringe mit geradem H.rand. After meist bedeckt. 3. Tarsenglied zweilappig erweitert. Körper gestreckt . . . . Calandrini.

XII. Fühler kurz, in oder vor der Mitte des Rüssels eingefügt, ihre Keule ungegliedert. Fd. langgestreckt, den After bedeckend; V.hüften beisammenstehend; H.brust lang. 3. Tarsenglied meist meist einfach. Arten leben in morschem Holz und unter Baumrinden . . . . Cossonini.

I. Gruppe. Brachyderini, Bogenfurchenrüßler.

I. V.rand des Hsch. hinter den Augen beiderseits mit langen Borsten bewimpert.

1. Fühlerschaft die Augen weit überragend. Rüssel mit vertiefter M.linie. Hsch. länger als breit, i. d. M. etwas erweitert. Fd. viel breiter als das Hsch., an der Wurzel gemeinschaftlich ausgerandet, hinten abgerundet. Schienen ohne Hornhaken; die Art lebt besonders auf Nesseln . . . . . Tanymecus.
2. Fühlerschaft die Augen knapp erreichend. Rüssel mit erhabener M.linie. Hsch. so lang als breit, nach vorn verengt, am H.rande jederseits ausgebuchtet. Fd. hinten in einen kleinen Dorn ausgezogen. V.schienen a. d. Sp. gebogen mit einem kurzen, nach innen gekrümmten Haken. Körper gelb gerandet; Käfer leben auf Gesträuch . . . . Chlorophanus.

II. V.rand des Hsch. ohne Borstenreihe.

1. Fühlerschaft bis zu den Augen reichend. Rüssel oben mit vertiefter M.linie. Fühlerfurchen stark nach unten gebogen. Hsch. nur wenig breiter als der Kopf samt den Augen. Fd. behaart oder beschuppt. Schienen ohne Hornhaken. Körper langgestreckt, geflügelt. Käfer höchstens 5,5 mm lang; leben auf Pflanzen . . . . Sitones.

2. Fühlerschaft bis zur Mitte der Augen reichend; Rüssel kürzer als das Hsch., dick, mit einer M.rinne; Hsch. fast 4eckig, a. d. S. gerundet erweitert. Fd. eif., vorn gemeinschaftlich ausgerandet, Naht nach hinten erhaben. V.schienen a. d. Sp. mit einem kleinen, kurzen Haken. Käfer ungeflügelt, leben unter Steinen, selten auf Gesträuch . . . . Barynotus.

3. Fühlerschaft bis zum H.rand der Augen reichend.
   a. Fühler ziemlich dick, das 1. Geißelglied dick, kegelf., lang, das 2. nur wenig länger als das 3. Fühlerfurchen ziemlich kurz und nicht tief. Scheitel von dem hinteren Kopfteil durch eine scharfe Kante geschieden. V.schienen a. d. Sp. nach außen in einen abgerundeten Lappen erweitert. Fußklauen an der Wurzel verwachsen. Käfer ungeflügelt, leben unter Steinen, selten auf Gesträuch . . . . . . Cneorhinus.
   b. Fühler ziemlich dünn, die ersten 2 Geißelglieder länglich. Rüssel kurz, eckig, oben flach, meist durch eine undeutlich vertiefte Querlinie von dem Kopf geschieden. Scheitel von dem Hinterteil des Kopfes durch eine Querkante scharf abgegrenzt. Fd. eif.; Körper ungeflügelt, beschuppt, mit aufrechtstehenden Haaren. Käfer leben unter Steinen, selten auf Gesträuch . . . . Strophosomus.

4. Fühlerschaft die Augen überragend (bei Polydrosus manchmal nur bis zum H.rande reichend).
   a. Fd. hart.
      aa. Rüssel a. d. Sp. erweitert, Fühlerfurchen tief, schnell nach abwärts gebogen. Fd. kurz eif., stark gewölbt, fast um die Hälfte breiter als die Wurzel des Hsch., Schulterecken stumpf. Schenkel keulenf., stumpf gezähnt. Körper eif., beschuppt, geflügelt. Die Arten leben auf blühendem Gesträuch und auf Wegen . . . . . . Liophloeus.
      bb. Fühlerfurchen kurz, nicht vertieft. Hsch. breiter als lang, a. d. S. gerundet erweitert. Fd. langgestreckt, so breit oder wenig breiter als das Hsch. Schenkel nicht gezähnt. V.schienen a. d. Sp. gebogen. Körper lang und schmal, beschuppt, ungeflügelt. Käfer lebt auf Kiefern . . . . Brachyderes.
   b. Fd. weich, nach hinten erweitert.
      aa. 1. und 2. Glied der Fühlergeißel oder alle Glieder derselben länglich. Rüssel rundlich; Fühlerfurchen schnell nach unten gebogen und auf der U.seite sich vereinigend. Hsch. vorn und hinten abgestutzt, so lang als breit oder breiter, a. d. S. wenig erweitert. Fd. ziemlich walzenf., breiter als das Hsch., hinten gemeinschaftlich zugespitzt. Schienen a. d. Sp. ohne Haken; 3. Tarsenglied groß, zweilappig, Endglied groß mit 2 kleinen Klauen. Körper länglich, weich, beschuppt, geflügelt. Käfer leben auf Gesträuchen und Bäumen . . . . Polydrosus.

bb. 1. und 2. Glied der Fühlergeißel kurz, kegelf., die folgenden knopff. Rüssel 4kantig, oben eben. Fühlerfurchen schnell nach unten gebogen, aber sich nicht vereinigend; sonst wie vorher . . . . Metallites.

291. Gattung. Tanymecus, Schlankrüßler.

863. T. palliatus F. Brauner Sch. — Oben braungrau, unten und a. d. S. weißgrau haarf. beschuppt. Mund und U.seite des Rüssels lang abstehend behaart; jede Fd. hinten scharf zugespitzt; beim ♂ ist der 1. und 2. B.ring grubenartig vertieft. 8—10. — Nicht selten auf Nesseln. Sommer.

292. Gattung. Chlorophanus. Gelbrandrüßler.

a. Fd.spitzen nur in einen kurzen Dorn ausgezogen.

864. C. salicicola Germ. Weiden-G. — Oben mit braunen, etwas kupferglänzenden Schuppen dicht besetzt; unten und a. d. S. dicht gelb beschuppt. 9—11. — Nicht selten auf Weidengebüsch.

865. C. viridis L. Dunkelgrüner G. — O.seite dunkelgrün, U.seite und S.rand des Hsch. und der Fd. gelb beschuppt. 8—11. — Häufig auf Weiden, Erlen, Haseln und Disteln.

b. Fd.spitzen in einen langen Dorn ausgezogen.

866. C. pollinosus F. Hellgrüner G. — Dem vorigen ähnlich, aber die Beschuppung oben und a. d. S. hellgrün. Hsch. bisweilen bräunlich beschuppt, sein H.rand fast gerade. 8—10. — Ziemlich selten.

867. C. graminicola Gyll. Brauner G. — O.seite braun, kupferglänzend, U.seite und die Ränder des Hsch. und der Fd. grünlichgelb dicht beschuppt. 10—12. — Selten.

293. Gattung. Sitones, Schmalrüßler.

a. Fd. mit kurzer, niederliegender Behaarung, ohne abstehende Börstchen.

868. S. lineatus L. Linierter Sch. — O.seite braun oder grau beschuppt. Hsch. breiter als lang, h. d. M. am breitesten, mit 3 heller beschuppten geraden Linien. Fd. mit regelmäßig abgerundeter Spitze, punktiert gestreift, die abwechselnden Zw.räume heller beschuppt. 3,5—4,5. — Häufig auf Kleefeldern und Pferdebohnen (Vicia faba). Spätherbst und Frühjahr.

869. S. sulcifrons Thunb. Weißrandiger Sch. — Schwarz, Fühler, Schienen und Tarsen rotbraun; unten a. d. S. mit einem silberweiß beschuppten Streifen; O.seite entweder fein grau behaart oder sparsam kupfrig beschuppt, die Schuppen auf den Fd. bisweilen zu Flecken, auf dem Hsch. zu 3 Längsstreifen zusammengedrängt. Rüssel mit furchenartiger M.rinne, grob runzelig punktiert.

Hsch. so lang als breit, i. d. M. etwas erweitert, dicht körnig punktiert. Fd. mit starken, gegen die Spitze schwächer werdenden Punktstreifen. 3—3,5. — Auf Kleefeldern häufig. Frühjahr und Sommer.

870. S. flavescens Marsh. Graubrauner Sch. — Oben dicht grau oder braun, unten weißgrau beschuppt. Hsch. so lang als breit, i. d. M. am breitesten, mit 3 heller beschuppten Längslinien, von denen die äußeren gebogen sind; zwischen den M.- und S.streifen, wie auch beiderseits am Scheitel befinden sich 3 hintereinander stehende weiße Punkte. Fd. punktiert gestreift, ihre Farbe sehr veränderlich, entweder einfarbig braun beschuppt oder die abwechselnden Zw.räume sind heller und hie und da schwarz gewürfelt. Rüssel mit feiner M.rinne, flach punktiert. 4—5,5. — Häufig.

871. S. discoideus Schoenh. Weißspitziger Sch. — Oben braun, unten dicht weißgrau beschuppt. Fühler, Schienen und Tarsen rotbraun; 3 Längslinien auf dem Hsch., der breite S.rand der Fd. und ihre Spitze weiß oder grau. Hsch. länger als breit, a. d. S. kaum erweitert. 3—4. — Ziemlich häufig.

872. S. griseus F. Grauer Sch. — Langgestreckt, hinten zugespitzt; oben grau oder braun, seltener ganz grau beschuppt, unten weißlich. Hsch. mit seichter M.furche und 3 meist undeutlichen, grauen Streifen über die Naht. Fd. punktiert, manchmal mit einem gemeinschaftlichen grauen Streifen. Schildchen silberweiß; Augen wenig vorragend; Schenkel mit braunen und weißen Ringen. 5,5—9. — Häufig auf Besenginster.

b. Fd. mit aufstehenden, weißen Börstchen in den Zw.räumen.

873. S. hispidulus F. Fleckiger Sch. — Schwarz, unten graugelb, oben braun, auf den Fd. fleckig beschuppt. Hsch. breiter als lang, grob zerstreut punktiert, i. d. M. stark erweitert, mit 3 grauweißen Längsstreifen, deren äußere gebogen sind. Fd. fein punktiert gestreift. 3,5—4,5. — Häufig auf Klee. Frühjahr und Sommer.

874. S. crinitus Oliv. Borstiger Sch. — Schwarz, dicht braun oder grau beschuppt. Augen ziemlich stark vortretend; Stirn und Rüssel furchenartig vertieft und in der Furche noch mit einer feinen Rinne. Kopf und Hsch. stark punktiert, letzteres mit geraden Seiten und 3 helleren Längslinien. Fühlerwurzel, Schienen und Tarsen gelblich. Fd. deutlich gestreift. 3—4. — Häufig auf Klee. Spätherbst und Frühjahr.

875. S. Regensteinensis Hbst. Gewölbter Sch. — Dem vorigen ähnlich, aber nicht dicht beschuppt, oft fast kahl. Hsch. stark gewölbt, a. d. S. gerundet erweitert, am H.rande schräg abgeflacht, vor der Spitze stark eingeschnürt. Fd. sehr stark gewölbt, nach hinten breiter. 3—5. — Auf Besenginster (Spartium scoparium) häufig. Spätherbst und Frühjahr.

294. Gattung. **Barynotus**, Rückenrüssler.

876. B. obscurus F. Gemeiner R. — Schwarz, dicht braun und grau, auf den Fd. fleckig beschuppt. Rüssel gefurcht mit länglichen, runzeligen Grübchen. Hsch. mit seichter M.rinne. Fd. undeutlich punktiert gestreift; der 5. und 7. Streifen an der Schulter bogenf. miteinander verbunden. 9—11. — Nicht selten unter Steinen.

295. Gattung. Cneorhinus, Kugelrüssler.

877. C. geminatus F. K. — Schwarz, oben bräunlich, unten und a. d. S. weißgrau beschuppt. Hsch. a. d. S. stark erweitert, breiter als lang. Fd. fast kugelig, fein gestreift, mit kurzen, weißen Börstchen in den Zw.räumen. 4—5. — Auf Sandboden unter Steinen ziemlich häufig. Mai, Juni.

296. Gattung. Strophosomus, Schließrüssler.

a. Fd. hinter der Wurzel eingeschnürt, Wurzelrand erhaben.

878. S. faber Hbst. Streifenhalsiger Sch. — Schwarz, grau beschuppt, abstehend borstig behaart; Stirn mit deutlich vertiefter M.rinne. Hsch. meist mit 4 heller beschuppten Längsstreifen und gegen das Schildchen erweitertem H.rande. Fd. mit scharf vortretenden Schultern. 5—6. — Ziemlich häufig unter Steinen. Sommer.

b. Fd. hinter der Wurzel nicht eingeschnürt, ohne erhabenen Wurzelrand.

879. S. Coryli L. Haselnuß-Sch. — Schwarz, dicht grau und braun fleckig beschuppt, die Naht an der Wurzel unbeschuppt. Fühler und Beine rostrot. Hsch. breiter als lang, grob punktiert, mit schmaler, oft undeutlicher M.furche. Fd. punktiert gestreift, die Zw.räume spärlich mit aufstehenden Borsten besetzt. 5—6. — Auf Haseln häufig. Spätherbst und Frühjahr.

880. S. obesus Marsh. Dichtschuppiger Sch. Wie 879, nur ist die Beschuppung mehr weißgrau und die Naht stets vollständig beschuppt. Hsch. ohne M.furche, runzelig punktiert. 4—5,5. — Ziemlich selten.

297. Gattung. Liophloeus, Dickrüssler.

881. L. nubilus F. (tesselatus Bonsd.). D. — Mattschwarz, dicht grau beschuppt, punktiert, die Schuppen oft metallisch glänzend. Fühler rotbraun mit dunklerer Keule. Hsch. schmal, kaum breiter als lang, der H.rand gerade. Fd. tief punktiert gestreift, die abwechselnden Zw.räume mit dunkeln Flecken gewürfelt. 9—13. — Nicht selten unter Steinen. Frühjahr.

298. Gattung. Brachyderes, Kurzhalsrüssler.

882. B. incanus L. Bestäubter K. — Pechbraun, mit braunen und grauen, manchmal metallisch glänzenden Schuppen mäßig dicht besetzt. Fühler rotbraun; Rüssel mit seichter M.furche und wie der Kopf fein punktiert; Hsch. kurz, schwach gewölbt, grob punktiert. Fd. fein punktiert gestreift, m. o. w. fleckig und a. d. S. dichter beschuppt. 8—9. — Auf Kiefern, Eichen und Birken ziemlich häufig. Mai, Juli und August.

299. Gattung. **Polydrusus, Glanzrüssler.**

1. Fühlerschaft über die Augen hinausreichend.

a. Schenkel deutlich gezähnt.

883. P. Picus F. Grünfleckiger G. — Glänzend schwarz oder pechbraun, mit weißlichen und grünen Schuppenflecken auf Brust und Fd. und am S.rande des Hsch. Fühler und Tarsen gelbbraun. Hsch. fast viereckig, grob punktiert. Fd. punktiert gestreift. 3—4. — Auf jungen Buchen; ziemlich selten. Juni.

884. P. cervinus Gyll. Dunkelfleckiger G. — Schwarz, mit grünen, grauen oder kupferglänzenden Haarschuppen. Fühler mit Ausnahme des Endknopfes rötlich-gelbbraun. Fd. 3mal so lang als das Hsch., nach hinten schwach erweitert, sehr fein, kurz und anliegend behaart, mit viereckigen, kahlen und deshalb schwarzen Flecken. Beine ganz schwarz. 4—5. — Auf Laubholz, häufig. Mai—Juli.

b. Schenkel nicht gezähnt.

885. P. corruscus Germ. Kahlflügeliger G. — Schwarz, dicht glänzend grün beschuppt; Fühler und Beine gelbrot; Hsch. viel breiter als lang mit schwachen Höckern, an der Spitze stark eingeschnürt. Fd. punktiert gestreift, unbehaart. 4—5. — Häufig. Juni.

886. P. flavipes D. G. Gelbbeiniger G. — Schwarz, dicht mattgrün beschuppt und abstehend bräunlich behaart. Fühler und Beine rötlichgelb. Rüssel sehr kurz. Hsch. breiter als lang, vor der Spitze kaum merklich eingeschnürt. 5—6. Häufig auf Erlengebüsch. Juni.

887. P. undatus L. Gebänderter G. — Gestreckt, schwarz, dicht bräunlich beschuppt. Fühler und Beine rot. Hsch. länger als breit mit fast geraden, grauweiß beschuppten S.rändern. Fd. a. d. S., a. d. Sp. und eine Binde h. d. M. auf jeder derselben, manchmal auch eine solche an der Wurzel grauweiß beschuppt. 4—5. — Auf Buchen und Birken ziemlich häufig. Mai, Juni.

2. Fühlerschaft höchstens bis zum H.rand der Augen reichend.

888. P. micans F. Goldschuppiger G. — Schwarz, mit goldig oder kupferrot glänzenden Haarschuppen. Fühler und Beine bräunlichrot; Rüssel a. d. Sp. breiter als an der Wurzel. Hsch. breiter als lang, die Schuppen auf demselben von außen nach innen gerichtet. Fd. punktiert gestreift, doppelt so breit als das Hsch., nach hinten bauchig erweitert. Schenkel nicht gezähnt oder nur die H.schenkel mit einem kleinen Zähnchen. 7—8,5. — Häufig auf jungem Laubholz. April, Mai.

889. P. sericeus Schall. Seidenglänzender G. — Schwarz, schön gleichmäßig hellgrün oder bläulich beschuppt. Fühler und Beine gelb. Fühlerfurchen bis auf die U.seite des Rüssels verlängert. Hsch. wenig breiter als lang. Fd. ziemlich walzenf.; Schenkel oft undeutlich gezähnt. 4—7. — Häufig auf Laubbäumen. Juni, Juli.

300. Gattung. **Metallites, Erzrüssler.**

890. M. marginatus Steph. (iris Oliv.). Geränderter E. — Schwarz, dicht grau beschuppt. Fühler und Beine rötlichgelb; Hsch. so lang als breit, seitlich gerundet. Schildchen viel breiter als lang, abgestutzt. Fd. tief punktiert gestreift, die Zw.räume viel breiter als die Streifen. V.schenkel mit spitzigem Zahn. 3—4. — Häufig auf Eichen und Kiefern. Mai, Juni.

891. M. mollis Germ. Weicher E. — Schwarz oder braun, oben mit glänzenden, grünen Haarschuppen besetzt. Fühler und Beine blaß gelbbraun. Hsch. etwas breiter als lang, a. d. S. wenig erweitert. Fd. fast walzenf., tief punktiert gestreift, die Zw.räume etwa 4mal so breit als die Streifen; der 1. Zw.raum neben der Naht und die 2 äußersten ohne grüne Schuppen, bloß grau behaart. V.schenkel mit kleinem Zahn. 6—8. — Auf Nadelholzbäumen nicht selten. Juni.

892. M. atomarius Oliv. Dunkelhörniger E. — Dem vorigen ähnlich, aber Fühler mit dunkler Keule; Hsch. quadratisch; die Zw.räume der punktiert gestreiften Fd. etwa doppelt so breit als die Streifen. Schenkel undeutlich gezähnt. 4—5. — Vorkommen wie vorher.

II. Gruppe. **Otiorhychini, Geradfurchenrüssler.**

1. Fühlerschaft über die Augen hinausreichend. Hsch. so lang oder wenig kürzer als breit, vorn und hinten abgestutzt, a. d. S. gerundet erweitert. Schildchen kaum sichtbar. Fd. eif., etwa i. d. M. am breitesten, an den Schultern abgerundet. Schienen a. d. Sp. mit einem Hornhaken. Körper beinahe eif., ungeflügelt. Die Arten leben größtenteils in Gebirgsgegenden auf Gesträuchen, Tannen und auch am Boden . . . . Otiorhynchus.
2. Fühlerschaft wenigstens den V.rand der Augen erreichend. Hsch. breiter als lang. Schildchen deutlich, 3eckig. Fd. langgestreckt, meist grün beschuppt, mit stumpfwinkligen, etwas erhöhten Schultern. Körper länglich, geflügelt. Schienen ohne Hornhaken. Käfer leben auf Bäumen und Gesträuchen . . . . Phyllobius.

301. Gattung. **Otiorhynchus, Geradfurchenrüssler.**

1. Schenkel nicht gezähnt.

a. Beine ganz rot, nur die Knie und Tarsen schwarz.

893. O. niger F. Schwarzer G. — Länglich eirund, schwarz, glänzend, fein behaart. Hsch. so lang als breit, grob gekörnt oder punktiert. Fd. mit großen, weißfilzigen Gruben, punktiert gestreift. 8—12. — Nicht selten auf Fichten. April—September.

b. Beine ganz schwarz.

894. O. laevigatus F. Glatter G. — Glänzend schwarz, kahl. Rüssel dicht runzelig punktiert. Hsch. ziemlich seicht und auf der Scheibe nicht dicht punktiert. Fd. fein gerunzelt mit regelmäßigen Punktstreifen. 6—7. — Nicht selten.

895. O. unicolor Hbst. Einfarbiger G. — Glänzend schwarz, kahl. Hsch. fast so lang als breit, grob und flach gekörnt oder punktiert. Fd. eif., stark gewölbt, punktiert gestreift, die Zw.räume schwach gerunzelt. 9—13. — In bergigen Gegenden vom ersten Frühjahr an ein sehr gemeiner Käfer.

896. O. orbicularis Hbst. Kugeliger G. — Schwarz, wenig glänzend, kahl. Kopf und Rüssel dicht und stark punktiert; Hsch. viel breiter als lang, seitlich stark gerundet, dicht gekörnt. Fd. fast kugelig-eif., mit seichten, etwas kettenartigen Punktstreifen, die Zw.räume sehr fein lederartig gerunzelt. 8—9. — Im ersten Frühjahr unter Steinen; ziemlich selten.

897. O. raucus F. Beschuppter G. — Schwarz, Fühler und Beine meist heller; Rüssel runzelig punktiert. Hsch. etwas breiter als lang, seitlich gerundet erweitert, sparsam weißgrau beschuppt, dicht körnig punktiert, mit einer kurzen, feinen, erhabenen M.linie. Fd. kurz eif., undeutlich punktstreifig, dicht weißgrau beschuppt. Kopf und U.seite weniger dicht beschuppt. 5—7. — Ziemlich häufig.

898. O. picipes F. Braunbeiniger G. — Matt pechbraun, mit runden braunen und weißgrauen Schuppen fleckig besetzt; Fühler und Beine braun; Hsch. fast so lang als breit, a. d. S. gerundet erweitert und dichter beschuppt, grob gekörnt, Fd. eif. mit flach gerundeten Schultern, breit gefurcht, in den Furchen mit Augenpunkten, in deren Mitte sich ein weißliches Schüppchen befindet; die Zw.räume sind mit rückwärts geneigten Börstchen besetzt. 6—7. — Häufig.

2. Wenigstens die H.schenkel deutlich gezähnt.

899. O. lepidopterus F. Kugelhalsiger G. — Schwarz, Beine rotbraun. Fd. weißgrau, grün oder goldig fleckig beschuppt. Hsch. fast kugelig, dicht gekörnt. Zw.räume der Fd.streifen runzelig gekörnt. 7—8. — In Gebirgsgegenden ziemlich selten. Juni, Juli.

900. O. gemmatus F. Grünbeschuppter G. — Schwarz, glänzend. Rüssel mit seichter M.furche; Augen stark vortretend; Hsch. etwas breiter als lang, a. d. S. gerundet erweitert, dicht gekörnt; Fd. tief punktiert gestreift, grob runzelig gekörnt, mit vielen kleinen, schön metallisch glänzenden, grünen oder weißlichen Haarschüppchen besetzt. 5—10. — In Gebirgsgegenden gemein.

901. O. ovatus L. Runder G. — Schwarz oder pechbraun, spärlich grau behaart; Fühler und Beine rotbraun. Rüssel runzelig punktiert; Hsch. kaum breiter als lang, grob gekörnt, auf der Scheibe runzelig; Fd. kurz und breit, stark punktiert gestreift, die Zw.räume gerunzelt. V.- und H.schenkel gezähnt. 4—6. — Unter Moos und Steinen, häufig. Herbst und Frühjahr.

902. O. Ligustici L. Näscher. — Schwarz, dicht grau, auf den Fd. fleckig beschuppt; Rüssel der ganzen Länge nach mit erhabener M.linie. Augen stark vor-

ragend; Hsch. doppelt so breit als lang, a. d. S. gerundet, oben schwarz gekörnt; Fd. eif., dicht gekörnt, undeutlich gestreift. V.- und M.schenkel gezähnt. 9—12. — Im Frühjahr auf Gesträuchen und auf Wegen häufig.

302. Gattung. Phyllobius, Grünrüssler.

1. Schenkel deutlich gezähnt.

a. Schuppen haarartig, länglich.

903. P. calcaratus F. Gespornter G. — Langgestreckt, schwarz, etwas behaart, meist graugelb, selten grün oder kupferfarben spärlich beschuppt. Fühler und Beine rötlichgelb, selten ganz schwarz. Hsch. an der Spitze kaum schmäler. Schildchen halb eif. mit abgerundeter Spitze. Schenkel stark gezähnt. 7—9. — Auf Waldgebüsch häufig. Mai—Juli.

904. P. alneti F. Blaugrüner G. — Dem vorigen ähnlich, aber stets grün oder blaugrün beschuppt. Hsch. vorne deutlich eingeschnürt. Schildchen 3eckig zugespitzt. 7—9. — Vorkommen ebenso.

905. P. Pyri L. Goldschuppiger G. — (Taf. VIII, 11.) Länglich, schwarz, grüngolden oder kupfrig streifenartig beschuppt. Augen vorragend; Hsch. vorn deutlich eingeschnürt, mit erhabener M.linie; Fühler und Beine rostgelb, letztere zuweilen schwärzlich. Schildchen 3eckig zugespitzt, meist weiß beschuppt. 5,5—7. — Auf Laubholz, häufig.

b. Schuppen rund.

906. P. oblongus L. Braunflügeliger G. — Länglich, schwarz, lang grau behaart. Fühler und Beine gelb oder gelbbraun; Fd. heller oder dunkler braun, oft mit schwärzlichem Rande. 4—5. — Häufig. Mai—Juli.

907. P. argentatus L. Rundschuppiger G. — Länglich, dicht mit runden, grauen, grünen, blauen oder goldglänzenden Schuppen bedeckt und mit langen, aufstehenden, auf den Fd. weißlichen Härchen besetzt. Fühler und Beine braun, Tarsen gelb. Hsch. beim ♂ viel breiter, beim ♀ so breit als der Kopf, a. d. Sp. eingeschnürt. 5—7. — Häufig auf Laubbäumen. Juni.

2. Schenkel nicht gezähnt.

908. P. Pomonae Oliv. Dicht beschuppter G. — Der ganze Käfer äußerst dicht grün beschuppt, unbehaart. Stirn schwarz. Hsch. wenig breiter als lang. Fühler, Schienen und Tarsen rötlich-gelbbraun, Schenkel dunkler. 3,5—5. — Häufig. Mai, Juni.

909. P. uniformis Marsh. Haarbrüstiger G. — Schwarz, oben sehr dicht grün, blaugrün oder gelbgrün beschuppt, unbehaart; unten sparsam beschuppt, fein und kurz behaart; die Schuppen mattglänzend; Hsch. wie bei 908; Fd. stark punktiert gestreift; Fühler ziemlich dick und wie die Schienen und Tarsen rötlichgelb; Schenkel schwarz. 3—5. — Häufig. Mai—Juli.

III. Gruppe. Hylobiini, Nadelholzrüssler.

1. Käfer geflügelt.
   a. Fühlerschaft den Augenrand lange nicht erreichend. Fühlerfurchen vor den rundlichen Augen aufhörend, etwas nach unten gerichtet. Hsch. hinten am breitesten, nach vorn m. o. w. gleichmäßig verengt. Fd. eif., h. d. M. allmählich zugespitzt, jede mit einem weißen Punkt entweder i. d. M. oder vor der Spitze. Körper grau beschuppt. Käfer leben auf Weiden . . . . Lepyrus.
   b. Fühlerschaft den V.rand der Augen nahezu erreichend. Fühlerfurchen gerade gegen die eif. Augen gerichtet. Hsch. nach vorn verengt. Fd. ziemlich walzenf., mit gelblichen Haarflecken, jede v. d. Sp. mit einer stumpfen Schwiele. Käfer leben auf Nadelholzbäumen . . . . Hylobius.
2. Käfer nicht geflügelt.
   a. Fühlerschaft den V.rand der Augen nicht erreichend. Hsch. ohne erhabene M.linie. Schildchen klein, aber deutlich. Fd. hochgewölbt, eif., an der Naht verwachsen, meist mit gelben Schuppen gefleckt; Schultern abgerundet. Käfer leben auf Gesträuch und am Boden . . . . Molytes.
   b. Fühlerschaft die Augen kaum erreichend. Hsch. mit fein erhabener M.linie. Schildchen nicht sichtbar oder äußerst klein. Fd. an der Wurzel so breit als das Hsch., länglich eif.; Schultern vorstehend. Käfer unter Steinen . . . . . . Plinthus.

303. Gattung. Lepyrus, Striemenrüssler.

910. L. colon F. Doppeltbezeichneter St. — Schwarz, grau beschuppt und behaart; Rüssel und Hsch. mit feiner, erhabener M.linie, letzteres a. d. S. mit weißer Längslinie; Fd. lang eif., fein gestreift punktiert, jede auf der Mitte der Scheibe mit einem weißen Fleck; Bauch a. d. S. mit weißlichen Haarflecken. 9—12. — Häufig auf Weiden. Frühjahr.

911. L. binotatus L. Doppeltpunktierter St. — Schwarz, braun, manchmal grau beschuppt; Rüssel und Hsch. wie vorher, nur fehlen an letzterem die weißen S.streifen; Fd. kürzer, jede v. d. Sp. mit einem kleinen weißen Fleck; U.seite nicht gefleckt. 9—12. — Viel seltener.

304. Gattung. Hylobius, Fichtenrüssler.

912. H. pineti F. Großer F. — Pechschwarz, mäßig glänzend, mit gelblichen, anliegenden Haaren spärlich, auf den Fd. fleckig besetzt, letztere tief gestreift punktiert mit flachen, runzelig gekörnten Zw.räumen. Schenkel nicht gezähnt. 14 bis 16. — Selten, häufiger in den Alpen.

913. H. Abietis L. Gemeiner F. — (Taf. VIII, 8.) Dunkelbraun, glanzlos. Behaarung wie vorher, auf den Fd. bindenartig. Hsch. mit glänzenden, erhabenen Runzeln und solcher M.linie, nach vorne verengt. Fd. kettenartig gestreift punktiert. Schenkel gezähnt. 9—14. — Gemein. Frühjahr und Herbst.

914. H. pinastri Gyll. Kleiner F. — Dem vorigen sehr ähnlich, aber viel kleiner; Hsch. vorn nicht verengt und ohne erhabene M.linie; Punktierung der Fd. gegen die Spitze viel flacher; Beine braunrot. 7—9. — Nicht selten.

305. Gattung. Molytes (Liparus). Faulrüssler.

915. M. coronatus L. Zahnschenkliger F. — Schwarz, 2 querstehende Makeln a. d. S. des Hsch. und dessen H.rand gelb beschuppt. Fd. runzelig punktiert, manchmal auch mit gelben, aber nicht vertieften Haarschüppchen; Schenkel spitz gezähnt. 10—12. — Bei uns nicht selten, in Norddeutschland selten.

916. M. germanus L. Gemeiner F. — (Taf. VIII, 9.) Schwarz, oben mit großen, flachen Punkten; Seiten des Hsch. und die Fd. mit zahlreichen vertieften, gelb beschuppten Makeln. Rüssel und Hsch. ohne Spur einer erhabenen M.linie; 1. B.ring mit geradem H.rand, beim ♂, wie auch der letzte, etwas eingedrückt. V.schenkel stumpf, aber deutlich gezähnt. 16—22. — Häufig. Herbst und Frühjahr.

917. M. carinaerostris Schönh. Großer F. — Dem vorigen sehr ähnlich, aber Rüssel und Hsch. mit bewaffnetem Auge mit deutlich erkennbarer M.linie; 1. B.ring am H.rande ausgebuchtet, beim ♂ mit dem folgenden zu einer großen, runden Grube eingedrückt; alle Schenkel ungezähnt. 19—22. — Weniger häufig.

306. Gattung. Plinthus, Steinrüssler.

918. P. caliginosus F. Grubenhalsiger St. — (Taf. VIII, 10.) Gestreckt, pechschwarz oder braun, spärlich grau oder graugelb beschuppt; Fühler und Beine rotbraun; Rüssel runzelig punktiert mit einer erhabenen M.linie; Hsch. länglich, a. d. S. gerundet erweitert, grob runzelig punktiert und mit feiner M.rinne; Fd. tief punktiert gestreift, die abwechselnden Zw.räume erhöht; alle Schenkel spitz gezähnt. 7—9. — Unter Steinen. Selten. Frühjahr.

IV. Gruppe. Hyperini, Schulterrüssler.

1. Rüssel deutlich gegen die Spitze verdickt, am Ende ziemlich 4eckig. Fühlerrinnen tief, bis an die Wurzel des Rüssels ziehend. Hsch. fast 4eckig, v. d. M. am breitesten, a. d. Sp. schnell verengt. Fd. länglich eif., mit abgerundeten, nicht vorragenden Schultern, jede mit 2 weiß beschuppten Flecken. Schildchen deutlich. Käfer leben unter Steinen . . . . Alophus.

2. Rüssel a. d. Sp. nicht verdickt, gerundet. Fühlerfurchen zum untern Augenrand verlaufend; Hsch. wenigstens so breit als lang, meist mit 3 heller beschuppten Längsstreifen. Schildchen oft undeutlich. Fd. eif., oft bauchig erweitert. Käfer leben auf Pflanzen . . . . Hypera.

307. Gattung. Alophus, Seidenrüssler.

919. A. triguttatus F. Dreipunktiger S. — Schwarz, dicht grau oder braun beschuppt, punktiert; Rüssel mit tiefer M.rinne; Hsch. vorn mit deutlicher M.furche, a. d. S. weißlich beschuppt; Fd. mit undeutlich punktierten Streifen, jede mit 2 weißen Makeln, einer kleinen v. d. M. und einer großen, bindenf. an der Naht vor der Spitze. 6—8. — Nicht selten unter Steinen. April—Juli.

308. Gattung. Hypera (Phytonomus), Krautrüssler.

1. Das 1. und 2. Glied der Fühlergeißel länglich; das 2. stets viel länger als das 3.

a. Hsch. viel breiter als lang, v. d. M. am breitesten, nach vorn wenig, nach hinten deutlich verengt.

920. H. punctata F. Punktierter K. — Schwarz, dicht grau oder braun, a. d. S. und auf der M.rinne des Hsch., wie auchauf der U.seite heller beschuppt. Fd. tief punktiert gestreift, die abwechselnden Zw.räume heller beschuppt mit gereihten, schwarzen Samtflecken. Käfer geflügelt. 7—9. — Häufig. Sept.; April—Juni.

b. Hsch. deutlich breiter als lang, i. d. M. am breitesten, nach vorn und hinten gleichmäßig verengt.

921. H. Plantaginis D. G. Wegerich-K. — Schwarz, dicht grau oder weißgelb, oft metallisch schimmernd beschuppt. Hsch. um die Hälfte breiter als lang, a. d. S. stark gerundet, mit 2 breiten, dunklen Längsstreifen; Fd. spärlich abstehend weiß behaart, eine große längliche Makel a. d. S., ein Strich neben dem Schildchen beiderseits und mehrere kleine Punkte dunkel. 5. — Häufig.

922. H. Polygoni F. Knöterich-K. — Schwarz oder braun; Hsch. nach rückwärts mäßig verengt, wie der Kopf braun beschuppt und mit 3 weißen Längslinien, deren mittlere bis auf den Rüssel verlängert ist. Fd. grau, braun oder gelblich beschuppt, mit helleren Längslinien und dunkel gefleckter Naht; eine kurze Linie neben dem Schildchen, ein Strichelchen auf der Schulter und 2 vorne abgekürzte, hinten v. d. Sp. sich vereinigende Linien auf der Scheibe jeder Fd. braun oder schwarz. 5—6. — Nicht selten. Herbst und Frühjahr.

c. Hsch. kaum breiter als lang.

923. H. suspiciosa Hbst. Hellnahtiger K. — Schwarz, dicht grau oder graugelb beschuppt, die Schuppen manchmal metallisch glänzend. Fühler rostrot; Hsch. mit 2 breiten, braunen Längsstreifen; Fd. eif., mit vielen, häufig zusammen-

fließenden dunkeln Makeln, die um das Schildchen meist einen m. o. w. großen Fleck bilden; die hintere Hälfte der Naht nicht oder nur zerstreut schwarz gefleckt. 5–6. — Häufig. Sommer.

924. H. Rumicis L. Ampfer-K. — Schwarz, grau oder graugelb, oft metallglänzend dicht beschuppt. Fühler mit Ausnahme der Keule rostrot; Hsch. a. d. S. wenig erweitert, auf der Scheibe mit 2 dunklen, oft undeutlichen Längsstreifen. Fd. lang-eif., mit einem großen, meist kahlen eckigen Fleck um das Schildchen und vor und h. d. M. mit kleinen, nackten oder dunkelbraun beschuppten, oft zu 2 Binden gereihten Makeln; Naht gleichmäßig beschuppt. 4–5. — Häufig; Herbst und Frühjahr. Larve und Puppe auf Roggen, Ampfer, Hohlzahn und Knöterich.

4. Hsch. i. d. M. viel breiter als lang.

925. H. murina F. Grauer K. — Schwarz, grau beschuppt; Fühler und Schienen rostfarben. Hsch. gerundet, mit 2 braunen Längslinien, die M.linie und die beiden Seiten hell, oft glänzend blaßgrün. Fd. an der Nahtwurzel mit einer länglichen, braunen Makel, auf den übrigen Teilen mit weißen, schwarz punktierten Linien. 5–7. — Nicht selten. Herbst und Frühjahr.

926. H. variabilis Hbst. Veränderlicher K. — Dem vorigen sehr ähnlich, aber nur 4–5 mm lang und das Hsch. zeigt beiderseits v. d. M. einen dunklen, nackten Punkt; Fd. braun punktiert. — Häufig.

2. 1. Glied der Fühlergeißel länglich, a. d. Sp. keulenf. verdickt; das 2. wenig länger als das 3.

927. H. nigrirostris F. Grünbeschuppter K. — Braun, oben grün, unten dicht graugelb beschuppt. Fühler und Beine rostbraun; Hsch. wenig breiter als lang mit 2 m. o. w. deutlichen, dunklen Längsstreifen. Fd. punktiert gestreift, sparsam mit weißen, aufstehenden, reihig gestellten Härchen besetzt. 3,5. — Häufig auf Kleefeldern. Juni, Herbst und Frühjahr.

928. H. meles F. Braunschuppiger K. — Braun, mit grauen, gelblichen oder braunen Schuppen dicht besetzt. Fühler, Schienen, Tarsen, bisweilen auch die Schenkel rotbraun; Hsch. viel breiter als lang, mit 2 breiten, durch eine helle Linie getrennten, dunklen Streifen. Fd. punktiert gestreift, auf den Zw.räumen mit Reihen weißlicher Haare. 4. — Häufig.

V. Gruppe. **Cleonini, Walzenrüßler.**

1. Rüssel dick, stumpfkantig. Fühler ziemlich kurz und dick, nahe a. d. Sp. eingefügt. Fühlerfurchen sehr tief und stark nach unten gekrümmt. Fd. in den ausgebuchteten H.rand des Hsch. hineinragend. Körper beschuppt, meist geflügelt. Käfer unter Steinen . . . . Cleonus.

2. Rüssel meist abgerundet, walzenf. Fühler i. d. M. oder nahe derselben eingefügt.
   a. Körper langgestreckt, walzenf. Fühlerfurchen auf der U.seite des Rüssels nicht zusammenlaufend. Fd. hinten einzeln stark zugespitzt. Käfer in und auf den Stengeln verschiedener Sumpfpflanzen . . . . Lixus.
   b. Körper breit eif. oder länglich eif. Fühlerfurchen auf der U.seite des Rüssels meist sich vereinigend. Fd. hinten gemeinsam abgerundet. Körper graufilzig, fleckig behaart. Käfer leben auf Disteln . . . . Larinus.

309. Gattung. Cleonus, Walzen-Heiderüssler.

a. 1. Glied der Fühlergeißel kürzer als das 2.

929. C. albidus F. (affinis Schrank.) Weißer H. — Schwarz, dicht weißlich behaart, Seiten des Hsch., 2 breite Binden über die Fd. und die Naht dicht weißfilzig. Rüssel mit einer erhabenen, vorne gabelig geteilten M.linie, a. d. Sp. etwas verengt. Fd. am Ende einzeln zugespitzt mit auseinanderstehenden Spitzen. 7—11. — Auf sandigen Wegen und unter Steinen; ziemlich selten. Frühjahr.

b. 1. Glied der Fühlergeißel so lang wie das 2.

930. C. ophthalmicus Rossi. Vierpunktiger H. — Schwarz, dicht weißgrau oder graugelb fleckig behaart. Rüssel mit 2 breiten, scharfbegrenzten Furchen. Hsch. vorn mit schwach erhabener, feiner M.linie, a. d. S. mit 2 geschlängelten, dichter und heller behaarten Linien, jede Fd. h. d. M. mit 2 ebenso beschaffenen Punkten auf nacktem Grunde. 11—14. — Selten.

c. 1. Glied der Fühlergeißel fast doppelt so lang als das 2.

931. C. cinereus F. Grauer H. — Grau oder grauweiß behaart. Rüssel mit 2 durch einen starken Längskiel getrennten Furchen; Fühlerfurchen auf der U.seite des Rüssels zusammenstoßend; Hsch. seiner ganzen Länge nach mit deutlich erhabener M.linie und mit 4, etwas vertieften, heller behaarten Längslinien. Fd. gelblich oder hellgrau behaart mit schwarzen Punkten und Flecken gesprenkelt. 7—13. — Nicht selten.

932. C. marmoratus F. Marmorierter H. — Schwarz, braun behaart, die Fd. weiß und braun gefleckt; Rüssel mit stark erhabener M.linie und neben dieser beiderseits breit furchenartig vertieft. Kopf hinter den Augen mit einem eingedrückten Querstreifen. Hsch. am H.rande 2mal gebuchtet, die Mitte gegen das Schildchen erweitert; Fd. und Hsch. ziemlich dicht mit erhabenen, nackten, schwarzen, oft zusammenfließenden Körnern besetzt. 8—10. — Nicht selten.

d. Rüssel der ganzen Länge nach mit 3 tiefen Furchen.

933. C. sulcirostris L. Gefurchter H. — Schwarz, dicht punktiert und grau behaart; Hsch. mit kleinen, nackten Erhabenheiten und schwach vertiefter

M.linie, letztere und die Seiten dichter behaart; Fd. undeutlich gestreift punktiert, jede mit 2 schwachen, schrägen Binden. 11—16. — Auf sandigen Feldern, ziemlich häufig. Frühjahr.

310. Gattung. Lixus, Walzenrüssler.

a. Fühlerschaft so lang als die Fühlergeißel.

934. L. paraplecticus L. Langspitziger S. — Langgestreckt, schmal, grau behaart und grüngelb bestäubt, S.rand des Hsch. und der Fd. heller; Hsch. länger als breit, nach vorne nur wenig verengt, sehr fein und dicht runzelig punktiert. Fd. an der Wurzel nur wenig breiter als das Hsch., i. d. M. am breitesten, nach hinten je in eine dem Hsch. an Länge gleichkommende Spitze auslaufend. 13—15. — Auf Sumpfpflanzen, besonders auf dem Wasserschierling und -fenchel; selten. August, September.

935. L. turbatus Gyll. (fridis Oliv.). Wasserschwertel-S. — Dem vorigen ähnlich; unterscheidet sich aber auffallend durch den breiteren Körper, die kurzen Fd.spitzen und die verdickten Schenkel. 13—17. — Selten.

936. L. Ascanii L. Walzenförmiger S. — Schwarz, unten grau behaart, mit großen, nackten Augenpunkten, oben grau, gelb oder rot bestäubt; Hsch. und Fd. mit scharf begrenztem, hellem S.rande, ersteres grob grubig punktiert, letztere mit gereiht punktierter Scheibe; Fd.spitzen kurz. 8—10. — Unter Steinen auf Sumpfwiesen; selten. April, Juni—September.

b. Fühlerschaft kurz, kaum so lang als die 3 ersten Geißelglieder.

937. L. filiformis F. Schmaler S. — Schwarz, unten ziemlich dicht und lang, oben sparsam und fleckig grau behaart; oft gelb bestäubt; Augen klein, gewölbt; Rüssel so lang als das Hsch., beide dicht punktiert, letzteres am V.rande wenig eingeschnürt; Fd. etwa 3mal so lang als breit, punktiert gestreift, gesprenkelt, ihre Spitzen einzeln abgerundet. 6—9. — Auf Disteln; selten. Sommer.

938. L. pollinosus Germ. (Cardui Oliv.) Bestäubter S. — Dem vorigen sehr ähnlich, aber größer; Augen flach und groß; Hsch. dicht hinter dem V.rande stark eingeschnürt; Fd. etwa 2mal so lang als zusammen breit. 11—13. — An sonnigen Abhängen. Selten.

311. Gattung. Larinus, Distelrüssler.

939. L. Sturnus Schall. Großer D. — Breit-eif., schwarz; Rüssel länger als das Hsch., auf der hintern Hälfte mit deutlich erhabener M.linie; Hsch. runzelig punktiert, die Vertiefungen gelblich, a. d. S. dicht gelb- oder graufilzig. Fd. mit vielen grauen oder gelben Flecken gesprenkelt, ein rundlicher Fleck neben dem Schildchen jederseits meist größer. 7—11. Häufig. August, September.

940. L. Jaceae F. Kleiner D. — Dem vorigen sehr ähnlich, aber nur 6,5—7,5 mm lang. Rüssel ohne erhabene M.linie auf der hintern Hälfte, beim ♀ so lang, beim ♂ kürzer als das Hsch. — Häufig. Juni, Juli.

VI. Gruppe. Erirhinini, Langrüssler.

1. Fühler nahe der Mitte des Rüssels eingefügt; Schaft wenig gebogen, beinahe den V.rand der Augen erreichend. Rüssel fast so lang als das Hsch., dünn, rund, wenig gebogen. Hsch. fast so lang als breit, nach vorn stark verengt. Schildchen deutlich, rund, erhaben. Fd. wenig breiter als das Hsch., kaum doppelt so lang als zusammen breit, jede v. d. Sp. mit einer schwielenartigen Erhabenheit. Schienen a. d. Sp. mit einem sehr starken, nach innen gebogenen Hornhaken. Käfer an Nadelholzstämmen Pissodes.
2. Fühler etwas v. d. M. des Rüssels eingefügt; ihr Schaft nicht ganz die Augen erreichend. Rüssel länger als Kopf und Hsch., dünn, gebogen. Hsch. fast so lang als breit, v. d. M. am breitesten, nach beiden Enden hin verengt. Schildchen sehr klein, erhaben. Fd. viel breiter als das Hsch., nach rückwärts merklich erweitert. Schienen mit sehr kleinem Hornhaken a. d. Sp. Käfer auf Schachtelhalmen . . . . Grypidius.
3. Fühler nahe a. d. Sp. des Rüssels eingefügt. Rüssel länger als Kopf und Hsch. zusammen.
   a. Fühlerschaft beinahe die Augen erreichend. Fühlerfurchen tief zum vordern Rand der Augen hinziehend. Schenkel gegen die Spitze keulenf. verdickt, ungezähnt; alle Schienen a. d. Sp. gebogen und mit einem starken Horn bewaffnet. Käfer auf Wasserpflanzen . . . . Erirhinus.
   b. Fühlerschaft beinahe den V.rand der Augen erreichend. Fühlerfurchen a. d. S. zur Mitte der Augen hin verlaufend. Schenkel meist gezähnt; Schienen gerade, selten etwas gebogen, nur die der V.beine mit einem kleinen Hornhaken bewaffnet. V.beine gewöhnlich länger als die hinteren. Käfer besonders auf Pappel- und Weidenstämmen . . . . Dorytomus.

312. Gattung. Pissodes, Kiefernrüssler.

941. P. Pini L. K. — Länglich eif., mäßig gewölbt, pechbraun, gelblich beschuppt; Hsch. dicht punktiert, mit feiner erhabener M.linie und stumpfwinkligen H.ecken. Von den Schuppenflecken befinden sich 2 am V.- und 2 am H.rande, 4 stehen über der Mitte in einer Reihe. Fd. punktiert gestreift, mit einer schmalen, aus kleinen, gelblichweißen oder gelben Makeln zusammengesetzten Binde h. d. M.; v. d. M. beiderseits gewöhnlich ein doppelter Fleck von derselben Farbe. 7—9. — Vereinzelt an Kiefern. Herbst und Frühjahr.

942. P. Piceae Ill. Weißtannenrüsselk. — Dem vorigen ähnlich, aber die Binde auf den Fd. viel breiter; Hsch. gewöhnlich mit 6 Schuppenflecken, von denen 2 am H.rande und 4 in einer Reihe über der Mitte stehen. 7—10. — In Gebirgswäldern an Weißtannen, ziemlich selten. Mai—August.

943. P. notatus F. Weißbeschuppter K. — Pechbraun, in der Beschuppung den vorhergehenden ähnlich, aber die hintere breite Binde mehr weiß beschuppt; Hsch. mit stark ausgebuchtetem H.rand und spitzwinkligen H.ecken; Fd. auch neben der Naht mit vielen weißlichen Flecken und vor der Mitte mit einem größeren gelben Fleck. 7—9. — Gemein in Kiefernwäldern. Herbst und Frühjahr.

313. Gattung. Grypidius, Schachtelhalmrüßler.

944. G. Equiseti F. Sch. — Pechschwarz; Brust, Seiten des Hsch. und der Fd. und der h. d. M. verschmälerte Teil der letzteren dicht weiß und braungrau beschuppt. Fd. gestreift, v. d. Sp. höckerartig aufgetrieben, im 3. Zw.raum mit einem weißen Punkt. 6—7. — Auf nassen Wiesen, nicht selten. April—Oktober.

314. Gattung. Erirhinus, Sumpfrüßler.

945. E. acridulus L. Mattschwarzer S. — Mattschwarz, oben fleckig gelbbraun behaart; Fühler und Beine rotbraun. Rüssel so lang als Kopf und Hsch. zusammen, vorne sparsam, hinten dichter und bisweilen reihig punktiert. Hsch. mit feiner erhabener M.linie, grubig punktiert. Fd. punktiert gestreift, die Zw.räume gerunzelt. 4—5. — Auf Sumpfwiesen, ziemlich selten. Frühjahr.

946. E. Festucae Hbst. Rohr-S. — Pechschwarz, oben graugelb scheckig, unten weiß beschuppt; Rüssel, Fühler und Beine rostrot. Rüssel dicht punktiert, m. o. w. deutlich gestreift; Hsch. a. d. S. gerundet, dicht und fein punktiert, längs der Mitte breit dunkel. Fd. i. d. M. undeutlich, gegen die Naht und den S.rand deutlich gestreift, h. d. M. mit einer hellen Makel. 5—6. — An Schilfrohr, nicht selten. Juni.

315. Gattung. Dorytomus, Weidenrüßler.

947. D. vorax F. Brauner W. — Pechbraun, oben fleckig grau behaart; Fühler, Schenkelwurzel, Schienen und Tarsen rostrot; Rüssel fadenf., gebogen, stark gestreift, so lang als der halbe Körper; Hsch. a. d. S. stark gerundet erweitert, nach vorn schnell verengt. Fd. punktiert gestreift, deutlich breiter als die Mitte des Hsch. Beine lang und dünn, die vorderen, besonders beim ♂, stark verlängert, die Schenkel mit kleinem Zähnchen. 5—6. — Häufig auf Pappeln und Weiden. Mai—Oktober.

948. D. macropus Schoenh. Gelber W. — Wie Nr. 947, aber ganz blaßgelb; Rüssel und Fühler braun. 5—6. — Seltener. Juni, Juli.

949. D. taeniatus F. Gelbbrauner W. — Schmal, pechbraun, fleckig grau behaart; Fühler und Beine rötlichbraun; Rüssel so lang als Kopf und Hsch. zusammen, gestreift und gerunzelt; Hsch. kurz v. d. M. am breitesten, zerstreut punktiert; Fd. blaß gelbbraun, oft längs der Scheibe dunkel, v. d. Sp. mit weißbehaarter Schwiele. Schenkel mit starkem, spitzem Zahn. 3—4. — Auf Weidengebüsch, nicht selten. Juni.

950. D. majalis Payk. Blüten-W. — Schwarz, grau behaart; Fühler, Hsch., Fd., Beine, Spitze des H.leibs und oft auch der Rüssel rostrot. Hsch. vorn verschmälert, a. d. S. nicht gerundet, dicht punktiert. Fd. scheckig behaart, oft mit einem dunkeln Fleck vorn neben der Naht. Schenkel schwach gezähnt. 3—4. — Auf Weiden, nicht selten. Mai.

VII. Gruppe. Magdalinini, Knospenstecher.

316. Gattung. Magdalinus, Knospenstecher.

a. Hsch. ohne Zähnchen am S.rande; Schenkel gezähnt.

951. M. violaceus L. Blauer K. — (Taf. VIII, 12.) Schwarzblau; Kopf sparsam punktiert, mit einem Grübchen zwischen den Augen; Hsch. breiter als lang, vorne verengt, dicht punktiert, mit platter M.linie; Fd. veilchenblau, punktiert gestreift, die Streifen am Grunde mit 4eckigen Punkten, Zw.räume fein lederartig gerunzelt und gekörnt. 5—7. — Nicht selten auf blühenden Kiefern. Mai.

952. M. Cerasi L. Kirschen-K. — Mattschwarz. Hsch. viel breiter als lang, dicht punktiert, a. d. S. gerundet, nach vorn verengt. Fd. tief punktiert gestreift, die Punkte am Grunde der Streifen etwas undeutlich; Zw.räume gewölbt, fein und dicht gekörnt. 3—4. — Häufig auf blühenden Obstbäumen, besonders Kirschen. Juni.

b. Hsch. a. d. S. mit einem kleinen, spitzen Zahn.

953. M. stygius Gyll. (aterrimus F.). Schwarzer K. — Mattschwarz; Rüssel kürzer als das Hsch., letzteres fast quadratisch, fein punktiert. Fd. punktiert gestreift, die Zw.räume flach, sehr fein lederartig gerunzelt. Schenkel gezähnt. 3—4,5. — Nicht selten auf blühenden Obstbäumen.

954. M. Pruni L. Pflaumen-K. — Mattschwarz; Rüssel so lang als der Kopf, fast gerade; Hsch. nach vorn verengt, dicht körnig punktiert. Fd. gekerbt gestreift, die Zw.räume gewölbt und fein gerunzelt. Schenkel nicht gezähnt. 3. — Häufig auf blühenden Obstbäumen, besonders Pflaumen. Mai.

VIII. Gruppe. Tychiini, Blütenrüssler.

I. Fühlergeißel 6—7gliedrig.
   1. H.schenkel stark verdickt, Käfer mit Springvermögen. Augen groß, vorragend, einander sehr genähert. Fd. fast doppelt so breit als das Hsch., a. d. Sp. stumpf abgerundet. Körper fast eif., meist beschuppt und behaart, geflügelt . . . . Orchestes.
   2. H.schenkel nicht verdickt; Springvermögen fehlt; Augen von einander entfernt.
      a. After bedeckt.

aa. Fd. nach hinten bauchig erweitert; Fühler etwas v. d. M. des Rüssels eingefügt. Hsch. breiter als lang, vorn verengt. Fd. breiter als das Hsch., mit bindenartigen Zeichnungen. V.beine länger und stärker als die andern, ihre Schenkel stets und meist sehr stark gezähnt. Käfer leben auf Bäumen und Gesträuch . . . . Anthonomus.

bb. Fd. nach hinten nicht bauchig erweitert. Fühler v. d. M. des Rüssels eingefügt. Hsch. breiter als lang, i. d. M. gerundet erweitert. Fd. oval, oft mit weißen Flecken oder Längsstreifen. Klauen klein, mit einem zahnf. Anhang. Käfer auf Pflanzen . . . . Tychius.

b. After nicht bedeckt. Rüssel dünn, fadenf., sehr lang, oft so lang als der ganze Körper; Hsch. breiter als lang, vorn etwas verengt, an der Wurzel leicht doppelt gebuchtet. Fd. a. d. Sp. einzeln abgerundet, zusammen länglich herzf. Körper kurz eif., beschuppt, geflügelt. Käfer auf Sträuchern, von denen sie sich bei Gefahr alsbald herabfallen lassen . . . Balanius.

II. Fühlergeißel 5gliedrig.

1. After bedeckt. Hsch. klein, kurz, oben stark gewölbt, viel schmäler als die Fd., diese breit, fast quadratisch, a. d. Sp. zusammen abgerundet, filzig behaart und meist mit 2 samtschwarzen Nahtflecken. Käfer leben hauptsächlich auf Verbascum- und Scrophularia-Arten . . . . Cionus.

2. After nicht bedeckt. Hsch. breiter als lang, nach vorn etwas verengt, seitlich gerundet, oben wenig gewölbt, am Grunde nur wenig schmäler als die Fd.wurzel. Fd. eif. oder fast 4eckig, a. d. Sp. einzeln abgerundet. Schenkel keulenf., oft gezähnt; Schienenspitze mit einem Hornhäkchen. Käfer leben auf niederen Pflanzen . . . . Gymnetron.

317. Gattung. Orchestes, Springrüssler.

a. H.schenkel gezähnt.

955. O. scutellaris F. (testaceus Müll.). Rostroter Sp. — Dunkel rostrot, U.seite bis auf die V.brust schwarz. Fd. bei frischen Exemplaren an der Wurzel mit dichtem Haarfleck. Schildchen dicht weiß behaart. H.schenkel nur mit einem deutlichen Zahn. 3. — Häufig auf Erlen und Birken. Mai—Juli.

956. O. Fagi. L. Buchen-Sp. — Schwarz, fein grau behaart; Fühler und Tarsen hell gelbbraun. Fd. punktiert gestreift; alle Schenkel unten v. d. Sp. mit einem Zahn. 3. — Gemein auf Rotbuchen. Frühjahr und Sommer.

b. H.schenkel ungezähnt.

957. O. Populi F. Pappel-Sp. — Schwarz, fein grau behaart; Schildchen weiß. Fd. gestreift, in den Streifen deutlich punktiert, die Punkte nicht von Haarschüppchen bedeckt; Fühler und Beine ganz blaßgelb, die H.schenkel vorn schwarz. 2. — Häufig auf Weiden und Pappeln. Frühjahr und Sommer.

958. O. Salicis L. Weiden-Sp. — Schwarz, nur die Fühlerkeule rostrot. Fd. punktiert gestreift, mit 2 weiß behaarten, gebogenen Binden, von denen sich die vordere an der Naht in eine gelbe Makel erweitert. 3. — Häufig auf Weiden. August—Oktober, April und Mai.

318. Gattung. **Anthonomus, Obststecher.**

1. Fd. mit bindenartiger Zeichnung.

a. Alle Schenkel gezähnt.

959. A. druparum L. Steinfruchtstecher. — Rotbraun, ziemlich dicht graugelb behaart; Fd. fein punktiert gestreift, mit 2 unbehaarten und daher dunkel erscheinenden Binden. $3,_5$—4. — Auf Pfirsichbäumen und Traubenkirschen (Prunus Padus), nicht selten. Mai, Juni.

b. Nur die V.schenkel gezähnt.

960. A. Ulmi D. G. Ulmen-O. — Braunrot, Fühler und Beine heller; Rüssel punktiert; M.linie des Hsch., Schildchen, eine breite Binde h. d. M. der Fd. und deren Spitze weiß behaart. 3. — Häufig auf Ulmen. Mai.

961. A. pomorum L. Apfelblütenstecher, Brenner. — (Taf. VIII, 13.) Schwarzbraun, fein grau behaart; Fühler und Beine rostrot, Fühlerkeule und der verdickte Teil der Schenkel dunkler. Schildchen rein weiß; Fd. h. d. M. mit einer weißgelben, schrägen Binde, die glänzend schwarz und von kleinen, weißen Haarbüscheln umsäumt ist. 4. — Häufig auf Apfel- und Birnbäumen. Die überwinterten ♀ legen im Frühjahr je ein Ei in die Blütenknospen hinein. Die ausschlüpfende Larve, unter dem Namen „Kaiwurm" allgemein bekannt und gefürchtet, zerfrißt die Staubgefässe und den Fruchtknoten. Die Käfer erscheinen Ende Mai oder anfangs Juni.

2. Fd. ohne bindenartige Zeichnung.

962. A. Rubi Hbst. Himbeerstecher. — Schwarz, mäßig glänzend, fein grau behaart, Schildchen weiß beschuppt; Fühler ganz schwarz oder der Schaft bisweilen gelbbraun. Fd. stark punktiert gestreift, die Zw.räume gewölbt. 3—4. — Häufig auf Himbeeren und Brombeeren. Juli, August.

319. Gattung. **Tychius, Blütenrüssler.**

963. T. quinquepunctatus L. Fünfpunktiger B. — Schwarz, oben dicht kupfer- oder messingglänzend haarf. beschuppt; M.linie des Hsch., Naht und 2 in einer Linie stehende Längsmakeln auf jeder Fd. sowie die U.seite weiß beschuppt. Schenkel gezähnt. 3—4. — Auf Wiesenblumen; nicht selten. Sommer.

964. T. venustus F. Besenginster-B. — Schwarz, oben dicht grau und braun haarförmig, unten weiß beschuppt; M.linie und Seiten des Hsch., Fd.naht, Schildchen und ein breiter, aus mehreren verschmolzenen Linien gebildeter Längsstreifen am S.rande jeder Fd. weißlich beschuppt. Schenkel gezähnt. 3—$3,_5$. — Häufig auf Besenginster. Mai, Juni.

965. T. picirostris F. Rostfüßiger B. — Schwarz, Fühlerwurzel, Rüsselspitze, Schienen und Tarsen, manchmal auch die ganzen Beine rostrot. O.seite dicht anliegend weißgrau behaart, U.seite dicht weiß beschuppt. Schenkel nicht gezähnt. 2. — Häufig auf Wiesen. Sommer.

320. Gattung. Balaninus, Nußbohrer.

a. Schenkel v. d. Sp. mit großem, 3eckigem Zahn. Käfer über 3 mm lang.

966. B. nucum L. Haselnußbohrer. — Schwarz, dicht gelbgrau behaart, Schultern, Schildchen und einige bindenf. gestellte Flecken auf den Fd. heller; Rüssel rotbraun, gegen die Wurzel verdickt und schwärzlich, fast so lang als der Körper; Fühler rotbraun. 6—7. — Auf Haselnußgebüsch, nicht selten. Mai—Juli.

967. B. turbatus Schoenh. (glandium Marsh.). Eichelbohrer. — Schwarz, dicht grau oder gelbgrau scheckig beschuppt. Fd. der ganzen Länge nach mit erhabener Naht. Rüssel an der Wurzel punktiert, der des ♂ kürzer, der des ♀ so lang als der Körper. 5—6. — Nicht selten auf Eichen, deren Früchte das ♀ anbohrt, um darin je ein Ei abzulegen. Käfer vom Mai an.

b. Schenkel v. d. Sp. mit einem kleinen, spitzen Zahn. Käfer unter 3 mm lang.

968. B. crux F. Kreuz-N. — Schwarz, unten weiß beschuppt, oben sparsam weiß behaart; Fühler ganz oder nur an der Wurzel rot; ein Längsstreif auf dem Hsch., das Schildchen, eine gemeinschaftliche kreuzf. Zeichnung auf den Fd. weiß beschuppt. 2—$2,_5$. — Häufig auf Weiden. Frühjahr.

969. B. Brassicae F. Dunkler N. — Schwarz, oben spärlich grau behaart, unten weiß beschuppt; Rüssel fast so lang als der Körper; Hsch. stark und dicht punktiert; Fd. punktiert gestreift, die Zw.räume flach und gerunzelt; Schildchen weiß beschuppt. Fühler schwärzlich, die Spitze des Schaftes und das 1. Geißelglied rotbraun. $1,_5$—2. — Häufig auf Weiden. Herbst und Frühjahr.

321. Gattung. Cionus, Blattschaber.

a. O.seite schwarz filzig behaart, mit 2 schwarzen Samtflecken auf der Naht, die je mit einer helleren Makel vereinigt sind.

970. C. Scrophulariae L. Braunwurz-B. — Schwarz; Hsch. und Brust dicht weiß oder gelblichweiß behaart. Fd. mit abwechselnd höheren, schwarz und gelblichweiß gewürfelten Zw.räumen. 4—5. — Häufig auf Braunwurz (Scrophularia). Mai, Juni.

971. C. Verbasci F. Schwarzer Wollkraut-B. — Wie Nr. 970, aber nur die Seiten des Hsch. und der Brust gelblich behaart. Fühler und Tarsen gelblich. $3,_5$—4. — Auf Wollkraut (Verbascum) häufig. Juni.

b. O.seite graugrün mit 2 schwarzen, nicht von einem helleren Fleck umsäumten Makeln auf der Naht.

972. C. Olivieri Chevr. Oliviers=B. — Dicht grünlichweiß filzig behaart; die wenig erhabenen Zw.räume der Fd. nur a. d. S. und nach rückwärts mit einigen nackten Flecken gewürfelt; Naht nicht erhaben und bis auf die beiden Samtflecken durchaus gleichmäßig behaart. 4—6. — Vorkommen wie bei Nr. 971, doch lange nicht so häufig.

973. C. Thapsus F. Grauer Wollkraut=B. — Ziemlich dicht weißgrün filzig behaart; die abwechselnd erhabenen Zw.räume ihrer ganze Länge nach mit schwarzen Flecken gewürfelt; Naht mit Ausnahme der beiden runden Samtflecken fast ganz gleichmäßig behaart und wie die Zw.räume wenig erhaben. 4—5. — Häufig auf Wollkraut. Mai, Juni.

974. C. hortulanus Marsh. Stark gestreifter W.=B. — (Taf. VIII, 14.) Nr. 973 sehr ähnlich, aber meist dichter behaart, so daß die Grundfarbe fast ganz verdeckt wird; Naht und die abwechselnden Zw.räume mehr erhaben, letztere der ganzen Länge nach mit blaßgelb und schwarzbraun behaarten Makeln gewürfelt. $4,_5$. — Häufig auf Wollkraut und Braunwurz. Juni—August.

c. O.seite grauweiß, der hintere schwarze Samtfleck von einer großen, weißlichen Makel umgeben.

975. C. Blattariae F. Hellgrauer B. — Oben dicht filzig graulichweiß behaart; Hsch. am Grunde mit einer großen, dunkelbraunen Makel, die manchmal auch fehlt; Fd. mit abwechselnd erhabenen, braun und weiß gewürfelten Zw.räumen; der erste Nahtfleck ist eckig, groß und befindet sich in einem seichten Eindruck, der 2. v. d. Sp. ist klein, rund und weiß eingefaßt. 3. — Auf Braunwurz, nicht selten. Mai, Juni.

322. Gattung. Gymnetron, Gallenrüßler.

976. G. Beccabungae L. Wasserehrenpreis=G. — Schwarz, fein grau behaart; Fühlerwurzel, Schienen und Tarsen oder die ganzen Beine rostrot; Hsch. fast bis zur Mitte oder ganz gelblichweiß beschuppt. Fd. undeutlich punktiert gestreift, rostbraun, Naht und S.rand gewöhnlich schwarz. Schenkel nicht gezähnt. $2,_5$. — Nicht selten auf Wasserehrenpreis (Veronica Beccabunga). Mai, Juni.

977. G. Veronicae Germ. Ehrenpreis=G. — Der vorigen Art sehr ähnlich; unterscheidet sich hauptsächlich dadurch, daß das Hsch. nur a. d. S. gelblichweiß beschuppt ist; sonstige Färbung sehr veränderlich. $1,_5$—2. — An Bachufern auf Ehrenpreis, ziemlich selten. Juni.

978. G. Linariae Pz. Leinkraut=G. — Mäßig gewölbt, eif., schwarz, dicht seidenglänzend grau behaart. Rüssel so lang als das Hsch., walzenf., an der Wurzel punktiert, a. d. Sp. glatt und glänzend. Hsch. viel breiter als lang, vorn und hinten gerundet, dicht punktiert und mit behaarter M.linie. Fd. punktiert gestreift, ihre Naht etwas dichter behaart, Afterdecke glänzend und frei. Schenkel

verdickt, nicht gezähnt. 3. — Selten. Käfer im Juli auf Leinkraut (Linaria vulgaris). Die Larven leben in gallenartigen Anschwellungen der Wurzel.

979. G. (Miarus) Campanulae L. Glockenblumen-G. — Eif., schwarz, dicht anliegend weißgrau behaart; Rüssel mit Ausnahme der Wurzel glatt; Hsch. sehr fein und dicht punktiert, breiter als lang; Fd. punktiert gestreift, mit flachen, runzelig punktierten Zw.räumen, letztere noch je mit 2 Reihen feiner, weißer Härchen. Afterdecken frei, grubig punktiert. Schenkel nicht gezähnt. — In den Kelchen der Glockenblume, nicht selten. Juni, Juli.

IX. Gruppe. Cryptorhynchini, Furchenbrustrüssler.

323. Gattung. Cryptorhynchus, Erlenrüssler.

980. C. Lapathi L. E. — Schwarz oder pechbraun, stark gewölbt. Seiten des Hsch., V.brust, hinteres Drittel der Fd. dicht weiß beschuppt; Hsch. und Fd. mit aufstehenden, schwarzen Schuppenbüscheln; Schenkel i. d. M., die V.schenkel meist ganz weiß beschuppt. 7—9. — Nicht selten an Erlen und Weiden. Mai, Juni und Sept.

X. Gruppe. Ceutorhynchini, Verborgenrüssler.

I. Schildchen undeutlich oder fehlend.
1. Fühlergeißel 7gliedrig; V.hüften von einander entfernt.
a. Rüsselfurche bis zur Mitte der H.brust reichend. Hsch. breiter als lang, a. d. S. gerundet erweitert, vorn stark verengt. Fd. wenig länger als zusammen breit, a. d. Sp. einzeln abgerundet, die Afterdecke freilassend. Schenkel nicht gezähnt. Die meist rostfarbenen Käfer leben auf Pflanzen . . . . Coeliodes.
b. Rüsselfurche auf der V.brust endend. Hsch. kurz, nach vorn verengt, der V.rand seitlich fast immer in ein kleines Läppchen erweitert, welches bei zurückgeschlagenem Rüssel die nicht gewölbten Augen ganz oder größtenteils überdeckt. Fd. am Grunde viel breiter als das Hsch., wenig länger als zusammen breit, gegen die Spitze verengt und an derselben einzeln abgerundet. Käfer leben in Blüten . . . . . . Ceutorhynchus.
2. Fühlergeißel 6gliedrig. V.hüften dicht beisammen. V.brust sehr kurz, ohne Rüsselfurche. Rüssel kurz, dick, a. d. Sp. erweitert. Hsch. breiter als lang, oben mit 2 oder 4 Höckern. Fd. abgerundet, 4eckig, viel breiter und höher gewölbt als das Hsch., a. d. Sp. einzeln abgerundet. Käfer leben an Wasserpflanzen, selbst unter Wasser . . . . Phytobius.

II. Schildchen klein, rund, aber deutlich sichtbar. V.hüften von einander entfernt. Fühler v. d. M. des walzenf., am Ende schräg abgeschnittenen Rüssels eingefügt. Fühlerfurchen unten zusammenlaufend. Fd. so breit oder wenig breiter als das Hsch. Beine kurz. Körper gestreckt, mäßig gewölbt, geflügelt. Käfer auf Pflanzen . . . . Baridius.

324. Gattung. **Coeliodes, Kleinrüssler.**

981. C. (Cidnorhinus) quadrimaculatus L. (didymus F.). Fleckiger K. — Breit eif., schwarz, unten ziemlich dicht, oben sparsamer und fleckig weißgrau beschuppt; Schienen und Tarsen rostfarben; Hsch. viel breiter als lang, mit seichter M.rinne und einem Höckerchen jederseits. Fd. punktiert gefurcht, eine Makel auf der Nahtwurzel, eine auf der Spitze und beiderseits je eine aus mehreren Flecken gebildete größere Makel a. d. S. weiß. 2—3. — Häufig auf Brennesseln. Mai bis Juli.

325. Gattung. **Ceutorhynchus, Verborgenrüssler.**

a. Fd. schwarz.

982. C. Ericae Gyll. Heidekraut-V. — Schwarz oder dunkelbraun, oft gelblichgrün bestäubt; Brust und Fd.naht am Grunde oder bis zur Mitte weiß beschuppt. Rüssel, Fühler und Beine rot; Hsch. körnig punktiert, am V.rand erhaben, a. d. S. je mit einem Höckerchen. Fd. viel breiter als das Hsch. mit vorstehenden Schultern, punktiert gestreift, die Zw.räume runzelig höckerig und reihenf. grau behaart. Schenkel nicht gezähnt. 2. — Auf Heidekraut (Erica vulgaris), nicht selten. Sommer.

983. C. Echii F. Natterkopf-V. — Schwarz, unten dicht weiß, oben braun beschuppt. H.rand des Hsch., 3 Längslinien auf demselben und viele verworrene Strichelchen auf den Fd. weißgrau beschuppt; Schenkel gezähnt. 4,5—5,5. — Nicht selten auf Natterkopf (Echium vulgare). Sommer.

984. C. marginatus Payk. Weißrandiger V. — Mattschwarz, unten dicht weiß, oben haarf., graubraun beschuppt, eine eif. Makel an der Nahtwurzel und der S.rand der Fd. weiß. Hsch. viel breiter als lang, dicht und fein punktiert, der V.rand stark aufgebogen, i. d. M. des H.randes mit einem tiefen Grübchen. Fd. fein gestreift, die Zw.räume flach, der S.rand nach hinten mit kleinen, spitzen Höckerchen besetzt. 2—3. — Nicht selten auf Wiesen. Frühjahr.

b. Fd. blau oder grünlich.

985. C. Erysimi F. Hirtentäschel-V. — Schwarz, etwas metallglänzend; Brust dicht weiß beschuppt. Hsch. viel breiter als lang, v. d. Sp. stark eingeschnürt, beiderseits mit einem Höckerchen, M.furche seicht, am Grunde und v. d. Sp. tiefer; Fd. blau oder grün, stark punktiert gestreift; die Zw.räume fein gerunzelt und anliegend reihig behaart, die mittleren endigen v. d. Sp. in scharf zugespitzten Höckerchen. 1,5—2. — Häufig auf Hirtentäschel und anderen Kreuzblütlern. Mai, Juni.

986. C. Barbarae Suffr. Winterkresse-V. — Blau, unten dunkler, zuweilen etwas grünlich; Brust dicht, oben sparsam weiß beschuppt; Rüssel sehr lang und dünn. Hsch. so lang als breit, v. d. M. plötzlich verengt, mit kleinen, undeutlichen S.höckern und seichter, vorn und hinten tieferer M.furche, dicht und grob punktiert. Fd. fein punktiert gestreift, mit breiten, wenig gewölbten und fein gerunzelten Zw.räumen, a. d. Sp. stachelig. Schenkel gezähnt. 4,5. — Selten, auf Winterkresse (Barbarea officinalis). Mai, Juni.

326. Gattung. Phytobius, Uferrüssler.

987. P. Comari Hbst. U. — Schwarz, U.seite und Seiten des Hsch. dicht weißlich beschuppt; Fühlerschaft, Schienen und Tarsen rötlichgelb; Hsch. mit seichter M.rinne und am H.rande jederseits mit einem Höckerchen; Fd. tief gestreift, a. d. S. und gegen die Spitze zerstreut fleckenartig beschuppt. 2. — Selten. Am Ufer von fließenden und stehenden Gewässern.

327. Gattung. Baridius (Baris), Mäusezahnrüssler.

1. U.seite nicht beschuppt.

a. Käfer ganz schwarz.

988. B. Artemisiae Hbst. Beifuß-R. — Länglich, schwarz, ziemlich glänzend, kahl. Fühler und Tarsen rostrot. Hsch. grob und tief dicht punktiert; Fd. tief gestreift, die Zw.räume mit feiner Punktreihe. 3,5—4. — Nicht selten auf Artemisia vulgaris. Sommer.

989. B. picinus Germ. (glabra Hbst.). Feingestreifter R. — Dem vorigen ähnlich, aber das Hsch. sehr fein, seicht und zerstreut punktiert. Fd. ebenfalls sehr fein und seicht gestreift, die Zw.räume mit sehr feiner Punktreihe. 4,5. — Nicht selten auf verschiedenen Pflanzen. Mai, Juni.

b. O.seite des Käfers schön blau oder grün.

990. B. chloris Pz. Grüner R. — Länglich, kahl, oben glänzend grün, unten schwarzblau; Hsch. ziemlich kurz, zerstreut punktiert, i. d. M. beinahe glatt. Fd. gestreift, die flachen Zw.räume kaum punktiert. 3. — Nicht selten. Herbst und Frühjahr.

991. B. Lepidii Germ. Kohl-R. — Lang-eif., oben blau oder grünblau; U.seite, Kopf und Beine schwarz; Hsch. wenig länger als breit, a. d. Sp. verengt; Fd. punktiert gestreift, v. d. M. etwas erweitert, die Zw.räume mit feiner Punktreihe. 3. — Häufig auf den verschiedenen Kohlarten, in deren Stengel die Larve lebt.

2. U.seite weiß beschuppt.

992. B. T-album L. Walzenförmiger R. — Langgestreckt, schwarz, mäßig glänzend. Hsch. dicht und tief punktiert, mit glatter M.linie. Fd. sparsam weißlich behaart, tief gestreift, die Zw.räume mit sehr feiner Punktreihe. 4,5—5. — Auf nassen Wiesen; ziemlich häufig. Mai, Juni.

XI. Gruppe. Calandrini, Bohrrüssler.

328. Gattung. Calandra, Korn-Bohrrüssler.

993. C. granaria L. Gemeiner K. — (Taf. VIII, 15.) Braun, Fühler und Beine heller; Rüssel reihig punktiert; Hsch. mit großen, länglichen Grubenpunkten und glatter M.linie; Fd. tief punktiert gestreift, die Zw.räume glatt und

an der Wurzel abwechselnd erhaben. 3,5. — Käfer fast das ganze Jahr hindurch auf Kornböden, wo er unter dem Namen „schwarzer Kornwurm" allgemein bekannt und gefürchtet ist.

994. C. Oryzae L. Reiskäfer, Reis-Bohrrüssler. — Pechschwarz, matt. Hsch. dicht, tief und rundlich punktiert, mit undeutlicher glatter M.linie. Fd. dicht punktiert gestreift, die abwechselnden Zw.räume mit kurzen, gelblichen Börstchen besetzt, ein Fleck an der Schulter, ein solcher h. d. M. und der S.rand rötlich. 3. — Findet sich häufig in Reisvorräten.

XII. Gruppe. Cossonini, Baumrindenrüssler.

1. Rüssel lang, a. d. Sp. stark erweitert. 1 Glied der Fühlergeißel länglich, die folgenden kurz. Fd. mehr als doppelt so lang als zusammen breit, a. d. Sp. gemeinsam abgerundet. Käfer unter Baumrinde Cossonus.
2. Rüssel kurz, drehrund, fast so breit als der Kopf, wenig gebogen. 1. und 2. Glied der Fühlergeißel länglich. Fd. langgestreckt, walzenf., a. d. Sp. stumpf abgerundet. Vorkommen wie vorher . Rhyncolus.

329. Gattung. Cossonus, Klemmrüssler.

995. C. linearis L. Schmaler K. — Pechschwarz oder braun, glänzend, kahl. Fühler, Tarsen und manchmal auch die Fd. rostrot. Hsch. a. d. S. stark punktiert, auf der Scheibe flach gedrückt mit großen, tiefen Punkten, i. d. M. des H.randes mit großem, runzeligem Eindruck; Fd. an der Wurzel flach, stark und tief punktiert gestreift, die Zw.räume schmal und glatt. 5,5—6,5. — Nicht selten im Mulm alter Laubbäume.

996. C. ferrugineus Gyll. (parallelopipedus Hbst.). Gewölbter K. — Wie Nr. 995, aber das Hsch. auf der Scheibe nicht flach gedrückt und ziemlich gleichmäßig punktiert; Fd. an der Wurzel mäßig gewölbt und fein punktiert gestreift. 8—8,5. — Im Mulm alter Ulmen; selten.

997. C. cylindricus Sahlb. Walzenförmiger K. — Den beiden vorhergehenden Arten ähnlich. H.rand des Hsch. i. d. M. vor dem Schildchen nur schwach eingedrückt, M.linie sehr schmal und glatt. Fd. walzenf., die Zw.räume der Punktstreifen kaum breiter als die Streifen selbst. 4—4,5. — Im Mulm alter Laubbäume; selten.

330. Gattung. Rhyncolus, Rindenrüssler.

998. R. cylindrus Schoenh. Ahorn-R. — Glänzend braun, unbehaart; Fühler und Beine heller gefärbt. Rüssel etwas länger als der Kopf, mit geraden, auf die Augenmitte verlaufenden Fühlerfurchen, a. d. Sp. dichter, am Grunde sparsamer punktiert; Hsch. viel länger als breit mit geraden Seiten und glatter M.linie, zerstreut punktiert; Fd. wenig breiter als das Hsch., tief punktiert gestreift, die Zw.räume mit feiner, oft sehr undeutlicher Punktreihe. 3,5—4. — Ziemlich selten; unter morscher Ahornrinde.

999. R. chloropus F. (ater L.). Glänzendschwarzer R. — Glänzendschwarz, seltener braun, unbehaart; Fühler und Beine heller; Rüssel kaum so lang als der Kopf, mit kurzer M.rinne, Fühlerfurchen unter die Augen gebogen; Hsch. und Fd. wie bei Nr. 998. Länge 3,5. — Nicht selten unter morschen Baumrinden. Frühjahr.

1000. R. elongatus Gyll. Länglicher R. — Schwarz, wenig glänzend, unbehaart; Rüssel breiter als lang, gegen die Spitze nicht verengt, ohne M.linie; Hsch. viel länger als breit, v. d. Sp. eingeschnürt, länglich und grob punktiert. Fd. tief gekerbt gestreift. Fühler und Beine rostrot. 3,5. — Selten.

42. Familie. Scolytidae, Borkenkäfer.

Diese, durch ihren forstwirtschaftlichen Schaden allgemein bekannten und übel beleumundeten Koleopteren bilden eine kleinere Familie tetramerer Käfer, die ausschließlich Pflanzenfresser und -bewohner sind. Der Kopf ist mehr oder weniger in das Halsschild zurückgezogen und nicht oder nur schwach rüsselförmig verlängert. Im Gegensatz zu den ebenfalls holzbewohnenden Anobiiden sind die Fühler gekniet und tragen an ihrem Ende entweder eine derbe Keule oder einen großen, geringelten Endknopf. — Die kleinen, walzenförmigen, meist braun, nie metallisch gefärbten Käfer leben gesellschaftlich, vorzugsweise in Nadelhölzern; zwei Gattungen sind ausschließlich auf Laubholz angewiesen und mehrere kommen auf beiden zugleich vor. Auch an krautartigen Gewächsen finden sich einige Arten, so z. B. lebt Bostrychus Delphiini in den Stengeln des Ackerrittersporns (Delphinium Consolida), Bostrychus varipes in denen der mandelblättrigen Wolfsmilch (Euphorbia amygdaloides) und Bostrychus Kaltenbachi in solchen von manchen Lippenblütlern (Teucrium scordonia, Lamium vulgare & L. album, Betonia officinalis); in den Wurzeln des Wiesenklees (Trifolium pratense) findet sich Hylastes Trifolii.

Die meisten Arten überleben den Winter als fertige, oft noch nicht ganz ausgedunkelte Käfer, viele auch im Puppenzustande oder als halb- oder vollwüchsige Larven. Aus ihrer Wintererstarrung pflegen viele schon in den ersten warmen

Frühlingstagen, manchmal schon Ende Februar, meist jedoch im März und manche im April zu erwachen. Sie verlassen alsdann, aber nur bei Sonnenschein, ihre Winterquartiere, um dem Fortpflanzungsgeschäft zu obliegen und um neue Wohnungen aufzusuchen. Am liebsten gehen die Käfer an krankes oder windbrüchiges, noch stehendes Holz. Vollständig abgestorbene, saftlose Bäume werden ganz verschmäht, weil dieselben weder für den Käfer noch für die zukünftige Nachkommenschaft die nötige Nahrung, den Baumsaft, enthalten. So lange die Not nicht drängt, werden auch durchaus gesunde, in voller Saftfülle befindliche Bäume gemieden, weil Käfer und Larven infolge des starken Saftzuflusses ersäuft werden würden.

Um nun die Eier in das Innere der Bäume zu bringen, müssen die Käfer, in Ermanglung einer Legeröhre, eines Rüssels, Bohrlöcher in oder unter die Rinde, manche bis in das Holz nagen. Von dem Ende des Bohrloches fressen alsdann die weiblichen Tiere lange Gänge, sogenannten Muttergänge und legen in seitlich angebrachten Kerben ihre Eier ab. Die auskriechenden Larven nagen sich neue Gänge, welche Larvengänge genannt werden und recht- oder spitzwinklig vom Muttergang auslaufen. Am Ende erweitern sich diese Gänge zu einer sogenannten Wiege, in der die Verpuppung erfolgt. (Vergl. Taf. IX, 8.) Diese Gänge sind nach Gestalt und Größe sehr verschieden und für die einzelnen Arten charakteristisch. Verläuft der Muttergang in der Richtung der Stammachse, also längs des Stammes, so nennt man ihn Lot- oder richtiger Längsgang (Taf. IX, 8, a). Wage- oder Quergang wird er genannt, wenn der Muttergang in der Stammesbreite, also quer gerichtet ist (Taf. IX, 8, b). Gehen die Brutarme aber von einer erweiterten Kammer radspeichenartig oder sternförmig aus, so führen sie den Namen Sterngänge.

Die Borkenkäfer gehören, da sie nicht selten in großer Menge auftreten, zu den gefürchtetsten Waldverderbern, indem sie die sogenannte „Wurmtrocknis" erzeugen. Der Forstmann sucht der allzustarken Vermehrung der Käfer teils durch Vorbeugungs- teils durch Vertilgungsmittel entgegenzutreten. Die Vorbauung besteht darin, daß das von Windbrüchen herumliegende Brennmaterial, das Lagerholz, möglichst rasch aus dem Walde entfernt wird. Zur Vertilgung werden eigens Fangbäume, -kloben, -rinden ausgestellt, um die Käfer anzulocken. In etwa vierwöchentlichen Zeitabschnitten werden dann diese Fallen samt der darin enthaltenen Brut vernichtet und neue Lockpfähle treten an Stelle der früheren. Weit mehr als der Mensch tragen zur Vertilgung des kleinen, aber mächtigen Feindes die insektenfressenden Vögel, besonders die Spechte und Meisen bei, dann seine Feinde unter den Insekten. Hier sind es namentlich die Schlupfwespen und der gebänderte Ameisenkäfer (Clerus formicarius).

A. Kopf schmäler als das Hsch. 1. Tarsenglied viel kürzer als die folgenden zusammengenommen.

a. Kopf geneigt, in einen kurzen, breiten Rüssel endend. Hsch. gleichmäßig punktiert; 3. Fußglied meist herzf. oder zweilappig.

I. Fd. a. d. Sp. abschüssig; Bauch horizontal; Schienen außen gezähnt.

1. Fühlerkeule ungegliedert (derb), viel länger als die Fühlergeißel. Augen durch einen Fortsatz der Stirn in zwei Teile gespalten; 3. Tarsenglied einfach . . . . Polygraphus.
2. Fühlerkeule gegliedert.
   a. Fühlergeißel 7gliedrig.
      aa. Fühlerkeule kugelig; Käfer leben vorzugsweise unter Nadelholzrinde . . . . Hylastes.
      bb. Fühlerkeule länglich. Käfer leben meist unter Laubholzrinde . . . . Hylesinus.
   b. Fühlergeißel 6gliedrig.
      aa. Fühlerkeule kugelig; 3. Fußglied herzf.; Körper sehr dicht punktiert und lang behaart . . . . Hylurgus.
      bb. Fühlerkeule länglich eif.; 3. Tarsenglied zweilappig; Körper weitläufig punktiert und spärlich behaart . Blastophagus.
   c. Fühlergeißel 5gliedrig. 3. Tarsenglied breit zweilappig, 1. am längsten. Körper ziemlich groß, lang behaart . Dendroctonus

II. Fd. a. d. Sp. nicht abschüssig gewölbt; Bauch vom 2. Ring an steil gegen den After aufsteigend; Schienen außen nicht gezähnt, mit einem Hornhaken am Ende . . . . Scolytus.

B. Kopf meist kugelf., fast immer unter das Hsch. zurückgezogen, daher von oben kaum sichtbar. Hsch. vorne meist höckerig gerunzelt, hinten punktiert oder glatt; 3. Fühlerglied einfach.

I. Kopf geneigt, nicht kugelig. Fühlerkeule derb, viel länger als die zweigliedrige Fühlergeißel. Hsch. gleichmäßig punktiert. Körper höchstens 2 mm lang . . . . Crypturgus.

II. Kopf kugelig, unterm Hsch. versteckt, letzteres vorne meist gerunzelt, hinten viel feiner punktiert oder glatt. Fühlerkeule stets geringelt.
1. Hsch. breiter als lang, vorn stark gewölbt; Fühlergeißel viergliedrig . . . . Cryphalus.
2. Hsch. länger als breit, Fühlergeißel stets 5gliedrig.
   a. Schienen kaum zusammengedrückt, außen und innen mit einem Enddorn. Fd. a. d. Sp. tief ausgehöhlt und gezähnt.
      aa. Fühlerkeule mit kreisf. gekrümmten Nähten, das 1. Glied derselben kugelig, die folgenden dieses halbmondf. umschließend. Hsch. gleichmäßig, fast runzelig punktiert Xylocleptes.
      bb. Fühlerkeule kugelig, am Ende schwammig, die Nähte gerade oder mäßig geschwungen. Hsch. vorn höckerig gerunzelt, hinten tief punktiert . . . . Tomicus.
   b. Schienen a. d. Sp. zusammengedrückt, am A.rande gerundet und sägezähnig. Fd. a. d. Sp. gerade abfallend, nicht gezähnt.
      aa. Fühlergeißel 5gliedrig, Keule a. d. Sp. schwammartig, schief abgestutzt. Augen einfach; Hsch. gleichmäßig schuppenartig gehöckert . . . . Dryocoetes.
      bb. Fühlergeißel 4gliedrig, Keule groß, nicht geringelt, länglich-eif.; Augen gespalten. ♂ mit grubenartig vertiefter Stirn und quer 4eckigem Hsch. ♀ mit ge-

wölbter Stirn und kugeligem Hsch. Käfer leben im Holzkörper . . . . Xyloterus.

B. Kopf breiter als das Hsch. 1. Tarsenglied länger als die folgenden zusammen. Hsch. vorn gerade abgestutzt, a. d. S. tief ausgebuchtet . Platypus.

331. Gattung. Hylastes, Walzen-Bastkäfer.

a. M.brust mit einem kleinen, nach vorn gerichteten stumpfen Höcker. Fd. höchstens $1^1/_2$mal so lang als zusammen breit.

1001. H palliatus Gyll. Brauner W. — Schwarz, fein grau behaart; Hsch. und Fd. rotbraun mit schwarzen S.rändern; Fühler und Beine rostrot; Rüssel mit fein erhabener M.linie, von der Stirn durch eine m. o. w. undeutliche, halbkreisf. Furche getrennt; Hsch. so lang als breit, stark und dicht runzelig punktiert, mit schmaler, erhabener, glänzender M.linie. Fd. punktiert gestreift, die Zw.räume gewölbt und runzelig gekörnt. 3—4. — Häufig in Rot- und Weißtannen. März, April; Juli—Herbst.

1002. H. Trifolii Müll. Wiesenklee-W. — Schwarz oder pechbraun, die Fd. meist heller, fein grau behaart; Fühler und Tarsen rotbraun. Hsch. wenig länger als breit, nach vorn verengt, sehr dicht und fein runzelig punktiert. Fd. punktiert gestreift, die Zw.räume querrunzelig, hinten mit braunen Börstchen. 1_5,—2_2. — In manchen Gegenden häufig auf Wiesenklee und in dessen Wurzeln. Juni.

b. M.brust nicht nach vorn vorragend; Fd. doppelt so lang als zusammen breit.

1003. H. ater Payk. Schwarzer Kiefern-W. — (Taf. IX, 1.) Schwarz (noch nicht ausgedunkelt gelbbraun), Fühler und Beine rotbraun; Hsch. viel länger als breit mit fast geraden Seiten, dicht punktiert, auf der hintern Hälfte mit glatter M.linie. Fd. punktiert gestreift mit runzelig gekörnten Zw.räumen. 4—5. — Häufig an Kiefern. März und April; Juni—Herbst.

1004. H. cunicularis Er. Schwarzer Fichten-W. — Dem vorigen sehr ähnlich, aber stets gedrungener; das Hsch. mehr gewölbt, grober punktiert, a. d. S. mehr gerundet erweitert und nicht länger als i. d. M. breit; M.linie des Hsch. fehlend oder undeutlich. 3—4. — Nicht selten in Fichtenwäldern. April, Mai; Juli—Oktober.

1005. H. angustatus Hbst. Schmaler Kiefern-W. — Schwarz, glanzlos, Fühlerwurzel und Tarsen braun; Stirn sehr fein und dicht punktiert; Hsch. wenig länger als breit, nach vorn schwach verengt, dicht runzelig punktiert, mit glatter, erhöhter M.linie. Fd. punktiert gestreift, die Zw.räume vorn breiter und unregelmäßig, nach hinten schmäler und reihig mit Körnchen und Haarborsten besetzt. 3. — In Norddeutschland häufig in Kiefernwaldungen. März, April; Juli—Oktober.

332. Gattung. Hylurgus, Wurzel-Bastkäfer.

1006. H. ligniperda F. W. — Walzenf., schwarz, ziemlich lang und dicht behaart; Fühler und Tarsen rostgelb; Kopf äußerst dicht und körnig punktiert; Hsch. deutlich länger als breit, tief und ziemlich dicht punktiert, die Seiten fast gerade und dichter behaart, auf der Scheibe mit breiter, glatter M.linie; Fd. an der Wurzel und an den Seiten undeutlich, gegen die Spitze tiefer gestreift, letztere lang und dicht gelb behaart. 5. — Nicht selten unter der Rinde von Kiefernwurzelstöcken. Frühlingsflug: März—Mai; Sommerflug: Juni—Aug.

333. Gattung. **Blastophagus, Kiefern-Markkäfer.**

1007. B. (Myelophilus) piniperda L. Großer K., Waldgärtner. — (Taf. IX, 2.) Walzenf., glänzend schwarz, dünn greis behaart; Fühler und Tarsen, manchmal auch der ganze Käfer rotbraun; Kopf zerstreut und tief punktiert mit fein erhabener M.linie. Hsch. breiter als lang, nach vorn kaum verengt, zerstreut und mäßig tief punktiert, mit glatter M.linie. Fd. fein punktiert gestreift, die Zw.räume runzelig und jeder mit einer Reihe kleiner Höckerchen, der zweite hinten an der abschüssigen Stelle glatt und ungehöckert. $3_{,5}$—$4_{,5}$. — Häufig und überall. In Kiefernwaldungen schädlich. Flugzeiten wie bei den vorhergehenden Gattungen.

1008. H. minor Hartig. Kleiner K. — Dem vorigen äußerst ähnlich. Unterscheidet sich aber namentlich dadurch, daß im 2. Zw.raum die Höckerchen auch auf der abschüssigen Stelle vorhanden sind. $3_{,3}$—$3_{,8}$. — Weniger häufig.

334. Gattung. **Dendroctonus. Langhaar-Bastkäfer.**

1009. D. micans Kug. Großer L. — Schwarz, braun oder gelbbraun, lang gelblich behaart; Fühler und Tarsen rostgelb; Hsch. um die Hälfte breiter als lang, nach vorn stark verengt mit ausgebuchtetem V.rand, tief und ziemlich dicht punktiert. Fd. walzenf., fein punktiert gestreift, die Zw.äume breit und runzelig gekörnt. 6—8. — Unter der Rinde von Fichtenstämmen, die er auch, ohne daß ihn gerade die Not dazu zwingt, befällt. Ziemlich selten. Flugzeiten wie vorher.

335. Gattung. **Hylesinus, Bastkäfer.**

1010. H. Fraxini F. Bunter E. — (Taf. IX, 3.) Schwarz; Fühler rotbraun; Hsch. etwa doppelt so breit als lang, oben fein runzelig punktiert und gehöckert, hinten beiderseits vor dem Schildchen braun gefleckt; Fd. durch braungelbe und dunkelbraune Schuppen unregelmäßig gefleckt, punktiert gestreift, die Zw.räume flach, an der Basis gehöckert, hinten einreihig gekörnelt. $2_{,8}$—$3_{,2}$. — Häufig unter Eschenrinde. Herbst und Frühjahr, Juni und Juli.

1011. H. vittatus F. Ulmen-B. — In der Färbung Nr. 1010 sehr ähnlich, die Flecken auf den Fd. sind aber regelmäßig treppen- oder bindenartig geordnet und verlaufen von der Schulter zur Mitte der Naht. $1_{,5}$—2. — Zerstreut unter der Rinde von Ulmen. Flugzeit wie vorher.

336. Gattung. **Polygraphus, Doppelaugen-Bastkäfer.**

1012. P. pubescens F. D. — (Taf. IX, 4.) Kurz walzenf., mäßig glänzend, schwarz bis gelbbraun, schuppenenartig rauh behaart. Fühler und Beine blaß gelbbraun. Hsch. wenig kürzer als hinten breit, mit feiner erhabener M.linie, dicht und fein punktiert; Fd. mit wulstartig aufstehendem, fein gezähntem Wurzelrande und undeutlichen, vertieften Streifen. $1,_5$—2. — In und unter der Rinde verschiedener Nadelhölzer; nicht selten. Schwärmzeit: April, Mai; Juni—Oktober.

337. Gattung. Scolytus Geoff. (Eccoptogaster Hbst.), Splintkäfer.

1013. S. destructor Oliv. (Geoffroyi Goeze). Großer Ulmen-Sp. — (Taf. IX, 5.) Schwarz oder pechbraun, glänzend; Fd. braun oder wie die Fühler und Beine rötlich gelbbraun; Stirn kurz behaart; Hsch. etwas breiter als lang, a. d. S. ziemlich dicht und stark, auf der Scheibe sehr fein und zerstreut punktiert. Fd. nach hinten verschmälert, stark punktiert gestreift, an der Nahtwurzel etwas vertieft; die Zw.räume breit, flach und meist unregelmäßig punktiert. ♂ mit ziemlich dicht gelbbehaartem, ♀ mit kahlem Bauch. 4—6. — Häufig in Laubholz, besonders Ulmen.

1014. S. multistriatus Marsh. Kleiner Ulmen-Sp. — Glänzend schwarz; Fühler, Schienen und Tarsen rötlichbraun; Hsch. etwas länger als breit, stark gewölbt, ziemlich dicht und auf der Scheibe merklich feiner punktiert, V.rand und H.ecken oft rotbraun; Fd. braun, die verworren punktierte Spitze heller rotbraun, dicht punktiert gestreift, da die Punktreihen der Zw.räume fast ebenso stark sind als die Hauptreihen. ♂ mit flachgedrückter, ♀ mit gewölbter Stirn. 3—$3,_5$. — Häufig in Ulmenarten. Juni—Herbst.

1015. S. Pruni Ratz. Pflaumenbaum-Sp. — Glänzend schwarz; Fühler und Beine rötlich braun; V.- und H.rand des Hsch. und die Fd. braun; Hsch. wenig breiter als lang, nach vorn verengt, weitläufig und sehr fein punktiert; Fd. fein punktiert gestreift, mit meist noch feineren Punktreihen auf den Zw.räumen; Naht von der Wurzel bis über die Mitte breit vertieft. $3,_5$—$4,_5$. — Häufig unter der Rinde von Pflaumenbäumen, aber auch unter Apfel- Birn- Kirsch- und Vogelbeerbaumrinde.

338. Gattung. Crypturgus, Zwerg-Borkenkäfer.

1016. C. pusillus Gyll. Schmaler Z. — Glänzend schwarz, fein behaart; Hsch. länglich eif., weitläufig fein punktiert, mit undeutlicher, glatter M.linie; Fd. dunkelbraun, punktiert gestreift, a. d. Sp. abgerundet; Fühler, Schienen und Tarsen gelbbraun, manchmal auch der ganze Käfer hellbraun. 1. — Häufig in und unter Nadelholzrinde.

1017. C. cinereus Hbst. Reihig punktierter Z. — Dem vorigen sehr ähnlich, aber etwas größer und gedrungener; Hsch. nach rückwärts kaum, nach vorne nur mäßig verengt, sehr fein und dicht punktiert, hinten mit glatter M.linie; Fd. mit Reihen großer Punkte und nicht punktierter Zw.räume, die Spitze goldgelb behaart. $1,_2$—$1,_4$. — Seltener.

339. Gattung. Cryphalus, Körnerhals-Borkenkäfer.

1018. C. piceae Ratz. Tannen-K. — (Taf. IX, 6.) Walzenf., pechbraun, ungleichartig greis behaart; Fühler und Beine bräunlichgelb. Hsch. fast doppelt so breit als lang, vorn reihig gekörnt. Fd. meist heller gefärbt, punktiert gestreift, mit aufgerichteten, graugelben Borstenhaaren reihenweise besetzt. 1,5—2. — Nicht selten unter Fichtenrinde.

1019. C. Tiliae Pz. Gekörnter Linden-B. — Pechbraun, bisweilen hellbraun, mattglänzend; Fühler und Beine rötlich-braun. Hsch. breiter als lang, h. d. M. stark gerundet erweitert, vorn mit 3 konzentrischen Körnerreihen, von denen die vorderste in einzelne Höcker aufgelöst, die folgende i. d. M. unterbrochen und die hinterste leistenartig verschmolzen ist. Fd. fein, aber deutlich gereiht punktiert und mit staubartigen, feinen, gereihten, gröberen, weißlichen Schuppenhärchen auf den Zw.räumen. 1,8—2. — Vorzugsweise in Lindenrinde, besonders in den Aesten; nicht selten. Frühjahr, Juli—Oktober.

1020. C. Fagi Noerdlg. Gekörnter Buchen-B. — Pechschwarz oder dunkelbraun, mattglänzend mit gelblichgrauen Schuppenhärchen besetzt; Fühlerwurzel und Beine, mit Ausnahme der dunkeln H.schenkel, braungelb. Hsch. so lang als breit, nach vorne abgerundet, i. d. M. des V.randes mit 2 kleinen Körnchen, a. d. S. und hinten runzelig punktiert. Fd. sehr dicht und fein lederartig gerunzelt, a. d. S. mit undeutlichen Punktreihen, die Naht oft rötlich. 1,2—1,5. — In den unteren Aesten der Rotbuche; nicht selten. Flugzeit wie vorher.

340. Gattung. **Tomicus**, Latr. (Bostrychus F.), **Borkenkäfer.**

1. V.brust zwischen den V.füßen mit scharfem Fortsatz. V.schienen nach vorn erweitert, mit einer gewimperten Furche zum Einlegen der Tarsen. Fd. a. d. Sp. stark ausgehöhlt und scharf gezähnt.
   a. Fd. mit gegen die Spitze feiner werdenden Punktstreifen.

1021. T. stenographus Duft. (sexdentatus Boern.). Sechszähniger Kiefern-B., großer B. — Gestreckt, walzenf., dunkler oder heller braun, lang braungelb behaart; Fühler und Beine gelbbraun; Hsch. länger als breit, vorn dicht gekörnt, hinten weitläufig und ziemlich tief punktiert mit glatter M.linie. Schildchen groß und gefurcht. Fd. mit tiefen Punktstreifen, die Zw.räume nur a. d. S.rändern und gegen die Spitze punktiert; Fd.absturz schräg, am A.rand mit 6 Zähnen jederseits, von denen der 4. am größten und meist knopfartig verdickt ist. 5,5—8. — Sehr häufig in Kiefern. Herbst und Frühjahr; Juni, Juli.

1022. T. typographus L. Buchdrucker, achtzähniger Fichten-B. — (Taf. IX, 7 und 8.) Walzenf., schwarz bis strohgelb, ziemlich glänzend, bräunlichgelb behaart; Fühler und Beine rötlichgelb. Hsch. nicht länger als breit, auf der vorderen Hälfte dicht gekörnt, hinten fein und zerstreut punktiert. Schildchen klein, glatt. Fd. wenig länger als das Hsch., fein punktiert gestreift; Umkreis des Absturzes jederseits mit 4 Zähnen, von denen der 3. am größten ist. 4,5—5,5. — Sehr häufig und äußerst schädlich, besonders an Fichten. Mai, Juni; August, September.

   b. Punktstreifen der Fd. bis zur Spitze gleich stark oder tiefer und breiter.

1023. T. Laricis F. Vielzähniger B. — Heller oder dunkler braun, ziemlich glänzend, sparsam abstehend behaart; Fühler und Beine rostbräunlich; Hsch.

wenig länger als breit, vorn dicht gekörnelt, hinten fein und zerstreut punktiert. Fd. etwa um die Hälfte länger als das Hsch., ziemlich gleichmäßig punktiert gestreift; die Zw.räume ziemlich flach, nicht gerunzelt, je mit einzelnen gereihten Punkten, Fd.absturz fast vollkommen kreisrund, tief punktiert, jederseits außer den Kerbeinschnitten noch mit 3 etwas nach innen gerückten Zähnen. 3,5—4. — Unter der Rinde von Lärchen, Fichten, Weißtannen, besonders aber Kiefern. Herbst und Frühjahr, Juni, Juli.

1024. T. curvidens Germ. Krummzahniger Fichten-B. — Pechschwarz, mäßig glänzend, lang bräunlichgelb behaart; Fühler und Beine braungelb; Hsch. wie bei Nr. 1023. Fd. meist braun, sehr stark punktiert gestreift, die Punkte nach hinten breiter und tiefer werdend; die Zw.räume reihig punktiert, nach hinten verschmälert. ♂ am Umkreis des Fd.absturzes jederseits mit 6—7 Zähnen, von denen der 1. gerade nach oben, der 2. und 5. gekrümmt und abwärts gerichtet ist. ♀ auf der Stirn mit langem, dichtem, goldgelbem Haarschopf und am Umkreis der eingedrückten Spitze mit 3—4 kleineren Randzähnen. 2—3. — Häufig in Weißtannen, selten in Fichten und Lärchen. Herbst und Frühjahr, Juni, Juli.

2. V.brust zwischen den V.füßen ohne Fortsatz; V.schienen schmal, nach vorne nicht erweitert; Fd. a. d. Sp. grubig eingedrückt, am Absturz nicht punktiert.

1025. T. chalcographus L. Sechszähniger Fichten-B. — Hell rötlichbraun, fettglänzend, fast kahl; Hsch. und Fd.wurzel meist dunkelbraun; Hsch. nach vorn stark verschmälert und hier dicht körnig, hinten zerstreut und fein punktiert, auf der Scheibe zu beiden Seiten der glatten M.linie mit einem Quereindruck. Fd. sehr fein punktstreifig mit glatten Zw.räumen, an der abschüssigen Stelle längs der Naht breit und tief eingedrückt, jederseits mit 3 hintereinander stehenden, meist dunkel gefärbten Zähnen, die beim ♂ lang, spitz und gekrümmt, beim ♀ stumpf und höckerartig sind. 2. — Häufig unter Fichten- und Weißtannenrinde, namentlich in den oberen Stammteilen. Herbst und Frühjahr, Juni, Juli.

1026. T. bidens F. (bidentatus Hbst.). Zweizähniger Kiefern-B. — Heller oder dunkler braun, ziemlich glänzend, fein greis behaart; Fühler und Tarsen rostgelb; Kopf und Hsch. bisweilen schwarz, letzteres nach vorn verengt mit erhabener, glatter M.linie und einem meist deutlichen, glatten Flecken beiderseits, vorn dicht gekörnt, hinten ziemlich dicht punktiert; Fd. fein punktiert gestreift, an der abschüssigen Stelle beim ♂ mit breit kreisf., flachem, glattem Eindruck, dessen V.rand neben der Naht beiderseits einen großen, hakenf. nach unten gekrümmten Zahn trägt; beim ♀ ist die Fd.naht erhaben, der Fd.absturz beiderseits gefurcht und nicht gezähnt. 2—2,3. — In Kiefern; hier der einzige Käfer mit Sterngängen; häufig. Mai, Juni; August—Oktober.

341. Gattung. Xylocleptes, Waldreben-Borkenkäfer.

1027. X. bispinus Duft. Zweidorniger W. — (Taf. IX, 9.) Braun, glänzend, fein greis behaart; Fühler und Tarsen gelblich; Beine rostbraun. Hsch. vorn merklich breiter und höckerig, hinten, namentlich beim ♀, dicht und tief punktiert, mit glatter M.linie. Fd. mehr als doppelt so lang als das Hsch., fein und dicht punktiert gestreift, a. d. Sp. beim ♂ tief kreisf. eingedrückt, am O.rande mit einem großen, geraden Zahn; beim ♀ ist der Fd.absturz flach, die Naht gewölbt erhöht. 2—3,5. — Nicht selten in den Stengeln der Waldrebe (Clematis vitalba). April—Juli; die 2. Generation, welche vom August bis Oktober zur Entwicklung kommt, verbleibt bis zum April in den Stengeln.

342. Gattung. **Dryocoetes, Stockholz-Borkenkäfer.**

1028. D. autographus Ratz. Zottiger Fichten-St. — Heller oder dunkler braun, glänzend, lang abstehend graugelb behaart; Hsch. so lang als breit, vorn und hinten etwas verschmälert, gleichmäßig und ziemlich grob und dicht punktiert. Fd. breiter als die Wurzel des Hsch., ziemlich stark punktiert gestreift, die Zw.räume mit feiner Punktreihe, a. d. Sp. einfach abgewölbt. 3—4. — Häufig unter der Rinde alter Fichtenwurzelstöcke. Herbst und Frühjahr, Juli und August.

1029. D. villosus F. Eichen-St. — Rost- oder pechbraun, wenig glänzend, sehr lang und dicht gelblich behaart; Hsch. länger als breit, nach vorn verschmälert, hinten so breit als die Fd.wurzel, auf der Scheibe dicht höckerig punktiert und ohne Spur einer glatten M.linie. Fd. tief punktiert gestreift, die Zw.räume mit feineren Punktreihen; Nahtstreifen stark vertieft, nach hinten erweitert und tief gefurcht. 2,5—3. — Nicht selten an Stockholz alter gefällter Eichen.

1030. D. (Xyleborus) cryptographus Ratz. Pappel-B. — Der Nr. 1028 sehr ähnlich, aber das Hsch. stark kugelig gewölbt und vorn bis h. d. M. scharf gehöckert, beim ♂ glatt und glänzend. Fd. glatt, mit dichten Reihen großer Punkte, a. d. Sp. nicht eingedrückt, neben der Naht nur schwach gefurcht. 2—3. — Unter Pappelrinde.

1031. D. bicolor Hbst. Kleiner Buchen-B. — Pechschwarz oder braun, mäßig glänzend, lang weißgrau behaart; Fühler und Beine blaßbraun. Hsch. nach vorn gerundet verschmälert und runzelig gekörnt, hinten dicht punktiert, ohne deutliche M.linie. Fd. dicht punktiert gestreift, die Zw.räume kaum schwächer als die Hauptstreifen punktiert; die Spitze steil abgestumpft und runzelig punktiert gestreift. ♂ mit gewölbter, dünn behaarter, ♀ mit flacher, dicht behaarter Stirn. 2. — Häufig unter Rotbuchenrinde.

343. Gattung. **Xyloterus** Er. (Trypodendron Steph.), **Holzbohrer.**

1032. X. lineatus Er. Linierter Nadelholzbohrer. — (Taf. IX, 10.) Walzenf., schwarz, ziemlich stark behaart; Fühler, Beine, Wurzel des Hsch., Fd. gelbbraun. Hsch. fast kugelig gewölbt, die Scheibe mit schuppenartig erhabenen Querrunzeln und Punkten. Fd. um die Hälfte länger als zusammen breit, mit sehr feinen Punktstreifen und glatten, flachen Zw.räumen; die Spitze neben der Naht schwach gefurcht; Naht- und S.rand und häufig auch ein Längsstreifen auf jeder Decke schwarz.

344. Gattung. Platypus, Kernholzkäfer.

1033. P. cylindrus F. Eichen-K. — (Taf. IX, 11.) Gestreckt walzenf., dunkelbraun, mattglänzend, spärlich gelb behaart; Fühler und Beine rotbraun; Hsch. dicht und ziemlich tief punktiert, a. d. S. tief ausgerandet. Fd. tief gestreift, beim ♂ a. d. Sp. mit feinen Körnchen weitläufig bestreut; beim ♀ ist die Scheibe der Fd. meist heller, die Spitze schwärzlich und beiderseits mit 2 von einander entfernt stehenden Zähnchen versehen. 4—5. — In alten, trockenen Eichenstöcken.

43. Familie. Cerambycidae, Bockkäfer.

Stattliche, meist größere Käfer mit 11- oder 12gliedrigen, gegen das Ende stets dünner werdenden Fühlern. Dieselben werden wie die Hörner eines Bockes getragen und sind meist länger als der halbe, oft viel länger als der ganze Körper. Die meist schlanken Beine tragen 4 Tarsenglieder mit breiter, schwammiger Sohle; das 3. Glied ist stets zweilappig. — Die Käfer findet man auf Blüten, an Baumstämmen und auf Holzlagerplätzen. Ihre weichen, fußlosen Larven leben im Innern von Holzgewächsen und im Mulm abgestorbener Bäume. Die Verpuppung geschieht im Holze selbst und die entwickelten Käfer verlassen ihre Wiege durch selbst genagte, meist glatte Fluglöcher.

Uebersicht der Gruppen:

I. Kopf hinter den Augen nie halsf. verengt. Augen nierenf. oder stark ausgerandet, in der Ausrandung die Fühler aufnehmend.
   1. Große, plumpe Bockkäfer mit nicht sichtbarer oder undeutlicher Oberlippe, walzenf. V.hüften, welche die ganze Breite des V.bruststinges einnehmen und mit einfachen, nicht verdickten Schenkeln . . . Prionini.
   2. Meist große, schlanke, langbeinige Bockkäfer mit deutlich sichtbarer Oberlippe, kugelig oder kegelf. vorragenden V.hüften und meist einfachen, nicht verdickten Beinen. Kopf mit den langen, borstenf. Fühlern schief nach vorn geneigt. Endglied der Kiefertaster stets abgestutzt. V.schienen innen nicht gefurcht. . . . Cerambycini.
   3. Mittelgroße bis große Bockkäfer von plumperem Körperbau. Oberlippe und V.hüften wie vorher. Kopf senkrecht und abgeplattet. Endglied der Kiefertaster stets zugespitzt. V.schienen innen mit einer schiefen Furche . . . . Lamiini.

II. Kopf geneigt, hinter den Augen halsf. verengt. Augen rundlich mit kleiner oder gar keiner Ausrandung. Fühler vor oder zwischen den Augen auf der Stirn eingefügt. V.hüften kegelf. aus den Gelenkgruben vorragend. Mittelgroße bis kleine, schlanke Käfer mit langen Beinen, deren Schenkel nicht verdickt und deren V.schienen nicht gefurcht sind . . . . Lepturini.

I. Gruppe. Prionini, Wald-Bockkäfer.

I. Fühler schnurf., kaum so lang als Kopf und Hsch. zusammen. Kopf mit den Augen fast so breit als das Hsch., letzteres a. d. S. gerundet erweitert, ohne Dornen oder Höcker. Körper walzenf. . . Spondylis.

II. Fühler viel länger als Kopf und Hsch. zusammen. Kopf mit den Augen schmäler als das Hsch. Körper m. o. w. flach.
  1. S.rand des Hsch. scharfkantig, mit Dornen oder Stacheln besetzt.
    a. Fühler dick, gesägt, beim ♂ länger, beim ♀ kürzer als der halbe Körper. S.rand des Hsch. je mit 3 starken Zähnen . Prionus.
    b. Fühler dünn, nicht gesägt, beim ♂ länger, beim ♀ kürzer als der Körper. S.rand des Hsch. beim ♂ fein gekerbt, beim ♀ gezähnt, ein Zahn h. d. M. etwas größer . . . . . . Ergates.
  2. S.rand des Hsch. auf die U.seite herabgezogen, daher nicht scharfkantig.
    a. Hsch. zottig behaart, mit einem spitzen Dorn i. d. M. des S.randes . . . . Tragosoma.
    b. Hsch. ohne zottige Behaarung und ohne Dorn i. d. M. des S.randes, nach vorn stark verengt; der H.rand und namentlich die H.ecken scharf aufgebogen . . . . Aegosoma.

345. Gattung. Spondylis, Walzenbock.

1034. S. buprestoides L. W., Waldbock. — (Taf. X, 1.) Schwarz; Brust braun behaart; Kopf und Hsch. dicht punktiert; Fd. je mit 2 nach hinten abgekürzten, erhabenen Längslinien, dazwischen ungleich punktiert. 13—21. — In Kiefernwäldern und auf Holzlagerplätzen; nicht selten. Juni—September.

346. Gattung. Ergates, Mulmbock.

1035. E. faber L. M. — (Taf. X, 2.) Pechbraun; Hsch. doppelt so breit als lang, gerunzelt. Fd. mit 2 feinen, m. o. w. deutlichen Längslinien, dicht runzelig punktiert. 30—52. — In Nadelholzwaldungen; selten. Juli, August.

347. Gattung. Aegosoma, Körnerbo...

1036. A. scabricorne F. K. — Kopf und Hsch. schwarzbraun; Fühler und Beine rötlichbraun; Fd. braun, sehr dicht und fein gekörnt, jede mit 3—4 erhabenen Längslinien. 38—50. — An alten Laubbäumen; selten. Juli, August.

348. Gattung. **Tragosoma, Zottenbock.**

1037. T. depsarium L. Z. — O.seite dunkler oder heller braun, U.seite, sowie die Fühler und Beine rostrot oder rötlich gelbbraun. Hsch. und Brust dicht zottig rostgelb behaart. Fd. runzelig punktiert und erhaben gestreift. 18—30. — In morschen Nadelholzbäumen der Gebirgsgegenden; sehr selten.

349. Gattung. **Prionus, Forstbock.**

1038. P. coriarius L. F., Gerberbock. — (Taf. X, 3.) Pechschwarz oder dunkel kastanienbraun. Brust dicht grau behaart. Fd. dicht lederartig gerunzelt, mit schwachen Spuren erhabener Längslinien. Bauch rötlich. 25—40. — In Laub-, seltener in Nadelwäldern; nicht selten. Juli, August.

II. Gruppe. **Cerambycini, Bockkäfer.**

A. Fd. nur einen Teil des H.leibs bedeckend.
- I. Fd. sehr stark verkürzt, kaum bis zur Mitte des H.leibs reichend und daher den größten Teil der nicht einziehbaren Flügel unbedeckt lassend. Schenkel a. d. Sp. sehr stark keulig verdickt . . . . . Molorchus.
- II. Fd. wenig verkürzt, mehr als zwei Drittel des H.leibs überragend, nach hinten stark verschmälert, mit breit klaffender Naht. Schenkel wie vorher. . . . . Stenopterus.

B. Fd. nicht verkürzt oder nur die H.leibsspitze frei lassend.
- I. Seiten des Hsch. mit einem spitzen Höcker.
  1. Fühlerglieder am Ende büschelig behaart. Fd. blaugrau mit samtschwarzer Binde und solchen Flecken . . . . Rosalia.
  2. Fühler kahl oder spärlich, aber nicht büschelig behaart.
     - a. Hsch. grob querrunzelig, Fd. pechbraun oder schwarz . . . Cerambyx.
     - b. Hsch. mit einigen Beulen. Fd. metallglänzend grün oder bronzefarben . . . . Aromia.
     - c. Hsch. dicht runzelig punktiert. Fd. rot mit schwarzer Zeichnung Purpuricenus.
- II. Seiten des Hsch. ohne spitzen Höcker, meist ganz unbewehrt.
  1. Fd. walzenf., nie längsgestreift, mit gelben oder grauen Querbinden. Hsch. kugelig gewölbt . . . . Clytus.
  2. Fd. und Hsch. mit wollig grau behaarten Flecken, erstere flach und breit, letzteres rund, scheibenf. . . . . Hylotrupes.
  3. Fd. einfarbig, nicht gefleckt, ohne jegliche Zeichnung (vergl. Callidium Alni).
     - a. Schenkel a. d. Sp. keulig verdickt.
       - aa. 3. Fühlerglied fast 3mal so lang als das 2.; Fühler kürzer als der Körper . . . . Callidium.
       - bb. 3. Fühlerglied $1\frac{1}{2}$mal so lang als das 2.; Fühler halb so lang als der Körper . . . . Tetropium.
     - b. Schenkel a. d. Sp. nicht verdickt, fast i. d. M. am dicksten.

aa. Fühler wenig länger als das Hsch. Augen fein fazettiert. Fd. wenig mehr als doppelt so lang als zusammen breit Asemum.
bb. Fühler doppelt so lang als das Hsch. Augen sehr grob fazettiert; die walzenf. Fd. etwa 3mal so lang als zusammen breit . . . . Criocephalus.

350. Gattung. Cerambyx, Eichenbock.

1039. C. heros F. (cerdo L.). Großer E., Heldenbock, Spießbock. — (Taf. X, 4.) Glänzend schwarz; Fühlerspitze und U.seite fein grau behaart; Fd. nach hinten stark verengt und gegen die Spitze dunkel rotbraun. 36—45. — An Eichen; sehr selten. Juni, Juli. Käfer fliegt nachts um die Baumkronen.

1040. C. cerdo F. (Scopolii Füssl.). Kleiner E., Runzelbock. — (Taf. X, 5.) Glänzend schwarz, seidenhaarig; Hsch. querrunzelig. Fd. grob gerunzelt, gegen die Spitze nicht verengt. 20—28. — Nicht selten im Sonnenschein auf blühenden Gesträuchen. Mai, Juni.

351. Gattung. Purpuricenus, Purpurbock.

1041. P. Koehleri L. Köhlers P. — (Taf. X, 6.) Mattschwarz, Hsch. bisweilen beiderseits mit einer kleineren oder größeren roten Makel. Fd. purpurrot, auf der Naht v. d. Sp. mit großem, gemeinschaftlichem, schwarzem Fleck. 15—20. — Selten. Süddeutschland, Oesterreich.

352. Gattung. Rosalia, Alpenbock.

1042. R. alpina L. A. — (Taf. X, 7.) Schwarz, durch sehr dichte, feine, die Grundfarbe verdeckende Behaarung blaugrau, ein kleiner Fleck am V.rande des Hsch., eine große, rundliche Makel am S.rande hinter der Schulter jeder Fd., eine breite Querrinde h. d. M. und ein kleiner, schmaler Querfleck v. d. Sp. jeder Fd. samtschwarz und meist mit weißlicher Einfassung. Fühler himmelblau, die Spitzen der Glieder schwarz und ebenso behaart. 20—30. — In Gebirgsgegenden; selten.

353. Gattung. Aromia, Moschusbock.

1043. A. moschata L. M. — (Taf. X, 8.) Metallisch grün oder bronzefarben; Hsch. sehr stark glänzend, mit einigen unregelmäßigen Höckern. Fd. etwas matt, oft blaugrün, äußerst dicht und fein runzelig punktiert, mit 2 schwachen Längsrippen. 16—33. — Nicht selten an alten Weiden. Juni—August.

354. Gattung. Callidium, Scheibenbock.

1. Fühler so lang oder länger als der Körper.

a. Fd. rein schwarz.

1044. C. (Rhopalopus) femoratum L. Rotschenkliger Sch. — Mattschwarz, sehr dicht und körnig punktiert; Hsch., Schildchen und Fd.wurzel lang abstehend behaart; Schenkelmitte rot. 10—11. — An altem Holz; selten. Mai, Juni.

1045. C. (Rhopalopus) clavipes F. Schwarzbeiniger Sch. — Ganz schwarz; Hsch. dicht punktiert, sparsam lang abstehend behaart; Fd. vorn grober, hinten feiner punktiert, fein anliegend behaart. Schildchen nicht behaart. 10—20. — Auf Holzlagerplätzen; selten.

b. Fd. in der Färbung sehr veränderlich, blau, braun, gelb.

1046. C. variabile L. Veränderlicher Sch. — Käfer entweder ganz schwarz und nur die Fd. blau oder grünlich, Fühler, ein größerer oder kleinerer Teil der Beine und das ganze Hsch. oder nur ein Teil desselben rötlich gelb oder der Käfer ganz rotgelb und die Fd. rotbraun mit schwarzer Spitze, oft dann auch die Brust schwarz. 9—15. — Ziemlich häufig. Juni, Juli.

2. Fühler kürzer als der Körper.

a. Fd. rot.

1047. C. sanguineum L. Roter Sch. — Schwarz oder schwarzbraun; Hsch. schwarz und wie die Fd. dicht samtartig rot behaart. 10—11. — Selten; besonders in Süddeutschland und Oesterreich. Mai.

b. Fd. blau.

1048. C. violaceum L. Blauer Sch. — (Taf. X, 9.) Oben heller, unten dunkler blau, sehr dicht runzelig punktiert. Beine schwarz oder schwarzblau. 10—14. — Nicht selten. Juni.

1049. C. rufipes F. Rotfüßiger Sch. — Oben glänzend dunkelblau, lang abstehend behaart, unten blauschwarz; Hsch. fein gekörnt, mit glatter M.linie; Fd. grob und runzelig punktiert; Fühler- und Schenkelwurzel, Schienen und Tarsen rötlichgelb. 6—7. — Auf Blüten, selten. Süddeutschland.

c. Fd. mit weißen Querbinden.

1050. C. Alni L. Zweibindiger Sch. — Braun oder schwarz; Fühler, Wurzel der Fd. und Schenkel, Schienen und Tarsen rostgelb; Fd. mit 2 schmalen, dicht weiß behaarten, bogigen Querbinden. 4—6. — Selten. Süddeutschland. Mai, Juni.

1051. C. unifasciatum Oliv. Einbindiger Sch. — Rotbraun, der hintere Teil der Fd. dunkler, grob und dicht punktiert; Fd. i. d. M. mit breiter, an der Naht unterbrochener, weißer Querbinde. 6—8. — Selten.

355. Gattung. **Hylotrupes, Balkenbock.**

1052. H. bajulus L. B., Hausbock. — (Taf. XI, 1.) Pechschwarz oder braun, fein grau behaart; Hsch. bis auf 2 nackte Beulen beim ♂ sparsam, abstehend, beim ♀ dicht grauweiß, wollig behaart. Fd. bei frischen Exemplaren mit bindenf., weißen Haarflecken. ♀ mit einer Legeröhre. 10—20. — Nicht selten in alten Häusern und auf Holzlagerplätzen. Juli—September.

356. Gattung. Tetropium, Listbock.

1053. T. luridum L. Brauner L. — (Taf. XI, 2.) Mattschwarz, fein grau behaart und dicht punktiert; Hsch. glänzend, auf der Scheibe zerstreut punktiert, a. d. S. dicht und fein gekörnt. Fd. mit einigen undeutlichen, erhabenen Längslinien, in der Färbung sehr veränderlich, meist gelbbraun. Beine braun oder dunkel. Var. fulcratum F. schwarz mit roten Schenkeln; Var. aulicum F. ganz schwarz; 10—16. — Nicht selten auf Holzlagerplätzen. Mai—Juli.

357. Gattung. Asemum, Strunkbock.

1054. A. striatum L. St. — Matt braunschwarz, oben fein und dicht punktiert. Kopf und Hsch. kurz behaart; Fd. meist mit 3 Längsrippen. 12—17. — An alten Fichten- und Kiefernstöcken; nicht selten. Mai, Juni.

358. Gattung. Criocephalus, Grubenhalsbock.

1055. C. rusticus L. G. — (Taf. XI, 3.) Heller oder dunkler braun, glanzlos, dicht und fein anliegend behaart und punktiert; Hsch. mit 2 oder mehreren flachen Grübchen. Fd. stark runzelig punktiert, mit 3 feinen, schwach erhabenen Längslinien; Nahtwinkel a. d. Sp. als kleines Zähnchen vortretend. Bauch glänzend. 15—28. — An Kiefernwurzelstöcken; ziemlich selten. Juli, August.

359. Gattung. Clytus, Widderbock, Zierbock.

1. Grundfarbe schwarz mit grauen Binden.

1056. C. mysticus L. Zierbock. — Fein grau behaart; Fd. an der Wurzel breit rostbraun, selten ganz schwarz, jede mit 3 schmalen, weißbehaarten, von der Naht nach außen gekrümmten Binden, von denen die mittlere kurz ist, Spitze weißgrau behaart. 9—13. — Nicht selten auf Blüten. Juni.

1057. C. plebejus F. (figuratus Scop.). Schulterfleckiger Z. — Eine rundliche Makel an der Schulter, eine vom Schildchen gegen die Mitte des S.randes gekrümmte Linie, eine gerade Binde h. d. M. und die Spitze der Fd. weißgrau. 8–12. — Nicht selten auf Blüten. Juni.

1058. C. massiliensis L. Weißbindiger Z. — Dem vorigen sehr ähnlich, auf den Fd. fehlt aber die Schultermakel und die Binde h. d. M. erstreckt sich längs der Naht gegen das Schildchen. 6—9. — Auf Blüten; selten. Juni, Juli.

2. Grundfarbe braun mit gelben Querbinden.

a. Hsch. viel breiter als lang.

1059. C. arcuatus. Bogenstrich-Z. — (Taf. XI, 4.) U.seite lang abstehend weißlich, die Spitzen der Bauchringe dicht gelb behaart. Fd. braun oder schwarz, ein Fleck an der Wurzel neben dem Schildchen, der Schulterrand, 2 Binden h. d. M., eine dritte, meist in vier Makeln geteilte vor der Mitte, die Spitzen, sowie das Schildchen, der V.- und H.rand des Kopfes und Hsch., und eine m. o. w.

unterbrochene Querbinde auf letzterem dicht goldgelb behaart. Fühler und Beine rostrot, die Schenkel der M.- und V.beine a. d. Sp. schwärzlich. 10—18. — Ziemlich selten; an Eichen. Mai—Juli.

1060. C. detritus L. Abgenutzter Z. — Fühler und Beine braunrot; U.seite sparsam fein weiß behaart; die B.ringe sehr breit gelb gesäumt, die letzten meist ganz gelb. Fd. braun oder schwarz mit 4—5 gelben, ziemlich geraden Binden, deren hintere m. o. w. zusammenfließen, so daß die Spitze oft ganz gelb ist. Hsch. am V.rande mit breiter, auf der Mitte mit schmaler, gelbbehaarter Querbinde. 13—18. — Selten; an Eichen. Juni, Juli.

b. Hsch. so lang als breit oder länger.

1061. C. arietis L. Gemeiner Z. — Fühler und Beine rostgelb, letztere fast immer mit schwarzbraunen V.schenkeln. V.- und H.rand des Hsch., Schildchen, eine schmale Quermakel hinter der Wurzel jeder Fd., 2 Querbinden auf denselben, ihre vollkommen abgerundeten Spitzen und der Rand der B.ringe gelb behaart; die 1. Fd.binde verläuft v. d. M. des S.randes in schwachem Bogen längs der Naht gegen das Schildchen, erreicht dasselbe aber nicht. 9—15. — Nicht selten an geschlagenem Holz. Mai—Juli.

1062. C. floralis Pall. Blüten-Z. — V.- und H.rand des Hsch. gelb gesäumt. Fd. mit 5 gelben Querbinden, von denen die 2. nach vorn, die 3. nach hinten leicht gebogen ist. Fühler, Schienen und Tarsen rötlich gelbbrau; Schenkel dunkel. 9—14. — Auf Blüten; selten. Süddeutschland.

1063. C. ornatus Hbst. Geschmückter Z. — Gelbgrün behaart; eine Querbinde auf dem Hsch., eine nach dem S.rande hinten offene, ringförmige Zeichnung jederseits an der Fd.wurzel, 2 Querbinden auf den Fd., von denen die 1. etwas an der Naht nach vorn ausgebogen, die 2. an der Naht verengt ist, sowie die Fühler und Beine schwarz. 9—14. — Ziemlich selten. Juni, Juli.

1064. C. Verbasci L. Wollkraut-Z. — Dem vorigen ähnlich, aber die Querbinde des Hsch. ist in 3, die Ringmakel der Fd. in 2 Flecken aufgelöst; die Querbinden erreichen die Naht nicht und erscheinen deshalb als Quermakeln. 10—13. — Selten; auf Blüten. Juni, Juli.

360. Gattung. **Stenopterus, Engdeckenbock.**

1065. S. rufus L. Roter E. — Schwarz, zottig behaart; V.- und H.rand des Hsch., Schildchen und einige Makeln a. d. S. des H.leibs mit weißlichem, seidenglänzendem Filze bedeckt. Hsch. mit 3 glatten Erhabenheiten. Fd. gelbbraun, an der Wurzel und Spitze schwarz. Fühlerglieder an der Wurzel und die Beine rötlichgelb. Schenkelspitzen schwarz. 10—13. — Auf Blüten; ziemlich häufig. Juni.

361. Gattung. **Molorchus F.** (Necydalis L.), **Fliegenbock.**

1066. M. major L. Großer F. — (Taf. XI, 12.) Schwarz, goldhaarig. Fühler (♀), Fd., Beine und H.leibswurzel rötlich gelbbraun; beim ♂ nur die Fühlerwurzel gelb. 24—34. — Auf Blüten; sehr selten. Juni, Juli.

1067. M. minor L. Kleiner F. — (Taf. XI, 13.) Schwarz, lang behaart. Fühler, Beine und Fd. braun, letztere je mit einer schrägen, weißen Linie; Schenkelspitzen schwarz; Hsch. a. d. S. mit einigen glänzenden Erhabenheiten. 9—10. — Auf Blüten; ziemlich selten. Mai, Juni.

1068. M. umbellatarum L. Schirmblumen-F. — Wie Nr. 1067, aber ohne weiße Linie auf den Fd. 5—7. — Auf Blüten; nicht besonders selten. Juni.

III. Gruppe. **Lamiini, Furchenschienen-Bockkäfer.**

I. Seiten des Hsch. mit einem Dorn oder spitzen Höcker bewaffnet.
  1. Schenkel nicht keulenf. verdickt.
    a. Käfer geflügelt.
      aa. Fühler höchstens so lang als der Körper; 3. Fühlerglied so lang als das 1. H.brust kurz; Körper gedrungen, schwarz . . . . Lamia.
      bb. Fühler des ♂ doppelt so lang, die des ♀ so lang oder etwas länger als der Körper; 3. Fühlerglied am längsten. H.brust lang . . . . Monochammus.
    b. Käfer nicht geflügelt.
      aa. Fühler selten die Mitte des Körpers überragend, ihre Glieder allmählich an Länge abnehmend; Käfer an Mauern, auf Wegen und Rasenplätzen herumlaufend . Dorcadion.
      bb. Fühler beim ♂ länger, beim ♀ so lang als der Körper; 1. Fühlerglied kürzer als das 3. Käfer an Baumstämmen Morimus.
  2. Schenkel a. d. Sp. keulig verdickt.
    a. Fd. auf dem Rücken flach.
      aa. Fühler etwas länger als der Körper, die einzelnen Glieder vom 3. an allmählich an Länge abnehmend. Fd. etwa um die Hälfte länger als zusammen breit . . . . . Acanthoderes.
      bb. Fühler des ♂ 3—5mal, die des ♀ fast doppelt so lang als der Körper. Fd. doppelt so lang als zusammen breit. ♀ mit einer Legeröhre . . . . Astynomus.
    b. Fd. walzenf.
      aa. Fühler so lang oder fast so lang als der Körper, lang behaart, das 4. Glied doppelt so lang als das 5. Hsch. auf dem Rücken mit spitz vorspringenden Zähnchen. Fd. mit abgestutzten Spitzen und höckerigen Erhabenheiten, etwa um die Hälfte länger als zusammen breit . . . Pogonocherus.
      bb. Fühler viel länger als der Körper, nicht lang behaart, das 4. und 5. Glied wenig an Länge verschieden. Fd. fast doppelt so lang als zusammen breit. ♀ mit kurzer Legeröhre . . . . Liopus.
II. Hsch.seiten ohne spitzen Dorn oder Höcker, höchstens mit 2 sehr schwachen Höckerchen besetzt.
  1. Klauen nicht gezähnt.
    a. Fühler auf der U.seite ziemlich lang behaart.

aa. Fd. nicht ganz doppelt so lang als zusammen breit; Schultern viel breiter als das Hsch. Fühler 11gliedrig, länger als der Körper . . . . Mesosa.

bb. Fd. 3—4mal so lang als zusammen breit, wenig breiter als das Hsch. Fühler 12gliedrig, länger als der Körper Agapanthia.

b. Fühler nicht behaart, 11gliedrig, so lang oder länger als der Körper. Fd. viel breiter als das walzenf. Hsch., mehr als doppelt so lang als zusammen breit. Schenkel i. d. M. am dicksten, nicht keulenf. H.schenkel lang, über den 3. B.ring hinausragend . . . . Saperda.

2. Klauen an der Wurzel gezähnt.

a. H.schenkel den 3. B.ring nicht oder kaum erreichend.

aa. Fußklauen einfach. Augen in 2 ungleiche Hälften geschieden. Fd. wenig mehr als doppelt so lang als zusammen breit, a. d. Sp. einzeln abgerundet. Kleine Käfer von 5—6 mm Länge . . . . Tetrops.

bb. Fußklauen gespalten. Augen stark ausgerandet. Fd. 3—4mal so lang als zusammen breit, a. d. Sp. schief abgestutzt oder einzeln abgerundet. Mittelgroße, 10 bis 18 mm lange Käfer . . . . Oberea.

b. H.schenkel die Spitze des 3. B.rings überragend.

aa. Fußklauen einfach. Fühler dünn. Fd. fast 3mal so lang als zusammen breit, ziemlich walzenf., nach hinten nicht verengt und die Spitze selbst etwas erweitert und einzeln abgerundet . . . . Stenostola.

bb. Fußklauen gespalten. Fühler stark. Fd. mehr als doppelt so lang als zusammen breit, nach hinten verengt und an der Spitze meist abgestutzt. . . . . Phytoecia.

362. Gattung. **Dorcadion, Erdbock.**

a. Fd. einfarbig.

1069. D. fuliginator L. G r a u f l ü g e l i g e r E. — Schwarz; Kopf und Hsch. kahl, sehr dicht und grob punktiert; Fd. äußerst dicht weißgrau behaart. Abart D. atrum Ill., welche in Thüringen und am Harz vorkommt, ganz schwarz. 13—17. — Auf Kalkboden, nicht selten. April—Juni.

1070. D. fulvum Scop. B r a u n e r E. — Schwarz; das 1. Fühlerglied, die Schenkel und Schienen rot; Fd. heller oder dunkler braun; Tarsen schwarz. 15—18. — Selten.

b. Fd. schwarz mit weißer Naht und oft mit mehreren weißen Linien auf der Scheibe.

1071. D. rufipes F. R o t b e i n i g e r E. — Glänzend schwarz; U.seite und die rostroten Beine fein grau behaart. Kopf und Hsch. mit tiefer, weißlich behaarter M.linie. Fd. sehr schwach behaart, ziemlich tief und nicht dicht punktiert, der Naht- und S.rand und öfters eine kurze Linie a. d. Sp. weißgrau behaart. 11—15. — Selten. Frühjahr.

1072. D. molitor Redt. Gestreifter E. — Schwarz; U.seite spärlich grau behaart; Kopf und Hsch. kahl, mäßig glänzend, letzteres mit glatter M.linie. Fd. mit braunem oder braungrauem Filze dicht bekleidet, jede mit 2 weißgrauen Längsbinden, von denen die innere bis zur Mitte, die äußere bis zur Spitze reicht. 12—15. — In der Umgebung Stuttgarts nicht selten. Mai, Juni.

363. Gattung. **Morimus, Trauerbock.**

1073. M. tristis F. (funereus Muls.). T. — Schwarz, glanzlos, sehr fein und dicht weißgrau behaart. Hsch. und Fd. gerunzelt und körnig punktiert, letztere je mit 2 großen, samtschwarzen, behaarten Makeln. 26—30. — Oesterreich und Ungarn. Selten.

364. Gattung. **Lamia, Weberbock.**

1074. L. textor L. W. — (Taf. XI, 5.) Schwarz, glanzlos, mit feiner, dicht anliegender, bräunlicher Behaarung. Hsch. runzelig. Fd. gekörnt punktiert oft mit heller gelbbraun behaarten Punkten und Flecken. 28—30. — An alten Weiden; nicht selten. April—Juni.

365. Gattung. **Monochammus, Dornbockkäfer.**

1075. M. sutor F. Schusterbock. — Schwarz, mit braunem Metallglanz; O.seite beim ♂ sparsam, beim ♀ reichlicher mit graugelb behaarten Flecken besetzt, die manchmal zu deutlichen Binden zusammentreten. Seitenhöcker des Hsch. gelb behaart. Schildchen dicht weißgelb behaart mit vollkommen nackter M.linie. Fd. gleichmäßig äußerst grob, fast runzelig punktiert. Fühler und Beine schwarz. 16—22. — An gefälltem Nadelholz; selten. Juni, Juli.

1076. M. sartor F. Schneiderbock. — Dem vorigen ähnlich, aber Seitenhöcker des Hsch. nicht behaart; Schildchen dicht mit gelblichem Filze bedeckt, ohne nackte M.linie. Fd. gegen die Spitze schwächer und undeutlicher punktiert. 26—30. Vorkommen wie von Nr. 1075.

366. Gattung. **Acanthoderes, Scheckenbock.**

1077. A. varius F. (clavipes Schrank.). Sch. — Schwarz, dicht braun und grau scheckig behaart. Fühlerglieder an der Wurzel weiß behaart, a. d. Sp. schwarz. Hsch. und Fd. tief und zerstreut punktiert, letztere mit 2 undeutlichen, dunkleren Fleckenbinden und zerstreuten, schwarzen Punkten. 14—16. — An alten Buchen- und Eichenstämmen und in der Nähe von Holzlagern. Selten.

367. Gattung. **Astynomus, Zimmerbock.**

1078. A. aedilis L. Z. — (Taf. XI, 6.) Flach, rotbraun, dicht grau behaart. Fd. körnig punktiert mit 2 m. o. w. deutlichen, nackten Querbinden und 3 schwachen Längslinien. 13—18. — An Kiefern, nicht selten. September, Oktober; März, April.

1079. A. atomarius F. (costatus F.). Gerippter Z. — Dem vorigen ähnlich, unterscheidet sich aber hauptsächlich dadurch, daß die Fd. 3—4 stark erhabene Rippen und nur eine Querbinde i. d. M. haben, diese ist nach vorn m. o. w. verwischt, nach hinten ziemlich scharf schwärzlich begrenzt. 11—14. — An Eichen; selten.

368. Gattung. Liopus, Splintbock.

1080. L. nebulosus L. Sp. — Schwarz, dicht grau oder gelblich behaart; Fühlerglieder und Schenkelwurzel gelbrot, erstere mit schwarzer Spitze. Fd. mit 2 unterbrochenen, nackten, dunkleren Binden und zerstreuten, schwarzen Punkten, die a. d. Sp. mehr oder weniger zusammenfließen. 7—10. — Auf Holz- und Zimmerplätzen; nicht selten. Mai—Juli.

369. Gattung. Pogonocherus, Barthornbock.

a. Der Außenwinkel der abgestutzten Fd. in einen spitzen Zahn verlängert.

1081. P. hispidus F. (bidentatus Thoms.). Zweizähniger B. — Schwarz; Kopf und Hsch. rostbraun und weißlich gescheckt, letzteres am V.- und H.rande rötlich. Fd. mit einer breiten, geraden, weiß behaarten Binde v. d. M., jede a. d. Sp. bogig ausgeschnitten und sowohl der J.- als der A.winkel in ein spitzes Zähnchen verlängert. 6—7. — In Wäldern; selten. Herbst und Frühjahr.

1082. P. pilosus F. (dentatus Fourc.). Einzähniger B. — Rotbraun; Fd. mit einer gemeinschaftlichen, grauen, breiten, halbkreisf. Haarbinde auf einer vertieften Stelle hinter der Wurzel und bloß mit einem Zahn a. d. Sp. 5—6. — Nicht selten an Kiefern. Herbst und Frühjahr.

b. Außenwinkel der abgestutzten Fd. ohne Zähnchen.

1083. P. fascicularis Pz. Gebänderter B. — Braun, grau und bräunlich behaart. Fd. hinter der Wurzel mit einer breiten, weiß behaarten Binde, gegen die Spitze mit 3 schwarzen Höckerchen. 6—7. — Nicht selten an Kiefern. Herbst und Frühjahr.

1084. P. ovalis Gyll. Kleiner B. — Braun, grau und bräunlich, Fd. scheckig behaart; letztere mit einer schwarzen, schiefen Makel, welche an der Schulter beginnt und sich gegen die Mitte bis an die Naht zieht, der hintere Teil der Fd. mit 2 schwarzen Höckerchen. 4,5. — Selten.

370. Gattung. Mesosa, Zauberbock.

1085. M. curculionoides L. Rüsselkäferähnlicher Z. — Schwarz, dicht und fein anliegend grau und zerstreut goldgelb fleckig behaart. Hsch. dicht runzelig gekörnt, mit 4 samtschwarzen, gelb umrandeten Haarmakeln. Fd. vorn gekörnt, hinten flach punktiert, jede mit 2 samtschwarzen, goldgelb umsäumten Flecken. 12—14. — In Laubwäldern; selten. Juli—September.

1086. M. nubila Oliv. (nebulosa F.). Wolkiger Z. — (Taf. XI, 7.) Schwarz, dicht rötlichgrau fleckig behaart. Hsch. tief und zerstreut punktiert, mit

4 m. o. w. deutlichen, schwarzen, nackten Längsstreifen, die sich auch auf den Kopf fortsetzen. Fd. i. d. M. mit einer breiten, weißgrauen, an der Naht unterbrochenen, vorn schwarz begrenzten Querbinde. 10—12. — In Laubwäldern; selten. Juli, August.

371. Gattung. **Agapanthia, Distelbock.**

1087. A. Cardui F. Gelbhörniger D. — Schwarz, mit kurzer, gelber, fleckiger Behaarung, dazwischen mit langen, abstehenden, schwarzen Haaren; U.seite ockergelb behaart; Hsch. mit 3 rostgelb behaarten Längslinien. Fühler rötlichgelb, weiß behaart, das ganze Wurzelglied und die Spitze jedes folgenden schwarz. 16—18. — Auf Disteln; selten.

1088. A. angusticollis Gyll. Schwarzhörniger D. — (Taf. XI, 8.) Dem vorigen ähnlich, aber nur 10—15 mm lang und die Fühler sind ganz schwarz, sämtliche Glieder mit Ausnahme des Wurzelgliedes bis auf die Hälfte dicht grauweiß behaart. — Nicht selten auf Disteln. Juli.

372. Gattung. **Saperda, Pappelbock.**

1089. S. carcharias L. Großer Pappelbock, Hundsbock. — (Taf. XI, 9.) Schwarz, mit dichtem, grauem oder bräunlichgelbem Filze bedeckt. Hsch. und Fd. mit nackten, schwarzen, glänzenden Höckerchen ziemlich dicht besetzt. Fd. beim ♂ nach hinten stark verengt. 24—30. — Nicht selten an Pappeln. Juli—September.

1090. S. populnea L. Kleiner P., Eschenbock. — (Taf. XI, 10.) Schwarz, unten lang anliegend, oben fein gelblichgrau behaart; 3 Streifen auf dem Hsch. und 4—5 runde, in einer Längsreihe stehende Flecken auf jeder Fd. dichter und heller gelb behaart. Fühler schwarz geringelt. 10—14. — Häufig an Zitterpappelsträuchern, in deren Stämmchen die Larve knotige Anschwellungen verursacht. Mai, Juni.

1091. S. tremulae F. (octopunctata Scop.). Achtpunktiger P. — Schwarz, mit graugrünem Filze dicht bekleidet. Hsch. mit 4 fast in einer Querlinie stehenden schwarzen Punkten. Fd. je mit 3—4 in einer Längsreihe stehenden, schwarzen Punkten, oft auch noch mit einem solchen auf der Schulter. 14—16. — Auf Pappeln; ziemlich selten.

1092. S. punctata F. Vielpunktiger P. — Grün oder blaugrün behaart; Hsch. mit einem schwarzen Punkt i. d. M. des S.randes und mit 4 im Viereck stehenden auf der Scheibe. Fd. je mit 5—7 unregelmäßig längsreihig stehenden, schwarzen Makeln. B.ringe jederseits mit nacktem, schwarzem Fleck. 12—18. — Auf Pappeln; selten.

1093. S. scalaris L. Leiterbock. — Kopf, Hsch. und U.seite dicht anliegend grünlichgelb behaart; Scheitel, Scheibe des Hsch. und die grob punktierten Fd. schwarz; auf den letzteren die Naht mit 5 zahnf. Erweiterungen beiderseits, sowie mehrere Flecken neben dem S.rande dicht grünlichgelb oder schwefelgelb behaart. Fühlerglieder grau behaart mit schwarzer Spitze. 13—17. — In Laubwäldern; selten. Juni.

373. Gattung. **Polyopsia** Muls. (Tetrops Steph.), **Schlehenbock.**

1094. P. praeusta L. Kleiner Sch. — Schwarz, glänzend, stark punktiert, lang grau behaart. Fd. gelbbraun, meist mit schwarzer Spitze. V.beine gelb, die übrigen dunkler. 5—6. — Namentlich auf blühenden Prunus-Arten. Nicht selten. Mai, Juni.

374. Gattung. **Stenostola, Dünnhornbock.**

1095. S. nigripes F. (ferrea Schrk.). D. — Schwarz, grau behaart, blau oder grünlich schimmernd, stark punktiert; 2 seitliche, oft undeutliche Längslinien auf dem Hsch., Schildchen und Seiten der Brust dicht weißfilzig. 10—11. — Nicht selten auf Espen, Birken, Linden und Haseln. Mai.

375. Gattung. **Oberea, Trägbock.**

1096. O. oculata L. Doppeltpunktierter T. — (Taf. XI, 11.) Rötlichgelb; Fühler, Kopf, 2 Punkte auf dem Hsch. und die Fd. schwarz; letztere mit silbergrauem Haarüberzug, grubig und fast reihig punktiert. Schildchen und U.seite gelb. 16--20. — Auf Weiden und Haseln; nicht selten. Juli, August.

1097. O. pupillata Gyll. Geißblatt-T. — Wie Nr. 1096, nur sind die Fd. an der Wurzel gelb und die U.seite zeigt auf der Brust und auf den 3 ersten B.ringen schwarze Flecken. Die Punkte auf dem Hsch. sind dem H.- und S.rande mehr genähert. 15—19. — Selten.

1098. O. linearis L. Hasel-T. — Ganz schwarz, fein und spärlich behaart; Taster und Beine blaßgelb. Fd. mit undeutlich erhabenen Längslinien und mit groben, in Reihen stehenden Punkten. 11—14. — Selten; auf Haseln. Mai, Juni.

376. Gattung. **Phytoecia, Walzenbock.**

1099. E. cylindrica L. W. — Schwarz, fein grau behaart, Fd., U.seite und Beine bläulich schimmernd. Hsch. mit weißfilzig behaarter M.linie; Fd. grob runzelig punktiert, jede mit 2 oder 3 feinen, erhabenen Längslinien; V.beine gelb, ihre Schenkelwurzel und Tarsen schwarz. 8—10. — Selten.

1100. P. virescens F. Grüner W. — Schwarz, dicht anliegend grau- oder blaugrün behaart; Schildchen und 3 Linien über das Hsch. heller gefärbt; Kopf, Hsch., V.hälfte der Fd. und U.seite lang abstehend behaart; Augen vollständig geteilt. 9—12. — Ziemlich selten auf Natternkopf und Hundszunge. Mai—Juli.

1101. P. nigricornis F. Schwarzhörniger W. — Schwarz, grau oder gelblichgrau behaart, Schildchen und 3 Linien auf dem Hsch. heller. 10—12. — Selten. Mai, Juni.

IV. Gruppe. Lepturini, Halsböcke.

I. Seiten des Hsch. i. d. M. mit großem, starkem Dorn.
 1. Seitenhöcker spitz. Fühler kaum halb so lang als der Körper. Fd. flach gewölbt, jede mit 2 m. o. w. starken Längsrippen und einigen helleren Querbinden . . . . Rhagium.
 2. Seitenhöcker stumpf.
  a. Fühler von halber Körperlänge, ihr 3. Glied wenig länger als das 4. Hsch. auf der Scheibe mit 2 starken Höckern. Fd. ziemlich gleich breit, walzenf. . . . . Rhamnusium.
  b. Fühler meist so lang als der Körper, ihr 3. Glied viel länger als das 4. Hsch. auf der Scheibe nur durch eine M.linie geteilt. Fd. nach hinten stark verengt . . . . Toxotus.
II. Seiten des Hsch. ohne Höcker oder Dorn.
 1. H.ecken des am H.rande stark 2mal gebuchteten Hsch. in spitze Dornen ausgezogen, welche sich an die allermeist nur wenig breiteren Schultern eng anschließen. Hsch. hinten nie eingeschnürt, meist länger als breit. Fd., besonders beim ♂, stark nach hinten verengt, a. d. Sp. schief nach innen abgestutzt . . . . . . Strangalia.
 2. Das am H.rande wie vorhin beschaffene Hsch. mit stumpfen oder kurzdornigen, gerade ausgestreckten H.ecken. Hsch. so breit als lang, nach hinten meist etwas verengt.
  a. Fd. mit schief abgestutzter Spitze, schwarz, rot oder gelbbraun, beim ♂ stark, beim ♀ wenig nach hinten verengt. Hsch. vorn stark verengt und eingeschnürt . . . . Leptura.
  b. Fd. mit abgerundeter Spitze.
   aa. Fd. breit, vorn stark gewölbt, nach hinten verengt. Käfer 6—11 mm . . . . Pachyta.
   bb. Fd. schmal, fast gleich breit. Käfer 6—7 mm . . . Grammoptera.

377. Gattung. Rhamnusium, Weidenbock.

1102. Rh. Salicis F. W. — (Taf. XI, 14.) Rotbraun; Brust, oft auch die Wurzel der B.ringe, Fühlerspitze und Fd. schwarz, letztere mit grünem oder blauem Schimmer; bisweilen sind auch die Fd. ganz gelbrot und nur die Brust schwärzlich. 18—22. — An morschen Laubbäumen. Selten. Juli, August.

378. Gattung. Rhagium, Zangenbock.

a. Fd. dicht behaart.

1103. Rh. indagator F. Kleiner Z. — Schwarz; Fd. blaßgelbbraun, zerstreut punktiert und unregelmäßig quer gerunzelt, dicht weißfilzig behaart, mit 3 erhabenen Längslinien und 2 m. o. w. deutlichen, vielfach unterbrochenen, nackten, schwarzen Binden. 12—15. — In Nadelholzwäldern; nicht selten. Mai, Juni.

1104. Rh. mordax. F. (sycophanta Schrk.). Großer Z. — Schwarz, überall ockergelb, oben fleckig behaart. Fd. mit 2 rötlichgelben, an der Naht unterbrochenen

Binden und je mit 2 erhabenen Längsrippen. Fühler und Beine ganz schwarz, dicht gelb behaart. 18—23. — An Eichen und Erlen; nicht selten. April—Juni.

1105. Rh. inquisitor L. Lauernder Z. — (Taf. XI, 15.) Schwarz, oben aschgrau, unten gelbgrau behaart. Fd. je mit 2 Längsstreifen und 2 gemeinschaftlichen, gelben, am S.rande durch einen runden, schwarzen Fleck von einander getrennten Binden. 14—20. — Nicht selten. Mai, Juni.

b. Fd. nur sehr schwach behaart.

1106. Rh. bifasciatum F. Schrägbindiger Z. — Schwarz, fein grau behaart. Fd. dicht grob punktiert, die Seiten und die Spitze rotbraun, jede mit 2 rostgelben, schrägen Binden und mit 3—4 feinen erhabenen Längslinien. Fühler mit Ausnahme des Wurzelgliedes, Schenkelwurzel, Schienen mit Ausnahme der Spitzen und der Bauch rostbraun, die ersten Ringe des letzteren a. d. S. schwarz. 15—19. — In Fichtenwäldern nicht selten. Juni—August.

379. Gattung. **Toxotus, Heckenbock.**

a. Fd. a. d. Sp. zusammen abgerundet.

1107. T. cursor L. Schwarzer H. — Oben spärlich, unten dichter grau behaart. ♂ ganz schwarz, Mund und Fühlerwurzel rostrot; ♀: Mund, Fühler, Schenkelwurzeln, Schienen, Tarsen und Fd. rostrot, ein breiter Nahtstreif und ein Längsstreif über die Scheibe der letzteren schwarz. Fd. mit 3 schwach erhöhten Längslinien; letzter B.ring des ♂ gekielt. 16—24. — Auf blühenden Gesträuchen; selten. Juli, August.

b. Fd. a. d. Sp. schief nach innen abgestutzt.

1108. T. meridianus L. Brauner H. — (Taf. XI, 16.) Färbung sehr veränderlich; der Käfer ist entweder ganz schwarz oder es sind die Wurzeln der Fühlerglieder, die Beine und der Schulterrand der Fd. rötlichgelb, oder die Fd. sind an der Wurzel, oder ganz rötlichbraun. Brust dicht silbergrau behaart. 3. Fühlerglied länger als das 5., dieses doppelt so lang als das 4. Hsch. länger als breit, jederseits mit einem sehr stumpfen Höcker. 14—22. — An Waldrändern auf blühenden Gesträuchen; nicht selten. Juni, Juli.

1109. T. Quercus Goeze. Eichen-H. — Schwarz, fein grau behaart und dicht punktiert. ♂: Hsch. länger als breit, die Schultern der schwarzen nach hinten stark verengten Fd. und der Bauch rot. ♀: Fd. nach hinten kaum verengt, rötlichbraungelb oder ganz schwarz, Bauch schwarz. 3. Fühlerglied eben so lang oder kürzer als das 5., dieses doppelt so lang als das 4. 13—18. — Besonders auf Weißdornblüten; selten. Juni.

1110. T. (Pachyta) quadrimaculatus L. Vierfleckiger H. — Schwarz, grau behaart; Hsch. jederseits mit einem ziemlich spitzen Höcker. Fd. gelb, jede mit 2 großen, schwarzen Makeln, von denen in seltenen Fällen die vordere oder hintere fehlt. 11—18. — Auf Blüten; selten. Sommer.

380. Gattung. Pachyta, Blütenbock.

1111. P. octomoculata F. Achtfleckiger B. — (Taf. XI, 17.) Schwarz, grau behaart. Fd. bräunlich gelb mit schwarzer Spitze und jede mit 3—4 schwarzen, bindenartig gestellten Flecken v. d. M. und mit einer bindenartigen, ebenso gefärbten Makel h. d. M. 9—10. — Häufig auf Schirmblüten.

1112. P. (Gaurotes) virginea L. Blauer B. — Schwarz, glänzend; Hsch. gewöhnlich rot, doch auch schwarz, grün oder blau, vorne und hinten stark eingeschnürt. Fd. runzelig punktiert, schön blau, blaugrün oder violett. Bauch rot. 9—10. — In gebirgigen Gegenden ziemlich häufig. Juli.

1113. P. (Acmaeops) collaris L. Rothalsiger B. — Dem vorigen ähnlich, aber das Hsch. nicht eingeschnürt, kugelig gewölbt. H.leib und Hsch. dunkelrot, letzteres in seltenen Fällen schwarz. Fd. schwarz, schwarzblau oder -grün. 7—9. — Seltener als vorige Art. Juni, Juli.

381. Gattung. Strangalia, Schnürbock.

a. Fd. einfarbig, schwarz.

1114. S. nigra L. Glänzendschwarzer Sch. — Glänzendschwarz, sparsam und fein, die Brust dichter grau behaart. Hsch. länger als breit, nach vorne stark verengt. Bauch beim ♂ rot mit schwarzen Wurzelringen, beim ♀ ganz rot, die Spitze schwarz. 7—9. — Nicht selten auf Wiesen- und Waldblumen. Mai, Juni,

1115. S. atra F. (aethiops Poda.). Schwarzer Sch. — Ganz schwarz, oben fein grau, unten dicht seidenglänzend behaart. Hsch. länger als breit, dicht grob punktiert. U.seite ganz schwarz. 10—11. — Nicht selten. Mai, Juni.

b. Fd. schwarz mit gelben Querbinden oder umgekehrt.

1116. S. quadrifasciata L. Vierbindiger Sch. — (Taf. XI, 18.) Schwarz, fein grau behaart. Hsch. so lang als breit; Fd. gelbbraun, ihre Spitze und 3 Binden schwarz. ♂ und ♀ mit ganz schwarzen Fühlern und Beinen. 14—16. — Besonders in Gebirgsgegenden, auf Blüten. Mai—Juli.

1117. S. armata Hbst. (maculata Poda). Gefleckter Sch. — Schwarz, fein gelbgrau behaart; die Wurzeln der einzelnen Fühlerglieder, die Beine mit Ausnahme der Spitze der H.schenkel und die Fd. gelb, die Spitze der letzteren und 3 Binden auf denselben schwarz. Hsch. länger als breit mit kleinem, aber deutlichem S.höcker. H.leib des ♂ schwarz und dessen H.schienen am J.rande mit 2 Zähnen bewaffnet. ♀: die 3 ersten B.ringe gelb und die H.schienen unbewehrt. 13—17. — Häufig auf Waldblumen. Juli, August.

1118. S. attenuata L. Rotgelber Sch. — Schwarz, fein grau behaart; die Beine mit Ausnahme der Spitze der H.schenkel und die Fd. rotgelb; letztere mit schwarzer Spitze und mit 3 ebenso gefärbten, breiten Binden; die mittleren B.ringe beim ♂ ganz, beim ♀ teilweise rostgelb. Fühler des ♂ schwarz, die des ♀ braun. 10—13. — Auf Blüten; ziemlich selten. Juli, August.

c. Fd. rot mit schwarzer Naht und Spitze.

1119. S. melanura L. Schwarzafteriger Sch. — Schwarz, fein grau behaart. Hsch. matt, grob und dicht punktiert, mit nach rückwärts gerichteten längeren Haaren. H.leib schwarz. Fd. beim ♂ rötlich gelbbraun, die Naht und Spitze schmal schwarz; ♀: Fd. rot, ihre Naht und Spitze breit schwarz. 8—10. — Häufig auf Blüten. Mai—Juli.

1120. S. bifasciata Müll. Zweibindiger Sch. — Dem vorigen ähnlich, aber die 3 mittleren B.ringe und die Fd. bei beiden Geschlechtern rot; die Naht beim ♂ schmal, beim ♀ h. d. M. fleckenartig schwarz. 7—10. — Häufig auf Wald- und Wiesenblumen. Mai, Juni.

382. Gattung. **Leptura, Schmalbock.**

1121. L. rubro-testacea L. Roter Sch. — Schwarz, fein grau behaart. ♂ mit gelbbraunen Tarsen, Schienen und Fd. und schwarzem Hsch. ♀: Hsch., Fd., Schienen und Tarsen schön rot. ♂ 12—14; ♀ 15—18. — Häufig, besonders in Kiefernwäldern. Juli, August.

1122. L. tomentosa F. (fulva D. G.). Schwarzspitziger Sch. — Schwarz, dicht punktiert, grau behaart. Fd. bräunlichgelb, an der Spitze schwarz, sehr schief nach innen abgestutzt, daher mit sehr spitzem Außenwinkel. H.schenkel ziemlich dick, wenig länger als die der vorderen Beine, die Spitze des H.leibs kaum erreichend. 10—14. — Ziemlich selten.

1123. L. sanguinolenta L. Blutroter Sch. — Schwarz, grau behaart, sehr dicht punktiert. Fd. des ♂ dunkel gelbbraun, a. d. Sp. schwarz, die des ♀ einfarbig blutrot, bei beiden Geschlechtern a. d. Sp. gerade abgestutzt. H.schenkel lang und dünn, viel länger als die der vorderen Beine, die Spitze des H.leibs etwas überragend. 9—11. — Selten.

1124. L. cincta Schoenh. (dubia Scop.). Schwarzrandiger Sch. — Dem vorigen sehr ähnlich, aber Fd. des ♂ mit feinem, schwarzem Naht- und breitem S.rand und ebenso gefärbter Spitze, die des ♀ blutrot, der S.rand und die Spitze, öfters auch eine gemeinsame, durch die rote Naht geteilte Makel auf dem Rücken schwarz, oder schwarz mit roter Schultermakel und Spitze, oder ganz schwarz. 9—12. — In Gebirgsgegenden; nicht selten.

383. Gattung. **Grammoptera, Gleichdeckenbock.**

a. Beine ganz oder doch größtenteils schwarz.

1125. G. (Leptura) sexguttata F. Sechstropfiger G. — Schwarz mit grauer, unten sehr dichter und silberglänzender Behaarung. Kopf und Hsch. sehr dicht, Fd. etwas zerstreut und grober punktiert, die letzteren nach hinten nicht verengt, je mit 3 rostgelben Makeln, von denen die beiden hinteren nach außen weiter ausgedehnt sind und sich manchmal zu einer Längslinie vereinigen. Hsch. länger als breit, ziemlich kugelig gewölbt. 9—10. — Selten. Auf Blüten.

1126. G. (Leptura) maculicornis D. G. Fleckenhörniger G. — Schwarz, fein punktiert und behaart. Kopf und Hsch. sehr dicht, die Fd. grob, aber nicht dicht punktiert, letztere bräunlichgelb, meist mit schwarzer Spitze; die mittleren Fühlerglieder mit gelber Wurzel. 8—10. — Häufig auf Blüten. Juni, Juli.

1127. G. (Leptura) livida F. Gelbflügeliger G. — Schwarz, tief punktiert, mit grauer, unten silberglänzender Behaarung. Fühler ganz schwarz. Fd. ganz gelbbraun, beim ♂ nach hinten verengt. V.- und Mittelschienen braun. 7—8. — Häufig auf Blüten. Juni—August.

1128. G. ruficornis F. Rosthörniger G. — Schwarz, grau behaart; Fühlerglieder rostgelb mit schwarzen Spitzen. V.beine und die Wurzel der hinteren Schenkel rötlichgelb. 4—6. — Auf Blüten; nicht selten. Juni, Juli.

b. Beine ganz oder größtenteils rostgelb.

1129. G. (Pidonia) lurida F. Rostfarbener G. — Rostgelb, unten dunkler; Kopf und Hsch. fein und dicht punktiert, heller oder dunkler rostrot, selten schwarz. Fd. und Beine blaß gelbbraun, vordere Schenkelhälfte und Schienen der H.beine schwarz. Hsch. viel länger als breit, i. d. M. beiderseits gerundet. Fd. runzelig punktiert. 9—10. — In Gebirgsgegenden nicht selten.

1130. G. laevis F. (tabacicolor D. G., chrysomeloides Schrk.). Brauner G. — Ziemlich schmal, schwarz, gelb behaart. Fühler pechbraun, das 1. Glied meist rostrot. Fd. gelbbraun, Naht, S.rand und Spitze m. o. w. schwärzlich. Beine rostgelb, die H.schenkel mit schwärzlicher Spitze. 6—8. — Ziemlich häufig auf Blüten. Mai—Juli.

1131. G. (Leptura) rufipes F. Rotbeiniger G. — Schwarz, grau behaart, Hsch. und Brust zottig behaart. Hsch. und Fd. glänzend schwarz, grob und tief punktiert. Beine mit Ausnahme der Tarsen rotgelb, selten ganz schwarz. 9—11. — Auf Waldblumen; selten. Juli.

44. Familie. Chrysomelidae, Blattkäfer.

Kleinere bis kleinste Käfer von meist gedrungenem Körperbau und gewölbter Oberfläche. Die 11gliedrigen Fühler sind in der Regel kürzer als der halbe Körper, faden- oder schnurförmig, gesägt oder gegen die Spitze verdickt. Ihre Beine sind meist kurz und kräftig, die Tarsen 4gliedrig und mit breiter, schwammiger Sohle versehen. — Die Käfer leben, wie ihre Larven, auf Laubwerk, weshalb viele Arten dem Landbau schädlich werden. Die Larven, welche die Blätter manchmal vollständig minieren und skelettieren, haben oft die eigentümliche Gewohnheit, den Rücken mit ihren Exkrementen zu bedecken, um so gegen die Strahlen der Sonne geschützt zu sein.

Der bessern Uebersichtlichkeit wegen unterscheiden wir diese artenreiche Familie zunächst wieder in eine Anzahl (10) Gruppen.

Uebersicht der Gruppen:

A. Fühler auf der Stirn, vor oder zwischen den Augen eingefügt, an der Wurzel einander genähert.

I. Hsch. viel schmäler als die Basis der Fd.

1. Der 1. B.ring ist auffallend groß, so lang als die 4 folgenden zusammen. Augen stark vortretend. Körper langgestreckt, gewölbt — Donaciini.
2. Erster B.ring nicht auffallend lang. Kopf vorgestreckt, hinten m. o. w. halsf. verengt . . . . Criocerini.
3. Kopf stark nach unten und hinten geneigt. Hsch. und Fd. mit langen Stacheln besetzt . . . . Hispini.

II. Hsch. meist so breit oder breiter als die Basis der Fd. und immer so breit als lang oder breiter.

1. Hsch. und Fd. flach schildf. ausgebreitet, ersteres den Kopf samt den Fühlern ganz bedeckend . . . . Cassidini.
2. Hsch. von gewöhnlicher Form.
   a. H.schenkel einfach . . . . Galerucini.
   b. H.schenkel verdickt, Springbeine . . . . Halticini.

B. Fühler a. d. S. des Kopfes in einem kleinen Grübchen nahe am V.rand der Augen eingefügt, weit auseinandergerückt.

I. H.leibsspitze von den Fd. vollkommen bedeckt.

1. Kopf vorgestreckt. V= und M.hüften auseinanderstehend. 3. Tarsenglied a. d. Sp. nur flach ausgerandet . . . . Chrysomelini.
2. Kopf nicht vorgestreckt, in das Hsch. zurückgezogen.
   a. Fühler allmählich verdickt. V.= und M.hüften auseinanderstehend; alle Bauchsegmente frei; 3. Tarsenglied tief gespalten — Eumolpini.
   b. Fühler vom 4. oder 5. Gliede an nach innen gesägt. V.hüften einander genähert; die 2 letzten B.ringe miteinander verwachsen. Körper walzenf. . . . . Clythrini.

II. H.leibsspitze frei, von den Fd. nicht bedeckt. Kopf senkrecht. V.hüften auseinanderstehend. Körper walzenf. . . . Cryptocephalini.

I. Gruppe. Donaciini, Schilfkäfer.

Schlanke, in ihrem Aussehen noch an die Bockkäfer erinnernde, metallischglänzende, auf der U.seite seidenglänzend behaarte Käferchen mit langen Fühlern und Beinen. Sie leben auf Wasserpflanzen, an deren Wurzeln die Weibchen die Eier ablegen. — Wegen des großen Säuregehalts erzeugen die aufgesteckten Käfer an den Nadeln eine Menge Grünspan, der nicht nur diese, sondern auch die Käfer zerstört. Es ist deshalb ratsam, die getöteten Tiere erst nach wochenlangem Austrocknen aufzuspießen.

384. Gattung. Donacia, Rohrkäfer, Schilfkäfer.

1. Fd. oben auf der Naht flach gedrückt, nach hinten verschmälert, schwach abgestutzt.

a. H.schenkel des ♂ mit 2 Zähnen.

1132. D. crassipes F. Dickschenkliger R. — Oben metallgrün, meist mit blauem Schimmer, unten dicht silberweiß behaart. Fühlerwurzel, U.seite der Schenkel, Schienen und Tarsen rötlich. Hsch. mit glatter Scheibe und tiefer M.rinne, beiderseits mit einem starken Höcker. Fd. grob punktiert gestreift, die inneren Zw.räume glatt, die äußeren fein querrunzelig. H.schenkel bis zur Sp. der Fd. reichend, beim ♀ nur mit einem kleinen Zähnchen bewaffnet. 9—12. — Auf den Blättern der Seerose; selten. Mai—Juli.

1133. D. dentata Hoppe. Goldglänzender R. — Oben goldgrün oder kupferglänzend, unten silberweiß behaart. Fühler ganz schwarz. Hsch. breiter als lang, dicht runzelig punktiert, mit seichter M.rinne. Fd. tief punktiert gestreift, an der Spitze schief nach innen abgestutzt. Beine rostfarben, die Schenkel oben schwarz. Hsch. wie bei vorigem. 7—9. — Nicht selten. Juli, August.

b. H.schenkel des ♂ nur mit 1 Zahn.

1134. D. dentipes F. Rotgestreifter R. — (Taf. XII, 1.) Oben metallisch grün oder goldgrün, neben der Naht jederseits mit breitem, m. o. w. deutlichem, purpurrotem Längsstreifen, unten gelb seidenglänzend behaart. Fühler ganz schwarz. Hsch. so lang als breit, runzelig punktiert, mit stumpf vorragenden V.ecken und vertiefter M.linie. Fd. fein punktiert gestreift, die Zw.räume querrunzelig, die Spitzen gerade abgestutzt. H.schenkel beinahe die Fd.spitze erreichend. 7—9. — Nicht selten. Mai—August.

1135. D. impressa Payk. Erzglänzender R. — Oben hell erzbraun, etwas kupferglänzend, unten gelbseidig behaart. Stirn mit 2 Höckern. Hsch. so lang als breit, dicht runzelig punktiert, mit feiner, rückwärts abgekürzter M.rinne. Fd. punktiert gestreift, die Zw.räume fein querrunzelig. Zähnchen der H.schenkel klein und spitz. 7—9. — Nicht selten. Mai, Juni.

1136. D. Lemnae F. Purpurrandiger R. — Oben erzbraun, unten gelblich grau behaart. Hsch. fast quadratisch, grob runzelig punktiert, mit tiefer M.rinne; die Höcker beiderseits schwach und undeutlich. Fd. tief punktiert gestreift mit fein gerunzelten Zw.räumen, jede mit 2 deutlichen Vertiefungen neben der Naht, einem m. o. w. deutlichen purpurroten Längsstreifen neben dem S.rande und einer ebenso gefärbten Makel an der Wurzel. 9—11. Nicht selten. Mai bis August.

1137. D. Sagittariae F. Pfeilkraut-R. — Oben hellgrün, gewöhnlich goldglänzend, unten goldgelb, seidenglänzend behaart. Fd. wie bei Nr. 1136, jedoch einfarbig grün, indem der Purpurstreifen fehlt. Bisweilen sind Kopf und Hsch. blau (var. collaris Pz.). 9—10. — Nicht selten. Mai—August.

c. H.schenkel bei beiden Geschlechtern nicht gezähnt.

1138. D. linearis Hoppe (simplex F.). Igelkolben-R. — Oben grün erzfarben oder kupferglänzend, seltener purpurrot, unten ziemlich dicht grau behaart. Fühler schwärzlich. Hsch. sehr dicht punktiert, der S.rand vorne gehöckert. Fd. doppelt so lang als zusammen breit, punktiert gestreift, die Zw.räume fein querrunzelig. Beine rötlich mit schwärzlichen Schenkeln. 7—9. — Häufig. Juni, Juli.

1139. D. Menyanthidis F. Fieberklee-R. — Oben glänzend erz- oder goldgrün, unten seidenglänzend silbergrau behaart. Fühler und Beine rötlich. Hsch. fast länger als breit, fein querrunzelig, mit vertiefter M.linie und beiderseits vorn mit einem Höcker. Fd. mehr als doppelt so lang als zusammen breit, tief gestreift punktiert, mit querrunzeligen Zw.räumen, a. d. Sp. einzeln abgerundet. H.schenkel fast bis zur Spitze der Fd. reichend. 9—11. — Ziemlich selten; an hohen Schilfpflanzen. Mai, Juni.

1140. D. semi-cuprea Pz. Halbkupferroter R. — Oben erz- oder goldgrün, der Rücken der Fd. kupferrot, unten mäßig dicht grau behaart. Fühler und Beine rotbraun, oft zum Teil schwarz. Hsch. fast länger als breit, grob und ziemlich dicht punktiert, mit tiefer, vorn und hinten abgekürzter M.rinne. Fd. fast doppelt so lang als zusammen breit, grob punktiert gestreift, mit fein querrunzeligen Zw.räumen. H.schenkel nur bis zum 4. B.ring reichend. 5,5—7,5. — Nicht selten. Mai, Juni.

2. Fd. gewölbt, eirund, nach hinten nicht verschmälert.

1141. D. sericea L. Bunter R. — Oberseite grün, blau, schwarzblau, purpurrot, gold- oder kupferglänzend; U.seite goldgelb behaart. Fühler schwarz, fein behaart. Hsch. länger als breit, fein lederartig gerunzelt, mit tiefer M.rinne und vorn jederseits mit großem Höcker. Fd. punktiert gestreift, mit querrunzeligen Zw.räumen und je 2 flachen Vertiefungen. Beine mit der U.seite gleich gefärbt. H.schenkel bei beiden Geschlechtern stark gezähnt. 7—9. — Häufig. Mai, Juni.

1142. D. discolor Hoppe. Gemeiner R. — O.seite des ♂ grün, blau oder blauschwarz, die des ♀ heller oder dunkler bräunlich erzfarben, oft goldglänzend; U.seite mäßig dicht grau behaart. Fühler und Beine rötlich. Hsch. so lang als breit, die Scheibe sehr fein und dicht punktiert, mit schwacher, oft undeutlicher M.rinne, die V.winkel als kleine, spitze Höcker vorspringend. Fd. punktiert gestreift, die Zw.räume lederartig gerunzelt. H.schenkel beim ♂ stark, beim ♀ schwach gezähnt. 7—9. — Häufig. Mai—Juli.

II. Gruppe. Criocerini, Zirp-Blattkäfer.

I. V.hüften durch eine schmale Leiste der V.brust getrennt. Augen ganzrandig. Arten leben auf Blüten . . . . Orsodacna.

II. V.hüften beisammenstehend. Augen ausgerandet.

1. Hsch. breiter als lang, seitlich in einen stumpfen Höcker erweitert. Fußklauen mit einem kleinen Zahn. Arten leben auf Gesträuchen an Gewässern . . . . Zeugophora.
2. Hsch. nicht breiter als lang, seitlich ohne Höcker. Klauen nicht gezähnt.
   aa. Fußklauen am Grunde verwachsen. Schildchen klein, ziemlich 4eckig. Die Arten leben auf verschiedenen Pflanzen . Lema.
   bb. Klauen frei, nicht verwachsen. Schildchen fast immer 3eckig. Die Arten leben auf Liliengewächsen . . . . Crioceris.

385. Gattung. **Zeugophora, Joch-Blattkäfer.**

1143. Z. flavicollis Marsh. Gelbhalsiger J. — Glänzend schwarz; Fühlerwurzel, V.- und U.seite des Kopfes, Hsch., V.brust und Beine rötlichgelb. Hsch. und Fd. grob und tief punktiert, ersteres seitlich v. d. M. mit einem starken, spitzen Höcker, letztere oft mit gelben Schultern. 3—4. — Auf Pappeln und Weiden; selten. Mai, Juni.

1144. Z. subspinosa F. Rotköpfiger J. — Schwarz, glänzend, fein grau behaart; Kopf, Fühlerwurzel, Hsch., V.brust und Beine rotgelb. Hsch. beiderseits mit stumpfem Höcker, tief und dicht punktiert und meist mit glatter M.linie. 2,5—3. — Häufig auf Pappelbüschen. Juni, Juli.

1145. Z. scutellaris Suffr. Rotschildiger J. — Dem vorigen äußerst ähnlich, aber das Schildchen und die M.brust sind ebenfalls rotgelb. 3—4. — Auf Pappeln; selten. Juni.

386. Gattung. **Lema, Zirp-Blattkäfer.**

a. Beine schwarz oder schwarzgrün.

1146. L. cyanella L. Blauer Z. — Dunkelblau oder blaugrün, glänzend. Fühler schwarz. Hsch. vom V.rande bis zur Mitte gleich breit, dann rasch nach hinten verengt, oben sehr zerstreut punktiert. Fd. grob punktstreifig, die Zw.räume glatt. 4—4,5. — Häufig auf Wiesen und an Gräben. Herbst und Frühjahr.

1147. L. Erichsoni Suffr. Erichsons Z. — Der vorigen Art sehr ähnlich, aber das Hsch. ist etwas v. d. M. am breitesten, seine Oberfläche fein und zerstreut punktiert, mit 3 Längsreihen größerer Punkte; Zw.räume der Punktstreifen auf den Fd. querrunzelig mit eingemengten feinen Punktstreifen. 4,5—5. — Auf Wiesen; selten.

b. Beine rot, Tarsen schwarz.

1148. L. melanopa L. Rothalsiger Z. — Blau oder blaugrün; Kopf und Fühler schwarz. Hsch. rostrot, kugelf., oben zerstreut punktiert. Fd. grob und tief punktstreifig. 4. — Häufig auf Wiesen und Feldern an Gräsern. Herbst und Frühjahr, Juli.

387. Gattung. Crioceris, Blatthähnchen.

a. Fd. einfarbig gelbrot.

1149. C. merdigera L. (Lilii Scop.). Lilienhähnchen. — (Taf. XII, 2.) Schwarz, glänzend; Hsch. und Fd. gelbrot, letztere mit feinen Punktreihen. 7—7,5. — Häufig auf Lilien. Mai, Juni.

1150. C. brunnea F. Rotköpfiges L. — Schwarz, glänzend; Mundteile, O.seite des Kopfes und Hsch., Schildchen, Fd., H.leibsspitze und die Beine mit Ausschluß der Knie und Tarsen gelbrot. 7—7,5. — Auf Maiblumen und Spargel. Mai—August.

b. Fd. gefleckt.

1151. C. quinque-punctata F. Fünfpunktiges L. — Hsch. und Fd. bräunlichrot, letztere mit schwarzer Naht und vorn auf derselben mit einem gemeinschaftlichen, schwarzen Fleck, außerdem jede einzelne Decke noch mit 2 schwarzen Punkten, von denen der eine sich an der Schulter, der andere a. d. Sp. befindet. U.seite und Beine schwarz. 5—6. — Selten.

1152. C. duodecim-punctata L. Zwölfpunktiges L. — Kopf, Hsch., Fd., H.leib und Beine rotgelb; Fühler, Augen, Schildchen, Brust, Knie, Tarsen und je 6 Makeln auf den gereiht punktierten Fd. schwarz. 5,5—6,5. — Häufig auf blühendem Spargel. Mai—Juli.

1153. C. Asparagi L. Spargelhähnchen. — Schwarz- oder blaugrün. Hsch. rot, i. d. M. meist schwärzlich. Fd. mit breitem, rotem S.rande und auf der Scheibe je mit 3 weißgelben, unter sich oder mit dem S.rande zusammenhängenden Makeln. Beine dunkel, Schienenwurzel gewöhnlich rostfarben. 5,5—6. — Auf Spargel gemein. Juni—September.

388. Gattung. Orsodacna, Keim-Blattkäfer.

1154. V. Cerasi L. K. — Schwarz, oben kahl. Hsch. zerstreut, Fd. etwas dichter punktiert. Färbung sehr veränderlich; meist sind Fühler, Hsch. und Beine rötlichgelb; Schildchen, Brust und gewöhnlich auch der Bauch sind schwarz; Fd. blaßgelb, oft mit schwarzen Rändern oder ganz schwarz oder blauschwarz. Hsch. rötlichgelb oder braun oder schwarz. 4—7. — Häufig auf blühenden Bäumen. Mai, Juni.

III. Gruppe. Clythrini, Sägehorn-Blattkäfer.

1. Augen länglich, sehr groß. Fühler vom 4. Gliede an gesägt. V.hüften durch einen schmalen Fortsatz der V.brust getrennt .	Clythra.
2. Augen rund, stark gewölbt. Fühler vom 5. Gliede an gesägt. V.hüften dicht beisammenstehend.	
a. Kopf bei beiden Geschlechtern sehr klein. V.beine des ♂ nicht verlängert; sämtliche Schienen gerade	Gynandrophthalma.
b. Kopf beim ♂ stark vergrößert und die V.beine etwas verlängert, deren Schienen schwach gebogen	Coptocephala.

389. Gattung. **Clythra, Sägehorn-Blattkäfer.**

1155. C. laeviuscula Ratz. Glatter S. — (Taf. XII, 3.) Schwarz, glänzend, unten fein grau behaart. Hsch. schwarz, stark glänzend, spiegelglatt, a. d. S. fein gerandet. Fd. rotgelb, jede mit einem schwarzen Punkt auf der Schulterbeule und mit einer breiten, bindenf. Quermakel h. d. M. 7—11. — Nicht selten auf Weiden. Juli, August.

1156. C. quadripunctata L. Vierfleckiger S. — Dem vorigen ähnlich; das Hsch. ist aber punktiert und a. d. S. breit gerandet. Fd. mit schwarzem Schulterfleck und mit kleiner, öfters in 2 Fleckchen aufgelöster Quermakel h. d. M. 7—11. — Nicht selten auf Weiden. Juni, Juli.

390. Gattung. **Gynandrophthalma, Sack-Blattkäfer.**

a. Hsch. ganz rotgelb.

1157. G. cyanea F. (Salicina Scop.). Rothalsiger S. — Schwarzblau oder -grün. Stirne eingedrückt, runzelig punktiert; Hsch. glatt. Schildchen schwarz. Fd. blau oder blaugrün, grob punktiert. Fühlerwurzel und Beine rotgelb, die H.schenkel bis gegen die Spitze schwarzgrün. $4{,}_5$—$5{,}_5$. — Auf Waldwiesen ziemlich häufig. Mai, Juni.

b. Hsch. nur a. d. S. rotgelb.

1158. G. aurita L. Dunkelhörniger S. — Schwarz oder schwarzblau, glänzend, unten weiß behaart. Fühler schwärzlich. Hsch. rotgelb mit einem breiten, schwarzen Längsstreifen über die Mitte. Fd. fein und seicht punktiert, die Punkte gegen die Spitze verschwindend. Beine mit Ausnahme der vorderen und hinteren Schenkelwurzeln gelbrot. 5—7. — Nicht selten auf Haseln. Mai, Juni.

1159. G. affinis Ill. Aehnlicher S. — Dem vorigen ähnlich, aber kleiner. Mund, Fühler und die ganzen Beine gelb, bisweilen die H.schenkel am Grunde schwarzblau. Fd. kornblumenblau. 3—5. — Nicht selten auf Haselgebüsch. Mai, Juni.

391. Gattung. **Coptocephala, Großkopf-Blattkäfer.**

1160. C. quadrimaculata L. (unifasciata Scop.). Vierfleckiger G. — Schwarzblau, glänzend. Oberlippe, Fühlerwurzel und Hsch. rot. Fd. dicht punktiert, rötlichgelb mit 2 schwarzblauen oder -grünen Querbinden, welche bisweilen durch die Naht unterbrochen sind. Beine rostgelb, Schenkelwurzeln schwarzgrün, Tarsen schwarz. 4—5. — Häufig auf Blüten. Juni, Juli.

IV. Gruppe. **Eumolpini, Fall-Blattkäfer.**

1. Hsch. etwas breiter als lang, stark kugelig gewölbt, der V.rand gerade, der H.- und S.rand gerundet. Fd. doppelt so breit als das Hsch., nur wenig länger als zusammen breit. Klauen h. d. Sp. gespalten . . . . Eumolpus.

2. Hsch. so lang als breit, vorn und rückwärts beinahe gerade abgestutzt. Fd. nicht viel breiter als das Hsch., etwa um die Hälfte länger als zusammen breit . . . . Pachnephorus.

392. Gattung. **Eumolpus, Fall-Blattkäfer.**

1161. E. (Bromius) obscurus L. Gemeiner F. — Schwarz, fast matt, fein grau behaart, dicht und tief punktiert; Fühlerwurzel rostbraun. $4{,}_5$—$5{,}_5$. — Nicht selten auf Weidenröschen (Epilobium angustifolium). Juli.

1162. E. Vitis F. Weinreben-F. — Wie vorher, aber die ersten 4 Fühlerglieder rotgelb. Fd. und Schienen rotbraun. $4{,}_5$—$5{,}_5$. — Auf Rebstöcken und Strauchwerk. Frühjahr.

393. Gattung. **Pachnephorus, Glanz-Blattkäfer.**

1163. P. arenarius F. (pilosus Rossi). G. — Braun erzfarben, glänzend; unten ziemlich dicht, oben sparsam grau haarf. beschuppt. Hsch. dicht und tief punktiert. Fd. punktiert gestreift, die Zw.räume punktiert. 2—3. — Auf feuchten, sandigen Grasplätzen; häufig.

V. Gruppe. **Cryptocephalini, Kapuzen-Blattkäfer.**

1. Hsch. vorn stark abwärts gewölbt und bedeutend verengt, oben m. o. w. kugelig; S.rand deutlich aufgebogen und bis über die V.ecken reichend; H.rand merklich gegen das Schildchen erweitert Cryptocephalus.
2. Hsch. breit, der Länge nach wenig gewölbt, nach vorn kaum verengt; S.rand fein aufgebogen, an den V.ecken endigend; H.rand fast gerade . . . . Pachybrachys.

394. Gattung. **Cryptocephalus, Kapuzen-Blattkäfer.**

1. Oberseite einfarbig.

a. Oberseite metallisch grün, glänzend.

1164. C. sericeus L. Großer goldgrüner K. — Gold-blau-dunkelgrün oder purpurrot, seidenglänzend. Fühler schwarz. Hsch. dicht und grob punktiert, sein S.rand bis über die Mitte hinaus stark geschwungen. Fd. grob runzelig punktiert mit Spuren von Längsfurchen; letzter B.ring beim ♂ tief quer grubig eingedrückt. $6{,}_5$—8. — Auf blühenden Kompositen; nicht selten. Juli.

1165. C. aureolus Suff. Blaugrüner K. — Dem vorigen äußerst ähnlich, die Färbung jedoch meist blaugrün; der S.rand des Hsch. ist fast ganz gerade und nur vor den H.ecken etwas geschwungen; letzter B.ring des ♂ nur mit einem seichten Quereindruck. 6—$8{,}_5$. — Häufig auf Kompositen und Gräsern. Juni, Juli.

1166. C. Hypochoeridis L. Kleiner goldgrüner K. — Den vorhergehenden in Gestalt und Färbung sehr ähnlich, nur kleiner. 4—$5{,}_5$. — Nicht selten. Juni.

b. O.seite blau, glänzend.

1167. C. violaceus F. Blauer K. — Dunkelblau oder blau mit grünlichem Schimmer, unten grau behaart. Fühler schwarz. Hsch. sehr fein und nicht dicht punktiert. Fd. sehr dicht, oft runzelig oder nadelrissig punktiert. Beine ganz schwarzblau. 4,5—5,5. — Auf blühenden Gesträuchen; nicht selten. Juni.

1168. C. nitens L. Glatthalsiger K. — Oben schwarzblau oder blaugrün, unten schwarz; der vordere Teil des Kopfes und die Fühlerwurzeln gelb. Hsch. nicht punktiert, ganz glatt. Fd. zerstreut, stellenweise gereiht punktiert. ♂ mit 2 gelben Stirnflecken und ebenso gefärbten V.beinen, beim ♀ alle Beine gelb. 4—5. — Auf Haseln und Birken; nicht selten. Juni, Juli.

c. O.seite glänzend schwarz. Hsch. ganz glatt.

1169. C. labiatus L. Gelblippiger schwarzer K. — Glänzendschwarz; Kopf vor den Fühlern, Fühlerwurzel und Beine rostgelb. Fd. mit feinen Punktstreifen, von denen die inneren gegen die Spitze erloschen sind. 2,2—3. — Häufig auf Waldblumen. Juni, Juli.

1170. C. geminus Gyll. Scheitelfleckiger schwarzer K. — Schwarz, glänzend; V.kopf, 2 Scheitelflecke, Fühlerwurzel und Beine gelb. Fd. mit tiefen Punktstreifen, welche die Spitze fast erreichen. 3. — Häufig auf Waldblumen. Juni, Juli.

1171. C. flavipes F. Gelbbeiniger schwarzer K. — Glänzendschwarz; Kopf, Fühlerwurzeln, S.rand der Fd. von der Wurzel bis zur Mitte und Beine gelb. Fd. mit undeutlichen Punktreihen. ♂ mit schwarzen H.schenkeln und gelbgesäumtem Hsch. am V.- und S.rand. 3,5—5. — Nicht selten auf Strauchwerk, besonders Pappelgebüsch. Juni.

2. O.seite mehrfarbig, mit Flecken und Streifen.

a. Fd. schwarz, mit gelben Rändern und Flecken.

1172. C. bipustulatus F. Zweifleckiger K. — Glänzendschwarz; Fühlerwurzel braun; Hsch. spiegelblank. Fd. tief punktiert gestreift, je a. d. Sp. mit einer großen, rotgelben Makel. Beine wie der übrige Körper schwarz. 4—5,5. — Häufig.

1173. C. Hübneri F. Hübners K. — Schwarz, glänzend; Kopf, Fühlerwurzel, der umgeschlagene S.rand und die Spitze der Fd. wie auch die Beine rostgelb. Hsch. spiegelglatt, beim ♂ mit schmalem, rostgelbem V.- und S.rand. Fd. tief punktiert gestreift, die Streifen von d. M. ab fast erloschen. 2,5—3. — Nicht selten. Juni, Juli.

1174. C. Moraei L. Gelbgefleckter K. — (Taf. XII, 5.) Schwarz, glänzend. Fühlerwurzel, H.ecken und gewöhnlich auch der V.- und S.rand des Hsch., 2 Flecken auf jeder Fd., von denen der eine von der Schulter bis zur Mitte des S.randes und von da nach innen ausgedehnt ist, der andere sich a. d. Sp. befindet, sowie die Innenhälfte der V.schenkel und oft auch die V.- und M.schienen rotgelb. Hsch. spiegelglatt. Fd. tief punktiert gestreift. Stirn beim viel kleineren

♂ mit kreuzf., gelber Zeichnung, beim ♀ mit 2 gelben Makeln. 3,5—4,5. — Auf Waldwiesen häufig. Juni, Juli.

1175. C. vittatus F. Gelbgestreifter K. — Glänzendschwarz. Fühlerwurzel gelblich. Hsch. sehr fein punktiert. Fd. etwas unregelmäßig gereiht punktiert, jede mit breitem, gelbem S.- und Sp.rand und ebenso gefärbtem Längsstreifen neben der Naht, welch letzterer beim ♀ sich mit dem gelben Sp.rand vereinigt. 3,3—4,5. — An Waldrändern; nicht selten. Juni, Juli.

b. Fd. gelbrot mit schwarzen Rändern oder Makeln.

aa. Hsch. ganz schwarz.

1176. C. marginatus F. Schwarzgerandeter K. — Schwarzblau; Fühlerwurzel rotgelb. Hsch. zerstreut fein punktiert, am Grunde glatt; Fd. tief punktstreifig, beim ♂ wie der übrige Körper schwarzblau, a. d. Sp. öfters mit einer gelben Makel, beim ♀ gelb mit schwarzblauem Saume und meist mit ebenso gefärbter Naht. 3,5—4,5. — Nicht häufig.

1177. C. bipunctatus L. Zweipunktiger K. — Schwarz, Fühlerwurzel rostfarben. Fd. mit schwarzem Naht- und S.rand und jede mit 2 ebenso gefärbten Makeln, von denen sich die kleinere auf der Schulter, die größere h. d. M. befindet, letztere erweitert sich bisweilen zu einem großen, länglichen Fleck. Beine schwarz. 4,5—6. — Häufig auf Gesträuchen. Mai, Juni.

bb. Hsch. mit gelben Flecken. Schenkel a. d. Sp. mit einem weißen Fleck.

1178. C. cordiger L. Gelbgerandeter K. — (Taf. XII, 4.) Schwarz; Fühlerwurzel, Schienen und Tarsen rotgelb; ein 3eckiger Fleck auf dem Kopfschild, Seiten des Hsch. und eine meist herzf. Makel am H.rande desselben weißgelb. Fd. kirschrot, jede mit einem schwarzen Punkt an der Schulter und einem h. d. M. 5—6. — Auf Weiden und Pappeln; selten. Juni.

1179. C. variabilis Schneid. (octopunctatus Scop.). Veränderlicher K. — Glänzendschwarz. Fühlerwurzel braun; eine 3eckige Makel vorn auf dem Kopf, der V.- und S.rand des Hsch. und eine Linie über dessen Mitte weißgelb, letztere vor dem H.rande gewöhnlich makelf. erweitert und die Erweiterung durch eine schwarze Linie geteilt. Fd. rot, fein punktiert, die Zw.räume der Punkte nicht gerunzelt, Naht, der hintere Teil des S.randes und je 2 vor und h. d. M. nebeneinanderstehende, oft zu Quermakeln zusammenfließende Flecken schwarz. 5,5—6,5. — Nicht selten auf Weiden. Juni.

1180. C. sexpunctatus L. Sechsfleckiger K. — Dem vorigen sehr ähnlich, aber die Fd. grob punktiert und die Zw.räume fein gerunzelt. 5. — Auf Weiden, Eichen und Haseln; selten. Mai, Juni.

395. Gattung. Pachybrachys, Schecken-Kapuzenkäfer.

1181. P. hieroglyphicus F. Sch. — Gestreckt, schwarz, glänzend. Kopf mit Ausnahme eines Längseindrucks auf der Stirn, Fühlerwurzel, V.- und S.rand des Hsch. und in größerer Ausdehnung die V.ecken, sowie eine nach hinten abgekürzte Mittellinie und eine Längsmakel jederseits am Hinterrande und mehrere unregelmäßige, zusammenhängende Makeln auf den Fd. gelb. Hsch. grob punktiert. Fd. mit unregelmäßigen Punktstreifen. V.schienen schwach gekrümmt. $3{,}5$–5. — Häufig auf Weiden. Juni, Juli.

VI. Gruppe. Chrysomelini, Blattkäfer.

A. Hsch. i. d. M. am breitesten. Körper ungeflügelt. Fd. verwachsen. Beine lang, alle Tarsenglieder gleich breit. Arten leben im Grase und unter Steinen . . . . Timarcha.

B. Hsch. hinten am breitesten. Körper fast immer geflügelt. Fd. nicht verwachsen. Beine mäßig lang, 2. Tarsenglied viel kleiner als das 1. und 3.

I. Schienen am Außenrande der Spitze in einen 3eckigen Zahn erweitert und mit einer kürzeren oder längeren Rinne zum Einlegen der Tarsen.

1. Fd. regelmäßig gestreift punktiert. Klauen an der Wurzel gezähnt. Käfer meist heller oder dunkler braun- oder rotgelb, schwarz gefleckt, selten ganz schwarz . . . . Gonioctena.

2. Fd. verworren punktiert. Klauen gezähnt. Käfer metallisch grün oder blaugrün . . . . Gastrophysa.

II. Schienen ohne zahnf. Erweiterung.

1. H.schienen auf der Rückenseite mit einer breiten, tiefen, beinahe bis zur Spitze reichenden Rinne zum Einlegen der Tarsen. Fd. viel breiter als der H.rand des Hsch., regellos und meist grob punktiert. Arten leben auf Gesträuchen . . . . Lina.

2. H.schienen mit kurzer, manchmal nur schwach angedeuteter Rinne.

a. Körper kurz-eif., manchmal fast kreisf. Fühler kurz und dick. Fd. zerstreut punktiert. Arten leben auf Weiden und Pappeln Plagiodera.

b. Körper länglich-eif. Fühler lang und dünn. Fd. gestreift punktiert. Arten leben ebenfalls auf Weiden und Pappeln. Phratora.

3. H.schienen ohne Rinne.

a. Hsch. am Grunde beinahe so breit als die Wurzel der Fd. Fühler fadenf. oder nur wenig gegen die Spitze verdickt. Körper länger oder kürzer eif. Arten leben auf Kräutern und Sträuchern . . . . Chrysomela.

b. Hsch. am Grunde am breitesten, der H.rand gebogen. Fühler vom 5. Gliede an gegen die Spitze verdickt. Körper halbkugelig. Fd. gestreift punktiert. Arten leben vorzüglich auf Kreuzblütlern . . . . Phaedon.

c. Hsch. am H.rande gerade. Fühler allmählich gegen die Spitze verdickt oder mit 5 größeren Endgliedern. Körper oval oder langgestreckt, im letzteren Falle dann einfarbig, sonst meist mit gelbroten Randbinden. Fd. gestreift punktiert. Arten leben auf nassen Wiesen und auf Wasserpflanzen . . . . Prasocuris.

396. Gattung. Timarcha, Tatzen-Blattkäfer.

1182. T. tenebricosa F. (laevigata Duft.). Mattschwarzer T. — (Taf. XII, 6.) Mattschwarz, U.seite und Beine dunkelblau oder blaugrün; Hsch. v. d. M. am breitesten, nach vorn wenig, nach hinten stark verengt, fein und dicht punktiert. Fd. ebenso fein, aber spärlicher punktiert. ♂ 11—13, ♀ 16—19. — Nicht selten. Herbst und Frühjahr.

1183. T. coriaria F. (violaceonigra D. G.). Violettschimmernder T. — Schwarz, wenig glänzend, violettschimmernd. Beine wie vorher. Hsch. i. d. M. am breitesten, nach vorn und hinten wenig verengt, fein und dicht punktiert; Fd. ziemlich tief und etwas runzelig punktiert. ♂ $6,_5$—$8,_5$, ♀ 10—11. — Häufig. März—Mai.

397. Gattung. Chrysomela, Blattkäfer.

a. Fd. dunkel, mit rotem oder rotgelbem S.rande.

1184. C. sanguinolenta L. Blutrot gerandeter Bl. — (Taf. XII, 7.) Schwarz mit blauem Schimmer, unten schwarzblau. Fühlerwurzel auf der U.seite und der S.rand der Fd. rot. Hsch. neben dem wulstig aufgeworfenen S.rand grob runzelig, auf der Scheibe fein und nicht dicht punktiert, manchmal ganz glatt. Fd. sehr grob und etwas runzelig punktiert. 7—9. — Auf Wegen und unter Steinen; nicht selten. Juni—September.

1185. C. marginalis Duft. Rotrandiger Bl. — Dem vorigen sehr ähnlich. Hsch. äußerst fein punktiert, die Punkte a. d. S. klein und seicht. Fd. mit einer deutlichen Punktreihe auf dem roten S.rande. 7—9. — Vorkommen wie vorher.

1186. C. limbata F. Rotumrandeter Bl. — (Taf. XII, 8.) Mattschwarz mit blauem Schimmer. Hsch. auf der Scheibe fast glatt, neben dem S.rand mit einigen groben Punkten und mit tiefem Längseindruck an der Wurzel. Fd. a. d. S. und an der ganzen Wurzel rot. $6,_5$—8. — Unter Steinen; selten. April, Mai.

1187. C. marginata L. Rötlichgelb gerandeter Bl. — Oben schwarzbraun, unten schwarz. Hsch. auf der Scheibe fein punktiert, die Punkte am S.rande groß und tief. Fd. reihig punktiert mit rötlichgelbem S.rand. 5—7. — Ziemlich selten.

b. Fd. rotbraun, metallisch glänzend.

1188. C. polita L. Grünhalsiger Bl. — Hsch. und U.seite grün oder goldglänzend, ersteres neben dem wulstigen S.rand grob und tief punktiert. Fühlerwurzel und Fd. rotbraun, letztere unregelmäßig tief punktiert. $5,_5$—8. — Ziemlich häufig. Herbst und Frühjahr.

1189. C. staphylea L. Braunroter Bl. — Rotbraun, manchmal oben mit schwachem, grünlichem Schimmer. Hsch. fein und ziemlich dicht, Fd. etwas weitläufiger punktiert. 6—8. — Gemein. Herbst und Frühjahr.

c. Fd. grün, mit blauen, blaugrünen oder purpurnen Längsstreifen.

1190. C. cerealis L. Regenbogen-Bl. — Unten violett, oben metallgrün. Hsch. und Fd. mit blauvioletten und purpurroten Längsbinden. Fühlerwurzel bräunlich. Hsch. auf der Scheibe fein, am S.rande grob punktiert; Fd. ziemlich fein und unregelmäßig punktiert. 6—9. — Ziemlich selten. Frühjahr.

1191. C. fastuosa L. Hohlzahn-Bl. — Grün oder goldgrün, stark glänzend. Fühlerwurzel rostgelb. Hsch. auf der Scheibe mit feinen, a. d. S. mit groben Punkten, der S.rand nicht wulstartig. Fd. fein punktiert mit blauem Naht- und solchem Längsstreifen auf der Scheibe. 5—6. — Häufig, besonders auf Hohlzahn (Galeopsis Tetrahit). Mai, Juni.

1192. C. graminis L. Goldgrüner Bl. — Länglich, hell- oder goldgrün; Fühlerwurzel rostgelb. Hsch. i. d. M. am breitesten, nach vorn und hinten gleichmäßig verengt, fein und zerstreut punktiert. Fd. tief und dichter punktiert, die Naht und eine Längsbinde auf jeder blaugrün, der S.rand purpurrot goldglänzend. 8—10. — In Gebirgsgegenden; selten. Herbst.

d. Fd. einfarbig blau, grün, blaugrün oder schwarzblau.

1193. C. violacea Pz. Blauer Bl. — Blau oder blaugrün, glänzend. Hsch. auf der Scheibe fein und zerstreut, a. d. S. dichter und grob punktiert. Fd. sehr fein und zerstreut punktiert, stellenweise beinahe glatt. 7—8. — Häufig, namentlich auf Mentha sylvestris.. Sommer.

1194. C. menthastri Suffr. Pfefferminz-Bl. — Dem vorigen ähnlich, aber goldgrün. Fühlerwurzel rötlich. 7—9. — Seltener.

1195. C. varians F. Veränderlicher Bl. — Gedrungen eif., stark gewölbt; in der Färbung sehr veränderlich, blau, grün, violett, bronze- oder kupferfarben, goldglänzend. Fühler, U.seite und Beine dunkler gefärbt. Hsch. gleichmäßig dicht und fein, Fd. verworren punktiert. 4—5,5. — Häufig, besonders auf Hypericum perforatum. Mai—September.

1196. C. goettingensis L. Violetter Bl. — Oben dunkel violett, unten schwarzblau. Taster, Fühlerwurzel und Tarsen rostgelb. Hsch. und Fd. dicht und fein punktiert. 6—8,5. — Häufig. Herbst und Frühjahr.

1197. C. haemoptera L. Schwarzblauer Bl. — Schwarzblau, fast halbkugelig. Fühlerwurzel auf der U.seite rostfarbig. Hsch. geradlinig nach vorn verengt, gleichmäßig fein und dicht punktiert. Fd. grob und tief, manchmal undeutlich doppelstreifig punktiert. 6—8. — Häufig im Herbst auf Wiesen, im Frühjahr unter Steinen.

e. Fd. mit doppelten Punktreihen.

1198. C. fucata F. Doppelreihiger Bl. — Oben heller oder dunkler metallgrün, blau, bisweilen schwärzlich erzfarben, unten dunkelgrün oder blau. Fühler und Tarsen braunrötlich. Hsch. vorne und i. d. M. kaum sichtbar, hinten fein punktiert, am H.rande neben den Ecken mit tiefem Eindruck. Fd. fein punktiert und je mit 5 Doppelreihen grübchenartiger Punkte, die erste Reihe an der Naht von der Mitte an einfach. 5—6. — Auf Johanniskraut (Hypericum perforatum); ziemlich selten. Sommer.

398. Gattung. **Lina** Meg. (Melasoma Dillw.), **Baum-Blattkäfer.**

a. Fd. gelbrot.

1199. L. Populi L. Großer Pappel-Bl. — (Taf. XII, 9.) Schwarz mit blauem oder grünem Schimmer. Fd. ziegelrot, ihre äußerste Spitze an der Naht schwarz. 9—13. — Häufig auf Pappeln. Frühjahr und Sommer.

1200. L. Tremulae F. Zitterpappel-Bl. — Erzgrün. Hsch. von der Mitte nach hinten gerade, beiderseits mit einem tiefen, grob punktierten Eindruck, die Seiten daher wulstartig verdickt. Fd. fein punktiert, einfarbig ziegelrot. 7—9. — Auf Zitterpappeln und Weiden; ziemlich selten.

1201. L. longicollis Suffr. Weiden-Bl. — Dem vorigen ähnlich, aber das Hsch. ist von der Mitte nach hinten ausgeschweift und die H.ecken sind vorspringend. 8—10. — Häufig auf Weiden und Zitterpappeln.

b. Fd. dunkelgrün, blaugrün oder metallisch.

1202. L. collaris L. Randhalsiger Bl. — Schwarzgrün oder schwarzblau, die Fd. häufig kupferglänzend. Fühlerwurzel, S.rand des Hsch., H.rand des H.leibs und gewöhnlich auch die Beine mit Ausnahme der Kniee gelb. 5—6. — An Weiden; selten. Sommer.

1203. L. aenea L. Erlen-Bl. — Glänzend, blau, grün, blau- oder goldgrün. Hsch. zerstreut, a. d. S. etwas dichter punktiert. Fühlerwurzel und die Seiten der H.leibsspitze rötlichgelb. 6—9. — Auf Erlen; nicht selten. Juni, Juli.

1204. L. cuprea L. Kupfriger Bl. — Oben braun erzfarben, die Fd. häufig violett, kupfer- oder purpurglänzend; U.seite schwarzgrün. Fühlerwurzel und H.leibssaum rostfarben. Fd. nach hinten stark erweitert. 8—10. — Auf Erlen und Weiden; ziemlich selten. Sommer.

399. Gattung. **Gonioctena, Flecken-Blattkäfer.**

a. Außenrand aller Schienen zahnf. erweitert.

1205. G. rufipes D. G. Rotbeiniger Fl. — Flach gewölbt, schwarz; Mund, die ersten Fühlerglieder, Hsch., Fd. und Beine gelbrot. Hsch. am H.rande beiderseits mit großer, schwarzer Makel. Fd. punktstreifig, die Zw.räume dicht und deutlich punktiert, jede mit 5 schwarzen Flecken, von denen die beiden hintersten oft punktf. sind. 5—7. — Häufig auf Weiden und Pappeln. Frühjahr und Sommer.

1206. G. viminalis L. Weiden-Fl. — Dem vorigen ähnlich, aber die Beine ganz schwarz. Fühlerwurzel und der S.- und H.rand des Bauches gelbrot. Flecken auf dem Hsch. und auf den Fd. sehr veränderlich, manchmal fehlen sie ganz, manchmal fließen alle zusammen, so daß die Fd. fast schwarz sind. 5—8. — Häufig auf Weiden. April—Juni.

b. Außenrand der V.schienen nicht gezähnt.

1207. G. quinquepunctata F. Fünfpunktiger Fl. — Länglich, flach gewölbt, gelbrot mit oder ohne Flecken, selten ganz schwarz; Hsch. auf der Scheibe fein, a. d. S. runzelig punktiert. Fd. grob punktiert gestreift, mit einzelnen Punkten in den Zw.räumen. Fühlerwurzel und Beine m. o. w. gelb. M.schienen stärker als die H.schienen gespornt. 5—7. — Ziemlich selten.

1208. G. pallida L. Gelber Fl. — Dem vorigen ähnlich, aber stärker gewölbt. M.- und H.schienen gleich stark gespornt. 5—7. — Auf Weiden; selten.

400. Gattung. Gastrophysa, Knöterich-Blattkäfer.

1209. G. Polygoni L. K. — Kopf und Fd. blau oder blaugrün; Hsch., After und Beine mit Ausnahme der Tarsen rot. 3,7—4,6. — Häufig auf Vogelknöterich (Polygonum aviculare). Herbst und Frühjahr.

401. Gattung. Plagiodera, Breithals-Blattkäfer.

1210. P. Armoraciae L. B. — Breit eif., sehr flach gewölbt, oben blau, blaugrün oder kupferig, unten schwarz. Fd. mit faltig erhabenen Schulterbeulen. 3,5—5. — Auf Weiden und Pappeln gemein. Frühjahr und Herbst.

402. Gattung. Phaedon, Kreuzblütler-Blattkäfer.

1211. Ph. pyritosus Ross. K. — Eif., grün oder blaugrün, manchmal auch bronzefarben. Fühlerwurzel, After und Beine rötlich. Hsch. auf der Scheibe fein und sparsam, a. d. S. viel grober punktiert. Fd. je mit 9 Punktreihen und einer kurzen neben dem Schildchen. 3—4. — Häufig auf Kreuzblütlern.

1212. Ph. Cochleariae F. Meerrettich-Bl. — Färbung wie bei Nr. 1211. Hsch. fein punktiert. Fd. punktiert gestreift mit gerunzelten Zw.räumen und vorragender Schulterbeule und innerhalb derselben mit einem ziemlich tiefen, grübchenartigen Eindruck. 3—3,5. — Häufig auf Meerrettich, Kohl und andern Kreuzblütlern.

403. Gattung. Phratora. Metall-Blattkäfer.

1213. Ph. vulgatissima L. Gemeiner M. — Langgestreckt, metallisch blau oder grün, seltener schwarz oder kupferig. Fühlerwurzel und H.leibsrand rötlich. Fd. fein, auf dem Rücken regelmäßig, a. d. S. und a. d. Sp. etwas verworren punktiert. 4,7—5,5. — Auf Weiden, gemein. Frühjahr bis Herbst.

1214. Ph. Vitellinae L. Eiförmiger M. — Dem vorigen sehr ähnlich, aber kürzer, eif., bronzefarben oder grünlich. Fd. mit groberen Punktstreifen. 3,7—4,7. — Auf Weiden gemein.

404. Gattung. Prasocuris, Schmal-Blattkäfer.

a. Hsch. so lang als breit.

1215. P. Phellandrii L. Wasserfenchel-Sch. — Langgestreckt, schwarzgrün, mäßig glänzend. S.rand des Hsch. und der Fd., ein Streif neben der Naht, untere Schenkelhälfte und Schienen rotgelb. Fd. stark punktiert gestreift. 5,5—6,5. — Auf Phellandrium aquaticum.

b. Hsch. viel breiter als lang.

1216. P. aucta F. Dunkelgrüner Sch. — Dunkelgrün, manchmal schwarzblau, glänzend. Kopf und Hsch. tief und dicht punktiert; Fd. punktiert gestreift, mit breitem, gelbrotem S.rand. 3—4. — Auf Wiesen; nicht selten. Herbst und Frühjahr.

1217. P. marginella L. Gerandeter Sch. — Dem vorigen ähnlich, unterscheidet sich aber, indem auch das Hsch. rotgelb gerandet ist. 3—4. — Auf Wiesen, nicht selten. Herbst und Frühjahr.

1218. P. hannoverana F. Bogiggestreifter Sch. — Der Nr. 1217 ähnlich, aber außer dem S.rand des Hsch. und der Fd. ist auch der Nahtrand der letzteren breit rotgelb gesäumt. 4—5. — Auf den Blüten der Dotterblume (Caltha palustris); nicht selten. April, Mai.

VII. Gruppe. Galerucini, Frucht-Blattkäfer.

I. Fühler so lang oder wenig länger als der halbe Körper.
  1. Fd. nach hinten erweitert. O.seite kahl oder sehr spärlich behaart.
    a. O.seite m. o. w. matt, rauh punktiert. 3. Fühlerglied meist länger als das 4. . . . . Adimonia.
    b. O.seite glatt und glänzend. 3. Fühlerglied kürzer als das 4. Agelastica.
  2. Fd. nach hinten nicht erweitert; die ganze O.seite der gelbbraunen Käfer fein silberglänzend behaart. Hsch. breit, jederseits mit einer grubenf. Vertiefung . . . . Galeruca.
II. Fühler beim ♀ beinahe so lang, beim ♂ länger als der Körper. Hsch. seitlich gerundet erweitert . . . . Luperus.

405. Gattung. Adimonia, Schmutz-Blattkäfer.

1219. A. rustica F. Brauner Sch. — Schwarz, grob und dicht punktiert. Hsch. dunkler, Fd. heller braun, letztere je mit 4—6 regelmäßigen, glatten, erhöhten Längslinien. Schildchen vertieft. 9—12. — Auf Grasplätzen; nicht selten. Herbst.

1220. A. Tanaceti L. Schwarzer Sch. — Ganz schwarz, dicht und grob punktiert. Fd. höchstens mit undeutlichen Spuren von Längsrippen. Schildchen flach. 8—9. Häufig auf Grasplätzen. Sommer und Herbst.

1221. A. Capreae L. Weiden-Sch. — Unten schwarz, oben grau gelbbraun, grob und runzelig punktiert. Hsch. i. d. M. mit 2, auf beiden Seiten mit einem meist schwarz gefärbten Grübchen. Fühler- und Schienenwurzel gelbbraun. 4,5—5,5. — Auf Gesträuchen, besonders Weiden, gemein. April—Oktober.

1222. A. sanguinea F. Blutroter Sch. — Blutrot, grob, tief und dicht punktiert. Fühlerspitze, U.seite mit Ausnahme der H.leibsspitze, bisweilen auch das Schildchen und ein größerer oder kleinerer Teil der Beine schwarz. Hsch. sehr breit, jederseits mit großer, flacher Grube. Fd. stark gewölbt, bisweilen auf der Scheibe mit 2 schwarzen Flecken. 4,5. — Auf Gesträuchen; ziemlich selten. Herbst.

406. Gattung. Galeruca, Frucht-Blattkäfer.

a. Fd. am Nahtwinkel in eine kurze, scharfe Spitze ausgezogen.

1223. G. calmariensis L. Schwarzgestreifter F. — O.seite heller oder dunkler gelbbraun, tief punktiert. U.seite schwarz. B.brust, Beine und After gelbbraun. Scheitel, die vertiefte M.linie des Hsch., Schildchen, häufig auch die Schulterhöcker oder ein Streifen neben dem S.rande der Fd. schwärzlich. Hsch. glanzlos, ebenso dicht als die Fd. behaart, überall deutlich punktiert, nach vorne und hinten gleichmäßig verengt. 4—4,5. — Häufig auf nassen Wiesen. Mai, Juni.

1224. G. tenella L. Gelbhalsiger F. — Dem vorigen sehr ähnlich, aber kleiner. Hsch. ganz gelb mit spitz vortretenden H.ecken. Fd. bräunlichgelb mit helleren S.rändern. 3,5. — Auf Sumpfpflanzen, seltener. Frühjahr.

1225. G. Nymphaeae L. Seerosen-F. — Länglich, ziemlich flach, schwarzbraun oder schwarz. Mund, Wurzel der einzelnen Fühlerglieder, Hsch. mit Ausnahme der 3 vertieften, schwärzlichen Stellen, S.rand der Fd. und die Beine braungelb. Hsch. nach hinten mehr als nach vorn verengt, glänzend, fast kahl. 6. — Häufig auf Wasserpflanzen. Sommer und Herbst.

b. Nahtwinkel a. d. Sp. abgerundet.

1226. G. Viburni Payk. Schneeball-F. — O.seite fein lederartig gerunzelt und wie die U.seite gelbbraun, mit gelblichgrauem, seidenglänzendem Haarüberzuge bedeckt; ein Fleck an der Stirn, die Seiten und die vertiefte Mitte des Hsch., Schildchen, Schulterhöcker und die Spitzen der Fühlerwurzelglieder schwärzlich. 5—6. — Häufig auf Gesträuch, besonders auf wildem Schneeball (Viburnum Opulus). September.

1227. G. xanthomelaena Schrk. Ulmen-F. — O.seite deutlich punktiert, gelbbraun; 2 glänzende Erhabenheiten auf der Stirn, ein Scheitelfleck, 3 Makeln auf dem Hsch., ein breiter Streifen neben dem S.rande jeder Fd. und meist auch ein kurzer Strich neben dem Schildchen sowie die U.seite schwarz. Ränder der B.ringe und Beine gelbbraun, Schenkel mit schwarzem Fleck v. d. Sp. 5—6. — Häufig auf Ulmen.

1228. G. lineola F. Linierter F. — O.seite deutlich punktiert, schmutzig gelbbraun oder dunkel graugelb. Stirn mit feiner M.rinne, aber ohne Erhabenheiten. Hsch. gelblich, eine Mittelgrube desselben, der Scheitel, das Schildchen und die Schulterhöcker der Fd. schwarz. U.seite schwarz oder pechbraun; H.leibsspitze und Beine gelbbraun. 5—6. — Nicht selten auf Erlen und Weiden.

407. Gattung. Agelastica, Herde-Blattkäfer.

1229. A. halensis L. Grüner H. — Rotgelb. Scheitel und Fd. schön grün oder blaugrün. Fühler und Schildchen schwarz. Hsch. oben mit 2 grubenf. Eindrücken. 5—6. — Nicht selten und meist gesellig auf niederen Pflanzen, besonders auf Labkraut. August, September.

1230. A. Alni L. **Blauer H.** — Einfarbig glänzend stahl- oder violettblau; Fühler, Schienen und Tarsen schwärzlich. Hsch. und Fd. dicht und fein punktiert. 7—8. — Häufig auf Erlen. Mai, Juni.

408. Gattung. **Luperus, Langhorn-Blattkäfer.**

a. 2. und 3. Fühlerglied gleich lang (Calomicrus Steph.).

1231. L. pinicola Duft. **Kiefern-L.** — Schwarz oder pechschwarz, glänzend, unbehaart, äußerst fein punktiert. Fühlerwurzel, Kniee, Schienen und Tarsen gelblich. ♀ mit gelblichem Hsch. 3—4. — Auf jungen Kiefern, nicht selten. Juni, Juli.

b. 2. Fühlerglied kürzer als das 3.

1232. L. rufipes F. **Schwarzhalsiger L.** — Glänzend schwarz, Fühlerwurzel und Beine rötlichgelb. Hsch. fein gerandet, auf der Scheibe glatt. Fd. kaum sichtbar punktiert. 5. — Häufig auf Laubholz. Juni.

1233. L. flavipes L. **Gelbhalsiger L.** — Wie vorher, aber das Hsch. gelb oder gelbrot, bisweilen die Scheibe dunkler. 4—$4_{,5}$. — Vorkommen ebenso.

VIII. Gruppe. **Halticini, Erdflöhe.**

I. Körper eif. oder länglich-eif.
   1. H.tarsen oberhalb der Schienenspitze in einer Rinne eingefügt. Fühler 10gliedrig. Fd. punktiert gestreift . . . . Psylliodes.
   2. H.tarsen wie die übrigen a. d. Sp. der Schienen eingefügt. Fühler 11gliedrig.
      a. 1. Tarsenglied so lang als die halbe Schiene. Fd. verworren punktiert . . . . Longitarsus.
      b. 1. Tarsenglied kürzer als die halbe Schiene. Fd. meist gestreift punktiert. Hsch. vor dem H.rande oft mit tiefer Querfurche . . . . Haltica.

II. Körper hochgewölbt, halbkugelig. Schienen ohne Rinne zum Einlegen der Tarsen . . . . Sphaeroderma.

409. Gattung. **Haltica, Erdfloh.**

1. Hsch. vor dem H.rande mit vertieftem Quereindruck.

a. Fd. verworren punktiert.

1234. H. oleracea L. **Gemeiner E.** — (Taf. XII, 10.) Stark glänzend, grün, selten bläulichgrün. Fd. sehr fein punktiert. Querfurche des Hsch. tief und fast gerade. 4—$4_{,5}$. — Gemein auf verschiedenen Pflanzen; oft schädlich auftretend.

1235. H. Erucae Oliv. **Eichen-E.** — Glänzend dunkel- oder grünblau. Fd. sehr fein zerstreut punktiert, neben dem S.rande mit einer erhabenen Längsfalte und neben derselben mit einer m. o. w. tiefen, breiten Furche. $4_{,5}$—$5_{,5}$. — Häufig, besonders auf jungen Eichen. Juni, Juli.

b. Fd. gestreift punktiert.

1236. H. Helxines L. Weiden-E. — Glänzend grün, blau- oder goldgrün, bisweilen bronzefarben. Kopf und Hsch. meist kupferrot oder goldig. U.seite schwarz. Fühler und Beine mit Ausnahme der H.schenkel gelb. Hsch. m. o. w. stark punktiert, seine Scheibe manchmal beinahe glatt, von der Mitte nach vorn ziemlich stark, nach hinten kaum verengt; von den Punktstreifen der Fd. erreicht der erste an der Naht kaum die Mitte. 3—4. — Häufig auf Weiden. Mai.

1237. H. aurata Marsh. (versicolor Kutsch.). Goldglänzender E. — Dem vorigen ähnlich. Hsch. aber nach rückwärts merklich verengt, grob punktiert, vor den H.ecken schwach ausgebuchtet. Fühler nur zur Hälfte gelb. 2,5—3,5. — Nicht selten.

1238. H. rufipes L. (ruficornis F.). Rothalsiger E. — Kopf, Fühler, Hsch. und Beine ganz gelbrot. Fd. blau oder grün, die Punktstreifen bis zur Spitze reichend. Augen, Brust und Bauch schwarz. Hsch. nicht punktiert. 3—3,5. — Häufig, namentlich in Gärten auf Malven.

2. Hsch. ohne Quereindruck vor dem H.rande.

a. Fd. verworren punktiert, mit gelben Längsstreifen.

1239. H. (Phyllotreta) nemorum L. Gelbstreifiger E. — Schwarz, grünschimmernd, oben ziemlich stark punktiert. Fühlerwurzel, Schienenmitte und Tarsen rostgelb. Fd. viel breiter als das Hsch., jede mit schwefelgelbem, am Ende etwas gegen die Naht einwärts gebogenen Längsstreifen. 2,5—3. — Häufig.

1240. H. (Ph.) vittula Redt. Kleiner gelbstreifiger E. — Dem vorigen ähnlich, aber Fd. kaum breiter als das Hsch., der Längsstreifen am Ende etwas nach außen erweitert. Schenkelwurzel und Kniee rotbraun. 2. — Gemein.

b. Fd. verworren punktiert, einfarbig.

1241. H. (Ph.) Lepidii Gyll. Kreuzblütler-E. — O.seite dunkelgrün, mit oder ohne Metallglanz, fein und dicht punktiert. Fühler, U.seite und Beine schwarz. Stirn mit einer schmalen Erhabenheit. Hsch. flach gewölbt, nach vorne verengt, alle Ränder fast gerade. Fd. viel breiter als das Hsch., der Nahtwinkel a. d. Sp. sehr stumpf, der A.winkel abgerundet. 2. — Häufig auf Kreuzblütlern.

1242. H. (Ph.) atra Payk. Tiefschwarzer E. — Tiefschwarz, glänzend, nur die Fühlerwurzel rostfarben. Fd. auf dem vorderen Teil mit gereihten, hinten mit verworrenen Punkten. 1,5. — Häufig auf Kreuzblütlern.

c. Fd. punktiert gestreift.

1243. H. (Batophila) Rubi Payk. Himbeeren-E. — Stark gewölbt, glänzendschwarz. Fühler und Beine rostgelb. Stirn stark gewölbt, mit kleinen Längsgrübchen zwischen den Augen. Hsch. dicht punktiert. Fd. breiter als das Hsch., mit sehr starken Punktstreifen. 2,5. — Häufig auf Him- und Brombeerblättern.

410. Gattung. **Longitarsus** Latr. (Thyamis Steph.), **Langfuß-Erdfloh.**

a. O.seite einfarbig.

1244. L. Echii Koch. Natterkopf-L. — O.seite blau, grün oder braun erzfarben, U.seite schwarz. Fühlerwurzel, Schienen und Tarsen gelbbraun. Hsch. viel breiter als lang, fein zerstreut punktiert. Fd. doppelt so lang als zusammen breit, ihr S.rand h. d. M. stark ausgebuchtet, oben tief und gleichmäßig punktiert. 3—4. Auf Natterkopf (Echium vulgare); nicht selten.

1245. L. Anchusae Payk. Ochsenzungen-L. — Glänzendschwarz. Fühlerwurzel, Kniee, Schienen und Tarsen gelbrot. Hsch. fein gerunzelt und zerstreut punktiert. Fd. stark gewölbt, stärker als das Hsch. punktiert, hinten einzeln abgerundet und den Hinterleib nicht ganz bedeckend. 2. — Häufig auf Anchusa, Symphytum, Echium.

b. Fd. gelblich, die Naht dunkel gesäumt.

1246. L. atricillus L. Rosthalsiger L. — Kopf und U.seite pechschwarz; das erste Drittel der Fühler gelblich. Hsch. rotbraun, punktiert. Fd. stark gewölbt, blaß gelbbraun mit schwarzer Naht, grober als das Hsch. punktiert. Beine mit Ausnahme der H.schenkel rostfarben. 2. — Häufig.

1247. L. melanocephalus D. G. Schwarzköpfiger L. — Kopf und Fd.-naht schwarz; Hsch. rostgelb. Fd. gelbbraun, fein und dicht punktiert, die Schultern mäßig vorragend. 2. — Häufig.

411. Gattung. **Psylliodes, Furchenschienen-Erdfloh.**

1248. P. chrysocephalus L. Blauer F. — Grünblau, unten etwas dunkler; V.teil des Kopfes, seltener der ganze Kopf, Fühlerwurzel und Beine mit Ausnahme der H.schenkel rostrot. Hsch. sehr fein punktiert, Fd. mit Punktstreifen. 4—4,5. — Larve an Reps bisweilen schädlich auftretend. Juni.

1249. P. affinis Payk. Gelbbrauner F. — Gelbbraun; Kopf, Fd.naht, H.schenkel und U.seite schwarz, letztere bisweilen wie die O.seite gelbbraun. Hsch. rötlichgelb, ziemlich dicht punktiert, mit etwas breit abgesetztem S.rande und einem Grübchen jederseits in den H.ecken. Fd. punktiert gestreift. 2—3. — Nicht selten, besonders auf Solaneen.

412. Gattung. **Sphaeroderma, Kugel-Erdfloh.**

1250. S. testaceum F. Glatter K. — Halbkugelig, rotgelb, glänzend. Fd. äußerst fein, kaum sichtbar punktiert, die Pünktchen bisweilen in Reihen geordnet. 3. — Nicht selten. Juli.

1251. S. Cardui Gyll. Distel-K. — Unterscheidet sich vom vorigen durch deutliche Punktierung des Hsch. und der Fd. 3—3,5. — Auf Disteln, nicht selten. Juni.

IX. Gruppe. Hispini, Stachel-Blattkäfer.

413. Gattung. Hispa, Igelkäfer.

1252. H. atra L. J. — Mattschwarz, die beiden ersten Fühlerglieder und die ganze O.seite mit langen, spitzen Stacheln besetzt, die auf den Fd. in 4 Reihen geordnet sind. 3—3,5. — Auf trockenen Grasplätzen, namentlich an windstillen Abenden an den Halmen sitzend; ziemlich selten. Frühjahr bis Herbst.

X. Gruppe. Cassidini, Schildkäfer.

414. Gattung. Cassida, Schildkäfer.

1. Fd. ganz verworren punktiert.

1253. C. equestris F. (viridis L.). Großer Sch. — (Taf. XII, 11.) Breit eif., oben grün, unten schwarz; Saum des H.leibs und die Beine rötlichgelb. H.ecken des Hsch. abgerundet; Schultern breiter als das Hsch., stark vorragend. 7—9. — Auf Wasserminzarten; nicht selten. Frühjahr bis Herbst.

1254. C. hemisphaerica Hbst. Runder Sch. — Fast rund. O.seite stark gewölbt, grün oder gelbgrün; U.seite schwarz, der ganze Bauch und die Beine gelb. 4. — Auf Taubenkropf (Silene inflata). Selten.

2. Fd. punktiert gestreift.

a. Fd. ohne erhabene Längsrippen.

1255. C. murraea L. Rotbrauner Sch. — Gerundet eif.; O.seite rotbraun oder grün; Fd. mit schwarzen Flecken und regelmäßigen Punktstreifen; U.seite und Beine schwarz, Saum des H.leibes manchmal grün. 6—8. — Auf Wasserminzen; nicht häufig. Juni, Juli.

1256. C. vibex L. Gezeichneter Sch. — Eif.; O.seite grün, die Naht der regelmäßig gestreift punktierten Fd. breit rostbraun. U.seite und Beine schwarz, die letzteren selten ganz oder teilweise grün. 5,5—6,5. — Nicht selten. Mai—August.

1257. C. rubiginosa Ill. Gefleckter Sch. — Breit eif.; O.seite grün, Fd. an den Wurzeln mit breitem, braunem, herzf. Fleck. U.seite schwarz, Beine grünlich mit schwarzen Schenkeln. Hsch. dicht und tief punktiert. Fd. nur an der Naht und an den Schultern mit deutlichen Punktstreifen. 6—8. — Auf Disteln, nicht selten. Mai—August.

1258. C. sanguinosa Suffr. Grünbeiniger Sch. — Gerundet eif.; O.seite grün, Wurzel der Fd. rotbraun. U.seite schwarz; H.leib mit gelbem Saume. Beine grün oder gelblichgrün. Fd. nur an der Naht mit einigen regelmäßigen Punktstreifen. 6—7. — Häufig, besonders auf Schafgarbe (Achillea millefolium). Mai—August.

1259. C. nobilis L. Goldstreifiger Sch. — O.seite blaß grünlichgelb. Fd. regelmäßig punktiert gestreift, mit einem gold- oder silberglänzenden Streifen auf dem 2. Zw.raum. U.seite schwarz; H.leibssaum, Spitze der Schenkel, Schienen und Tarsen gelb. S.rand der Fd. und des Hsch. nach abwärts gerichtet, letzteres mit abgerundeten H.ecken. $4,_5$—$5,_5$. — Nicht selten. Frühjahr bis Herbst.

b. Fd. mit erhabenen Längsrippen.

1260. C. sanguinolenta F. Gerippter Sch. — O.seite grün, U.seite schwarz. Fd. grob punktiert gestreift, ihre Wurzel mit großer, 3eckiger, rotbrauner Makel, die 2—3 erhabenen Streifen auf dem vorderen Teile der Scheibe kurz. Beine ganz grün oder grünlichgelb. Hsch. mit zugespitzten H.ecken. $4,_5$—6. — Besonders auf Schafgarbe (Achillea millefolium); nicht selten.

1261. C. oblonga Ill. (vittata Vill.). Silberstreifiger Sch. — O.seite hellgrün; U.seite schwarz; H.leibssaum und Beine grünlichgelb. Hsch. auf der Scheibe fein, am Rande stärker punktiert; H.ecken zugespitzt. Fd. punktiert gestreift, jede mit einem breiten silberglänzenden Streifen. 5—6. — Ziemlich selten. Sommer.

c. Zw.räume der Punktstreifen auf den Fd. erhaben.

1262. C. ferruginea F. Rostbrauner Sch. — O.seite rostbraun, schwach kupferglänzend. U.seite schwarz. Fühler und Beine rot. Hsch. ziemlich dicht punktiert mit abgerundeten H.ecken. Fd. mit unregelmäßigen Punktreihen. $4,_5$—6. — Auf niederen Pflanzen, besonders auf Schafgarbe und Ackerwinde; nicht selten.

1263. C. nebulosa L. Schwarzgefleckter Sch. — O.seite rostbraun, selten grün, unregelmäßig schwarz gefleckt; U.seite schwarz. Saum des H.leibs, Spitzen der Schenkel, Schienen und Tarsen rot. Hsch. dicht und tief punktiert mit breit abgerundeten H.ecken. Fd. mit regelmäßigen Punktstreifen und stark erhabenen Zw.räumen. $5,_5$—7. — Nicht selten. Sommer und Herbst.

---

45. Familie. Coccinellidae, Kugelkäfer.

Kleinere Käfer mit halbkugeligem, behaartem oder kahlem Körper, 10—11gliedrigen Fühlern und 3gliedrigen Tarsen. Bei Berührung sondern die meist lebhaft gefärbten Tierchen aus den Beingelenken und aus den Seiten des Leibes einen scharfriechenden, gelben Saft ab. — Schon zeitig im Frühjahr erscheinen die überwinterten Käfer auf den verschiedensten Pflanzen, woselbst sie sich, wie ihre Larven, von Blattläusen nähren. Sie gehören daher, einige Arten abgerechnet, zu den nützlichsten Gehilfen des Landmannes.

A. Gymnosomides. Unbehaarte Kugelkäfer.

I. Fühler mindestens bis zur Mitte der M.brust reichend.

1. Schildchen deutlich sichtbar. Fd. an der Wurzel viel breiter als das Hsch.

a. Körper flach gewölbt, länglich. 1. B.ring ohne erhabene Schenkellinie . . . . Hippodamia.

b. Körper meist halbkugelf. 1. B.ring jederseits mit erhabener Schenkellinie.

aa. Fühlerkeule kurz, die Glieder derselben eng beisammenstehend und breiter als lang . . . . Coccinella.

bb. Fühlerkeule länglich, die Glieder deutlich von einander getrennt und meist länger als breit . . . . Halyzia.

2. Schildchen nur schwer sichtbar. Fd. an der Wurzel nur wenig breiter als das Hsch., kaum länger als zusammen breit. Körper hochgewölbt . . . . Micraspis.

II. Fühler sehr kurz. Käfer mit schwarzen Fd.

1. Fd. am Grunde kaum breiter als der H.rand des Hsch. Fühler 11gliedrig. Schildchen groß. Körper kurz-eif . . . . . . Hyperaspis.

2. Fd. am Grunde viel breiter als das halbmondf. Hsch. Fühler 9gliedrig. Körper rund, stark gewölbt.

a. Kopfschild tief ausgerandet . . . . Chilocorus.

b. Kopfschild kaum ausgerandet . . . . Exochomus.

415. Gattung. **Hippodamia, Saumhals-Kugelkäfer.**

1264. H. tredecimpunctata L. Dreizehnpunktiger S. — U.seite, H.kopf und Hsch. schwarz, letzteres mit gelbgesäumtem S.- und V.rand, i. d. M. des S.randes befindet sich ein oft mit der Scheibe verbundener schwarzer Punkt. Fd. rot, mit einer gemeinschaftlichen, schwarzen Makel am Schildchen und je 6 schwarzen, sehr veränderlichen, öfters zusammenfließenden oder teilweise fehlenden Punkten. 6—7. — Häufig an Wasserpflanzen. Frühjahr bis Herbst.

416. Gattung. **Coccinella, Marienkäfer, Sonnenkälbchen.**

a. Beine schwarz.

1265. C. bipunctata L. Zweipunktiger M. — Ein in der Färbung sehr veränderlicher Käfer; Stirn stets mit 2 hellen Makeln und das Hsch. a. d. S. der ganzen Länge nach hell gefärbt; letzteres meist schwarz, außer dem lichten S.rand noch mit 2 gelblichweißen Flecken vor dem Schildchen. Fd. gelbrot, 1 Punkt i. d. M. neben der Naht schwarz. Mitunter ist das Hsch. bis auf den S.rand ganz schwarz und auch die Fd. sind schwarz und haben 2—3 rote Makeln, von denen die größere an der Schulter, die andere i. d. M. an der Naht und die 3., wenn vorhanden, a. d. Sp. sich befindet. 4—5,5. — Gemein. Frühjahr bis Herbst.

1266. C. septempunctata L. Siebenpunktiger M. — (Taf. XII, 12.) Schwarz, 2 Stirnflecken und die V.ecken des Hsch. weißgelb. Fd. rot, am Schildchen weißlich, eine gemeinschaftliche Makel auf der Naht hinter dem Schildchen und 3 Punkte auf jeder schwarz. 5,5—7,5. — Gemein.

1267. C. quinquepunctata L. Fünfpunktiger M. — Dem vorigen ähnlich, aber kleiner; jede Fd. außer dem Nahtfleck noch mit 2 schwarzen Punkten. 4—5. — Häufig.

1268. C. undecimpunctata L. Elfpunktiger M. — Stark gewölbt; V.ecken des Hsch. weißgelb. Fd. rot, eine gemeinschaftliche Makel auf der Naht hinter dem Schildchen und 2—5 Flecken auf jeder schwarz; von den letzteren ist der Fleck an der Schulter stets vorhanden und so groß als der i. d. M. neben der Naht. 5—6. — Auf Disteln; nicht selten.

b. Beine ganz oder wenigstens die V.schienen gelb.

1269. C. (Anisosticta) novemdecimpunctata L. Neunzehnpunktiger M. — Langgestreckt, O.seite gelb oder rötlichgelb; Stirn mit 2, Hsch. mit 6 und Fd. mit 19 schwarzen Punkten. 3—3,5. — Auf Sumpfpflanzen; ziemlich selten.

1270. C. (Adalia) obliterata L. Raudhalsiger M. — Lang eif., mäßig gewölbt, oben schmutziggelb, Hsch. auf der hinteren Hälfte der Scheibe mit 4 dunklen Punkten, welche oft zusammenfließen und die Form eines M bilden. Fd. entweder ganz gelb oder jede mit einer länglichen, schwarzen Makel, seltener mit schwärzlichen Sprenkeln. 3,5—4,5. — Auf Fichten; nicht selten.

1271. C. (Adonia) mutabilis Scriba. Spaltklauen-M. — Schwarz; V.- und S.rand des Hsch. und 3 mit ersterem durch Linien oft zusammenhängende Makeln auf der Scheibe gelb. Fd. gelbrot, eine 3eckige, gemeinschaftliche Makel am Schildchen und mehrere veränderliche Punkte auf einer jeden schwarz. Fußklauen bis zur Mitte gespalten. 3,5—4. — Häufig.

1272. C. variabilis Ill. (decimpunctata L.). Veränderlicher M. — Färbung sehr veränderlich. Fd. bald ganz gelb oder gelb mit schwarzen, häufig bindenartig gestellten Punkten oder gelbbraun mit 5 hellen, runden Makeln, wovon 2 neben der Naht, 2 am S.rande und 1 a. d. Sp. sich befinden, die vorderen 2 fließen gewöhnlich zusammen; mitunter sind auch die Fd. schwarz mit einer roten oder gelben Makel an der Schulter. Hsch. im letzteren Falle ebenfalls schwarz und nur a. d. S. gelblich, meist aber ist dasselbe gelblich mit 7 schwarzen Punkten, von denen 4 einen Halbkreis bilden, der 5. steht vor dem Schildchen, der 6. und 7., welche nicht selten fehlen, befinden sich jederseits in den H.ecken. Spitze und Saum des H.leibs gelb. 4—5. — Häufig auf Laubholzgebüsch. Juli bis Herbst.

1273. C. quatuordecimpustulata L. Vierzehnfleckiger M. — O.seite glänzend schwarz. V.rand und V.ecken des Hsch. gelb; jede Fd. mit 7 gelben Makeln, wovon 4 in einer Reihe hintereinander neben der Naht und 3 am S.rande sich befinden; manchmal fließen die Flecken auch zusammen. ♂ auf dem Kopf mit 2 gelben Makeln. 3. — Nicht selten.

1274. C. (Harmonia) marginepunctata Schall. (quadripunctata Pont.). Vierpunktiger M. — Kurz-eif., mäßig gewölbt; Hsch. weißgelb mit 9—11 oft in einander fließenden schwarzen Punkten. Fd. rötlich gelbbraun, jede mit 2 schwarzen Punkten am S.rande und mehreren, meist 6, bindenartig gestellten auf der Scheibe; bisweilen fließen die letzteren Makeln zusammen oder fehlen auch vollständig. 5—6,5. — Unter Kiefernrinde; ziemlich selten. Frühjahr.

1275. C. (Harmonia) impustulata L. (octodecimpunctata Scop.). Vielfleckiger M. — Kurz-eif., ziemlich stark gewölbt; Hsch. weißgelb mit 7 schwarzen oft m. o. w. zusammenfließenden Punkten. Fd. weißgelb oder blaß rosig mit 8 m. o. w. zusammenhängenden schwarzen Flecken; manchmal sind Hsch. und Fd. schwarz und dann die Seiten des ersteren und einige Makeln der letzteren gelb. $3,_5$—$4,_5$. — Ziemlich selten.

417. Gattung. Halyzia, Augenfleck-Kugelkäfer.

a. Fd. gelb oder rot mit schwarzen Punkten.

1276. H. ocellata L. Gelbgerandeter A. — (Taf. XII, 13.) Gerundet eif., stark gewölbt; U.seite, Kopf mit Ausnahme von 2 gelben Stirnpunkten und Hsch. schwarz, letzteres am V.rande schmal, an den S.rändern mit Ausnahme eines schwarzen Punktes h. d. M. breit weißgelb gesäumt, außerdem noch mit 2 eben so gefärbten Flecken vor dem Schildchen. Fd. gelbrot, sehr schmal schwarz gesäumt, ein Strichel neben dem Schildchen und meist 7—9, oft hell umrandete Makeln auf jeder schwarz. U.seite schwarz, Tarsen und zum Teil auch die Schienen braunrot. 8—9. — Größte deutsche Art; nicht selten. Frühjahr bis Herbst.

1277. H. viginti-duo-punctata L. Zweiundzwanzigpunktiger A. (Taf. XII, 14.) O.seite schwefel- oder zitronengelb. Hsch. mit 5 schwarzen Punkten, von denen 4 in einem Bogen stehen, der 5. befindet sich vor dem Schildchen. Fd. je mit 10—11 rundlichen, schwarzen Flecken. U.seite schwarz. $3,_5$—$4,_5$. — Nicht selten, besonders auf Wollkraut (Verbascum).

1278. H. conglobata L. (quatuordecim-punctata L.). Schachbrettfleckiger A. — Hsch. schwarz mit gelbweißem V.- und S.rand. Fd. blaßgelb, die Naht und 7 häufig zusammenfließende, m. o. w. viereckige Makeln schwarz; bisweilen fließen die schwarzen Flecken so zusammen, daß Schwarz als die Grundfarbe erscheint, welche nur 6—7 gelbe, viereckige Makeln frei läßt. U.seite schwarz; Schenkelwurzel, Schienen, Tarsen und der H.leibssaum rötlichgelb. $3,_5$—$4,_5$. — Häufig.

b. Fd. gelb oder braun, mit weißlichen Punkten.

aa. Flecken länglich, teilweise linienartig.

1279. H. (Mysia) oblongoguttata L. Langfleckiger A. — Ganz bräunlichgelb, Seiten des Hsch. und mehrere Makeln und Striche auf den Fd. weißlich. Fußklauen i. d. M. zahnf. gespalten. $6,_5$—$7,_5$. — Auf Kiefern, nicht selten. April—Juli.

bb. Flecken rund.

1280. H. octodecim-guttata L. Achtzehnfleckiger A. — O.seite gelb- oder rotbraun; S.rand, manchmal auch der V.rand des Hsch. und 2 längliche Flecken vor dem Schildchen gelblich; jede Fd. mit 9 gelblichweißen Makeln, von denen die vorderste am Schildchen mond- oder hakenf., die 2. in der Nähe der Schulter gleichfalls bogig nach innen gerichtet ist; oft sind auch einige Makeln miteinander verbunden. 4—5. — In Nadelholzwäldern; nicht selten. Herbst, der überwinterte Käfer bis Juli.

1281. H. sedecim-guttata L. (duodecim-guttata Pod.). Zwölffleckiger A. — Rötlichgelb; Hsch. weiß gerandet. ♂: Fd. mit schmalem, leistenf. umgebogenen S.rand, jede mit 6 weißgelben, teilweise mitunter fehlenden oder zusammenfließenden, rundlichen Makeln, von denen, wenn vorhanden, 1 am Schildchen, 3 am S.rande, 1 h. d. M. an der Naht und 1 auf der Scheibe v. d. M. sich befindet. ♀: Fd. mit flach abgesetztem, ausgebreitetem, durchscheinendem S.rand, jede mit 8 rundlichen, weißlichen Makeln, 4 hintereinander neben der Naht, 3 am oder auf dem S.rande und 1 fast i. d. M. der Scheibe. ♂ $3,_5$, ♀ 5—6. — Ziemlich selten.

1282. H. quatuordecim-guttata L. Vierzehnfleckiger A. — Hell rostbraun; 1 Fleck an den H.ecken des Hsch. und 7 auf jeder Fd. weißgelb; von den letzteren befindet sich 1 hart am Schildchen, 3 stehen nebeneinander v. d. M., 2 h. d. M. und 1 v. d. Sp. $4,_5$—6. — Nicht selten.

418. Gattung. Micraspis, Ohnschild-Kugelkäfer.

1283. M. duodecim-punctata L. (sedecim-punctata L.). O. — O.seite gelb; Hsch. mit 6, oft m. o. w. zusammenfließenden, schwarzen Punkten, von denen 4 einen Halbkreis bilden, der 5. und 6. stehen je in der Nähe der H.ecken. Fd. mit schwarzer Naht und 8—9 schwarzen Makeln, 4 stehen in einer Reihe neben der Naht und die übrigen 4 oder 5 a. d. S. 3. — Auf feuchten Grasplätzen; nicht selten.

419. Gattung. Chilocorus, Herz-Kugelkäfer.

1284. Ch. renipustulatus Scriba. (similis Rossi.). Rotfleckiger H. — Fast kreisf., sehr stark gewölbt, schwarz, glänzend; jede Fd. auf der Scheibe mit großer, nierenf. roter Makel; Bauch rot. $3,_5$—$4,_5$. — An Kiefern; nicht selten. Herbst und Frühjahr.

1285. Ch. bipustulatus L. Gebänderter H. — Wie vorher; Kopf, S.ränder des Bauches, Kniee und eine aus 3 Punkten zusammengesetzte Querbinde auf den Fd. rot. 3—4. — Häufig auf Weiden, Ephen und Heidelbeeren.

420. Gattung. Exochomus, Schwarz-Kugelkäfer.

1286. E. quadri-pustulatus L. Vierfleckiger Sch. — (Taf. XII, 15.) Glänzend schwarz; Bauch, ein mondf. Fleck auf der Schulter und ein Fleck i. d. M. jeder Fd. rot. Manchmal fehlt auch die Makel i. d. M. (Abart bilunulatus Weise). $3,_5$—$4,_5$. — An Kiefern; nicht selten. Herbst, überwintert bis Juni.

1287. E. auritus Scriba. Ungefleckter Sch. — Schwarz, glänzend; Seiten des Hsch., Bauch, Beine und beim ♂ auch der Kopf rötlichgelb. 3—4. — Selten.

421. Gattung. Hyperaspis, Kurzhorn-Kugelkäfer.

1288. H. reppensis Hbst. K. — Schwarz, glänzend; Seiten des Hsch. und ein Fleck nahe a. d. Sp. jeder Fd., mitunter auch eine kleine Makel an der Schulter rotgelb. U.seite und Beine schwarz, die Schienen meist ganz oder zum Teil rötlichgelb; beim ♂ auch die V.schenkel, der V.rand des Hsch. und die Stirne gelb. 3—4. — Selten.

B. Trichosomides. Behaarte Kugelkäfer.

I. Fd. reihig punktiert. Hsch. vorn und hinten gleich stark verengt. Körper länglich . . . . Coccidula.

II. Fd. nicht reihig punktiert.

1. Fd. hoch gewölbt. O.kiefer mit 3—4 Zähnen. Fühlerwurzel vom Kopfschild nicht bedeckt . . . . Epilachna.
2. Fd. ziemlich gewölbt, wenig breiter als das Hsch. O.kiefer a. d. Sp. deutlich gespalten, an der Wurzel des Innenrandes mit großem, hakenf. Zahn. Fühlerwurzel von dem Kopfschild bedeckt Platynaspis.
3. Fd. flach.
   a. Fühler kaum länger als der Kopf. Fd. an der Wurzel kaum breiter als das Hsch., ihr S.rand i. d. M. leicht ausgebuchtet Scymnus.
   b. Fühler mindestens bis zur Mitte der M.brust reichend. Fd. am Grunde viel breiter als das Hsch. . . . . Rhizobius.

422. Gattung. Epilachna, Filz-Kugelkäfer.

1289. E. (Subcoccinella) globosa Schneid. Rostroter F. — Hoch gewölbt, oben rostrot; Hsch. und Fd. meist mit schwarzen, sehr veränderlichen, oft zusammenfließenden Punkten, so daß manchmal nur wenige rostrote Flecken übrig bleiben; mitunter ist der ganze Käfer rostrot. 3—4. — Häufig. Juli.

1290. E. (Cynegetis) impunctata L. Blaßroter F. — Körper rund, nach hinten stark verengt. Kopf und Bauch meist schwarz; Hsch. und Fd. schmutzig blaßrot, letztere öfters mit 3—5 schwarzen Makeln. Beine braun. 3,5—4,5. — Unter Moos und an Graswurzeln; nicht selten.

423. Gattung. Platynaspis, Moos-Kugelkäfer.

1291. P. villosa Fourc. M. — (Taf. XII, 16.) Schwarz, dicht grau behaart; jede Fd. mit 2 roten oder gelbroten, runden Flecken; nicht selten sind auch die Seiten des Hsch. und beim ♂ auch der Kopf und die V.schenkel rötlichgelb. 2,5—3. — Unter Moos am Fuß alter Bäume; ziemlich selten.

424. Gattung. Scymnus, Zwerg-Kugelkäfer.

a. Fd. einfarbig schwarz.

1292. S. nigrinus Kug. Blauschwarzer Zw. — Gedrungen eif., schwarz, fein grau behaart. Fühler und Tarsen rötlichbraun. Hsch. und Fd. sehr fein punktiert, letztere mit bläulichem Schimmer. 2—3. — Auf Fichten, nicht selten.

1293. S. ater Kug. Schwarzer Zw. — Länglich elliptisch, fein weißgrau behaart, schwarz. Fühler, Tarsen, oft auch die Schienen der vorderen Beine pechbraun; Hsch. matt. Fd. dicht und fein punktiert. 1,5. — Auf Kiefern; ziemlich selten. Frühjahr.

1294. S. minimus Rossi. Kleinster Zw. — Kurz eif., stark gewölbt, fein grau behaart, schwarz. Mund, Fühler, Schenkelspitzen, Schienen und Tarsen bräunlichgelb. Fd. fein punktiert. 1—1,5. — Auf Thuja-Arten; nicht selten.

b. Fd. einfarbig gelb oder rostbraun.

1295. S. discoideus Schneid. Gelber Zw. — Oval, fein grau behaart. Fd. gelb und entweder alle Ränder oder nur der Nahtrand und die Wurzel schwärzlich. Beine m. o. w. schwarz. 1,5. — Häufig auf Fichten.

1296. S. Abietis Payk. Rostbrauner Zw. — Oval, grau behaart, einfarbig rost- oder gelbbraun. Fd. dicht punktiert. Brust und Bauch, oft auch zum Teil das Hsch. dunkler. 2,5—3. — Häufig auf Fichten.

c. Fd. mit Punkten oder Makeln.

1297. S. frontalis F. Stirn-Zw. — (Taf. XII, 17.) Länglich eif., schwarz, grau behaart, 1 oder 2 Makeln auf jeder Fd. rot. Fühler und Beine rötlichgelb, die H.schenkel dunkel. Kopf und häufig auch die V.ecken des Hsch. beim ♂ rotgelb. 2,5—3. — Häufig.

1298. S. analis F. Rotbauchiger Zw. — Breit eif., grau behaart, rotgelb; eine halbkreisf. Makel auf dem Hsch. vor dem Schildchen, die Fd. mit Ausnahme der Spitze, die Brust und der 1. B.ring schwarz. 2—3. — Selten.

1299. S. haemorrhoidalis Hbst. Rotspitziger Zw. — Dem vorigen ähnlich, aber kleiner; die rotgelbe Färbung der Fd. nimmt fast die ganze hintere Hälfte ein. Bauch schwarz und nur der After rot. 1,5. — Nicht selten.

425. Gattung. Rhizobius, Klein-Kugelkäfer.

1300. Rh. litura F. Bezeichneter K. — Länglich eif., oben heller oder dunkler rostbraun, glänzend, unten braun bis schwarz. Fd. einfarbig oder mit mehreren dunklen Längsmakeln, die sich bisweilen zu einer gemeinschaftlichen, unterbrochenen Bogenlinie vereinigen. 3. — Unter Kiefernrinde; nicht häufig.

426. Gattung. Coccidula, Sumpf-Kugelkäfer.

1301. C. scutellata Hbst. Gefleckter S. — Lang-oval, fein behaart, gelbrot. Fd. mit einem gemeinschaftlichen schwarzen Fleck am Schildchen und jede außerdem noch mit 2 schwarzen Makeln, die eine neben dem S.rande i. d. M. und die andere nahe an der Naht h. d. M. Mitunter verschwinden die beiden Makeln gänzlich, noch seltener sind beide mit einander verbunden. Brust und oft auch die ersten B.ringe schwarz. 3. — Häufig auf Wasserpflanzen.

1302. C. rufa Hbst. Einfarbiger S. — Wie vorher, aber oben einfarbig gelbrot, nur das Schildchen bisweilen dunkler. 3. — Häufig auf Wasserpflanzen.

Lateinisches Verzeichnis der Familien, Unterfamilien und Gattungen.

Berichtigungen.

S. 38, Z. 3 von unten lies ♂ statt ♀.
S. 49, Nr. 230 lies Taf. II, 16.
S. 167 lies Otiorhynchini statt Otiorhychini.
S. 207, Nr. 1090 lies Espenbock statt Eschenbock.

Deutsches Verzeichnis der Familien und Unterfamilien.

Tafel-Verzeichnis.

Tafel I.

1. Cicindela campestris L., Feld-Sandläufer.
2. Cicindela sylvicola L., Wald-Sandläufer.
3. Omophron limbatum F., Gesäumter Grundläufer.
4. Blethsia multipunctata L., Vielpunktiger Sumpfläufer.
5. Calosoma sycophanta L., Puppenräuber.
6. Calosoma inquisitor L., Raupentöter.
7. Carabus nodulosus Creutz., Knoten-Laufkäfer.
8. „ auratus L., Goldlaufkäfer, Goldschmied.
9. „ granulatus L., Gekörnter Laufkäfer.
10. „ Ullrichi Germ., Höckeriger Laufkäfer.
11. „ intricatus L., Blauer Laufkäfer.
12. „ nemoralis Ill., Hain-Laufkäfer.
13. „ sylvestris F., Wald-Laufkäfer.

Tafel II.

1. Procrustes coriaceus L., Lederlaufkäfer.
2. Cychrus rostratus L., Schwarzer Schaufellaufkäfer.
3. Brachinus crepitans L., Großer Bombardierkäfer.
4. Panagaeus crux major L., Großkreuzlaufkäfer.
5. Chlaenius nigricornis F., Schwarzhörniger Samtläufer.
6. Harpalus ruficornis F., Rothörniger Schnellläufer.
7. Poecilus cupreus L., Kupferiger Buntgrabläufer.
8. Amara vulgaris Pz., Gemeiner Kanalläufer.
9. Anchomenus sexpunctatus L., Sechspunktiger Putzläufer.
10. Colymbetes fuscus L., Brauner Tauchschwimmkäfer.
11. Dytiscus latissimus L., Breitester Großschwimmkäfer.
12. „ marginalis L., Gelbrand.
13. „ dimidiatus Bergstr., Dunkelhalsiger Großschwimmkäfer.
14. Gyrinus mergus Ahr., Gemeiner Drehkäfer.
15. Hydrophilus piceus L., Großer Schwimmtastkäfer.
16. „ caraboides L., Kleiner Schwimmtastkäfer.
17. Sphaeridium scarabaeoides F., Großer Dungtastkäfer.

Tafel III.

1. Myrmedonia canaliculata F., Ameisenkurzflügler.
2. Creophilus maxillosus L., Weißhaarraubkäfer.
3. Emus hirtus L., Goldhaarraubkäfer.
4. Staphylinus caesareus Cederh., Schöner Großraubkäfer.
5. Ocypus olens Müll., Stinkender Steinraubkäfer.
6. „ cyaneus Payk., Blauer Steinraubkäfer.
7. Stenus biguttatus L., Zweitropfiger Schmalraubkäfer.

8. Oxyporus rufus L., Roter Pilzraubkäfer.
9. Bryaxis impressa Leach., Zwergkäfer.
10. Claviger foveolatus Müll., Keulenkäfer.
11. Necrophorus vespillo L., Gemeiner Totengräber.
12. „ mortuorum F., Kleiner Totengräber.
13. „ germanicus L., Deutscher Totengräber.
14. „ humator F., Trauer-Totengräber.
15. Silpha thoracica L., Rotschildiger Aaskäfer.
16. „ quadripunctata L., Vierpunktiger Aaskäfer.
17. „ atrata L., Schwarzer Aaskäfer.
18. Scaphidium quadrimaculatum Oliv., Kahnkäfer.
19. Hister cadaverinus Ill., Aas-Stutzkäfer.

Tafel IV.

1. Phalacrus corruscus Payk., Glattkäfer.
2. Nitidula bipustulata F., Glanzkäfer.
3. Colydium elongatum F., Fadensaftkäfer.
4. Cucujus sanguinolentus F., Rindenplattkäfer.
5. Cryptophagus Lycoperdi F., Pilzknopfkäfer.
6. Lathridius minutus L., Moderkäfer.
7. Mycetophagus quadripustulatus L., Pilzfresser.
8. Lycoperdina Bovistae F., Staubpilzkäfer.
9. Endomychus coccineus L., Stockkäfer.
10. Dermestes murinus L., Grauer Speckkäfer.
11. Byrrhus pilula L., Pillenkäfer.
12. Parnus prolifericornis F., Hakenkäfer.
13. Heterocerus hispidulus Kiesw., Sägekäfer.
14. Lucanus cervus L., Hirschkäfer, Schröter.
15. Dorcus parallelepipedus L., Balkenschröter.

Tafel V.

1. Copris lunaris L., Mondhornkäfer.
2. Onthophagus vacca L., Grünhalsiger Kotpillenkäfer.
3. „ nuchicornis L., Nackenhörniger Kotpillenkäfer.
4. Aphodius fimetarius L., Gemeiner Dungpillenkäfer.
5. Geotrupes Typhoeus L., Gehörnter Roßkäfer.
6. „ stercorarius L., Gemeiner Roßkäfer.
7. Trox sabulosus L., Scharrkäfer.
8. Hoplia farinosa L., Einklau-Laubkäfer.
9. Melolontha vulgaris F., Maikäfer.
10. Polyphylla fullo L., Walker.
11. Rhizotrogus solstitialis L., Junikäfer.
12. Anisoplia agricola F., Getreide-Laubkäfer.
13. Phyllopertha horticola L., Garten-Laubkäfer.
14. Oryctes nasicornis L., Nashornkäfer.
15. Cetonia aurata L., Gemeiner Rosenkäfer.
16. „ speciosissima Scop., Großer Rosenkäfer.
17. „ hirtella L., Rauher Rosenkäfer.
18. Valgus hemipterus L., Kurzdecken-Blumenkäfer.

Tafel VI.

1. Osmoderma eremita L., Eremit.
2. Gnorimus nobilis L., Edelkäfer.
3. Trichius fasciatus L., Pinselkäfer.
4. Chalcophora Mariana L., Erzprachtkäfer.
5. Lampra rutilans L., Glühprachtkäfer.
6. Anthaxia Salicis F., Schönprachtkäfer.

7. Elater sanguineus L., Roter Schnellkäfer.
8. Athous vittatus F., Laubschnellkäfer.
9. Corymbites haematodes L., Roter Kammhorn-Schnellkäfer.
10. „ pectinicornis L., Kammhorn-Schnellkäfer.
11. Cyphon Padi L., Jochkäfer.
12. Lampyris noctiluca L., Johanniskäfer.
13. Cantharis rustica Fall., Weichkäfer.
14. Malachius bipustulatus L., Warzenkäfer.

Tafel VII.

1. Clerus formicarius L., Ameisenähnlicher Buntkäfer.
2. Trichodes alvearius F., Bienenwolf.
3. Lymexylon navale L., Werftkäfer.
4. Ptinus latro F., Diebkäfer.
5. Anobium paniceum L., Gemeiner Bockkäfer.
6. „ pertinax L., Totenuhr, Starrkopf.
7. Blaps mortisaga L., Totenkäfer.
8. Opatrum sabulosum L., Staub-Schwarzkäfer.
9. Tenebrio molitor L., Mehlkäfer, Müller.
10. Helops striatus Fourc., Langhorn-Schwarzkäfer.
11. Cistela rufipes Redt., Wieselkäfer.
12. Melandrya caraboides L., Schattenkäfer.
13. Lagria hirta L., Wollkäfer.
14. Pyrochroa coccinea L., Feuerkäfer, Kardinal.
15. Rhinosimus rufficollis L., Rüssel-Schattenkäfer.
16. Anthicus floralis L., Blumenkäfer.

Tafel VIII.

1. Mordella fasciata F., Stachelkäfer.
2. Meloe proscarabaeus L., Maiwurm, Oelkäfer.
3. „ variegatus Donov., Verschiedenfarbiger Maiwurm.
4. Lytta vesicatoria L., Spanische Fliege.
5. Oedemera marginata F., Schenkel-Engdeckenkäfer.
6. Apoderus Coryli L., Haselnuß-Dickkopfrüssler.
7. Rhynchites betuleti F., Rebenstecher.
8. Hylobius Abietis L., Gemeiner Fichtenrüssler.
9. Molytes germanus L., Gemeiner Faulrüssler.
10. Plinthus caliginosus F., Steinrüssler.
11. Phyllobius Pyri L., Grünrüssler.
12. Magdalinus violaceus L., Knospenstecher.
13. Anthonomus pomorum L., Apfelblütenstecher, Brenner.
14. Cionus hortulanus Marsh., Blattschaber.
15. Calandra granaria L., Kornkäfer.

Tafel IX.

1. Hylastes ater Payk., Walzen-Bastkäfer.
2. Blastophagus piniperda L., Waldgärtner.
3. Hylesinus Fraxini F., Bastkäfer.
4. Polygraphus pubescens F., Doppelaugen-Bastkäfer.
5. Scolytus destructor Oliv., Splintkäfer.
6. Cryphalus piceae Ratz., Körnerhals-Borkenkäfer.
7. Bostrychus typographus L., Buchdrucker, achtzähniger Borkenkäfer.
8. a. Lotgang von B. typographus;
   b. Teil eines Sterngangs von B. chalcographus L.
9. Xylocleptes bispinus Duft, Waldreben-Borkenkäfer.
10. Xyloterus lineatus Er., Nadelholzbohrer.
11. Platypus cylindrus F., Kernholzkäfer.

Tafel X.

1. Spondylis buprestoides L., Waldbock.
2. Ergates faber L., Mulmbock.
3. Prionus coriarius L., Gerberbock.
4. Cerambyx heros F., Spießbock.
5. Cerambyx cerdo F., Runzelbock.
6. Purpuricenus Koehleri L., Purpurbock.
7. Rosalia alpina L., Alpenbock.
8. Aromia moschata L. Moschusbock.
9. Callidium violaceum L., Blauer Scheibenbock.

Tafel XI.

1. Hylotrupes bajulus L., Haus- oder Balkenbock.
2. Tetropium luridum L., Listbock.
3. Criocephalus rusticus L., Grubenhalsbock.
4. Clytus arcuatus L., Widder- oder Zierbock.
5. Lamia textor L., Weberbock.
6. Astynomus aedilis L., Zimmerbock.
7. Mesosa nubila Oliv., Zauberbock.
8. Agapanthia angusticollis Gyll., Distelbock.
9. Saperda carcharias L., Hundsbock, Pappelbock.
10. „ populnea L., Espenbock.
11. Oberea oculata L., Trägbock.
12. Necydalis major L., Großer Fliegenbock.
13. „ minor L., Kleiner Fliegenbock.
14. Rhamnusium Salicis F., Weidenbock.
15. Rhagium inquisitor F., Zangenbock.
16. Toxotus meridianus L., Heckenbock.
17. Pachyta octomaculata F., Blütenbock.
18. Strangalia quadrifasciata L., Schnürbock.

Tafel XII.

1. Donacia dentipes F., Rohr- oder Schilfkäfer.
2. Crioceris merdigera L., Lilienhähnchen.
3. Clythra laeviuscula Ratz., Sägehorn-Blattkäfer.
4. Cryptocephalus cordiger L., Kapuzen-Blattkäfer.
5. „ Moraei L., Gefleckter Kapuzen-Blattkäfer.
6. Timarcha laevigata Duft., Tatzen-Blattkäfer.
7. Chrysomela sanguinolenta L., Blutrot geraudeter Blattkäfer.
8. „ limbata F., Rotumrandeter Blattkäfer.
9. Lina Populi L., Pappelblattkäfer.
10. Haltica oleracea L., Erdfloh.
11. Cassida equestris F., Schildkäfer.
12. Coccinella septempunctata L., Siebenpunkt.
13. Halyzia ocellata L., Augenfleck-Kugelkäfer.
14. „ viginti-duo-punctata L., 22punktiger Kugelkäfer.
15. Exochomus quadripustulatus L., Schwarz-Kugelkäfer.
16. Platynaspis villosa Fourc., Moos-Kugelkäfer.
17. Scymnus frontalis F., Zwerg-Kugelkäfer.

I

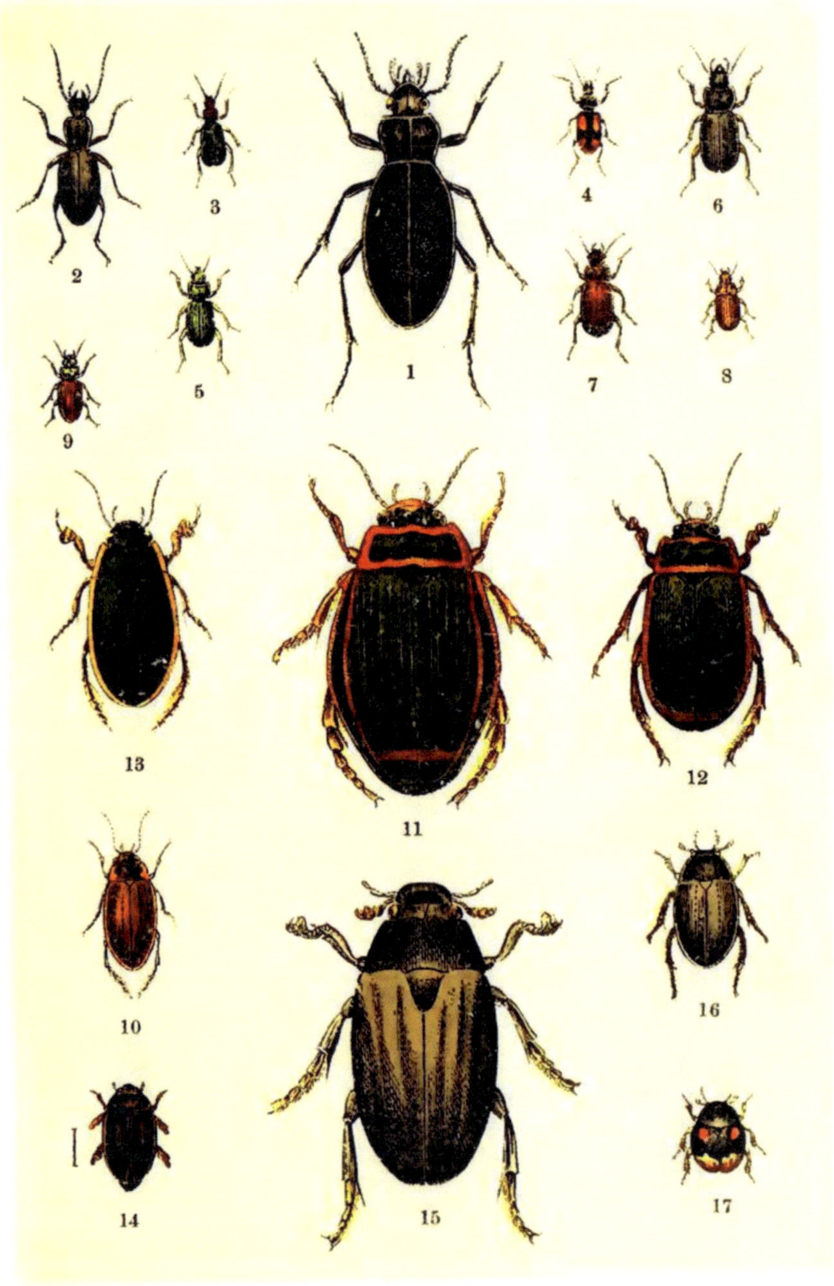
1
2
3
4
5
6
7
8
9
10
11
12
13
14
15
16
17

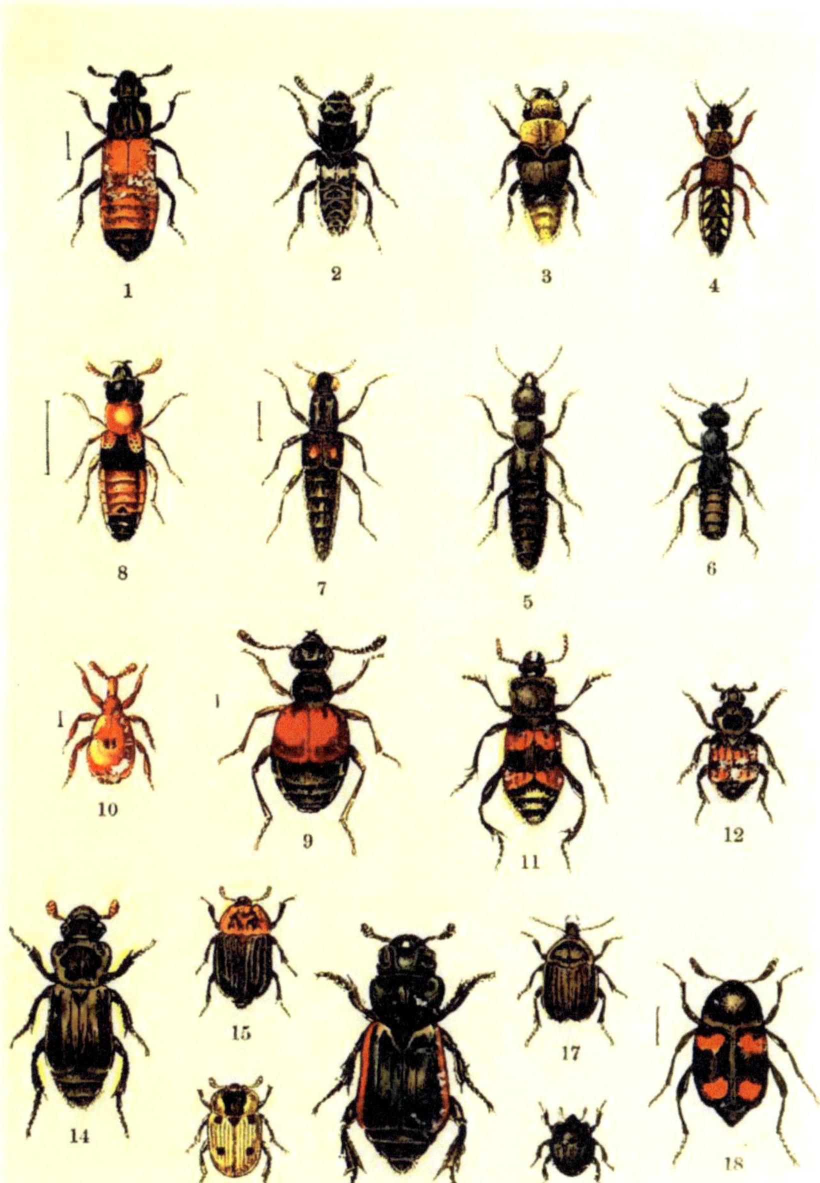
1
2
3
4
8
7
5
6
10
9
11
12
14
15
13
17
18
16
19

IV

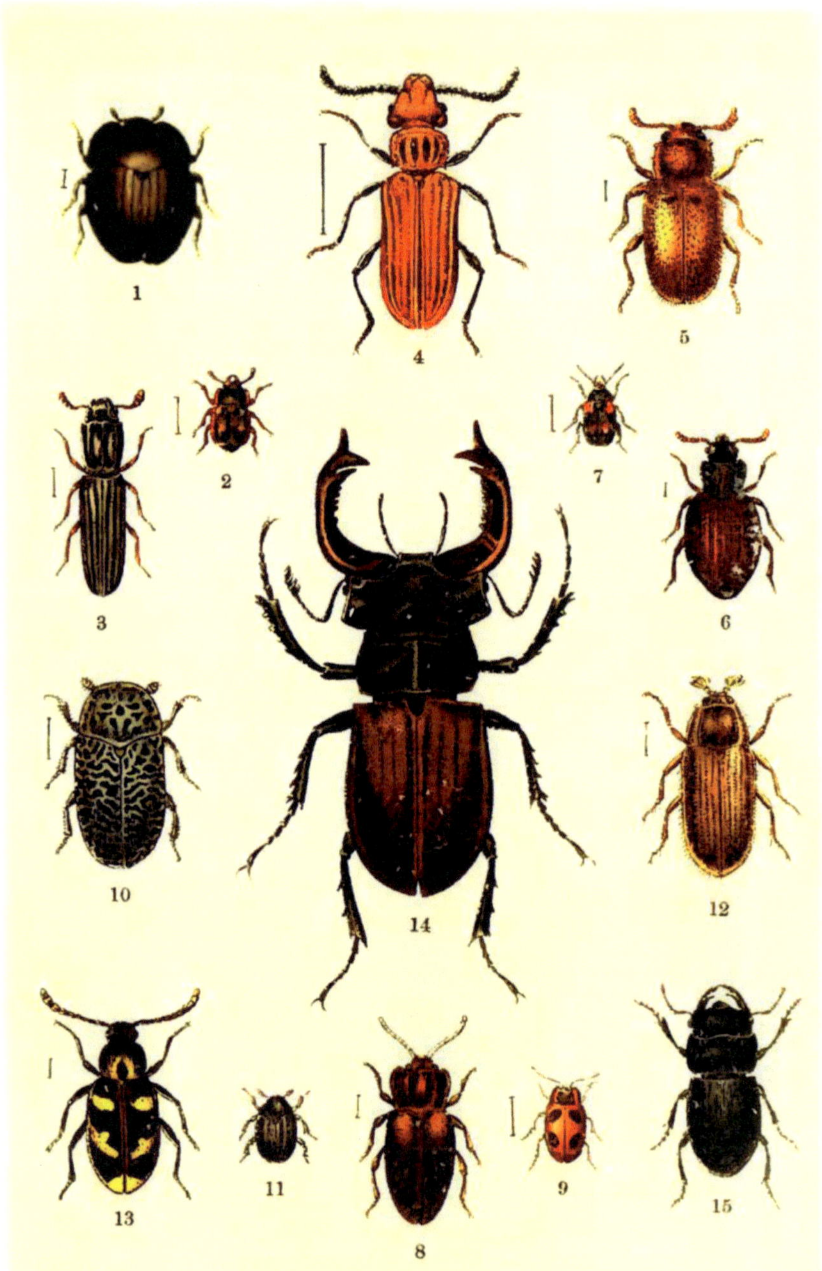

V

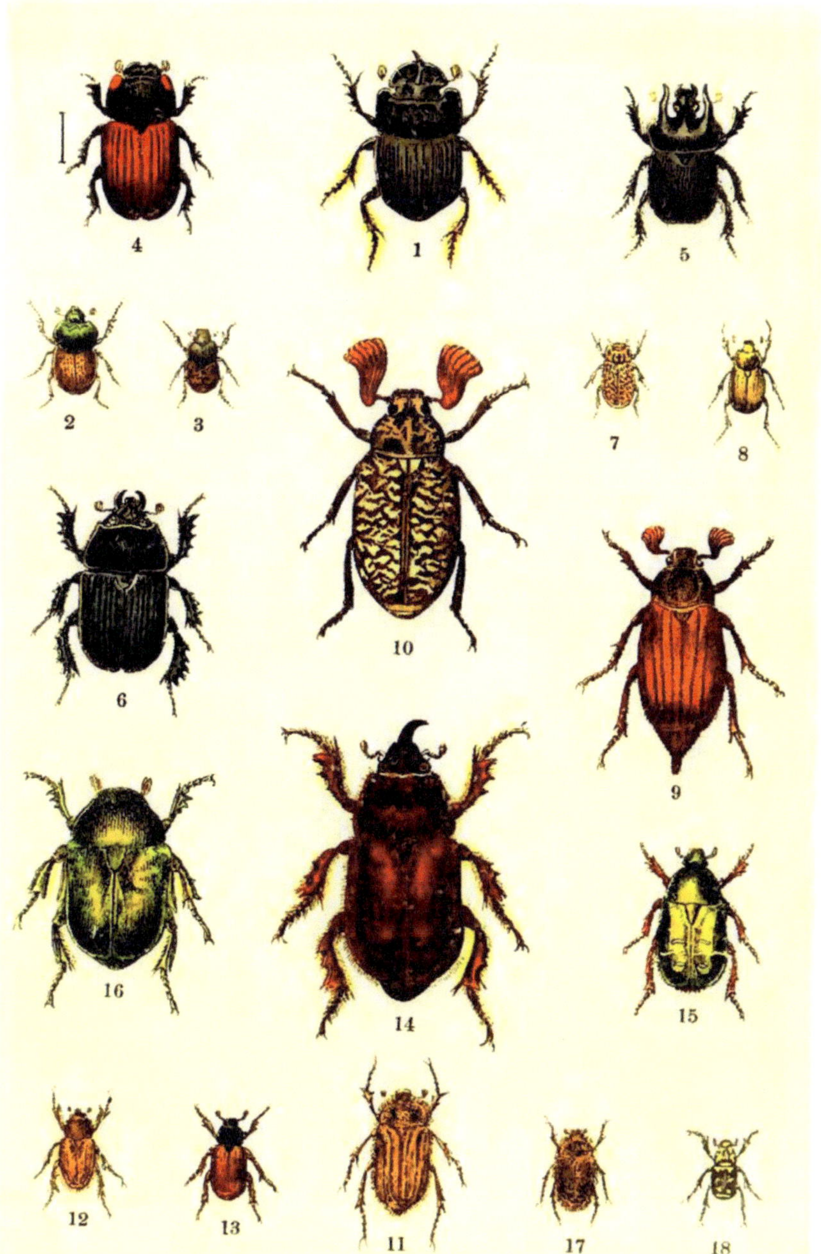

VI

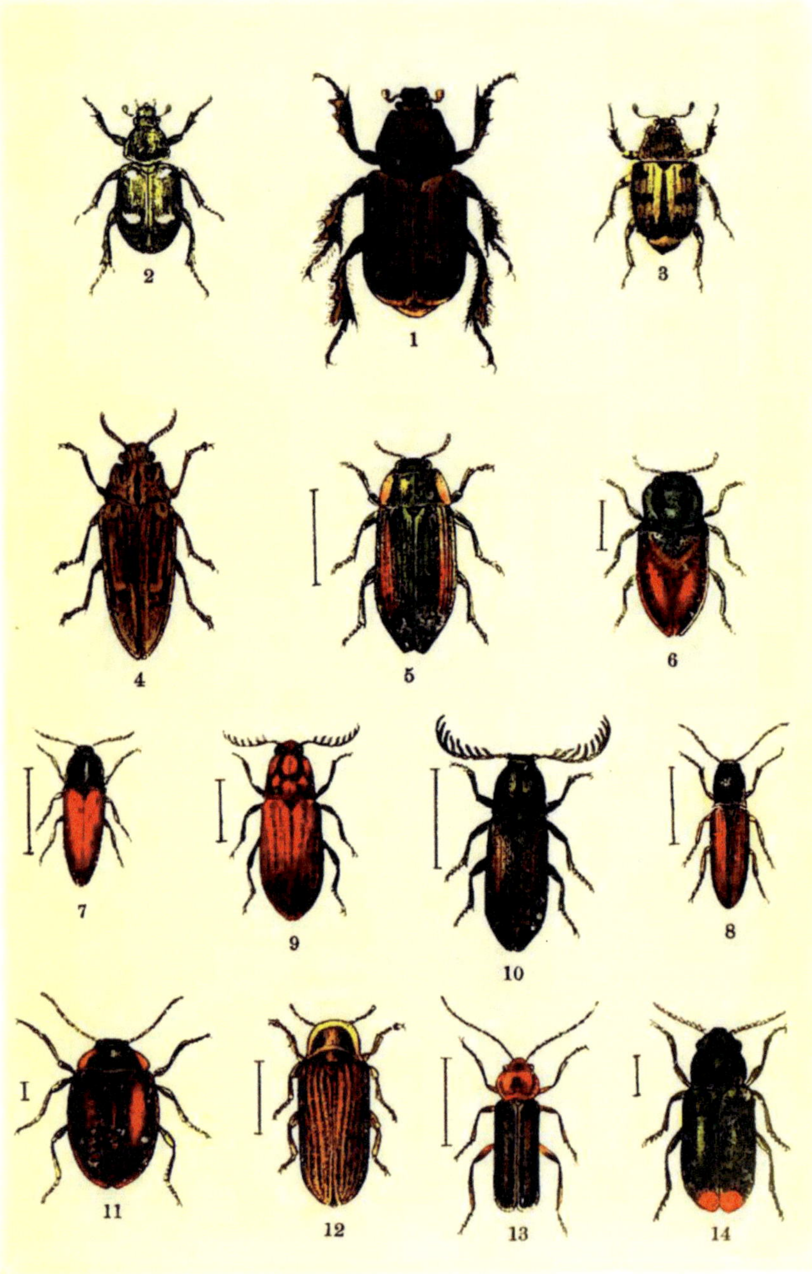

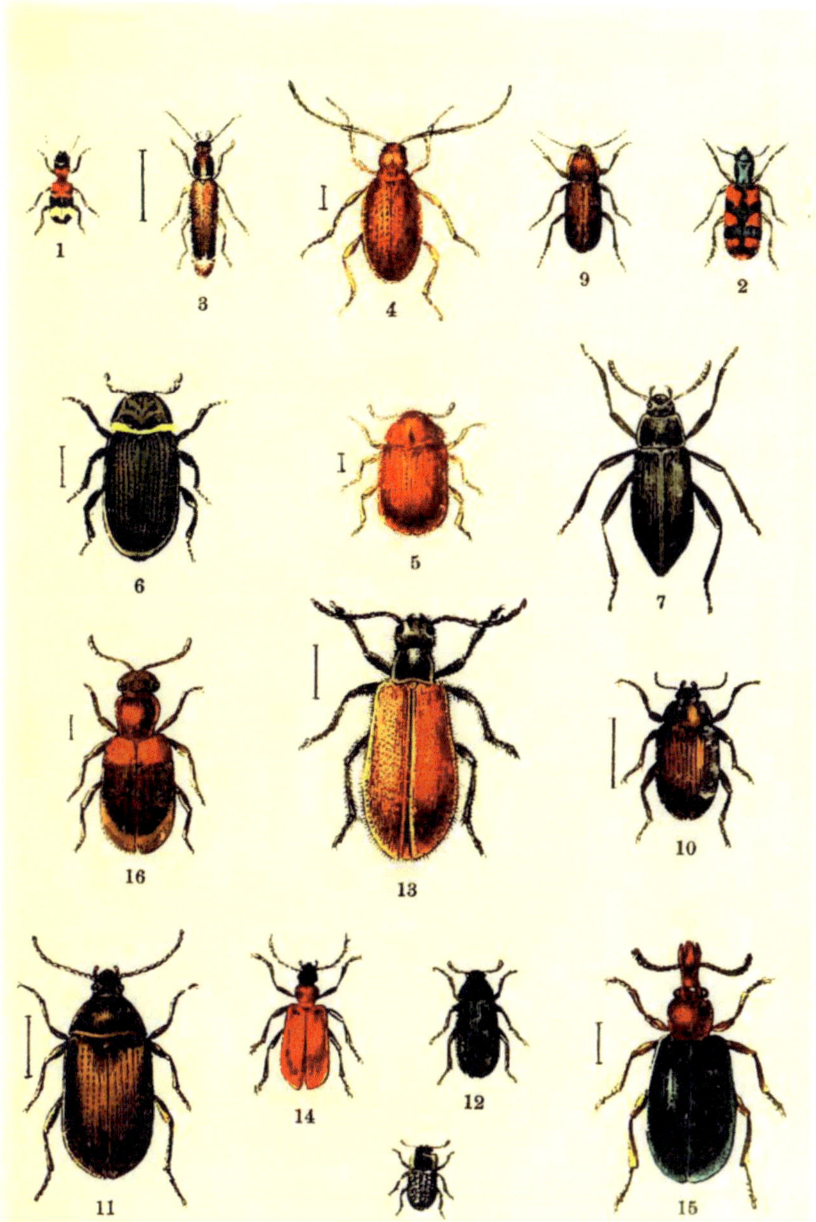
1
3
4
9
2
6
5
7
16
13
10
11
14
12
15
8

1
2
3
4
5
6
7
9
10
12
14
8
11
13
15

IX

X

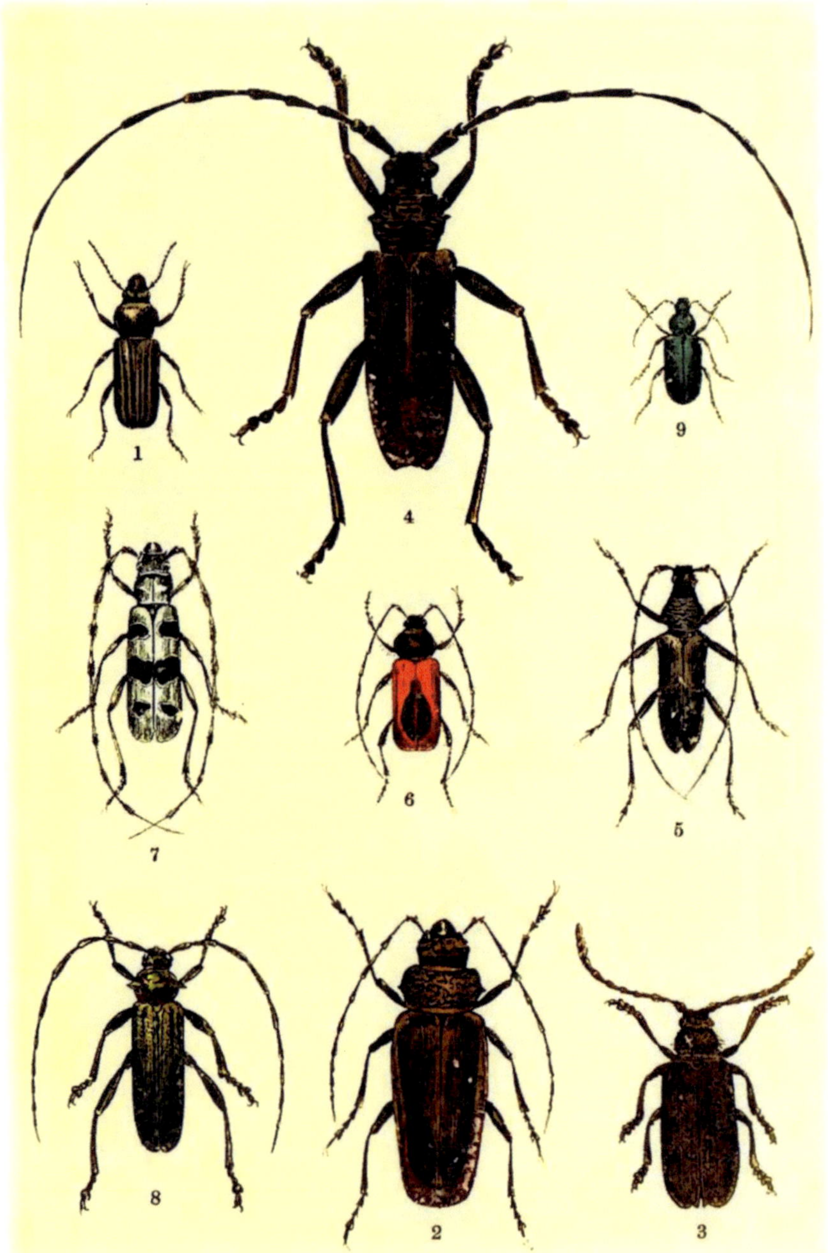

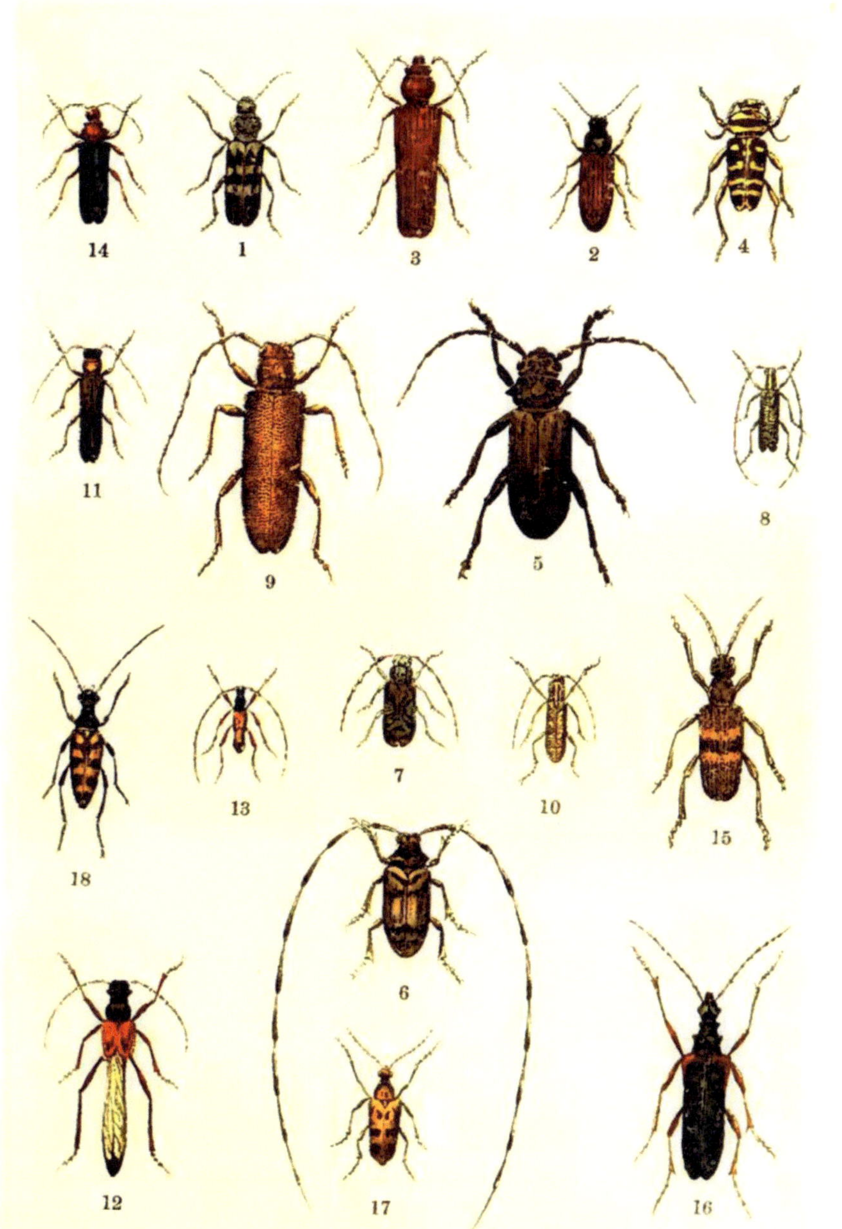
14
1
3
2
4
11
9
5
8
18
13
7
10
15
6
12
17
16

1
6
2
12
15
3
7
4
5
8
11
9
10
14
16
17
13